Martina Läubli
Subjekt mit Körper

Lettre

Martina Läubli, Literaturwissenschaftlerin, arbeitet als Journalistin und Lektorin in Zürich.

Martina Läubli

Subjekt mit Körper

Die Erschreibung des Selbst bei Jean-Jacques Rousseau, Karl Philipp Moritz und W.G. Sebald

[transcript]

Bibliografische Information der Deutschen Nationalbibliothek
Die Deutsche Nationalbibliothek verzeichnet diese Publikation in der Deutschen Nationalbibliografie; detaillierte bibliografische Daten sind im Internet über http://dnb.d-nb.de abrufbar.

Umschlagkonzept: Kordula Röckenhaus, Bielefeld
Umschlagabbildung: Kreis des Annibale Carracci, Schreibender Knabe (Evangelist Johannes), Inv.-Nr. 34896 Z, Staatliche Graphische Sammlung München
Druck: Majuskel Medienproduktion GmbH, Wetzlar
Print-ISBN 978-3-8376-2655-1
PDF-ISBN 978-3-8394-2655-5

Gedruckt auf alterungsbeständigem Papier mit chlorfrei gebleichtem Zellstoff.
Besuchen Sie uns im Internet: *http://www.transcript-verlag.de*
Bitte fordern Sie unser Gesamtverzeichnis und andere Broschüren an unter: *info@transcript-verlag.de*

Inhalt

Kreis des Annibale Carracci, Schreibender Knabe (Evangelist Johannes), Inv.-Nr. 34896 Z © Staatliche Graphische Sammlung München

Einleitung

Ein Mensch setzt sich an einen Tisch, nimmt Papier, Feder und Tinte und beginnt zu schreiben. Sein Schreiben hat einen besonderen Fokus: Der Mensch schreibt über sich. Er will die Frage beantworten: *Wer bin ich?*

Diese in wenigen Sätzen skizzierte literarische Selbsterforschung bildet die Grundszene moderner Subjektivität. Ihr Zentrum ist ein Mensch, der sich schreibend zu sich selbst in Beziehung setzt. Das Schreiben über sich ermöglicht auf einzigartige Weise Subjektivität. Die Schrift stellt die zur Selbstreflexion nötige Distanz medial zur Verfügung. Schreiben über sich setzt vielfältige Prozesse von Selbstbefragung, Selbsterforschung und Selbstgestaltung in Gang. An diesen Prozessen wirken die körperliche Bewegung des Schreibens, der mediale Prozess der Produktion von Schriftzeichen und die Vorstellungen, Gedanken und psychischen Motivationen des Schreibenden mit. Dieses Schreiben über sich wird in dieser Studie als *Selbsterschreibung* bezeichnet, denn sie bedeutet nicht nur Selbsterforschung eines Subjekts mit dem Ziel der Selbsterkenntnis, Autobiografie oder Autofiktion, sondern auch eine ästhetische Gestaltung seiner selbst. Im Schreiben über sich schafft sich ein Subjekt Form und Gestalt.

Der Versuch eines Subjekts, sich selbst zu erschreiben, verbindet die in dieser Arbeit betrachteten Texte. Alle Texte – sowohl Jean-Jacques Rousseaus *Confessions* und *Rêveries du promeneur solitaire* als auch Karl Philipp Moritz' *Anton Reiser* und W.G. Sebalds *Austerlitz* – unternehmen den Versuch, Subjektivität zu erkunden und zu erschreiben. Gemeinsam ist diesen Texten die drängende Präsenz der Frage der Subjektivität und die Tatsache, dass ihre Subjekte problematisch, verletzt und sich selbst undurchsichtig sind. Den Protagonisten bleibt ihre Identität rätselhaft. Die Erzählungen heben stets zu neuen Versuchen an, eine solche zu entwerfen. Wenn sich auch die Zeiten, Kontexte und die literarische Sprache der Texte unterscheiden, treffen sie sich doch in der Radikalität, mit welcher sie Subjektivität zur Disposition stellen. Auf vielfältige Weise reflektieren sie alle jene Grundszene moderner Subjektivität, wie sie sich auch in der Zeichnung des schreibenden Knaben aus dem Kreis von Annibale Carracci aus dem 16. Jahrhundert erkennen lässt. Diese Schreibszene zeigt einen Knaben, der konzentriert und sorgfältig die Feder über das Papier führt. Die Zeichnung porträtiert einen jungen Schreibenden. Vielleicht bildet sie einen Schüler oder einen werdenden Schriftsteller ab. Was der Knabe schreibt, bleibt unlesbar. Es könnte ein Tagebuch sein oder ein Brief. In dieser Schreibszene kristallisiert sich etwas für diese Studie Grundlegendes: Die *bestimmte* doppelte Richtung der Aufmerksamkeit – auf sich selbst und auf das Schreiben – macht die Selbsterschreibung aus.

Es gibt aber noch andere Gründe, warum diese Zeichnung als Auftakt zur Lektüre von Rousseau, Moritz und Sebald hinführt. Der Schreibende ist jung. Seine Hingabe an die Tätigkeit des Schreibens weist darauf, dass sie ihm noch nicht selbstverständlich von der Hand geht, sondern vor nicht allzu langer Zeit sorgfältig gelernt wurde. Am Anfang des Schreibens steht die Alphabetisierung. Das Lernen der Kulturtechnik der Schrift wird von allen drei Autoren als eine zu bewältigende und zum Teil hindernisreiche Aufgabe thematisiert. Gleichzeitig potenziert die Beherrschung der Schrift die Möglichkeiten des Subjekts. Lesen und Schreiben beruhen auf dem Entziffern der einzelnen Buchstaben der Schrift. Die Praxis des Entzifferns markiert die grundlegende Praxis der Textlektüre und somit der Hermeneutik. Im Fall der Selbsterschreibung ist dies eine Hermeneutik des Textes als auch des Selbst. Subjektivität ist untrennbar mit der Fähigkeit zu lesen und zu schreiben verknüpft. Zugespitzt stellt dies die Eingangsszene von Rousseaus *Confessions* dar, wo das geschriebene Buch und das schreibende Subjekt eine Einheit bilden.

Auf der Zeichnung aus dem Carracci-Kreis stehen die Hände und das Gesicht des schreibenden Knaben im Zentrum und bilden ein um die Schreibfeder herum angeordnetes Dreieck. Die Gesichtszüge des Knaben, die Form seiner Hände und seine Haare sind genau ausgestaltet und lassen ein individuelles Porträt hervortreten. Mit der Akzentuierung der Individualität des Schreibenden rückt das Schreiben als individuelle Tätigkeit in den Blick. Individualität markiert ein neuzeitlich-modernes Selbstverständnis eineer Person, die sich nicht mehr nur auf Grund ihrer gesellschaftlichen Position, sondern durch sich selbst als Subjekt bestimmt. Ein Subjekt ist ein Individuum – und sich seiner Individualität bewusst. In einer Selbsterschreibung will diese Individualität auch dargestellt werden und sucht nach einer angemessenen Form.

Eine letzte Beobachtung an der Zeichnung sei noch hervorgehoben: Die beiden Hände des schreibenden Knaben haben eine starke und sehr konkrete Präsenz. Die Hände sind groß und knotig und scheinen älter als der Knabe. Sie bezeichnen die Stelle der Schrift auf dem Papier und führen die Feder. Sie sind die eigentlichen Akteure im Schreibprozess. Dadurch betont die Zeichnung die körperliche Dimension des Schreibens. Durch ihre Nähe zum Gesicht des jungen Schreibenden verweisen die Hände auf einen Zusammenhang, welcher für meine Analyse essentiell ist: Auf den Zusammenhang von Körper und Subjektivität.

Dies führt mich zu den **Fragestellungen** dieser Studie: Auf welche Weise wird Subjektivität in den literarischen Texten von Jean-Jacques Rousseau, Karl Philipp Moritz und W.G. Sebald reflektiert und gestaltet? – auf der Ebene der Thematisierung von Subjektivität und Selbsttechniken als auch in der Struktur und Disposition der Texte selbst? Und welche Rolle spielt der Körper im Komplex der Subjektivität?

In meiner Lektüre der Selbsterschreibungen von Rousseau, Moritz und Sebald vertrete ich die **These**, dass sich moderne Subjektivität untrennbar mit dem Körper verbunden ist, sich in entscheidender Weise körperlich vollzieht. Indem die literarischen Texte einzelne Subjekte mit ihren Besonderheiten darstellen – ihr Ringen um Subjektivität, ihre Vorstellungen und Phantasien, ihren Charakter, ihre Erfahrungen – und sie zugleich in verschiedenen Dimensionen als Körpersubjekte inszenieren, eröffnen sie Räume der (Selbst-)Erfahrung jenseits der rationalistischen Dualität von Körper und Geist. Das literarische Erzählen ermöglicht eine Darstellung von Erfahrung, die widersprüchlich sein darf[1]. Es gibt keine Subjektivität ohne Körper. Und trotzdem sind subjektive Körpererfahrungen, wie sich noch zeigen wird, oft widersprüchlich.

Der für diese Studie zentrale Begriff der *Selbsterschreibung* ist aus der Beschäftigung mit Michel Foucaults Konzept der Selbsttechniken entstanden. Der Begriff der *Selbsterschreibung* fokussiert den produktiven, subjektskonstituierenden Aspekt des Schreibens über sich. Selbsttechniken bezeichnen „Formen und Modalitäten des Verhältnisses zu sich selbst, durch die sich das Individuum als Subjekt konstituiert und erkennt“[2]. Auf diese Weise bieten sie ein Grundkonzept, das eine ganzheitliche Annäherung an die literarischen Texte unter der Perspektive bestimmter Praktiken von Subjektivität, insbesondere des Schreibens und Lesens, ermöglicht und eine Körper-Geist-Dichotomie vermeidet. Bei der Beschäftigung mit literarischen Texten stößt das Konzept der Selbsttechniken jedoch auch an seine Grenzen. Dies wird sich in der Auseinandersetzung mit Foucaults Konzept im Kapitel zu *Anton Reiser* zeigen. Interessant an den Selbsttechnologien, welche Subjektivität als Prozess der *Gestaltung* eines Selbst konzipieren, ist vor allem ihre ästhetische Dimension. Ästhetische Praktiken und

1 Dies heisst nicht, dass die Literatur ohne Theorie und ohne Konzepte auskäme.

2 Foucault, Michel: Der Gebrauch der Lüste. Sexualität und Wahrheit 2. Band. Frankfurt/M 1986, S.12.

ästhetische Wahrnehmung spielen für die Verhandlung von Subjektivität in allen untersuchten Texten eine entscheidende Rolle. Die ästhetische Dimension von Subjektivität ist sowohl bei Rousseau als auch bei Moritz und Sebald essentiell. Das Subjekt inszeniert sich als *Werk* ästhetischer Gestaltung – als Werk seiner selbst, der Leserin oder des Zuhörers. Davon ausgehend bildet auch die Frage nach der Ästhetik der literarischen Texte einen Fokus meiner Lektüren.

SUBJEKTIVITÄT

Mit der Frage nach der *literarischen Verhandlung und Gestaltung von Subjektivität* bei Jean-Jacques Rousseau, Karl Philipp Moritz und W.G. Sebald greife ich ein Grundkonzept neuzeitlichen Denkens auf. Entsprechend komplex und vielfältig sind die Perspektiven, Theorien und Traditionen, die sich mit Subjektivität auseinandersetzen.[3] Um in diesem endlosen Feld die literarischen Texte nicht aus dem Blick zu verlieren, beschränke ich mich auf das Nötigste und skizziere, ausgehend von den untersuchten Texten, kurz diejenigen Aspekte des Subjektivitätsbegriffs, welche für diese Studie relevant sind. Die literarischen Texte nehmen Subjektivität jedoch nicht nur als allgemeines Problem ernst, sondern auch als existenzielle Frage.

Die Wendung zu sich selbst

„Den Blick der Seele in sich selber schärfen“ (AR 10) – dies ist eines der Ziele, das der Erzähler in Karl Philipp Moritz’ *Anton Reiser* verfolgt und programmatisch in der Vorrede des Romans präsentiert. Es geht dem Erzähler nicht darum, eine „große Mannigfaltigkeit der Charaktere" zu entwerfen, sondern "die innere Geschichte des Menschen [zu] schildern" (AR 10). Dieser "Blick der Seele in sich selber“ markiert eine Perspektive, die das neuzeitliche Verständnis von Subjektivität kennzeichnet. Ein Subjekt wendet sich in einer reflexiven Bewegung sich selbst zu und setzt sich in ein Verhältnis zu sich selbst. Ein Subjekt beo-

3 Als Einstieg geben folgende Texte einen Überblick: Menke Christoph: Subjektivität. Artikel in: Barck, Karlheinz et al. (Hrsg.): Ästhetische Grundbegriffe Band 5. Stuttgart 2003, S. 734–786. / Subjekt. Artikel in: Historisches Wörterbuch der Philosophie. Bd. 10. Basel 1998, S. 373–400. / Konersmann, Ralf: Spiegel und Bild. Zur Metaphorik neuzeitlicher Subjektivität. Würzburg 1988 (=Epistemata: Reihe Philosophie; Bd. 44). / Zima, Peter V.: Theorie des Subjekts. Subjektivität und Identität zwischen Moderne und Postmoderne. Tübingen; Basel 2000.

bachtet sich, befragt sich und nimmt auf diese Weise Abstand von sich. Durch diese Distanznahme macht sich das Subjekt selbst zum Objekt. Subjektivität, verstanden als Wendung zu sich selbst, impliziert immer auch das Bemühen um Objektivität – die es im Hinblick auf sich selbst aber nie geben kann.

Die Wendung zu sich selbst hat in der neuzeitlichen Philosophie seit Descartes ungeheure Bedeutung erhalten: Sie bot nicht mehr nur die Möglichkeit innerer Wahrnehmung wie in der Antike, sondern wurde neu als fundamentale Voraussetzung für Wahrnehmen, Denken und Wollen interpretiert.[4] In erkenntnistheoretischer Perspektive ist nur ein denkendes Subjekt zu Erkenntnis und Wissen fähig, in moralischer Perspektive verfügt ein Subjekt über Handlungsmacht (*agency*) und Willenskraft trägt somit auch Verantwortung. John Locke stellt in seinem Essay *Concerning Human Understanding* von 1690 den Begriff „consciousness" ins Zentrum dessen, was einen Menschen zum Subjekt macht: „For since consciousness always accompanies thinking, and it is that that makes every one to be what he calls self, [...] in this alone consists personal identity, i.e., the sameness of a rational being".[5] Ein Subjekt als „rational being" denkt nicht nur, sondern es ist sich bewusst, dass es denkt. Das Bewusstsein seiner selbst, die Wendung zu sich selbst, ist also von der Fähigkeit des Denkens nicht zu trennen – aber ebenso wenig vom Körper des Subjekts, welcher diesem Denken zu Grunde liegt, wie die literarischen Texte zeigen werden.

Die Fähigkeit, von sich selbst Abstand zu nehmen und sich selbst gleichsam beim Denken zuzusehen, kennzeichnet ein Subjekt. Auch Ralf Konersmann verweist auf die spezifische Struktur der Selbstreflexion als eine „paradoxale Einheit, in der sich ein Selbst als ein Anderes, d.h. im Modus der Differenz begegnet"[6]. Diese paradoxe Struktur, in welcher sich das Subjekt teilt, verdoppelt und verfremdet, prägt sich jeder Selbsterschreibung ein. So versuchen auch Jean-Jacques Rousseau, Karl Philipp Moritz und W.G. Sebald, die Denkbewegung der Selbstreflexion in Textbewegungen zu überführen. Der Versuch der Selbsterschreibung disponiert den Text in bestimmter Weise. Die Selbstreflexion prägt sich beispielsweise in die Erzählstruktur ein, indem sie eine Wahl der Erzählposition und der Perspektivierung verlangt und den Blick des Erzählers immer in irgendeiner Weise auf ein Ich lenkt. Die narrative Grundstruktur von Er-

4 Siehe dazu: Subjekt. Artikel in: Historisches Wörterbuch der Philosophie. Bd. 10. Basel 1998, S. 373–400. / Selbstbewusstsein. Artikel in: Enzyklopädie Philosophie und Wissenschaftstheorie. Bd. 3. Stuttgart/Weimar 1995, S. 755–759.

5 Locke, John: An Essay Concerning Human Understanding. Edited by A. S. Pringle-Pattison. Oxford 1924, reprinted 1969, S. 188.

6 Konersmann 1988, S. 19.

zähler und Erzählgegenstand (Figur) vollzieht bereits jene Distanzierung, durch welche sich ein Subjekt als Fremder gegenübertritt. Weil jedes Erzählen von einer spezifischen *Perspektive* – also von einem bestimmten *Verhältnis* zur Figur respektive der Figur zur Welt – strukturiert wird, vermag es in seiner Perspektivierung Subjektivität als ein bestimmtes *Verhältnis* zu sich selbst abzubilden. In diesem Kontext versucht diese Studie nachzuzeichnen, wie literarische Texte diese widersprüchliche Struktur der Wendung zu sich selbst poetisch umsetzen. Die konkrete Gestaltung der Selbstreflexion eines Subjekts in den einzelnen Texten untersuche ich in den betreffenden Analysen. In allen Texten setzt der Blick auf sich selbst das Erzählen in Gang. Die Wendung zu sich selbst ist narrativ sehr unterschiedlich gestaltet. *Wer bin ich?* Diese Frage – obschon Ausdruck neuzeitlichen Selbstbewusstseins und somit ein Symptom der Moderne – erhält ihre Dringlichkeit erst aus den individuellen Lebensumständen und Verletzungen der Protagonisten.

Mit der subjektiven Wendung zu sich beginnt die Teilung des Ich. Ein Subjekt, das sich selbst betrachtet, steht sich immer als fremd gegenüber. Diese Struktur findet in W.G. Sebalds *Austerlitz* eine radikalisierte Form.[7] Der Protagonist Austerlitz ist von seiner eigenen Geschichte so radikal getrennt, dass er sie nicht mehr als eigene erkennen kann. Seine Selbstspaltung wirkt dauerhaft, jeder Bezug auf sich selbst ist ihm unmöglich. Austerlitz ist sich zu fremd für Selbstreflexion. Auch die Erzählsinstanz nimmt er nicht selbst ein. Durch die Relikte kultureller Überlieferung und durch die Erzählungen anderer muss er sich seine – ihm völlig unbekannte – Geschichte erst wieder neu aneignen. Erst danach kann er sich die Frage nach sich selbst stellen.

Subjekt und Sprache

Es macht einen Unterschied, ob ich meine Geschichte selbst erzähle oder ob meine Geschichte von jemand anderem erzählt wird. Im ersten Fall bin ich sowohl Subjekt als auch Sujet des Erzählens, im zweiten Fall lediglich das Sujet. Als erzählendes Subjekt bestimme ich die Sprache und das Erzählen. Als erzähl-

7 Die Radikalisierung der Selbstentfremdung in Austerlitz im Vergleich mit den Texten des 18. Jahrhunderts verdankt sich auch der inzwischen formulierten Erkenntnisse der Psychoanalyse. Sebalds Freud-Lektüre scheint in Austerlitz immer wieder durch, nicht zuletzt im nachträglichen selbstanalytischen Blick von Austerlitz auf sich selbst.

tes Sujet bilde ich den Gegenstand des Erzählens.[8] In der Mehrdeutigkeit des Subjektbegriffs liegt beides: *selbst sprechen* und *gesprochen werden*.

Die Handlungsmacht eines modernen Subjekts basiert nicht zuletzt auf der Sprache. Subjektivität äußert sich sprachlich. *Agency* zeigt sich erstens in der Tatsache, *dass* ein Subjekt spricht und zweitens in der Art und Weise, *wie* es spricht. Ein Subjekt kann beides: die Stimme erheben und seine Sprache gestalten. Aus ästhetischer Perspektive ist hierzu zu sagen, dass eine Geschichte immer *so oder anders* erzählt werden kann. In der Art und Weise, wie erzählt wird, liegt ein Spielraum, den man mit der Ästhetik des späten 18. Jahrhunderts als Freiheitsraum[9] verstehen kann. Diese Gestaltungsfreiheit des Erzählens impliziert jedoch keine lückenlose Beherrschung der Sprache, wie es dem Traum der Autonomie des Subjekts vorschwebt. Ihr wirkt die figurative Eigendynamik[10] literarischer Sprache entgegen, welche ihre Wirkung auch jenseits der Absichten des Subjekts entfaltet. Diese hier nur kurz genannten Aspekte des Zusammenhangs Subjekt und Sprache werden im ersten Kapitel *Selbsterschreibung* vertieft.

Neben dem Verständnis von *Subjekt* als Handlungsträger und sprechende Instanz und von *Sujet* als Gegenstand der Rede sollte ein dritter Verwendungskontext des Subjektbegriffs nicht vergessen werden, nämlich der grammatische[11]. Grammatisch betrachtet ist das Subjekt einerseits ein Satzglied, also ein Teil des Satzes, meist durch ein Nomen oder Pronomen bezeichnet. Das Prädikat bezieht sich auf das Subjekt; das Subjekt bildet somit den Bezugspunkt des ganzen Satzes, was sich in der Flexion des Verbs ausdrückt. Als Satzglied ist das Subjekt

8 Durch die Entlehnung des französischen sujet für die Bezeichnung des Gegenstands der Rede, also des Unterworfenen können wir im Deutschen die Doppeldeutigkeit des Subjektbegriffs umgehen, während beispielsweise im französischen sujet oder im englischen subject die unterschiedlichen Bedeutungen zusammenfallen.

9 Vgl. Friedrich Schiller, der in Über die ästhetische Erziehung des Menschen Kunst in verschiedener Hinsicht als eine Frage der Freiheit verhandelt: Schiller, Friedrich: Über die ästhetische Erziehung des Menschen in einer Reihe von Briefen. Herausgegeben von Klaus L. Berghahn. Stuttgart 2000. Einerseits ist „die Kunst [...] eine Tochter der Freyheit“ (S. 9), andererseits ist „es die Schönheit [...], durch welche man zu der Freyheit wandert“ (S.11). Schiller bestimmt zudem den „ästhetischen Zustand“ als „freye Stimmung“ (S. 81).

10 Stellvertretend für eine poststrukturalistische Lektüre sprachlicher Figuralität sei Paul de Man genannt: Man, Paul de: Allegories of Reading. Figural Language in Rousseau, Nietzsche, Rilke, and Proust. New Haven and London 1979.

11 Vgl. Subjekt. Artikel in: Historisches Wörterbuch der Philosophie. Bd. 10. Basel 1998, S. 373–400. und: Subjekt. Artikel in: Brockhaus Band 21, S. 391–329.

einerseits der syntaktischen Struktur unterworfen (*sub-iectum* als Unterworfenes), als Bezugspunkt des Prädikats andererseits Träger von Eigenschaften und Bedeutung (*sub-iectum* als Zugrundeliegendes). Die Mehrdeutigkeit des Subjektbegriffs wiederholt sich in der sprachstrukturellen Dimension der Grammatik. Der Zusammenhang von Subjekt und Sprache ist für die vorliegende Untersuchung von Selbsterschreibungen zentral. Wenn wir die Aufmerksamkeit auf die literarische Verhandlung und die Produktion von Subjektivität richten, untersuchen wir immer ihre *sprachliche* Reflexion durch poetische Mittel des Textes.

Autorschaft

Jean-Jacques Rousseau liebt große Gesten. Der Protagonist und Erzähler der *Confessions* präsentiert sich als einer, der, begleitet von Posaunenklang, sein Leben in der Form eines Buchs dem jüngsten Gericht vorstellt und es voller Selbstbewusstsein in die Waagschale der allgemeinen Beurteilung wirft: „Je viendrai, ce livre à la main, me présenter devant le souverain juge. Je dirai hautement: „Voilà ce que j'ai fait, ce que j'ai pensé, ce que je fus." (CON 33) Rousseau sieht in diesem Buch sein Leben – was er tat, dachte und war – repräsentiert. Das Buch enthält Rousseaus Leben als sein eigenes Werk. Darin zeigt sich die Vorstellung von moderner Autorschaft, welche sich im Laufe des 18. Jahrhunderts nicht nur als Erzählposition eines Subjekts, sondern auch auf der rechtlich-verlegerischen Ebene des Buchmarktes[12] durchzusetzen begann. Autorschaft zeigt sich zudem darin, dass Rousseau sein Buch *und* sich selbst der öffentlichen Beurteilung stellt. Ein Autor des 18. Jahrhunderts muss sich vor dem Publikum bewähren.

Rousseau bestimmt als Autor die Erzählung seines Lebens; er wählt aus, gewichtet, formuliert und legt auf diese Weise den Lauf seines erzählten Lebens fest. Und keinen Moment zeigt der Erzähler Rousseau Zweifel daran, dass ihm Erinnerung und Sprache in der gewünschten Weise zur Verfügung stehen werden. (Die Lesenden, unter der Wirkung der obsessiven sprachlichen Dynamik der *Confessions*, mögen dies anders sehen.) Autorschaft kennzeichnet sich dadurch, dass ein Autor als handlungsmächtiges Subjekt über eine (Le-

12 England, Frankreich und die USA führten das Urheberrecht noch im 18. Jahrhundert ein, Preußen zu Beginn des 19. Jahrhunderts. Zum Urheberrecht in Deutschland vgl. Gieseke, Ludwig: Vom Privileg zum Urheberrecht. Die Entwicklung des Urheberrechts in Deutschland bis 1845. Göttingen 1995.

bens)Geschichte verfügt.[13] Das Konzept der Autorschaft lässt sich auch auf die Lebensführung übertragen, was wiederum Subjektivität impliziert: Wenn ich mein Leben in die Hand nehme und selbst bestimme, kann ich mich als Autor meines Lebens verstehen.

Karl Philipp Moritz – er selbst war einer ersten Schriftsteller, die versuchten, Autorschaft als Beruf zu realisieren, indem sie das Schreiben und Publizieren zum Broterwerb[14] machten – führt dagegen seine Romanfigur Anton Reiser als verfehlten Autor vor. Die Autorschaft ist für Anton Reiser zwar ein Sehnsuchtsziel, doch seine Versuche zu dichten schlagen fehl. Aus der Sicht des Erzählers ist Anton Reiser auf Grund der mangelnden ästhetischen Qualität seiner Texte kein Autor. Aber auch die Distanznahme zu sich selbst bereitet Anton Reiser Schwierigkeiten, weshalb ihm auch keine Selbsterschreibung gelingt.

Während für Anton Reiser Autorschaft eine reale Möglichkeit und Hoffnung ist, muss Austerlitz mehr als 200 Jahre später dem Verlust seiner Autorschaft machtlos zusehen. Ein umfassender Sprachverlust markiert die Krise des Subjektes Austerlitz. Mit der Sprache verliert Austerlitz auch seine Autorschaft. Dies bedeutet nicht nur den Verlust der Mittel zur Kommunikation, sondern weist darüber hinaus auf den grundlegenderen Verlust seiner selbst hin. „[Ich] ahnte, dass ich in Wahrheit weder Gedächtnis noch Denkvermögen, noch eigentlich eine Existenz besaß“ (A 178). Mit der Sprache verliert Austerlitz auch die Möglichkeit, sich selbst zu erschreiben. In der Konsequenz nimmt *Austerlitz* einen erzählstrategischen Umweg, um sich aus dieser Aporie zu befreien. Dieser Umweg führt über die Konstruktion eines mehrfach vermittelten mündlichen Erzählens.

13 Allerdings hat Rousseau klar gesehen, dass die Deutungshoheit des Erzählten damit nicht beim Autor liegt, sondern er weist den Lesenden eine entscheidende Rolle zu: „C'est à lui [le lecteur] d'assembler ces éléments et de déterminer l'être qu' ils composent: le résultat doit être son ouvrage; et s'il se trompe alors, toute l'erreur sera de son fait.“ (CON 230)

14 Die Publikationsmöglichkeiten für Autoren vervielfältigten sich Ende des 18. Jahrhunderts enorm. Zwischen 1769 und 1800 hat sich die Zahl der jährlich neu erscheinenden Titel von 1650 auf 4000 mehr als verdoppelt. Damit einher ging eine Vervielfältigung der literarischen Gattungen. Besonders populär waren Zeitschriften und Wochenschriften jeglicher Couleur. Vgl. dazu: Reed, Terence James: Mehr Licht in Deutschland. Eine kleine Geschichte der Aufklärung. München 2009, S. 111f.

Darstellungsproblem

Bei der literarischen Gestaltung und Reflexion von Subjektivität stellen sich spezifische Probleme. Indem ein Subjekt über sich schreibt, objektiviert es sich selbst. Es macht sich zum Gegenstand, zum Sujet der Beschreibung. Und es macht sich – im Medium der Schrift und auf der Basis einer allgemein verständlichen Sprache und Zeichenkonvention – kommunizierbar. Wie kann das Subjekt nun, trotz Verallgemeinerung und Objektivierung seiner selbst, in der Schrift seine Individualität bewahren und sich durch seine Selbsterschreibung zum absolut Einzigartigen machen? Das Bewahren von Individualität zeigt sich konkret in der Ästhetik der Texte. Die Frage der Individualität ästhetischer Darstellung beleuchte ich im ersten Kapitel *Selbsterschreibung* genauer.

Subjektkritik

Die in der Philosophie der Aufklärung theoretisch erarbeitete Selbstgewissheit des Subjekts ist nicht lückenlos, ist es nie gewesen. Seit ihrer Etablierung wurde die Autonomie des Subjekts immer auch angezweifelt. Die Möglichkeit einer stabilen Identität ist nicht selbstverständlich vorhanden. Insbesondere die erzählende Literatur, welche mit ihrem Interesse für das Individuelle in besonderer Weise das Widersprüchliche eines Subjekts diesseits und jenseits der Ideen in den Blick nehmen kann, hat die Leerstellen subjektiver Selbstgewissheit aufgezeigt.

So ist krisenhafte Subjektivität ein essentieller Aspekt der Literatur der Neuzeit. Die Subjektposition – im individuellen Leben oder im Erzählen – leuchtet zwar als neuerkanntes Ziel und Grundlage autonomen Menschseins, erweist sich aber als schwer einzunehmen und als weniger stabil als erwartet. Rousseaus *Confessions* und *Rêveries du promeneur solitaire*, Moritz' *Anton Reiser* und Sebalds *Austerlitz* werfen in ganz unterschiedlicher Weise ein kritisches Licht auf Subjektivität, ohne das von ihr ausgehende Versprechen zu ignorieren, indem sie von individuellen Versuchen der Subjektwerdung erzählen. Subjektkritik ist nicht die Erfindung dieser Autoren, gewinnt in ihren Werken aber große Dringlichkeit, weil sie die Krisenhaftigkeit von Subjekten ästhetisch konsequent darstellen und im Zusammenhang mit Körperlichkeit und Verletzung verhandeln. In den Lektüren der einzelnen Texte entwickle ich verschiedene Aspekte dieser Subjektkritik.

VOM 18. ZUM 20. JAHRHUNDERT

Auf den ersten Blick scheint diese Studie einen großen zeitlichen Sprung zu machen, wenn sie neben den Texten von Jean-Jacques Rousseau und Karl Philipp Moritz aus dem 18. Jahrhundert auch W.G. Sebalds *Austerlitz* von 2001 in den Blick nimmt. Wenn man die Texte jedoch im Hinblick auf die Subjektfrage liest, zeigen sich verblüffende Ähnlichkeiten. Alle Texte entwerfen eine eigene kritische Antwort auf die Frage nach der Möglichkeit von Subjektsein. Diese Antwort lebt von der Schrift, nicht nur durch den performativen Vollzug der erzählerischen Gestaltung, sondern auch durch explizite Problematisierung der Schrift und des Schreibens.

Die Möglichkeit, sich erzählend zu sich selbst in Beziehung zu setzen, wird von der autobiographischen Literatur und besonders vom Roman des 18. Jahrhunderts (wieder)entdeckt. Dabei bewegt sich Rousseau mit dem maßlosen Unternehmen seiner *Confessions* sowie den sich traditionellen literarischen Gattungen entziehenden *Rêveries* hin zu neuen Formen außerhalb des Konventionellen. Doch die Maßlosigkeit seines autobiographischen Schreibens wirkte gattungsbildend. In unterschiedlicher Weise wurden die *Confessions* und die *Rêveries* zu Prätexten moderner Subjektivität, von welchen auch Moritz inspiriert wurde. Das bei Rousseau als kühner Entwurf und in radikalen literarischen Formen präfigurierte Projekt – die Selbsterforschung des Subjekts – wird von Moritz' *Anton Reiser* aufgegriffen, vertieft und in psychologischer Perspektive ins Negativ-Problematische einer Krankengeschichte gewendet. Moritz prägt die neue Gattungsbezeichnung „Psychologischer Roman“ und vermischt äußeres Romangeschehen mit der Beschreibung von Anton Reisers Empfindungen und Motivationen. Dadurch stagniert der Roman immer wieder und ufert ins Innere aus. In W.G. Sebalds *Austerlitz* werden die problematischen Aspekte von Subjektivität dann nochmals radikalisiert. Sebalds radikalisierte Subjektkritik speist sich einerseits aus einem psychoanalytischen Blick auf das Subjekt Austerlitz (in dieser Hinsicht bezieht sich *Austerlitz* durchaus auf *Anton Reiser,* wenn auch erweitert um Freud) und andererseits aus der Erfahrung des 20. Jahrhunderts als eine Geschichte der Katastrophen und einer daraus folgenden Fortschrittskritik. Die sich bei Rousseau und Moritz abzeichnende Problematik von Subjektivität findet sich bei Sebald also nochmals zugespitzt.

Gemeinsam ist allen Texten auch eine hybride, nicht-gattungstypische Form. Rousseau und Moritz prägen selbst neue Gattungen und Sebalds Text bewegt sich zwischen biographischer Erzählung, Essay und ‚Dokumenten‘ in unterschiedlicher Medialität. Die Hybridität der Texte lässt sich dadurch erklären, dass sie versuchen, psychische Strukturen und die paradoxe Struktur der Selbsterschreibung, von denen sie erzählen, auch poetisch abzubilden – was zu nichtgeschlossenen, in verschiedene Richtungen ausufernden, heterogene Prägungen aufnehmenden und sich wiederholenden Erzählstrukturen führt. Die Verwandtschaft zeigt sich somit auch in ihren narrativen Strategien. Das abrupte Abreißen des Erzählens am Ende aller Texte ist vielleicht die augenscheinlichste. Ins Auge fallen ebenso die Bewegung des Reisens, Kreis- und Wiederholungsstrukturen und das Interesse für Fragen der Ästhetik.

Die Frage nach der Möglichkeit von Subjektsein macht weiter darauf aufmerksam, dass die untersuchten Texte ihre Protagonisten in einer eigentümlichen Spannung zwischen Zwang und Freiheit darstellen. So erzählen Rousseau, Moritz und Sebald von Versuchen der Befreiung – von Bedingungen der eigenen Biographie, von sich selbst –, doch enthalten diese Befreiungsversuche und Freiheitsmomente immer auch Aspekte zwanghaften Verhaltens.

W.G. Sebalds Schreiben zeichnet sich zudem in besonderer Weise durch das Bewusstsein der Gegenwärtigkeit des Vergangenen aus. Sebald gestaltet seine Erzählungen stets aus historischen Fragmenten, die dem Text anverwandelt werden und neue Konstellationen bilden. Indem Sebalds Texte andere Zeiten verfremden, interpretieren und reaktualisieren, bieten sie einen idealen Reflexionshintergrund für Texte aus anderen Zeiten. Die Erzählung *Austerlitz* verfertigt ein kunstvolles Gewebe aus (kultur)historischen Elementen unterschiedlichster Zeiten, speziell des 18., 19. und 20. Jahrhunderts. Einerseits zeigen sich diese historischen Bezüge räumlich-topographisch, an den Orten und Räumen, die Austerlitz und der Erzähler besuchen, und die in ihrer architektonischen Form und Topographie auf Vergangenes verweisen. Komplementär zu dieser räumlichen Anordnung verfährt die Erzählung auch archäologisch, indem sie an einem bestimmten Ort in die Tiefe geht und dessen unterschiedliche Schichtungen hervorholt. Ein Beispiel dafür ist die Beschreibung der Liverpool Street Station (A 190ff.). Zur archäologischen Erzählweise gehört auch Sebalds Anverwandlung von fremden Texten und Wörtern, welche er trotz stellenweise beinahe wörtlicher Zitierung scheinbar leicht zu einem eigenen Erzählton verschmilzt. Die historische Tiefenstruktur bildet sich dadurch auch in der intertextuellen Erzählsprache ab. Dies führt bei den Lesenden zu einer Wahrnehmung der Gleichzeitigkeit des Ungleichzeitigen.

Der Bezug von Sebalds *Austerlitz* auf Texte unter anderem des 18. Jahrhunderts spiegelt jene Gleichzeitigkeit des Ungleichzeitigen, welche Reinhard Koselleck als die „*Ungleichzeitigkeit* verschiedener, aber im chronologischen Sinne *gleichzeitiger Geschichten*“[15] beschreibt und als spezifisches Merkmal der Neuzeit hervorhebt. Bezieht man den Begriff der ‚Neuzeit‘[16] auf die Schwellenzeit des 18. Jahrhunderts, rücken dann erstmals diskutierte und sowohl bei Rousseau als auch bei Moritz aufbrechende Themen wie Subjektivität, Ästhetik und Anthropologie in den Blick. Die Gleichzeitigkeit des Ungleichzeitigen ist konstitutiv für eine Zeit, welche von der Erfahrung von etwas „absolut Neuem“[17] geprägt wird, wobei sich dieses Neue aber in den verschiedenen Regionen sowie Bereichen der Kultur und Gesellschaft nicht gleichzeitig zeigte. Menschliche Erfahrung sowie der Blick auf Geschichte können seither nurmehr ungleichzeitig sein.

Auch die Werke von Rousseau und Moritz sind vonm Bewusstsein der Erfahrung von etwas Neuem geprägt. Die Protagonisten Jean-Jacques Rousseau und Anton Reiser erleben die Ungleichzeitigkeit des Gleichzeitigen am eigenen Leib, indem sie aus ihrer eigenen, sozial eher tiefen Gesellschaftsschicht hinaustreten und sich ihr Lebensraum – die Welt, die sie sehen und konkret erfahren – enorm vergrössert, indem sie reisen, unterschiedliche Tätigkeiten ausprobieren und Bildung ihnen neue Möglichkeiten eröffnet. Auf der strukturellen Ebene entspricht der Roman *Anton Reiser* dieser Ungleichzeitigkeit durch ein Gemenge von Vorwärts- und Rückwärtsbewegungen. *Austerlitz* seinerseits reflektiert und erzählt Ungleichzeitigkeit aus einer nachträglichen postmodernen Perspektive, die den Relikten der Vergangenheit nicht ausweichen kann und will. Die inzwischen stattgefundenen historischen Einschnitte haben die Wahrnehmung der Welt und Zeit als Kontinuität endgültig zerstört. So prägt die Erfahrung der Ungleichzeitigkeit ein heutiges Subjekt grundlegend.

In der literarischen Gestaltung konkreter Erfahrung von lebendigen Subjekten realisiert sich ein weiteres Merkmal der Neuzeit, nämlich die subjektive Perspektive:

> Mit der Erfahrung mannigfaltiger Zeitrhythmen hängt es zusammen, dass auch die Lehre von dem *subjektiven Standort*, von der *historischen Perspektive* an Evidenz gewann. Alle historischen Darstellungen hängen seitdem von der bewussten Auswahl ab, die der Autor trifft und die er treffen muss, weil er sich immer in vorgegebenen sozialen, religiösen oder

15 Koselleck, Reinhard: Das achtzehnte Jahrhundert als Beginn der Neuzeit. In: Herzog, Reinhart & Ders.: Epochenschwelle und Epochenbewusstsein. München 1987 (=Poetik und Hermeneutik Band XII), S. 279.

16 Wenn ich in der Folge das Adjektiv ‚modern’ verwende, bezieht es sich auf ebendiese Neuzeit und wird in einem weiten Sinn als ‚neuzeitlich’ verstanden.

17 Koselleck 1987, S. 275.

politischen Schranken bewegt. Seitdem wurde es akzeptabel, dass von den gleichen Ereignissen verschiedene Darstellungen gleich wahr sein konnten.[18]

Was Koselleck hier für die Geschichtsschreibung feststellt, lässt sich auch für die Literatur in Anspruch nehmen und an den hier untersuchten Texten beobachten. Es geht nicht um die *Wahrheit des Ereignisses*, das als solches nicht existiert, sondern um die *Wahrheit*[19] *der Darstellung*. Die literarische Darstellung wiederum bedingt die Wahl der Perspektive, und diese kann nur subjektiv sein. In der Neuzeit wird also das Subjekt zur grundlegenden Kategorie für Wahrnehmung, Darstellung und Deutung der Welt.[20] Die Literatur nimmt durch ihre Fähigkeit der individuell-konkreten Gestaltung diesen subjektiven Standort noch entschiedener ein.

*

Wenn ich im Folgenden Jean-Jacques Rousseaus *Confessions* und *Les Rêveries du promeneur solitaire*, Karl Philipp Moritz' *Anton Reiser* und W.G. Sebalds *Austerlitz* als Selbsterschreibungen lese, richte ich den Blick zuerst einmal darauf, auf welche Weise das Subjekt im Text inszeniert wird. Wie setzt sich das Subjekt im Text in Szene? Wie werden erzähltes und erzählendes Ich im Text positioniert und vermittelt? Weil Subjektivität ein explizites Problem aller Texte ist, folge ich in meiner Lektüre dem narrativen Faden der Texte und greife dabei auch entscheidende Passagen heraus, die dann genauer gelesen werden. Die vorher ausgeführten Aspekte von Subjektivität werden dabei immer wieder berührt. Anhand konkreter Beobachtungen zu Erzähl- und Subjektposition zeichne ich die Gestaltung und Konzeption von Subjektivität im jeweiligen Text nach und führe sie weiter zu Fragen des Körpers und der Ästhetik. Der Körper wird einerseits als Position im bewussten Selbstverhältnis des Subjekts virulent. In der Selbstwahrnehmung sieht sich ein Subjekt auch als Körpersubjekt; die Frage ist dann, wie es mit seinem Körper umgeht. Andererseits tritt der Körper als unreflektiert zu Grunde liegendes Medium von Subjektivität in den Blick. Die literarische Beschreibung von Körpererfahrung interessiert mich gerade in ihrer

18 Koselleck 1987, S. 279.

19 Der Wahrheitsbegriff spielt sowohl in Rousseaus als auch in Sebalds Erzählen eine zentrale Rolle.

20 Die Subjektivität von Wahrnehmung und die damit zusammenhängende Perspektivität von Weltdeutung sind in ihrer grundsätzlichen Bedeutung zentral. Die genaue Diskussion der Subjektivität von Wahrnehmung und ihrer Problematik, wie sie beispielsweise bei Kant und Fichte zu finden ist, kann hier nicht in seinen philosophischen Ausdifferenzierungen nachgezeichnet werden.

Mehrdimensionalität. Indem der Körper die Grundlage für sinnliche Wahrnehmung bildet, welche wiederum die Erzählperspektive durchdringt, steht er auch mit der ästhetischen Wahrnehmung in Zusammenhang. Die Frage der Ästhetik manifestiert sich einerseits in der expliziten Verhandlung von Selbsttechniken und ästhetischen Konzepten und andererseits in der Schreibweise der Texte selbst. So eröffnet der Fokus auf Subjektivität den Blick für die jeweilige (ästhetische) Radikalität des Textes.

Die hier skizzierte Perspektive bündelt die zu untersuchenden Texte in der Frage nach der Gestaltung von Subjektivität im Text. Auf diese Weise wird ein komparatistischer Zugang möglich. Der Fokussierung der Texte auf das gemeinsame Problem von Subjekt und Sprache dient das folgende Kapitel *Selbsterschreibung*. Darin beziehe ich die Texte ganz konkret auf das Konzept der Selbsterschreibung und denke sie unter der Perspektive der narrativen Identität zusammen. Nachdem mit der Einleitung und dem Kapitel *Selbsterschreibung* der gemeinsame Bezugsrahmen der Texte gegeben ist, folgen in vier Kapiteln die Einzelanalysen der *Confessions*, der *Rêveries*, von *Anton Reiser* und von *Austerlitz*. Dabei ist es mir wichtig, die Besonderheiten und Beschaffenheit des betreffenden Textes nicht aus den Augen zu verlieren. Die einzelnen Kapitel haben deshalb auch den Anspruch, als Einzelstudien bestehen zu können.

Diese Studie will Literatur als Medium der Selbsterforschung, Selbstbefragung und Selbstgestaltung ernst nehmen und sich auf ihre einzigartige Fähigkeit konkreter Reflexion einlassen, mit welcher sie Subjektivität als Erfahrung und ästhetische Form gestaltet. Durch ihre Fähigkeit der konkreten Darstellung vermögen literarische Texte Konzepte vielschichtig und mit Blick auf individuelle Konsequenzen zu reflektieren und so Subjektkritik zu differenzieren.

Selbsterschreibung

Zum Auftakt von Jean-Jacques Rousseaus *Confessions* erklingt der Posaunenschall des jüngsten Gerichts. Rousseau imaginiert sich selbst angesichts des höchsten Richters. Er wird ihm gegenübertreten, „ce livre à la main", und ihm laut und deutlich sagen: „Voilà ce que j'ai fait, ce que j'ai pensé, ce que je fus." (CON 33) Das vorgezeigte Buch bürgt für ihn, mehr noch: Es *ist* „ce que je fus". Das Buch präsentiert die Gesamtheit und Essenz dessen, was Rousseau tat, dachte und war. Es erzählt nicht nur sein Leben, sondern es *ist* sein Leben. Das Buch wird zum Stellvertreter für Rousseaus Existenz und Person. So nimmt diese erste Szene der *Confessions* exemplarisch vorweg, was der Text als gesamter tut: Ein Leben erschreiben.

Im Projekt der Selbsterschreibung gehen ein Mensch und die Erzählung von diesem Menschen eine untrennbare Verbindung ein. Dies zeigt sich bereits darin, dass die in dieser Studie betrachteten Bücher mit *Anton Reiser* oder *Austerlitz* den Namen eines Menschen als Titel tragen. Indem der Name des erzählenden Subjekts und der Name der Erzählung zusammenfallen, erscheinen sie substituierbar. Im Fall der *Confessions* wiederum verbindet sich der Name ‚Rousseau' so eng mit einem subjektiv konnotierten Textgenre – *Confessions* und *Rêveries* – , dass die Genrebezeichnung die Wirkung des Namens verstärkt. Das Buch, das die Lesenden in den Händen halten, verspricht eine Person, und zwar eine einzige und ganz bestimmte. Dabei gelangt die spezifische deiktische Funktion von Eigennamen zur Wirkung. Die Funktion eines Eigennamens ist primär referentiell und hin-weisend, aber nicht beschreibend, bestimmend oder kategorisierend. Diese Eigenschaft des deiktischen Heraushebens bildet gemäß Martin Seel eine grundlegende Voraussetzung für ästhetische Wahrnehmung: „der Gegenstand [wird durch deiktische Ausdrücke und Eigennamen] nicht eigens charakterisiert, sondern für eine vielfältige Beschreibung, Beurteilung und Beachtung herausgehoben und freigegeben."[21] Das Benennen eines Menschen mit seinem Eigennamen verweist auf seine Existenz und Einzigartigkeit. Der Name zeigt zwar auf jemanden, sagt aber nichts weiter darüber, *wer* der auf diese Weise herausgehobene Mensch ist. Dazu braucht es eine Erzählung. Die Erzählung tut etwas, was der Name nicht kann. Sie beantwortet die Frage: *Wer ist Jean-Jacques Rousseau? Wer ist Austerlitz? Wer ist Anton Reiser?* und die sich allen Protagonisten stellende Frage: *Wer bin ich?*

Die existenzielle Notwendigkeit, diese Fragen zu beantworten, ist allen hier betrachteten Texten eingeschrieben. Sie zeigt sich beispielsweise an Rousseaus Obsession des *tout dire*, an Austerlitz' rastloser Suche nach Relikten der Vergangenheit sowie an Anton Reisers Reflexionen über den Begriff der Individualität, wobei die philosophische Reflexion sich nicht als geeignet erweist, um die Frage: *Wer bin ich?* zu beantworten. „Am Ende seiner Untersuchungen dünkte ihm sein eignes Dasein, eine bloße Täuschung, eine abstrakte Idee." (AR 260) Das Nachdenken über sich selbst in allgemeinen Begriffen verunsichert Anton Reiser und hinterlässt so wenig Greifbares, dass ihm schliesslich seine eigene Existenz als Täuschung erscheint. Er hat nichts darüber herausgefunden, was *ihn* – und nur ihn – auszeichnet, einzigartig macht und sein Dasein rechtfertigen würde; „so war es ihm nach einigem Nachdenken, als ob er sich selbst entschwunden wäre – und sich erst in der Reihe seiner Erinnerungen an das Vergangene wieder suchen müsste." (AR 260) Der sich beinahe Entschwundene findet sich wieder in der Reihe seiner Erinnerungen. Nur seine in der Vergangenheit erlebten Erfahrungen und die Erinnerung an sie geben Aufschluss über ihn. Hier wird der Zusammenhang von Erinnerung und Identität deutlich, der dem Projekt der Selbsterschreibung zu Grunde liegt.[22] *Sich erinnern* ist ein reflexives Verb, es trägt den reflexiven Selbstbezug strukturell in sich. Indem ich mich erinnere, finde ich etwas darüber heraus, wer ich bin. Konsequenterweise kann Erinnerung nicht als etwas im Subjekt Vorhandenes, als verfügbaren Teil seiner selbst verstanden werden, sondern als eine Praxis des erinnernden Selbstbezugs und somit als Selbsttechnik. Bei Erich Meuthen findet sich eine schöne Beschreibung des Erinnerungsvorgangs von Anton Reiser:

21 Seel, Martin: Ästhetik des Erscheinens. München 2000, S. 75.

22 Das Problem der Erinnerung als Vergegenwärtigung der Vergangenheit wird in Anton Reiser mehrfach reflektiert. Es stellt sich zum Beispiel die Frage nach dem richtigen Standpunkt, der es erlaubt, „von dem ganzen seines hiesigen Lebens ein anschauliches Bild zu haben" (AR 92). Zudem wird die Verbindung von Erinnerung mit sinnlicher Wahrnehmung (Gerüche: AR 63) und mit Topographie (AR 92f./103) vorgestellt sowie das unfassbare Verhältnis von Zeit und Raum thematisiert (AR 93).

Nur weil Anton sich ‚erinnert', weil er Wahrgenommenes wiedererkennt, kann er Begriffe von der Identität der Dinge und – abgesehen davon – seiner selbst entwickeln. Die ‚Erinnerung' entfaltet den Horizont, der es erlaubt, Vergangenes und Gegenwärtiges aufeinander zu beziehen, äußere Eindrücke mit ‚inneren' Bildern (Vorstellungen) zu vergleichen und aus der Wahrnehmung des Unterschieds ‚Sinn' zu schlagen. Der zeitliche ‚Abstand' erscheint [...] als ‚Abstand' einer Vergleichsrelation und der ihr zugrundeliegenden Bilder. Ohne diese Leistung der ‚Erinnerung', das Ineinanderschreiben von ‚Äußerem' und ‚Innerem', fiele das Erlebte auseinander, gäbe es kein ‚Ich' und keine ‚Wahrheit'.[23]

Wenn Anton Reiser fühlt, „dass sich das Dasein nur an der Kette dieser ununterbrochnen Erinnerungen festhielt" (AR 260), dann bildet ebendieser Vorgang Grundlage seiner Identität. Das Erinnern verbindet, was sonst wegen der zeitlichen Diskontinuität auseinanderfallen würde.

Der zeitliche Abstand des erinnernden Selbst zum erinnerten Selbst bildet auch im subjekttheoretischen Entwurf von Paul Ricoeur die größte Gefahr für die Identität des Subjekts: „die Zeit [ist] der Unähnlichkeitsfaktor, der Faktor des Abstands und der Differenz. Aus diesem Grund ist die Bedrohung, die sie für die Identität darstellt, nur dann vollständig behoben, wenn man ein der Ähnlichkeit und der ununterbrochenen Kontinuität der Veränderung zugrundeliegendes Prinzip der *Beständigkeit der Zeit* annehmen kann."[24] Als Prinzip der Beständigkeit der Zeit trotz ihrer Differenz betrachtet Ricoeur das Erzählen, welches eines Struktur der Beständigkeit schafft: „Auf diese Weise entwickelt narrative Operation einen originellen Begriff dynamischer Identität, der gerade jene Kategorien miteinander versöhnt, die Locke für einander entgegengesetzt hielt: Identität und Verschiedenheit."[25] Indem Erzählen die Zeit neu strukturiert und im Zusammenhang der Stimme des erzählenden Subjekts *Beständigkeit* schafft, versucht es, die Bedrohung der Identität abzuwenden.[26] Die Gefahr des eigenen Auseinanderfallens vor Augen, muss sich das Subjekt die Frage nach sich selbst umso dring-

23 Meuthen, Erich: Selbstüberredung. Rhetorik und Roman im 18. Jahrhundert. Freiburg 1994, S. 234.

24 Ricoeur, Paul: Das Selbst als ein Anderer. München 1996, S. 146.

25 Ricoeur 1996, S. 176.

26 Das Konzept einer narrativen Identität ist in der Psychologie breit anerkannt. Zur begrifflichen Differenzierung einer narratologischen, psychologischen und soziologischen Diskussion von narrativer Identität vgl. Kraus, Wolfgang: Falsche Freunde. Radikale Pluralisierung und der Ansatz einer narrativen Identität. In: Renn, Joachim & Straub, Jürgen (Hrsg.): Transitorische Identität. Der Prozesscharakter des modernen Selbst. Frankfurt/M 2002, S. 159–186.

licher stellen. Die Selbsterschreibung stellt die Antwort darauf gewissermaßen her. Der Zusammenhang von Subjektivität und Erinnern und das Problem der Einheit des Subjekts treibt alle hier untersuchten Texte um, wird bei Rousseau, Moritz und Sebald jedoch in unterschiedlicher Weise problematisiert.

Das Konzept einer narrativen Identität bildet die Voraussetzung für das hier vorgestellte Konzept der Selbsterschreibung. Der Zusammenhang von Erzählen, Identität und Subjektivität soll im Folgenden noch etwas genauer erkundet werden, wobei Adriana Cavareros Gedanken in *Relating Narratives. Storytelling und Selfhood*[27] eine wichtige Anregung bilden. Wie es Anton Reiser unmöglich ist, sich durch philosophische Reflexion in seiner Einzigartigkeit zu bestimmen, so zeigt auch Cavarero die Untauglichkeit der Philosophie für die Beantwortung der Frage *Wer bin ich?*, indem sie das Rätsel der Sphinx in Sophokles' *Ödipus* analysiert. Ödipus kann das Rätsel der Sphinx zwar mit der richtigen und universal gültigen Antwort ‚der Mensch' beantworten, aber im Hinblick auf seine eigene Identität tappt er vollkommen im Dunkeln. Die Frage danach, *was* der Mensch ist, und die Frage, *wer* ich bin, bewegen sich in unterschiedlichen diskursiven Registern.

> Philosophers themselves – servants of the universal – are the ones who teach us that the knowledge of Man requires that the particularity of each one, the uniqueness of human existence, be unkowable. Knowledge of the universal, which excludes embodied uniqueness from its epistemology, attains its maximum perfection by presupposing the absence of such a uniqueness. *What* Man is can be known as defined, as Aristotle assures us; *who* Socrates was, instead, eludes the parameters of knowledge as sience, it eludes the truth of the *episteme*.[28]

Das Nachdenken über das Rätsel der Sphinx führt den Philosophen ebenso wenig dazu, sich selbst zu kennen, wie das delphische Gebot des γνωθι σεαυτον. Die Sprechweise der Wissenschaft und des Erzählens stehen sich unvereinbar gegenüber.

Cavareros Ödipus-Deutung ist für die Frage der Subjektivität in der Literatur um 1800 interessant, weil zu dieser Zeit die Frage der Sphinx wieder neue Aktualität erlangte. Die Frage nach dem Menschen wurde zur Kardinalfrage des 18. Jahrhunderts. Die Spannung zwischen dem Erforschen des Menschen als universale Frage und dem einzigartigen Individuum, das in der Literatur zur Beschrei-

27 Cavarero, Adriana: Relating Narratives. Storytelling and Selfhood. London; New York 2000.

28 Cavarero 2000, S. 9.

bung und Erkundung freigegeben ist, durchwirkt sowohl Rousseaus *Confessions* und *Rêveries* als auch Moritz' *Anton Reiser*. Moritz versucht die unterschiedlichen Diskurse des Erzählens und des wissenschaftlichen Beschreibens[29] in seinem psychologischen Roman zu verbinden. Die Geschichte des Individuums Anton Reiser ist nämlich auch eine Geschichte „des Menschen" (AR 10). Die Erzählung kann die Spannung zwischen den verschiedenen Diskursen jedoch nicht wirklich auflösen. Immer wieder brechen aus der prägnanten Erzählung einzelner Szenen das individuelle Leid und somit die Einzigartigkeit von Anton Reiser hervor und überblenden die ins Allgemeine weisenden psychologisch-wissenschaftlichen Diagnosen. Gerade die den Roman untergründig prägenden Körpererfahrungen von Anton Reiser sind widersprüchlich und unverständlich. Der Roman stellt so die dringliche Frage nach dem Menschen als Subjekt in den Zusammenhang mit seinem Körper. Die narrative Form des Romans hat die Möglichkeit, Erfahrung darzustellen, die auch widersprüchlich sein kann.

Auch Rousseau bezieht sich auf die anthropologische Frage nach der Natur des Menschen. Er leitet seine *Confessions* mit folgendem Anspruch ein: „Je veux montrer à mes semblables un homme dans toute la vérité de la nature; et cet homme ce sera moi." (CON 33) Die Person, von der erzählt wird, erhält auch hier den exemplarischen Status „un homme", insbesondere im Hinblick auf die Wahrheit des Erzählten. In der nachgeschobenen Präzisierung „et cet homme ce sera moi" vollzieht sich der kategorische Sprung vom universalen Mensch zum besonderen Indiviuum auf linguistischer Ebene. „Cet homme" wird identisch mit „moi", allerdings erst in der Zukunft. Die Bewegung des Zeigens ist dem Demonstrativpronomen „cet" sowie dem Personalpronomen „moi" inhärent. Man kann dem Prozess dieses Zeigens entlang dem Syntagma des Satzes folgen. Gezeigt wird zuerst auf den Menschen, dann auf mich selbst. Ein „moi" aber ist nie allgemein. Das Futur „sera" verweist auf das Versprechen des Buches. Die Identität zwischen *dem Menschen* und dem *Ich* wird durch das Erzählen hergestellt werden. Die Verschränkung des allgemeinen und des besonderen Menschen wird jedoch umgehend problematisiert. Es folgt nämlich die erneute Selbstsetzung: „Moi, seul." Das „seul" markiert die Differenz des „moi" zu den anderen sowie einen Autonomieanspruch. Diese Differenz entsteht aus der Einzigartigkeit des „moi", welche es mit den anderen unvergleichbar macht: „Je ne suis fait comme aucun de ceux que j'ai vu; j'ose croire n'être fait comme aucun de ceux

29 Moritz beruft sich dabei auf die empirische Wissenschaft, auf das Sammeln von Beobachtungen, und nicht auf ein übergreifendes philosophisches System. Der Unterschied zwischen empirischem und systematischem Denken in der Philosophie und Wissenschaft wird bei Cavarero nicht reflektiert.

qui existent.“ (CON 33) Mit großem rhetorischen Gestus beharrt das sprechende Subjekt auf seiner Einzigartigkeit und Individualität. Ich bin nicht wie die anderen, ich bin anders. Diese Einzigartigkeit legitimiert die Erzählung der *Confessions*.[30] Die Frage, *wer* dieses „moi“ ist, kann nur durch Erzählen beantwortet werden. Die Kategorie „homme“ gibt darüber keinen Aufschluss.

Es besteht jedoch ein grundlegender Unterschied zwischen Rousseaus autobiographischer Selbsterschreibung und Cavareros Ödipus-Interpretation, welche das biographische Erzählen fokussiert. Das erzählende Subjekt der *Confessions* ist fähig, seine Geschichte selbst zu erzählen – oder stellt sich zumindest als solches dar –, Ödipus hingegen nicht. „Oedipus does not embark on any introspective journey into the *interior* of his self, but rather comes to know his identity from the outside, through the story that others tell him.“[31] Selbst-Erforschung ist für Ödipus nicht möglich, weil er das, was über seine Identität entscheidet, gar nicht wissen *kann*:

> Oedipus does not know who he is because he is ignorant of his birth. Therefore, only the story of his birth can reveal the story of which he is the protagonist. For Oedipus, in other words, knowing himself means knowing his birth. [...] The uniqueness of his identity, his *daimon*, has its origin in the event of this birth.[32]

Die Geburt eines Menschen begründet seine Identität, indem sie seine Existenz unzweifelhaft und materiell belegt.[33] Das Problem ist nun aber, dass sich niemand an seine eigene Geburt erinnern kann. So verfügt auch niemand über die absolut sichere Begründung seiner Identität. Die Fähigkeit, sich zu erinnern, kann Identität zwar herstellen. Weil sich der Erinnerungsfähigkeit mit der Geburt jedoch das Entscheidende entzieht, ist erinnerte Identität nie zweifelsfrei. Ödipus wird seine Geschichte von anderen erzählt. Gewissheit – die in seinem Fall verheerend ist – über seine Identität erhält er durch die biographischen Erzählungen anderer und nicht durch die autobiographische Erzählung seiner selbst: „The Oedipal form of *gnothi se auton* does not consist in an exercise of introspection, but rather in soliciting the external tale of his own life-story.“[34] Cavarero fasst

30 Rousseaus Emphase auf voraussetzungslosem Erzählen und seine Abgrenzung von geistesgeschichtlichen Strömungen und möglichen Einflüssen ist auch in diesem Zusammenhang zu sehen.

31 Cavarero 2000, S. 11.

32 Ebd.

33 Ebd.

34 Cavarero 2000, S. 12.

dieses Angewiesensein auf die Erzählung der eigenen Geschichte durch andere als „a desire for narration, or the desire for the telling of his story“[35] und entwickelt daraus das Konzept eines „narratable self“[36]. Der Wunsch nach der eigenen Erzählung ist ein Wunsch nach Einheit. Der Wunsch nach Einheit der Erzählung entsteht gerade durch die Tatsache, dass niemand seine ganze Geschichte kennen kann und sich im Versuch des Erinnerns sowie der Selbstreflexion immer schon als gespalten und unvollständig wiederfindet.[37] Dieser Wunsch nach Einheit der Erzählung wird beispielsweise im Buch verkörpert, welches Rousseau am Anfang der *Confessions* Gott und den Lesenden entgegenstreckt. Das Ergebnis der Selbsterschreibung soll eine Ganzheit sein, ein vollendetes und geschlossenes Buch.

Der Wunsch nach Einheit markiert auch das Ziel, welches die ästhetische Theorie des 18. Jahrhunderts zu erreichen sucht. Die Sehnsucht nach Einheit findet sich beispielsweise in den ästhetischen Theorien von Moritz, so in seiner Bestimmung des Schönen als „in sich selbst Vollendetes“[38] sowie in der performativen Beschwörung des Schönen durch Kreismetaphern wie der „Himmelswölbung“ oder des „Auges“[39]. So sehr Moritz aber versucht, diese Einheit theore-

35 Cavarero 2000, S. 15.

36 Erläutert in Cavarero 2000, S. 32–45. Cavarero versteht ihr Konzept des narratable self klar in Abgrenzung zu dekonstruktivistischen Ansätzen. Die einzigartige Existenz eines Menschen ist der Erzählung dieses Menschen vorgeordnet. Der grundlegende desire for narration jedes Menschen, der die Wendung zu sich selbst vollzieht, begründet Cavarero einerseits in Anlehnung an Hannah Arendt in ihrer Konzeption der Menschen als soziale Wesen, die immer auf andere angewiesen sind und deren Existenz grundsätzlich exposed ist. Andererseits sehnt sich ein narratable self nach seiner Geschichte wegen der narrativen Struktur seines Gedächtnisses.

37 The unity of the self – which lies in the miracle of birth, like a promise of ist naked uniqueness – is already irremediably lost in the very moment in which that same self begins to commemorate herself. This loss uf unity gets turned into the lack that feeds desire. Cavarero 2000, S. 39.

38 Moritz, Karl Philipp: Moritz: Versuch einer Vereinigung aller Schönen Künste und Wissenschaften unter dem Begriff des in sich selbst Vollendeten. In: Ders.: Werke Band 2. Popularphilosophie. Reisen. Ästhetische Theorie. Frankfurt/M 1992, S. 943–949.

39 „Das Auge blickt dann, sich selber spiegelnd, aus der Fülle des Daseins auf. – Die Erscheinung ist mit der Wirklichkeit [...] eins geworden.“ In: Moritz, Karl Philipp: Über die bildende Nachahmung des Schönen. In: Ders.: Werke Band 2. Popularphilosophie. Reisen. Ästhetische Theorie. Frankfurt/M 1992, S. 958–991, 991.

tisch sowie figurativ einzuholen und nachzubilden, zeigen seine Texte in ihren Sprüngen und Widersprüchlichkeiten als Fragmente, hinter denen die angestrebte Einheit als uneingelöstes Ziel und Folie steht.

Die Diskrepanz zwischen dem Versprechen einer Einheit und ihrer Einlösung durch den Text zeigt sich auch in *Anton Reiser*. In der zweiten Vorrede verspricht der Erzähler, dass die „abgerissnen Fäden" und alle „Zwecklosigkeit" und „Verwirrung" von Anton Reisers Geschichte sich letztendlich wieder anknüpfen und „in Harmonie und Wohlklang" auflösen werden. (AR 120) Dies geschieht aber gerade nicht – *Anton Reiser* bleibt ein stellenweise dunkler, uneinheitlicher Text, der Zwecklosigkeiten nicht immer mit Sinn erfüllt und dessen Strukturen der Wiederholung und des steten Auf und Ab keine narrative Geschlossenheit herstellen. So wird der konstitutive Mangel an Einheit einer Lebensgeschichte ästhetisch praktisch konkret reflektiert.

Die Rückführung der persönlichen Identität auf die nicht erinnerbare Tatsache der eigenen Geburt kompliziert natürlich den Zusammenhang von Identität und Erzählen. Die erinnernde Versicherung seiner selbst kann immer nur unvollständig sein. Die Lücke am Anfang der Geschichte ist uneinholbar. Das Nichtwissen der eigenen Geburt bildet eine Leere auf dem Grund der Identität und einen andauernden Anlass der Beunruhigung. In *Austerlitz* verschärft sich diese grundsätzliche Beunruhigung über den eigenen Ursprung, indem sich die Leere des Nichtwissens auf viele Jahre seiner Kindheit erstreckt und dieses Nichtwissen seine Traumatisierung durch die gewaltsame Trennung von seiner Familie und seinem Herkunftsland verbirgt. Die Leere im Zentrum von Austerlitz' Existenz wird zum Prinzip der Erzählung. Diese Leere wird durch Strukturen der Wiederholung und des Aufschubs erzählend umkreist. Der zwanghaft nach Relikten der Vergangenheit suchende Austerlitz verkörpert den *desire for narration* auf nahezu exemplarische Weise, auch wenn ihm erst im Laufe der Erzählung bewusst wird, dass er nicht nach kulturhistorischer, sondern nach seiner eigenen Vergangenheit sucht. Tatsächlich findet Austerlitz in seinem früheren Kindermädchen Vera schließlich einen Menschen, der ihm seine Geschichte erzählen kann. Doch Vera kann ihm nur einen Teil seiner Geschichte erzählen und ihn nicht zur Gewissheit seiner Herkunft und Geburt führen, denn seine Eltern, die seine Geburt unzweifelhaft belegen können, wurden von den Nationalsozialisten ermordet. Der Zugang zu ihnen und zu seinem Ursprung bleibt Austerlitz verwehrt. Die Erzählung der anderen reicht nicht aus, um sich über seine Identität klar zu werden. *Austerlitz* endet denn auch mit dem Dan Jacobsons Schilderung einer Diamantengrube, die sich „einen Schritt von dem festen Erdboden" entfernt in eine unauslotbare Leere verliert (A 416).

So trifft Cavareros Konzept des *narratable self* und *desire for narration* zwar ins Zentrum von *Austerlitz*. Austerlitz sucht unermüdlich nach einem Zuhörer, dem er seine Geschichte erzählen kann. Austerlitz erzählt seine Geschichte mündlich, kann sie jedoch nicht ins schreiben. Der Text Austerlitz ist in seiner Anlage deshalb konstitutiv auf den Zuhörer/Erzähler angewiesen (vgl. das Kapitel zu *Austerlitz*). Die Notwendigkeit, dass das Subjekt sich selbst erzählt – und seine Geschichte nicht nur erzählt bekommt –, ist durch den historischen Ort des Subjekts bedingt. Austerlitz ist ein (post)modernes Subjekt ist. Ein modernes Subjekt ist in neuzeitlichem Sinn ein sprechendes Subjekt, im Gegensatz zu Ödipus. Es kann die Gewissheit über seine Identität nicht mehr als von außen gegeben wahrnehmen – durch die von anderen erzählte Geschichte oder durch Gott oder eine Position in der Weltordnung.[40] Vielmehr bedeutet moderner Subjektivität, dass man die Frage nach sich selbst selbst stellt. Ein Subjekt ist Autor oder Autorin seiner Geschichte.[41] Rousseau manifestiert dies im grossartigen rhetorischen Gestus der Selbstsetzung des *moi – seul*. Das Beharren darauf, anders zu sein, ist eine Absage an externe Zuschreibungen. Diese Absage radikalisiert Rousseau in den *Rêveries* nochmals. Anton Reiser erweist sich dagegen als eine von äußerlichen Zuschreibungen geprägte, ja geradezu gequälte Figur. Gleichzeitig zeigt Moritz durch den die Deutungshoheit beanspruchenden Erzähler die Schwierigkeiten von Anton Reisers Selbsterschreibung auf. Doch auch dieser biographische Roman arbeitet sich am Ziel der subjektiven Wendung zu sich selbst ab, gerade darin, dass er die Grenzen dessen, was man über sich selbst/den Menschen wissen kann, aufzeigt.

Für das Projekt der Selbsterschreibung ist die Unverfügbarkeit des eigenen Anfangs, das Nichtwissen um die eigene Geburt, ein Problem. Als solches wird es aber verschwiegen. Sowohl Rousseau als auch Moritz beginnen ihre Erzählung mit der Charakterisierung ihrer Eltern. Sie bestimmen ihren Ursprung in der

40 Jochen Fritz definiert die neuen historischen Bedingungen der Neuzeit: „Der moderne Mensch gewinnt die Möglichkeit, sich gegenüber vorgegebenen Ordnungen zu emanzipieren, weil er sieht, dass sie lediglich kontingente Setzungen sind. Entscheidend ist für ihn nicht mehr die Einbettung in das Bestehende, sondern die Möglichkeit, selber Bestehendes zu schaffen." In: Fritz, Jochen: Ruinen des Selbst. Autobiographisches Schreiben bei Augustinus, Rousseau und Proust. München 2007, S. 164.

41 Cavarero hingegen entwickelt das Konzept des narratable self aus der Lektüre des Ödipus von Sophokles, der Odyssee, des Orpheus-Mythos und Tausendundeiner Nacht – allesamt vormoderne Texte, deren Konzepte von Autorschaft sich grundlegend von denjenigen neuzeitlicher Literatur unterscheiden und die in mündlicher Erzähltradition fussen.

familiären Genealogie. Innerhalb der Erzählung wird das Nichtwissen um die eigene Geburt verschwiegen und als selbstverständliches Wissen dargestellt. Weil tradiertes Wissen um die familiäre Genealogie vorhanden ist, erscheint der eigene Ursprung als gesichert. Die Unverfügbarkeit der eigenen Existenz problematisiert sich sowohl bei Rousseau als auch bei Moritz nicht in der Unverfügbarkeit des eigenen Anfangs, sondern auf andere Weise: indem der eigene Körper zum Problem wird. Der Körper ist auf dem Subjekt undurchschaubare Weise mit der eigenen Subjektivität verknüpft, wie sich bei der Lektüre der verschiedenen Texte konkret zeigen wird.

So sehr jede Lebensgeschichte nach ihrem Ursprung sucht – und diesem Ursprung auch in der genauen Erforschung der Kindheitsjahre nachspürt – kann sie doch nicht zu ihrem Anfang gelangen.[42] Das moderne Subjekt erzählt von sich selbst um den Preis, dass die Gewissheit der Geburt und des eigenen Anfangs immer mangelt. Doch gerade diese Lücke auf dem Grund der eigenen Identität bringt das existenzielle Bedürfnis hervor, seine Geschichte zu erzählen.

Für diese Studie ist noch ein weiterer Aspekt des Zusammenspiels von Erzählen, Identität und Subjektivität essentiell, nämlich die Selbsterschreibung als *literarischer* Prozess. Ein Selbst entsteht erst, indem sich ein Subjekt die Frage nach sich selbst stellt. Diese Wendung zu sich selbst – sei dies als Frage oder als Erzählung – vollzieht sich in der symbolischen Ordnung der Sprache.[43] Die Texte von Rousseau, Moritz und Sebald vollziehen die Wendung zu sich selbst nochmals spezifischer im Medium der Schrift. Dies hat spezifische mediale Dynamiken zur Folge, welche ebenfalls zu betrachten sind.

Ein Subjekt stellt sich durch den konstitutiven sprachlichen Selbstbezug erst her. Hier wird Michel Foucaults Konzept der Selbsttechnik als Subjektivitätspraxis aktuell. Selbsterschreibung kann somit als komplexe sprachlich-literarische Selbsttechnik verstanden werden. Ein Subjekt erfindet und erschreibt sich in einem Text, wobei die literarisch-ästhetische Form dieser Selbsttechnik eine besondere Anziehungskraft entfaltet (S. Kapitel *Anton Reisers Selbsttechniken*) und sie diesen eigenen ästhetisch-medialen Bedingungen unterwirft. Zudem vollzieht das schreibende Subjekt durch die Produktion von Schrift eine spezifi-

42 Ebensowenig kann die Menschheit als Gattung zu ihrem natürlichen Zustand gelangen. In seinem Discours sur l'origine et les fondements de l'inégalité parmi les hommes verfolgt Rousseau in einem anderen Horizont das Problem des für immer unzugänglichen Ursprungs.

43 Die äussere Erscheinung einer Person oder der Blick auf das eigene Spiegelbild stehen als sinnliche Wahrnehmung der Einzigartigkeit einer Person zwar ausserhalb der Sprache, bleiben als ‚reine' Wahrnehmung aber unverhandelbar.

sche Selbstdistanz. Außerhalb von Sprache und Schrift gibt es keinen Selbstbezug und somit auch kein Subjekt.

Am Anfang jeder Selbsttechnik steht ein Mensch, der in irgendeiner Weise auf seine Existenz reagiert. So führen die Erfahrungen von Leid Anton Reiser zur Frage nach seiner Existenz. Immer wieder überrascht die existenzielle Wucht des Romans. Und bevor Rousseau sich im Schreibakt des „moi, seul" selbst setzten konnte, existierte ein Impuls, der ihn dazu bewegte, dieses „moi, seul" auf das Papier zu setzen. Hier kann die Schrift des Selbst auch als Spur gelesen werden: In ihrer Medialität und Materialität verweisen die Schriftzeichen des „moi, seul" auf einen dem Zeichen zugrundeliegenden Menschen. Die Schriftzeichen sind die Spur eines Schreibakts, sie zeugen von der Berührung eines Menschen. Ein Mensch muss einmal die Feder angesetzt und geschrieben haben. So liegt jeder Selbsterschreibung eines Subjekts die Existenz eines Menschen zugrunde, ein existenzieller Impuls. Darauf verweist auch Jean-Luc Nancy, der das Schreiben in radikaler Weise mit dem Körper zusammendenkt: „Das an den Körper Rühren, den Körper Berühren, endlich *Berühren* – [geschieht] in der Schrift fortwährend".[44]

Diese Idee eines dem Text vorangehenden „narrative impulse" findet sich auch bei Adriana Cavarero, allerdings verbunden mit einer Absage an die Annahme einer absoluten produktiven/performativen Kraft des Textes:

> Altough she is immersed in this tale, the narratable self is not however the product of the life-story which the memory reconts. She is not [...] a construction of the text, of the effect of the performative power of narration. She conicides rather with the uncontrollabe narrative impulse of memory that produces the text, and is captured in the very text itself.[45]

Das erzählte Selbst steht nicht am Ende des Textes als sein Ergebnis, sondern ist von Anfang an in ihn *verwickelt*, und zwar auch als Körper. Der Grund des Erzählens liegt in einem *narrative impulse*. Der Begriff des Impulses, der eine Selbsterschreibung in Gang setzt, ist hilfreich, weil er den Beginn einer Erzählung in der Lebendigkeit und im Körper eines Menschen verortet. Die ursprünglich physikalische Bedeutung von *Impuls* als Bewegungsenergie lässt sich auch auf die Voraussetzungen des Erzählens übertragen.

Cavareros Absage an die konstruktive und performative Kraft des Textes kann dagegen im Hinblick auf Subjektivität in einem spezifisch modernen Sinn relativiert werden. Subjektivität, wie sie bei Rousseau, Moritz und Sebald durch-

---

44 Nancy, Jean-Luc: Corpus. Berlin 2003, S.14.

45 Cavarero 2000, S. 35.

gespielt wird, entsteht erst im bewussten Selbstbezug, der sich durch Sprache und Schrift performativ herstellt. Ein Subjekt, das sich selbst erschreibt, konstruiert und konstituiert sich durchaus durch den und im Text. Ein Subjekt spricht selbst und überführt die Erzählungen der anderen, auf die es als *narratable self* angewiesen ist, in eigene Rede. Hiermit wird auch deutlich, dass sich die Begriffe des *narratable self* und des *Subjekts* nicht decken.

Was Cavareros *narratable self* und den Begriff des Subjekts jedoch verbindet, ist die Einzigartigkeit und Besonderheit des Menschen, auf welche die Frage *Wer?* hinführt. „Uniqueness is an absolute difference“, schreibt Cavarero.[46] Diese Einzigartigkeit jeder Existenz bewirkt sowohl das Angewiesensein auf Erzählungen sowie die Selbsterschreibung eines Subjektes. Selbsterschreibung sucht nach der Darstellung der eigenen Einzigartigkeit. Dabei liegt die Einzigartigkeit des erzählten oder erzählenden Subjektes nicht nur in seiner Geschichte – den zu erzählenden Ereignissen oder Erinnerungen –, sondern ebenso sehr in der Art und Weise des Erzählens. Und hier, bei der Frage nach der Darstellung von Einzigartigkeit, wird der ästhetische Aspekt der Selbsterschreibung wirksam, welcher bei Cavarero nicht reflektiert wird. Nicht nur die diskursive Möglichkeit des Erzählens[47], sondern auch die ästhetische Möglichkeit schriftspezifischer formaler Komposition, rhetorischer Figuren und sprachlicher Gestaltung erlauben es der Literatur, jene Einzigartigkeit hervorzubringen, welche darstellt, *wer* jemand ist. Diese Einzigartigkeit entsteht durch den kreativen Prozess des Schreibens. Literarische Sprache wirkt durch ihre Ästhetik immer wieder neu und anders, also einzigartig. Somit ist es ein Ziel dieser Studie, diese Einzigartigkeit an den Texten von Rousseau, Moritz und Sebald aufzuzeigen. Die Einzigartigkeit jeder Selbsterschreibung liegt einerseits in der Suche nach einer ‚eigenen‘ Sprache im Sinne eines unverwechselbaren Erzähltons, in einer ganz bestimmten Komposition und im Zusammenwirken der verwendeten Worte, Sprachbilder und Erzählstrukturen, die bereits in kleinen Abweichungen von bekannten literarischen Mustern bestehen kann. Andererseits kann diese Einzigartigkeit erst durch die Lektüre wahrgenommen werden. Denn die Lektüre aktualisiert jede Erzählung neu.

So reflektiert Rousseau am Ende des vierten Buchs der *Confessions* die Rolle der Lesenden aus rezeptionsästhetischer Perspektive und weist ihnen eine Mitverantwortung an seinem Werk zu:

---

46 Cavarero 2000, S. 89.

47 Die Möglichkeit, eine Geschichte im Sinne eines Plots zu erzählen, eignet auch mündlichen Selbst-Erzählungen. Hier sollen aber die Spezifika literarischer Selbsterschreibungen im Zentrum stehen.

C'est à lui [au lecteur] d'assembler ces éléments et de déterminer l'être qu'ils composent: le résultat doit être son ouvrage; et s'il se trompe alors, toute l'erreur sera de son fait. Or, il ne suffit pas pour cette fin que mes récits soient fidèles, il faut aussi qi'ils soient exacts. Ce n'est pas à moi de juger de l'importance des faits, je les dois tous dire, et lui laisser le soin de choisir. (CON 230)

Während Rousseau in dieser Passage vor allem auf das Bild seiner selbst fokussiert, das bei der Lektüre entsteht und ihn dazu veranlasst, die Verantwortung für die Wahrheit (über ihn) den Lesenden zu übergeben, kann sie im Hinblick auf die Frage nach dem ästhetischen Potenzial von Selbsterschreibungen auch auf die Konstruktion von Erzählungen hin gelesen werden.

Die Aufgabe der Lesenden ist es, die verschiedenen Elemente der Erzählung zusammenzusetzen. „Le résultat doit être son ouvrage". Das Werk ist das Ergebnis einer komponierenden Lektüre. Das schreibende Subjekt gibt die Definitionsmacht über den Text spätestens im Akt der Lektüre ab. Die Erzählung, aber auch das sich in ihr erschreibende Subjekt, ist konstitutiv auf die Lesenden angewiesen. (S. Rolle der Lesenden im Kapitel *Confessions*)

Die Mehrdeutigkeit von Texten wird auch im Erzählerkommentar zum zweiten Teil von *Anton Reiser* problematisiert. Der Erzähler diskutiert dort die Gattung von *Anton Reiser*, indem er nun ‚Biographie' als angemessenere Gattungsbezeichnung darstellt als ‚psychologischer Roman'. Doch unabhängig von der Gattung handelt es sich beim vorliegenden Buch um ein „künstlich verflochtnes Gewebe eines Menschenlebens", das „aus einer unendlichen Menge von Kleinigkeiten besteht, die alle in dieser Verflechtung äusserst wichtig werden, so unbedeutend sie an sich scheinen." (AR 120) Jeder Text ist, etymologisch betrachtet, ein „verflochtnes Gewebe". Mit der Charakterisierung „künstlich" weist Moritz diese textuelle Gemachtheit hin, aber auch auf seine ästhetische Qualität des Kunstvollen.[48] Die Lebensgeschichte Anton Reisers ist nicht das *Leben*, sondern das kunstvolle und artifizielle *Gewebe eines Lebens*. Dies hat Konsequenzen für die Lektüre. Eine Konsequenz ist, dass sich – analog zu Rousseaus *composition* – die Bedeutung einzelner Ereignisse, Elemente oder gar Worte erst aus der Lektüre des ganzen Textes ergibt. Man kann nicht von Anfang an wissen, was sich im Text als wichtig erweisen wird. Gerade die Kleinigkeiten können „in dieser Verflechtung äusserst wichtig werden". In der gegenseitigen Verflechtung entstehen Beziehungen in verschiedene Richtungen und produzieren eigene Bedeu-

48 In Grimms Wörterbuch wird ‚künstlich' in erster Linie im Sinn von ‚mit Kunst/Geschicklichkeit gemacht' verzeichnet. Die heutige Bedeutung ‚hergestellt/nicht echt' ist das Ergebnis eines neueren Bedeutungswandels.

tungen, welche der diskursiven Ebene der Geschichte zuwiderlaufen können. Die sprachlich-schriftliche Verflechtung eines Textes bringt literarische Strukturen hervor, welche mit poetischen und rhetorischen Mitteln – wie Bildlichkeit der Sprache, Positionen, Ähnlichkeiten, Spiegelungen, Übertragungen usw. – Bedeutungspotenziale hervorbringen, welche in der Lektüre auf unterschiedliche Weise aktualisiert werden können. Besonders raffiniert und suggestiv, ja nahezu schwindelerregend spielt Sebald damit.

Ein Text verdankt seine Vieldeutigkeit ebensosehr dem Akt der Lektüre wie seiner ästhetischen Verfasstheit. In ihrer Ästhetik und Verflechtung entwickelt literarische Sprache eine Eigendynamik. Literarische Sprache entzieht sich der Verfügung des schreibenden Subjekts. Das sich selbst erschreibende Subjekt steht nicht autonom über dem Bedeutungszusammenhang des Textes, sondern wird durch dessen Gewebe geprägt und verändert, ohne die eigene Geschichte vollständig kontrollieren zu können. So ist dem erzählenden Subjekt das *wer* seiner selbst auch in der Selbsterschreibung nicht völlig verfügbar. Diese Dynamik kann man mit Jochen Fritz folgendermaßen beschreiben:

> Sprache ist auch immer etwas, das die Selbstkontrolle des Menschen überschreitet – daher unterminiert sie die Vorstellung eines selbstmächtigen Subjektes, denn die performative Kraft der Sprache erinnert es daran, dass es von einer anderen Instanz als der eigenen Setzung abhängig sein könnte.[49]

Die Ästhetik literarischer Sprache vollzieht somit ihre eigene Subjektkritik.

49 Fritz 2007, S. 40f.

Subjekt und *sentiment*: Jean-Jacques Rousseaus *Confessions*

MOI, SEUL UND DIE WAHRHEIT ÜBER DAS SUBJEKT

„Moi, seul." Diese Worte setzt Jean-Jacques Rousseau[50] auf das Papier, nachdem er in den ersten beiden Sätzen der *Confessions* die Einzigartigkeit seines *entreprise* betont hat, das weder Vorgänger noch Nachahmer kenne, obwohl er sich bereits durch den Titel *Confessions* auf Augustinus beruft. *Moi, seul* bildet den Ausgangspunkt dieses Schreibprojekts und garantiert seine Einzigartigkeit. Die markante Urszene einer sprachlichen Selbstsetzung stellt das ganze Buch unter das Zeichen moderner Subjektivität. Ein modernes Subjekt betritt mit einem Buch in der Hand die Bühne. Die Grundlage für seine Selbstsetzung bezieht dieses Subjekt aus der Gewissheit, anders zu sein als alle anderen: „Je ne suis fait comme aucun de ceux que j'ai vus; j'ose croire n'être fait comme aucun de ceux qui existent. Si je ne vaux pas mieux, au moins je suis autre." (CON 33) Das erzählende Subjekt ist einzigartig, anders als die anderen – und damit erzählenswert. Rousseaus Erzählen gibt dem absoluten Individualitätsanspruch narrative Gestalt und beantwortet die Frage nach dem *Wer?* genau dieses besonderen Menschen. Erich Meuthen bemerkt dazu: „Mit der Behauptung der Einzigartigkeit des Menschen verbindet sich bei Rousseau erstmals das Verlangen, dieses ‚Anderssein' auszudrücken, und der Anspruch auf der ‚Lesbarkeit' (Verständlichkeit) dieses ‚Andersseins', ohne die sich keine neue Legitimationsbasis schaffen lässt."[51]

50 Wenn in der Folge von Rousseau die Rede ist, beziehe ich mich auf die Erzählinstanz der Confessions, die unter dem Namen Rousseaus auftritt, und nicht den realen Autor Jean-Jacques Rousseau.

51 Meuthen 1994, S. 117.

Das sich selbst erschreibende Subjekt konstituiert sich sprachlich. Es macht sich als Subjekt der Sprache sichtbar. Zuallererst ist es ein grammatisches Subjekt und strukturiert in der unbetonten Form des *je* den ersten Abschnitt der *Confessions – je forme, je veux montrer, je sens, je connais, j' ai vus, j'ose croire, je suis* – und markiert seine Präsenz in der betonten und gedoppelten Form des *moi, seul*. Spätestens hier lässt sich das sprechende Ich nicht mehr übersehen.

Die sprachliche und erzählerische Verfasstheit von Subjektivität zeigt sich auch im Buch, mit welchem Rousseau seinen Auftritt vor dem höchsten Richter imaginiert. Er hält das Buch in der Hand und sagt laut: „Voilà ce que j'ai fait, ce que j'ai pensé, ce que je fus." (CON 33) Das Buch ist die Antwort auf die Frage: *Wer bin ich?* Der Gestus des Zeigens des Buches – *Voilà* – doppelt deiktisch nach. Die Antwort muss sich aber erst in der Lektüre unter Mitwirkung der Lesenden erschliessen. In der Lektüre überlagern sich Buch und erzählendes Subjekt. Das Buch spricht nicht nur für das Subjekt, sondern es *ist* das Subjekt: „on ne peut juger qu'après *m'*avoir lu". (CON 33/347, Hervorhebung M. L.) Indem das Buch an die Stelle des Subjekts tritt, wird es auch zum Körper des Subjekts. Selbsterschreibung ist somit nicht nur ein imaginativ-narrativer Prozess, sondern auch die Verkörperung des Subjekts in der Schrift.

Das erzählende Subjekt bestimmt seine Sprache und formuliert die Bedingungen seines Erzählens. Darin zeigt es seine Autonomie. Die *Confessions* werden einer einzigen Bedingung unterworfen: „montrer un homme dans toute la vérité de la nature; et cet homme ce sera moi." (CON 33) Die Selbsterschreibung will den Anspruch einlösen, die *Wahrheit* über sich selbst zu sagen. Auf dieses Wahrheitsversprechen beruft sich das erzählende Ich im Laufe des Textes immer wieder und fasst es in verschiedene Bilder, wie dasjenige des Malen eines Bildes: „j'ai promis de me peindre tel que je suis" (CON 229), oder dasjenige der Transparenz: „Je voudrais pouvoir en quelque façon rendre mon âme transparente, aux yeux du lecteur" (230 CON). Transparenz[52] verspricht totale Durchsichtigkeit. Die Aufgabe des Erzählens ist das Sichtbarmachen der Seele „sous tous les points de vue"[53] und „l'éclairer [...] en sorte qu'il ne s'y passe pas un mouvement, qu'il n'aperçoive" (CON 230). Eine so verstandene Wahrheit bleibt

52 Transparenz ist das zentrale Thema von Jean Starobinskis Rousseau-Deutung. Er schlüsselt das gesamte Werk Rousseaus als Streben nach Transparenz auf: Starobinski, Jean: Rousseau. Eine Welt von Widerständen. Frankfurt/M 2003.

53 Die versprochene Vielfalt der Perspektiven und Standpunkte wird auf der Ebene der Erzählperspektive nicht eingelöst. Die Confessions werden durchgehend aus der subjektiven Perspektive und die Ereignisse in Bezug auf dieses Subjekt geprägt. Nicht nur die Ich-Perspektive ist durchgehend, sondern auch die Ich-Bezogenheit.

dann uneingelöst, wenn nicht *alles* gesagt wird, wenn etwas verborgen bleibt. „Il faut que rien de moi ne lui [au lecteur] reste obscur ou caché" (CON 96). Die Wahrheit zu sagen bedeutet somit, nichts zu verschweigen: „Je n'ai qu'une chose à craindre dans cette entreprise: ce n'est pas de trop dire ou de dire des mensonges, mais c'est de ne pas tout dire et de taire des vérités." (CON 230) Nicht die Lügen, sondern das Verschweigen verhindern die Wahrheit des Erzählens. Der Anspruch, dass das Subjekt nie genug erzählen kann, kippt in einen Erzählzwang, der die proklamierte Autonomie in ein ironisches Licht taucht.

Wahrheit und Erfindung sind dabei kein Widerspruch. Im vierten Spaziergang der *Rêveries* wird Rousseau die Lüge in der Gestalt der Fiktion verteidigen, die Kategorie der Wahrhaftigkeit hervorheben und zu guter Letzt zeigen, dass Fiktion ohnehin keine Lüge ist. Auch in den *Confessions* weist Rousseau darauf hin, dass die erzählten Bekenntnisse keine reinen Tatsachen und auch nicht festgefügt sind, sondern im produktiven Prozess des Erinnerns neu entstehen. Trotzdem sind sie wahr, weil sie authentisch empfunden werden. Das erinnernde Erfinden und die Lüge stehen der Wahrheit des Subjekts nicht entgegen.

Selbsterschreibung ist auch eine Kunst des Erinnerns. Die Wahrheitstauglichkeit der Fiktion in den *Confessions* erinnerungstheoretisch aufgezeigt. Der Mangel an Dokumenten über sein Leben zwingt Rousseau zur erinnernden Reproduktion mit Hilfe seiner Empfindungen:

> Tous les papiers que j'avais rassemblés pour supléer à ma mémoire et me guider dans cette entreprise, passés en d'autres mains, ne rentreront plus dans les miennes. Je n'ai qu'un guide fidèle sur lequel je puisse compter, c'est la chaîne des sentiments qui ont marqué la succession de mon être [...]. Je puis faire des omissions dans les faits, des transpositions, des erreurs de dates; mais je ne puis me tromper sur ce que j'ai senti, ni sur ce que mes sentiments m'ont fait faire; et voilà de quoi principalement il s'agit. (CON 348)

Zur Wahrheit des Subjekts Jean-Jacques Rousseau führen weder die weggegebenen *papiers* noch eine feste Abfolge von *faits* und *dates*, sondern die Empfindungen seiner Seele. *La chaîne des sentiments* leitet das Erinnern und Erfinden der *Confessions*. „Das Gefühl ist das unzerstörbare Zentrum des Gedächtnisses", schreibt Jean Starobinski.[54] Empfindungen sind im Moment des Empfindens immer wahr, da authentisch.[55] Sie entstehen im Prozess des Erinnerns und Er-

54 Starobinski 2003, S. 293.

55 Die unmittelbare Verbindung, welche die sentiments bei Rousseau mit der Wahrheit haben, wird bei Moritz aufgelöst werden, indem Anton Reisers Selbsttäuschungen – vorgegebene, eingebildete oder ‚falsche' Gefühle – aufgezeigt werden.

zählens wieder neu. Mit Hilfe der Empfindungen bleibt die Geschichte von Rousseaus Seele zu jedem Moment aktualisierbar. So ermöglichen die Empfindungen die subjektive Wendung zu sich selbst.

Das Erzählprinzip der *vérité* beruft sich also nicht auf eine objektive Wahrheit von *faits* und *dates,* sondern auf die subjektive Wahrheit der Authentizität der Empfindungen und der durch sie geprägten Erinnerungen.[56] Irrtümer und Erfindungen des Erzählers schaden der Wahrheit nicht, so lange diese in einer nach Transparenz strebenden Offenheit erschrieben wird. Ausserdem – und dies ist ein zentraler Punkt – tritt der Erzähler die Verantwortung für die Wahrheit des Erzählten an die Lesenden ab. Das eigentliche Werk stellt er der Komposition durch die Lesenden anheim: „C'est à lui d'assembler ces éléments et de déterminer l'être qu'ils composent: le résultat doit être son ouvrage; et s'il se trompe alors, toute l'erreur sera de son fait." (CON 230). Der ästhetische Akt der *composition* (CON 230) als auch der moralische Akt des *jugement* (CON 33) machen das erzählende Subjekt zum *ouvrage* der Lesenden. Damit inszeniert sich das erzählende Subjekt als konstitutiv auf die Lesenden angewiesen. Rousseau führt eine Selbsterschreibung vor, die sich im Schreiben nicht genügt, sondern erst in der Lektüre vollendet. Die Lesenden sind für die Subjektkonstitution unabdingbar, weil sie das erzählende Subjekt von der *Position des anderen* aus formen und anerkennen. Dadurch entsteht eine Spannung zur absoluten Selbstsetzung des erzählende Subjekt, das nicht so autonom ist, wie es scheinen will.

In dieser Uneindeutigkeit des Subjekts führt Rousseau den Konstruktionsprozess jeglicher Identität vor. Wenn die Wahrheit des Subjekt vom Leser abhängt, verändert sie sich je nach Lektüre und entzieht sich jeder Festlegung – auch darum, weil Rousseau um die Unmöglichkeit weiss, die Wirklichkeit seines Lebens und seiner Seele *tel quel* wiederzugeben, mit allen Einzelheiten gelebten Lebens. Im Hinblick auf die zukünftige Lektüre seiner selbst muss es demnach das Ziel des Erzählers sein, möglichst *alles* zu sagen, um den Lesenden vielfältige Kompositionsmöglichkeiten zu bieten: „je les dois tous dire, et lui [au lecteur] laisser le soin de choisir" (CON 230).

Das Erzählen eines Lebens geschieht immer in nachträglichem Abstand zu diesem Leben. Dieser zeitliche Abstand wird in den *Confessions* sichtbar gemacht, ebenso wie die daraus folgende Differenz zwischen dem erzählenden Ich/Subjekt und dem erzählten Ich/Sujet, wie zum Beispiel an der folgenden

56 Starobinski bestimmt Rousseaus subjektiven Wahrheitsbegriff als „Wesensbeziehung [des Ich] zur Wahrheit" und denkt die Wahrheit ebenfalls relational und vom Subjekt aus. In: Starobinski 2003, S. 71.

Stelle, wo Rousseau die Gefühlsverwirrung beschreibt, die ihn als Kind wegen einer Ungerechtigkeit überwältigt hat:

> Qu'on se figure un caractère timide et docile dans la vie ordinaire, mais ardent, fier, indomptable dans les passions, un enfant [...]. Je dis qu'on s'imagine tout cela, s'il est possible, car pour moi, je ne me sens pas capable de démêler, de suivre la moindre trace de ce que se passait alors en moi. (CON 49f.)

Die vergangene Zeit und die Veränderung des Subjektes stellen den Vorgang des Erinnerns vor Komplikationen. Rousseau akzentuiert damit ein grundsätzliches Problem jeder Selbsterschreibung: Der Erzählende ist nicht mehr derselbe wie der Erzählte.

TOUT DIRE: RHETORIK DER LÜCKENLOSIGKEIT

Rousseau formuliert den Anspruch, die Wahrheit und damit *alles* zu sagen, als Bedingung seines Erzählens. Damit wird das *tout dire* zum ästhetischen Problem. Es stellt sich die Frage, auf welche Weise das Prinzip die Ordnung des Erzählens prägt. Grundsätzlich neigt eine Erzählung, die alles erzählen will, dazu, sehr lange zu werden, schlicht aufgrund des grossen Umfangs an erzählten Empfindungen, Momenten, Dingen und Erlebnissen. Die beiden Bände der *Confessions* haben einen stolzen Umfang von mehr als siebenhundert Seiten und umfassen damit noch nicht das ganze Leben Rousseaus. Die grosse Textmenge könnte bei den Lesenden Langeweile hervorrufen – ein Problem, das der Erzähler bereits am Anfang des Buchs bemerkt: „Je sais bien que le lecteur n'a pas grand besoin de savoir tout cela, mais j'ai besoin, moi, de le lui dire." (CON 52) Es geht dem erzählenden Subjekt also nicht darum, die Erwartungen der Lesenden zu erfüllen, sondern allein um eine angemessene Erzähl- und Ausdrucksweise seiner Subjektivität. Seine eigenen Spielregeln sind ihm wichtiger als die Erwartungen der Leser. Und Zu Beginn des zweiten Teils der *Confessions* sagt der Erzähler den Lesenden ihre Langeweile als beinahe sicher voraus – ausser sie verfolgten das Ziel, einen Menschen von Grund auf kennen zu lernen: „J'avertis donc ceux qui voudront commencer cette lecture, que rien, en la poursuivant, ne peut les garantir de l'ennui, si ce n'est le désir d'achever de connaître un homme, et l'amour sincère de la justice et de la vérité." (CON 350)

Dennoch schaff Rousseau es erstaunlicherweise, dass die *Confessions* sich trotz der schieren Menge von Episoden, von Details, wechselnden Schauplätze und der Vielzahl von Personen doch über weite Strecken leicht lesen. Rousseaus

Prosa eilt temporeich vorwärts und ist präzis und rhetorisch elegant. Zeitliche Sprünge und Wechsel der Schauplätze sind auf eine solche Weise in die Textkohärenz eingebunden, dass man ihrer beim Lesen kaum gewahr wird. Dass der Text trotz seines Kokettierens mit der Langeweile über weite Strecken spannend und frisch wirkt, hat damit zu tun, was man Rousseaus ‚Stil' nennen könnte – mit der Verflechtung verschiedener rhetorischer Strategien, seiner knappen und doch bildhaften Sprache, seinem Blick für Ereignisse und Menschen, seiner Gestaltung von Spannung durch Akzentuierung und Straffung am richtigen Ort und dem Ineinanderwirken von Erzählung und Reflexion. So präsentiert sich der Text der *Confessions* in einer Rhetorik der Lückenlosigkeit, welche mit sprachlichen Mitteln den Anschein gibt, dass der Text alles sage.

In dieser Rhetorik der Lückenlosigkeit werden Lücken – Lücken der Erinnerung oder nicht beschriebene Zeitspannen – nämlich nicht verschwiegen. Sie werden vielmehr benannt und in die Kohärenz des Textes eingebunden, dass sie nicht mehr als Lücken erscheinen. Der Erzähler thematisiert beispielsweise mit einem einzigen Satz seine frühkindliche Erinnerungslücke und geht gleichzeitig über sie hinweg (nachdem er die Umstände seiner Geburt geschildert hat, als ob er sich an sie erinnern könnte):

> Je sentis avant de penser: c'est le sort commun de l'humanité. Je l'éprouvai plus qu'un autre. J'ignore ce que je fis jusqu'à cinq ou six ans; je ne sais comment j'appris à lire, je ne me souviens que de mes premières lectures et de leur effet sur moi: c'est le temps d'où je date sans interruption la consience de moi-même. (CON 36)

Fühlen und Wahrnehmen sind dem Denken vorgeordnet.[57] Diese Beobachtung des Erzählers an sich selbst, welche er gleichzeitig auf die gesamte Menschheit bezieht, leitet die erinnerungslosen Jahre seiner frühen Kindheit – die Zeit des

---

57 „Je sentis avant de penser" bedeutet aber nicht, dass sentir und penser etwas voneinander Verschiedenes wären. Vielmehr funktionieren sie zusammen, wie Ernst Cassirer ausführt: „Rousseaus „Sentimentalität" [... geht] den Weg ins „Intelligible" und sie findet erst hier ihre wahrhafte Erfüllung." Dabei zeigt sich „ein eigentümlicher Umstand in Rousseaus Sprachgebrauch. Die Terminologie Rousseaus bezeichnet die beiden grundverschiedenen Dimensionen, in die sich das Gefühl erstreckt, mit einem einzigen Ausdruck. Das Wort „sentiment" trägt bald eine rein naturalistische, bald eine idealistische Prägung; es wird bald im Sinne der blossen Empfindung, bald im Sinne des Urteils und der sittlichen Entscheidung gebraucht." In: Cassirer Ernst: Das Problem Jean-Jacques Rousseau. In: Cassirer, Ernst & Starobinski, Jean & Darnton Robert: Drei Vorschläge, Rousseaus zu lesen. Frankfurt/M 1989, S. 64.

sentir – ein. Woran sich das Kind Jean-Jacques erstmals erinnert, sind seine ersten Leseerfahrungen. Lesend erwacht Rousseau zu Selbstbewusstsein. Es ist bezeichnend, dass das Selbstbewusstsein, d.h. die Erfahrung seiner selbst als Subjekt, mit der Erfahrung des Lesens einhergeht, dessen Erlernen wiederum unbewusst geschieht. Rousseau erfährt sich lesend erstmals als Subjekt[58] und führt Lesen auf diese Weise als exemplarische abendländische Selbsttechnik vor. Eine andere in die Erzählung eingebettete Lücke ist diejenige zwischen dem ersten und zweiten Teil der *Confessions*. Am Ende des ersten Teils markiert der Erzähler explizit das Ende des Erzählens zugleich mit dem Ende seiner Jugend: „Mais il faut m'arrêter ici." (CON 342) Warum der Erzähler innehalten muss, verrät er nicht, aber aus der Formulierung „il faut" wird deren Dringlichkeit deutlich. Als Erklärung verweist er lediglich in verrätselter Form auf die klärende Wirkung der vergehenden Zeit und auf eine mögliche zukünftige Publikation der *Confessions*. „Le temps peut lever bien des voiles. Si ma mémoire parvient à la postérité, peut-être un jour elle apprendra ce que j'avais à dire. Alors on saura pourquoi je me tais." (CON 342) Die Erwartung der Lesenden, dass die Lücke der Erzählung gefüllt werden wird, wird aufrecht erhalten, auch in der Anfangspassage des zweiten Teils, die an das angekündigte Schweigen anknüpft: „Après deux ans de silence et de patience, malgré mes résolutions, je reprends la plume. Lecteur, suspendez votre jugement sur les raisons qui m'y forcent. Vous n'en pouvez juger qu'après m'avoir lu." (CON 347) Auch jetzt wird keine Erklärung für das Schweigen geliefert, aber die Neugierde der Lesenden neu angefacht, in der Lektüre des zweiten Teils zu erfahren, was verschwiegen wurde und warum. Die Lesenden erfahren es jedoch bis zum Ende der *Confessions* nicht. Auf diese Weise überbrückt Rousseaus Rhetorik der Lückenlosigkeit die Lücke von beiden Seiten und macht sie dadurch ungefährlich.

Rousseaus raffinierte Rhetorik der Lückenlosigkeit erklärt jedoch noch nicht, auf welche Weise das Subjekt die Auswahl des zu Erzählenden trifft. Warum werden jene Dinge erzählt und andere ausgelassen? Da es konstitutiv unmöglich ist, *alles* – in einem absoluten Sinn – zu erzählen, gehört das Weglassen zum Erzählprozess, entweder durch einen bewussten Entscheid oder unbewusst, indem

58 Starobinski deutet diese Passage als Begegnung mit dem Imaginären: „Die Selbstbegegnung fällt mit der Begegnung mit dem Imaginären zusammen: Beide Male handelt es sich um dieselbe Entdeckung. Von Anfang an ist das Selbstbewusstsein aufs engste an die Möglichkeit gebunden, ein anderer zu werden." In: Starobinski 2003, S. 16. Allerdings zeigt sich im Laufe der Confessions, dass Rousseaus Subjektivität keineswegs so stark mit dem Imaginären verknüpft ist, wie es an dieser Stelle erscheint, längst nicht in demselben Mass wie bei Anton Reiser.

der Schreibende sich nicht erinnert. Nur an wenigen Stellen im Text wird wie oben vorgestellt darauf hingewiesen, dass etwas *nicht* erzählt wird. Die Auslassung erscheint dann als Teil der Strategie der Lückenlosigkeit. Doch über weite Strecken gelangt nicht zur Kenntnis der Lesenden und wohl auch nicht des Erzählers, was und warum nicht erzählt wird. Somit stellt sich die Frage nach dem Unbewussten des Erzählers und dessen Verdrängungsleistung.

Der Erzähler macht klar, dass er alles erzählt, was für das Subjekt Rousseau von Bedeutung ist: „Il y a une certaine succession d'affections et d'idées qui modifient celles que les suivent, et qu'il faut connaître pour en bien juger. Je m'applique à bien développer partout les premières causes pour faire sentir l'enchaînement des effets." (CON 229f.) Entscheidend ist, was für „l'enchaînement des effets" Bedeutung hat. Bei dieser Verkettung der Wirkungen geht es aber nicht um äussere Ereignisse, sondern um die Seele Rousseaus, um *affections* und *idées*, wobei ähnlich wie in *Anton Reiser* impliziert wird, dass die menschliche Seele nach dem erklärbaren Prinzip von Ursache und Wirkung funktioniert. Um alle entscheidenden Gefühle und Ideen in ihrem Zusammenhang beschreiben zu können, müssen diese dem erzählenden Subjekt ganz zur Verfügung stehen. Rousseaus Erzählprinzip geht somit von der Annahme totaler Selbstverfügbarkeit aus. Zwar gesteht der Erzähler seiner Erinnerung die Möglichkeit zu, sich manchmal zu irren: „Ma première partie a été toute écrite de mémoire et j'y ai du faire beaucoup des erreurs." (CON 347) Aber diese Irrtümer betreffen nur Details und äussere Ereignisse. Im Hinblick auf sein Inneres verlässt sich Rousseau auf den treuen Führer seiner Empfindungen: „Je n'ai qu'un guide fidèle sur lequel je puisse compter, c'est la chaîne des sentiments qui ont marqué la succession de mon être" (CON 348). Das erzählende Subjekt inszeniert sich in völliger Selbstpräsenz. Diese Selbstpräsenz bildet das Fundament der grossartigen erzählerischen Selbstsetzung des *Moi, seul*: „J'ai fait le premier pas et le plus pénible dans le labyrinthe obscur de fangeux de mes confessions. [...] Dès à présent je suis sûr de moi." (CON 48) Rousseaus präsentiert sich ohne blinde Stellen: „Je suis sûr de moi." Die Möglichkeit des Verschweigens wird vom erzählenden Subjekt selbst verschwiegen.

Doch das Erzählprinzip des *tout dire*, nach welchem das Subjekt sein Erzählen gestaltet, wirft trotzdem einen Schatten über die Transparenz des erzählten Subjektes: Die wiederholte Betonung des Erzählprinzips des *tout dire* und die Anhäufung biographischer und intimer Details hat etwas Obsessives. Die *Confessions* vollziehen ein zwanghaftes Erzählen: Immer mehr und mehr, immer genauer und genauer – was das Subjekt bereits über sich selbst erzählt hat, kann nie genügen. Die zwanghafte Dynamik des *tout dire* unterhöhlt die von Rousseau behauptete Selbstpräsenz des Subjekts. Rousseaus Erzählprojekt wird durch die

Unmöglichkeit, *alles* zu sagen, grundlegend in Frage gestellt. Gerade durch seinen absoluten Anspruch wird es verdächtig. Unter ihrer Oberfläche trägt die Erzählung immer auch das Nicht-Sagen mit sich. Die Bedingungen der Auswahl dessen, was erzählt wird, werden nicht transparent. Die Leser müssen dem erzählenden Subjekt vertrauen. Dieses wiederum kann sich nur absolut setzen, wenn es die Möglichkeit der Selbsttäuschung verbirgt.

Der selbstmächtige Gestus der Selbstsetzung kann somit eine Gefahr, die vom absoluten Anspruch des *tout dire* ausgeht, nicht bannen: die Gefahr des Scheiterns. So schreibt Rousseau nach dem Abschluss der *Confessions*, die doch alles über ihn sagen wollten, weiter an seinem autobiographischen Projekt, zuerst in den *Dialogues. Rousseau juge de Jean-Jacques* und dann in den *Rêveries du promeneur solitaire*. Der Punkt, an dem das erzählende Subjekt *alles* über sich gesagt haben wird, ist nie erreicht.

SELBSTGEFÜHL UND SELBSTENTFREMDUNG

Subjektivität wird in Rousseaus *Confessions* mit sehr viel mehr Emphase behauptet als bei Moritz oder Sebald. Während Anton Reiser die Wendung zu sich selbst durch reflexive und ästhetische Formen vollzieht, dabei aber dieses Selbst, dem er sich zuwendet, stets ungewiss und ungreifbar bleibt, erzählt Rousseau von einer intuitiven Gewissheit seiner selbst als Subjekt. Die Grundlage seiner Subjektivität bildet das Selbst*gefühl*. Dies wird gleich schon mit dem Auftakt des Erzählens deutlich, in welchem sich das *Moi, seul* gedoppelt als Subjekt des Sprechens bestimmt. Dem *Moi, seul* folgt unmittelbar die Versicherung: „Je sens mon coeur et je connais les hommes." (CON 33) „Je sens mon coeur" – das Fühlen des eigenen Herzens macht es möglich, sich, ohne darüber nachdenken zu müssen, als Subjekt zu *empfinden*. Somit stellt sich Rousseau eher als Subjekt des Empfindens dar denn als Subjekt des Denkens[59]. Das Gefühl schafft im Gegensatz zur spaltenden Reflexion eine Einheit. Im Selbstgefühl erlebt sich das Subjekt als ungeteilt. So lange es empfindet, spaltet es sich nicht auf in Untersuchungsobjekt und Beobachter seiner selbst. Nichtsdestotrotz ist Selbstgefühl auch Selbsterkenntnis. Jean Starobinski deutet Rousseaus Selbstgefühl als performative Selberkenntnis:

59 Wobei zwischen Fühlen und Erkennen bei Rousseau nicht immer ein Gegensatz besteht, vgl. Cassirer 1989. Das Fühlen ist jedoch dem Erkennen vorgeordnet und bildet seine Voraussetzung.

> Für Jean-Jacques stellt die Selbsterkenntnis kein Problem dar. Sie ist ganz einfach ein Tatbestand. [...]
> Selbstverständlich ist der Inhalt des Gefühlsakts, der die Selbsterkenntnis fundiert, stets verschieden. Doch wie immer die Umstände sich ändern, der Akt als solcher ist unwiderlegbar, er ist die Evidenz selbst. [...] Das Ich entdeckt und besitzt sich in ein und demselben Zuge.[60]

Doch die durch das Selbst*gefühl* gestiftete Einheit hat spätestens dann ein Ende, wenn sich das Subjekt erzählen will. Die Differenz zu sich selbst tritt dann ein, wenn das Subjekt *über sich selbst nachdenkt*, über sein Empfinden spricht oder schreibt. Das Auseinandertreten des Selbst in Sprache, Schrift und Reflexion prägt die Selbsterschreibung strukturell im Sinn einer Spaltung und Verdoppelung. So kann der Prozess des Erinnerns, welcher die *Confessions* strukturiert, als stets wiederholter Versuch gelesen werden, die Differenz der Selbstreflexion durch die Vergegenwärtigung der vergangenen *sentiments* zu überwinden. Die Selbsterschreibung gibt sich als Versuch zu lesen, gemäss Cavareros *desire for unity* eine Einheit herzustellen.

Rousseaus erinnerndes Wieder-Empfinden kann jedoch nur begrenzt eine Einheit zwischen damals und heute evozieren. Oft genug sieht sich das erzählende Subjekt in unüberbrückbarer Differenz zu seinem früheren Ich. Ein besonders extremer Fall sind die „moments de délire inconcevable où je n'étais plus moi-même“ (CON 198), welche der jugendliche Rousseau während seines Umherstreifens durch die Schweiz durchlebt, als er sich als Gesangslehrer ausgibt, ohne Noten lesen zu können. Der Erzähler bringt die Spaltung seiner selbst deutlich zum Ausdruck, indem er betont, „je n'étais plus moi-même“:Rousseau kann dieses ihm heute völlig fremde Anderssein seiner selbst nicht verstehen. Der Hinweis auf das „délire“ bietet eben gerade keine Erklärung, sondern verweist auf das Irrationale dieses Zustandes. „Pour comprendre à quel point la tête me tournait alors, [...] il ne faut que voir combien tout à la fais j'accumulai d'extravagances.“ (CON 198) Die bezeichnendste dieser Extravaganzen ist die Änderung des Namens von Jean-Jacques Rousseau in Vaussore de Villeneuve[61]. Ein anderer Name verweist auf eine andere Identität. So vertieft der zeitweilige neue Name eine Differenz zum erzählenden Subjekt Rousseau. Rousseau blickt

60 Starobinski 2003, S. 268.

61 Der Name verweist auf Rousseaus damals bewundertes Vorbild, den Komponisten Venture de Villeneuve.

auf einen anderen im paradoxen Wissen, dass dieser andere er selbst ist.[62] Es wird nicht erzählt, wie lange Rousseau unter dem Namen Vaussore de Villeneuve gelebt hat. Als Anverwandlung des Fremden in Eigenes kann die Tatsache gelesen werden, dass er sich nicht nur als Musiker und Musiklehrer *ausgibt*, sondern die Musik durch das Unterrichten mit der Zeit tatsächlich lernt (CON 205). So führt die Entfremdung zwischen dem erzählten und dem erzählenden Jean-Jacques Rousseau die Struktur der Selbstreflexion vor.

„DANS TOUT MON CORPS UNE RÉVOLUTION SUBITE" – AUFMERKSAMKEIT FÜR KÖRPERERFAHRUNGEN

Selbstgefühl bildet die Grundlage für Subjektivität und wird von Rousseau mit dem Begriff *sentir* benannt. Klingt die Verbindung von Empfindung und sinnlicher Wahrnehmung im deutschen *Spüren/Fühlen* noch nach, ist sie im französischen *sentir* umso deutlicher: *Sentir* kann ebenso sehr *riechen* und *schmecken* bedeuten wie *spüren* und evoziert deutliche Körperbilder. Das Subjekt spürt sich selbst oder sein Herz ebensosehr, wie es den Duft von frischem Brot oder den scharfen Geschmack des Pfeffers spürt. In der Aussage „Je sens mon coeur" (CON 33) scheint die doppelte Dimension des Empfindens auf. Subjektivität hat ihre Fundierung im Körper.

Vom Körper erzählen die Confessions in differenzierter und nahezu obsessiver Weise. Dies beginnt mit der Geburt. „Je naquis infirme et malade" (CON 35). Das Leben des Frischgeborenen erscheint vom ersten Atemzug an als prekär. Am Anfang der Selbsterschreibung steht ein schwacher und kranker Mensch. „J'étais né presque mourant; on espérait peu de me conserver. J'apportai le germe d'une incommodité que les ans ont renforcée" (CON 36). „Presque mourant", steht das Leben von Jean-Jacques Rousseau von Anfang an auf der Kippe. Die Selbsterschreibung beginnt paradox, mit der Beschreibung des beinahe Sterbend-Geborenwerden. Im Moment der Geburt fallen Leben und Tod zusammen, in diesem Fall auf grausame Weise, indem die Geburt der Mutter das Leben kostet. Dies verstärkt einerseits den Status des Aussergewöhnlichen, welchen das Subjekt der *Confessions* beansprucht. Und obwohl die als Buch vorliegende Lebensgeschichte die Möglichkeit des frühen Sterbens offen-

62 Die Paradoxie des Selbst als ein Anderer bildet die argumentative Grundstruktur von Paul Ricoeurs Subjekttheorie. Sie zeigt das Verhältnis zwischen Selbst und Anderem als eine dialektische Beziehung auf: Ricoeur, Paul: Das Selbst als ein Anderer. München 1996.

sichtlich widerlegt, bleibt Rousseaus Weiterleben ein „germe d'une incommodité" eingepflanzt. Durch Krankheiten und Leiden wird es immer wieder gefährdet. Die Metapher des Keims, der mit den Jahren wächst, führt Leiden und Schwäche als unvermeidliche und konstitutive Bestandteile dieses Lebens vor. Körperlichkeit, Leiden und Verletzlichkeit bilden die Bedingung dieses Subjektes.

Das Subjekt Rousseau stellt seine Körperlichkeit ostentativ aus. Bemerkungen zu Rousseaus Krankheit wiederholen sich im Lauf der Erzählung. Wie sie aufgetaucht sind, geraten sie jedoch auch wieder aus dem Blick. Die Lesart der Krankengeschichte ist nicht die einzige Deutungsperspektive, welche das erzählende Ich vorschlägt – im Gegensatz zu Moritz' *Anton Reiser*, wo sich der Erzähler als Seelenarzt gibt, und zu Sebald, wo Verstörung den Erzählton bestimmt. Die *Confessions* sind vor allem eine Lebensgeschichte. Krankheit und Schwäche gehören zu diesem Leben, beherrschen es aber nicht. Das Subjekt Rousseau betrachtet den Keim der Krankheit als unvermeidlichen Teil seines Lebens. So wird es ihm möglich, sich als Subjekt dazu zu verhalten – im Gegensatz zu Anton Reiser, der seinem konkreten – seiner Autonomie entgegenwirkenden und ihn immer wieder überwältigenden Körper eben gerade keine Aufmerksamkeit zollen will. Dies zeigt sich zum einen in Rousseaus ungeheurer Aufmerksamkeit für die Reaktionen seines Körpers, welche überaus präzise vermerkt werden.

Diese Aufmerksamkeit für den eigenen Körper hat eine hypochondrische Struktur. Denn trotz der genauen Beobachtung körperlicher Reaktionen und Symptome bleibt die ursächliche Krankheit Rousseaus rätselhaft. Er erleidet Zusammenbrüche, verspürt Unwohlsein oder Atemnot, aber sein Leiden lässt sich nicht eindeutig diagnostizieren. Die Unerklärlichkeit der Krankheit kommt immer wieder zur Sprache:

> Je ne sais d'où venait qu'étant bien conformé par le coffre et ne faisant d'excès d'aucune espèce, je déclinais à vue d'oeil. J'ai une assez bonne carrure, la poitrine large, mes poumons doivent y jouer à l'aise; cependant j'avais la courte haleine, je me sentais oppressé, je soupirais involontairement, j'avais des palpitations, je crachais du sang; la fièvre lente survint, et je n'en ai jamais été bien quitté. Comment peut-on tomber dans cet état à la fleur de l'âge, sans avoir aucun viscère vicié, sans avoir rien fait pour détruire sa santé? (CON 280f.)

Rousseau sind seine Anfälle nicht erklärbar. Doch ihre Auswirkungen sind gross: vom Fieber „je n'en ai jamais été bien quitté". Es ist ein wiederkehrender Topos von Rousseaus Krankheitsbeschreibungen, dass er seine Leiden bis zu seinem Lebensende nicht los wird. Die Krankheit ist ein Dauerzustand, hindert Rousseau aber nicht daran, herumzuziehen, zu lernen, zu lieben und zu schreiben. Einer der Wege, welche das Subjekt Rousseau findet, mit seinem Leiden umzugehen, ist, dieses als unausweichlich zu betrachten: „L'épée use le fourreau, dit-on quelquefois. Voilà mon histoire. Mes passions m'ont fait vivre, et mes passions m'ont tué." (CON 281)

Der Umgang mit seiner Krankheit führt das Subjekt Rousseau dazu, Krankheit als Gegebenheit seiner selbst aufmerksam zu beobachten und zu beschreiben. Die übersteigerte Aufmerksamkeit des Hypochonders für seine Leiden führt zur genausten Beobachtung seiner selbst – oder umgekehrt? Auch Michel Foucault betont die Verbindung zwischen der Selbsttechnik des Schreibens und der Aufmerksamkeit:

> Dem neuen Interesse am Selbst entsprach eine neue Selbsterfahrung. Dies wird im ersten und zweiten Jahrhundert deutlich. Es entstand eine Allianz zwischen Schreiben und Wachsamkeit. Man achtete auf Nuancen des Alltags, der Stimmung, des Lesens, im Akt des Schreibens gewann die Selbsterfahrung eine Intensivierung und Erweiterung. Ein neues Wahrnehmungsfeld eröffnete sich, das zuvor nicht betreten worden war.[63]

Während Foucault die Intensivierung der Selbsterfahrung als Selbsterschreibung bei den römischen Schriftstellern des ersten und zweiten Jahrhunderts nach Christus verortet, kann man bei der Lektüre der *Confessions* feststellen, dass Rousseau die „Allianz zwischen Schreiben und Wachsamkeit" inzwischen auf die Spitze getrieben hat.

Die unerklärlichen Leiden stellen den Erzähler vor die Herausforderung, angemessene Worte für das rätselhafte Körpergeschehen zu finden. In der folgenden Szene bricht „un accident aussi singulier par lui-même que par ses suites"als Elementargewalt über Rousseau herein:

> Un matin que je n'étais pas plus mal qu'à l'ordinaire [...] je sentis dans tout mon corps une révolution subite et presque inconcevable. Je ne saurais mieux la comparer qu'à une espèce de tempête qui l'éleva dans mon sang, et gagna dans l'instant tous mes membres. Mes artères se mirent à battre d'une si grande force, que non seulement je sentais leur battement, mais que je l'entendais même, et surtout celui des carotides. Un grand bruit d'oreilles se joignit à cela, et ce bruit était triple ou plutôt quadruple, savoir: un bourdon-

63 Foucault, Michel: Technologien des Selbst. In: Ders.: Technologien des Selbst. Herausgegeben von Luther H. Martin, Huck Gutman & Patrick Hutton. Frankfurt/M 1993, S. 24–62, S. 38.

nement grave et sourd, un murmure plus clair comme d'une eau courante, un sifflement très aigu et le battement que je viens de dire. (CON 290f.)

Wie ist die *révolution*, von der Rousseaus Körper so plötzlich und unbegreiflich erfasst wird, zu beschreiben? Wie können unmittelbare körperliche Empfindungen in Sprache übersetzt werden?[64] Wie gelangt das *sentir* in den *discours*, das „Reale" des Körpers[65] in die Sprache? Rousseau markiert das Darstellungsproblem folgendermassen: „Je ne saurais mieux la comparer qu'à une espèce de tempête". Die Beschreibung des körperlichen Aufruhrs kann das tatsächlich Empfundene nur ungenügend erfassen. Der Körper steht der Sprache als grundsätzlich anderer gegenüber. Sprachliche Beschreibung einer körperlichen Empfindung impliziert somit immer ein Ungenügen – sie ist nur *comparaison* – und Uneindeutigkeit („*une espèce* de tempête", Hervorhebung M. L.). Rousseaus literarischen Mittel, um den körperlichen Aufruhr trotzdem darzustellen, sind einerseits der Vergleich mit dem Sturm, einem Ausbruch von Naturgewalt, und andererseits die lautmalerische Beschreibung des „bruit interne" (CON 291), welchen dieser Sturm verursacht. Die körperliche Revolution, die das Subjekt *spürt*, äussert sich in Lärm und Geräuschen: *un bourdonnement, un murmure, un sifflement, le battement*. Für die Beschreibung einer unbekannten Körperempfindung greift Rousseau auf die Beschreibung verschiedener akustischer Sinneseindrücke zurück und macht sie durch die lautmalerische Eigenschaft ihrer Bezeichnungen zugleich hörbar. Das *sentir* wird auf diese Weise vervielfacht und erreicht die Sinne der Leser: durch die Konnotationen des Sturms, die Übertragung des *sentir* ins Akustische und die performative Herstellung der gehörten Geräusche.

Interessant ist zudem, dass sich in diesem Heraufbeschwören eines inneren akustischen Sturms auch medizinische Fachausdrücke wie *carotides* und *me tâter le pouls* finden. Diese Spuren verweisen auf die im 18. Jahrhundert an Po-

---

64 Dem Problem der sprachlichen Äusserung von Schmerz widmet sich ausführlich: Scarry, Elaine: The Body in Pain. The Making and Unmaking of the World. Oxford 1985; und in einer hilfreichen Zusammenstellung: Frei Gerlach, Franziska: Schmerzgedächtnis: Erfahrung – Diskurs – Literatur. In: Dies. et. al. (Hrsg.): Körperkonzepte / Concepts du corps. Interdisziplinäre Studien zur Geschlechterforschung. Münster 2003, S. 89–99, S. 92.

65 Zum Realen des Körpers vgl. Erdle, Birgit R.: Der phantasmatische und der decouvrierte weibliche Körper. Zwei Paradigmen der Kulturation. In: Feministische Studien 1991, H. 2, S.65-78, S. 65.

pularität gewinnende medizinische Perspektive auf den Menschen[66]. Diese Perspektive nimmt Rousseau im Hinblick auf sich selbst zum Teil auch ein, aber er setzt sich auch kritisch und sarkastisch mit der medizinischen Disziplin und ihren Vertretern auseinander, wie die auf den inneren Aufruhr folgende Konsultation eines Arztes zeigt:

> Je me crus mort; je me mis au lit; le médecin fut appelé; je lui contai mon cas en frémissant et le jugeant sans remède. Je crois qu'il en pensa de même; mais il fit son métier. Il m'enfila de longs raisonnements où je ne compris rien du tout; puis en conséquence de sa sublime théorie, il commença in anima vili, la cure expérimentale qu'il lui plut de tenter. Elle était si pénible, si dégoutante, et opérait si peu, que je m'en lassai bientôt; et au bout de quelques semaines, voyant que je n'étais ni mieux ni pis, je quittai le lit et repris ma vie ordinaire avec mon battement d'artères et mes bourdonnements, qui, depuis ce temps-là, c'est-à-dire depuis trente ans, ne m'ont pas quitté une minute. (CON 291)

Der ans Bett gerufene Arzt versteht nicht mehr von der rätselhaften Krankheit als Rousseau selbst. In parodistischer Überzeichnung wird er als Gelehrter geschildert, der ohne Mitgefühl für den Patienten lange Reden hält und am Ende eine unangenehme, langwierige Behandlung ohne Nutzen verschreibt. Dieser Arzt – und in der Meinung von Rousseau wohl alle Mediziner, denn dieser „fit son métier" –, sieht den Kranken nur als Experimentierfeld für seine eigenen Theorien, findet aber trotz gelehrter Exkurse keine Erklärung für die tatsächliche Krankheit.

Den „longs raisonnements" des Arztes stehen Rousseaus eigener Erzählung von Körpererfahrung als Gegenmodell gegenüber – die zwar auch keine Erklärung liefert, aber die Empfindungen des Körpers ernst nimmt, indem er nach einer angemessenen Ausdrucksweise dafür sucht und das klangliche und bildhafte Potenzial der Sprache ausschöpft. Auf diese Weise konstrastiert Rousseau hier zwei Diskurse über den Körper, einerseits einen naturwissenschaftlich-medizinischen, der durch Kategorienbildung und sein Bemühen um Allgemeingültigkeit reduktiv ist, und andererseits das literarische Erzählen von individueller Erfahrung mit ästhetischen Mitteln. Nichts ist besonderer und unmitteilbarer als die Erfahrung des *eigenen* Körpers. Gerade im Ringen um die Darstellung der eigenen Krankheiten und Schmerzen erweist das erzählende Subjekt seine Einzigartigkeit.

---

66 Der medizinische Diskurs wird in seinen Auswirkungen auf Körperkonstruktionen und moderne Subjektivität nachgezeichnet von: Sarasin, Philipp: Reizbare Maschinen. Eine Geschichte des Körpers 1765–1914. Frankfurt/M 2001.

Die oben erwähnte Begegnung mit einem Vertreter der medizinischen Wissenschaft ist aber auch in anderer Hinsicht interessant, nämlich im Hinblick auf den Umgang des Subjekts mit medizinischem Wissen. Rousseau hält die vom Arzt verschriebene Kur zwar für einige Zeit ein, aber gleichzeitig beobachtet er seinen Gesundheitszustand selbst. Als er bemerkt, dass die Kur keine Verbesserung bringt, „je quittai le lit et repris ma vie ordinaire“. Hier stellt sich Rousseau als autonomes aufgeklärtes Subjekt dar, das sich seine Behandlung nicht von Autoritäten vorschreiben lässt, sondern seine Behandlung selbst in die Hand nimmt. Ein bewusster Umgang mit dem eigenen Körper hat auch einen bewussten Umgang mit der Medizin und das stete Überprüfen fremder Aussagen über den eigenen Körper zur Folge. Deutlicher wird dies noch in der Passage, welche Rousseaus Reise nach Montpellier beschreibt. Dort will er ein Heilmittel gegen den vermeintlichen Polypen am Herzen finden. Die Erzählung dieser Reise liest sich als Satire auf die berühmte und im 18. Jahrhundert sehr einflussreiche Medizinschule zu Montpellier[67]. Witzigerweise führt eine Liebschaft bereits während der Reise zum Verschwinden des vermeintlichen Polypen (CON 316). Trotzdem reist Rousseau weiter nach Montpellier und geht bei einem Arzt in Kur. Er ernährt sich gesund, trinkt Mineralwasser und Molke und reibt sich mit Rindensaft ein. Am Ende seines Aufenthaltes zieht er ein ernüchtertes Fazit:

> Il était clair que mes médecins, qui n'avaient rien compris à mon mal, me regardaient comme un malade imaginaire [...]. Tout au contraire de théologiens, les médecins et les philosophes n'admettent pour vrai que ce qu'ils peuvent expliquer, et font de leur intelligence la mesure des possibles. Ces messieurs ne connaissaient rien à mon mal, donc je n'étais pas malade: car comment supposer que des docteurs ne sussent pas tout? Je vis qu'ils ne cherchaient qu'à m'amuser et me faire manger mon argent, [...] et je quittai Montpellier dans cette sage intention. (CON 327)

Die Ratlosigkeit der Ärzte Rousseaus Leiden gegenüber führt deren Anspruch, alles zu wissen, ad absurdum. Der medizinischen Wahrheit, welche auf naturwissenschaftlicher Beweisbarkeit beruht, setzt Rousseau die subjektive Wahrheit seiner Krankheits- und Körpererfahrungen gegenüber. Er ist sich sicher, dass er kein „malade imaginaire“ ist. Dass für seine Krankheit keine Erklärung gefunden werden kann, wirft er der Wissenschaft als Mangel vor. Dadurch beharrt er auf einer spezifischen anthropologischen Perspektive, nämlich dass der Mensch mehr ist, als „ce qu'ils [les médecins] peuvent expliquer“. Durch das kritische

67 Zu Bedeutung und Profil der Medizinschule von Montpellier im 18. Jahrhundert vgl. Sarasin 2001, S. 40ff.

Überprüfen der medizinischen Behandlung am eigenen Körper zeigt sich Rousseau als Subjekt seines Körpers sowie als Subjekt der Medizin. Damit verkörpert er moderne Subjektivität und moderne Medizin gleichermassen, gemäß welcher das Subjekt seine Gesundheit bis zu einem gewissen Grad selbst in der Hand hat und eine gesunde Lebensweise sowie geeignete medizinische Behandlungen auswählen kann, um an der *perfection* seines Körpers zu arbeiten.[68] Im Falle Rousseaus besteht dieser autonome Umgang mit seiner Gesundheit eben darin, medizinische Behandlungen, die nichts bewirken, abzubrechen und mit seiner Krankheit zu leben. Gleichzeitig wird eine einseitig-rationalistisch ausgerichtete Medizin kritisiert.

Auf diesem Hintergrund kann die Haltung des erzählenden Subjekts seinem Körper gegenüber durchaus als *souci de soi* im Sinne von Michel Foucault gefasst werden; als ein bewusstes sich Verhalten des Subjekts seinem Körper gegenüber, welches gepaart ist mit Aufmerksamkeit für die Dimension der Körper*erfahrung*. Zentral ist in dieser Hinsicht auch die Aufmerksamkeit für den Körper, welche die Erzählhaltung der *Confessions* prägt. Das Ziel des *tout dire* schließt den Körper mit ein – und somit auch einen Bereich ausserhalb des moralisch Zugelassenen. Selbsterschreibung ist auch Körper-Erschreibung. Die Erfahrung des eigenen Körpers konstituiert das Subjekt und verweist durch die Einzigartigkeit dieser Erfahrung auf die Einzigartigkeit des Subjekts. Die subjektive und einzigartige Körpererfahrung bildet den uneingeholten Gegenstand der Selbsterschreibung. Andererseits konterkariert das Erzählen von Körpererfahrung und Selbst*gefühl* die rationalistische Trennung von Körper und Seele/Geist, welche die zeitgenössische Subjektphilosophie bestimmt. Auf diesem Hintergrund gibt sich Rousseau in den *Confessions* als ein Körpersubjekt zu lesen – als ein Subjekt, das Körper ist, und als ein Subjekt, das „Ich" sagt. Rousseau ist, um es mit Jean-Luc Nancy, der in *Corpus* Körper und Subjektivität radikal zusammendenkt, zu sagen, ein *corpus ego*: „Nicht „mein Körper", sondern: *corpus ego*.

68 Dazu bemerkt Sarasin: „Im Zentrum des hygienischen Diskurses steht der Glaube, dass es der oder die Einzelne weitgehend selbst in der Hand habe, über Gesundheit, Krankheit oder gar den Zeitpunkt des Todes zu bestimmen [...]. Diese Geschichte begann in der Aufklärung – zugespitzt formuliert: mit dem Erscheinen der letzten Bände der Encyclopédie von Diderot und d'Alembert im Jahr 1765. In den Artikeln „Hygiène" und „Santé" zeichnete sich ein revolutionäres Programm ab, das den Körper und seine Gesundheit ins Zentrum individueller und politischer Sorgen und Aufmerksamkeiten stellte. [...] Erzwingt nicht der aufklärerische Glaube an die perfectibilité de l'homme, dem Individuum die Verantwortung für seine Gesundheit zu übertragen?" In: Sarasin 2001, S. 19.

„Ego“ hat nur dann einen Sinn, wenn es ausgesprochen, vorgebracht wird (und in seinem Vorbringen ist sein Sinn einfach identisch mit der Existenz)“.[69] Die in den *Confessions* vielfach ausgestellte Kontingenz des Körpers – die dem Subjekt unzugängliche eigene Geburt, Krankheit oder körperliche Schwäche – markiert dabei aber auch auf den äußerst prekären Status des Körpersubjekts.

ZUR SCHAU GESTELLT

Der aufmerksame Umgang des (männlichen) Subjekts mit seinem Körper und seiner Krankheit stellt jedoch nur eine Seite der Körperreflexion in den *Confessions* dar. Auf der anderen Seite stehen Passagen, die von einem frappanten Nichtwissen und Nichtverstehen in Bezug auf den Körper zeugen und welche die Verunsicherung beschreiben, die in solchen Situationen vom Körper ausgeht. Dies trifft insbesondere auf einen spezifischen Bereich von *sensualité* zu, nämlich das Begehren. Begehren bezeichnet in den *Confessions* Sinnlichkeit in einem umfassenderen Sinn: „Avec un sang brûlant de sensualité presque dès ma naissance“ (CON 45), so charakterisiert sich das erzählende Subjekt. Das vor Sinnlichkeit brennende Blut des Kindes bezieht sich dabei nicht nur auf erotisches Begehren – dieses ist zwar vorhanden, ohne jedoch dem Kind zu Bewusstsein zu gelangen–, sondern auch auf sein Verlangen nach sinnlichen Erfahrungen überhaupt. *Sentir* und damit sensualité und Begehren gehören in einem umfassenden Sinn zusammen, bevor sich mit dem Heranwachsen Rousseaus das Begehren als erotisches auf Frauen richtet. „Tourmenté longtemps sans savoir de quoi, je dévorais d'un oeil ardent les belles personnes, mon imagination me les rappelait sans cesse“ (CON 45).

Der junge Rousseau ist zwar „tourmenté“ von der Schönheit der Frauen, aber er weiss nicht genau warum. Und er weiss eben so wenig, wohin das Begehren in Form von undurchschaubaren leidenschaftlichen Gefühlen führen soll. „Dans mes sottes fantaisies, dans mes érotiques fureurs, dans les actes extravagants auxquels elles me portaient quelquefois, j'empruntais imaginairement le secours de l'autre sexe, sens penser jamais qu'il fût propre à nul autre usage qu'à celui que je brûlais d'en tirer.“ (CON 47) Das erzählende Subjekt entdeckt seine *sensualité* zuerst in „sottes fantaisies“ und „érotiques fureurs“.Leidenschaft und körperliche Unruhe verbinden sich mit Phantasie. Solchermaßen angefachtes Begehren kontrastiert mit dem Nichtwissen Rousseaus darüber, was mit dem eigenen Körper und mit demjenigen der Frau anzufangen ist. Er hat keinerlei Er-

69 Nancy 2003, S. 26.

fahrungen mit dem anderen Geschlecht und es wird auch noch eine Weile dauern, bis es diese gesammelt hat. Es mangelt ihm ganz konkret an Wissen über den Körper. Durch den wiederkehrenden Hinweis auf das Nichtwissen im Hinblick auf das eigene Begehren zeigt sich erotische Leidenschaft in den *Confessions* als phantasmatisch.

Den Konflikt zwischen der Stärke des Begehrens und dem Nichtwissen, wohin es führen könnte, agiert Rousseau u.a. durch Exhibitionismus aus, wovon das dritte Buch der *Confessions* in einer dramaturgisch und narrativ zugespitzten Szene erzählt. In der exhibitionistischen Zurschaustellung seines Körpers macht sich Rousseau aber nicht zum „objet obscène", sondern zum „objet ridicule" (CON 130). Nicht nur, weil Rousseau nach einer exibitionistischen Pose in ein Kellergewölbe flieht und dort – von einem Mann – eingeholt und ans Tageslicht gezerrt wird, dank einer erfundenen Geschichte jedoch glimpflich davonkommt. Vielmehr weiss er im buchstäblichen Sinn des Wortes nicht, was er tut. Leidenschaften,*sensualité* und sein Körper machen ihn zum Exhibitionisten. So erscheint das exhibitionistische Subjekt in doppelter Weise als *objet*: als *objet* des – erschrockenen, verärgerten oder belustigten – Blicks der Frauen und zugleich als *objet* seiner Leidenschaften.

„Ridicule" bezeichnet in diesem Zusammenhang – neben der Tatsache, dass die Frauen über den entblößten Rousseau lachen und er sich bei diesem Spiel auch noch erwischen lässt – den Kontrast zwischen der Sichtbarkeit des gezeigten symbolischen Körpers und der Verborgenheit des realen Körpers, über den das Subjekt nichts weiss. Das begehrende Subjekt wird ist selbst fremd. Gerade darum stellt es sich zur Schau. Das Subjekt findet sich der undurchdringlichen Eigendynamik von Körper, Phantasie und Empfindungen ausgeliefert. Und dennoch muss man seine Leidenschaften nicht beherrschen können, um ein Subjekt zu sein.

Weil das erzählende Subjekt das Nichtwissen zumindest im Hinblick auf die *passions* in den Beziehungen zu Frauen schliesslich überwunden hat, kann es mit Selbstironie auf diese Szene zurückblicken. Die Jugendzeit Rousseaus lässt sich durchaus als Geschichte einer erotischen Bildung lesen und das Erzählen über die Erfahrungen des Exhibitionismus als nachträgliches Erringen der Herrschaft über den eigenen Körper. Gleichzeitig stellt die Exhibitionismus-Szene einmal mehr den eigenen Körper als Problem und Grund des Subjekts aus. Ebenso führt sie damit das Erzählprinzip eines *Zeigens* vor, in dem sich das Subjekt entblößt und den Blicken des Publikums darbietet und so die Exhibition in der Schrift, im

Bemühen, *alles* zu sagen, ein zweites Mal vollzieht.[70] Allerdings weist Sandro Zanetti darauf hin, dass diese erzählerische Entblößung keine vollständige ist:

> Bei genauerem Hinsehen – und wir werden zum *Hinsehen* durch die Exhibition gleichsam aufgefordert – entdeckt sich hier [...] eine kleine Abweichung von der expliziten Programmatik der *Bekenntnisse*, die darin besteht, *alles* zu zeigen, zu offenbaren. Denn auch in der Exhibitionsszene zeigt Rousseau der Öffentlichkeit – angeblich – ja nur den „lächerlichen Gegenstand". Entsprechend zweifelhaft bleibt, dass eine vollständige Entblößung auf der Ebene des Erzählten tatsächlich geschieht.[71]

Das exhibitionistische Zurschaustellen lenkt die Aufmerksamkeit der Lesenden. Indem sich die Aufmerksamkeit auf etwas Skandalöses richtet, entgeht ihr das, das das erzählende Subjekt verschweigt.

„UN NATUREL TRÈS AIMANT" – SUBJEKT IN RELATIONEN

In den *Confessions* zeigt sich ein von Begehren getriebenes Subjekt. Das Begehren richtet sich dabei auf etwas, das jenseits des Subjektes selbst liegt. Rousseau beschreibt diesen Zustand auf folgende Weise: „J'étais inquiet, distrait, rêveur; je pleurais, je soupirais, je désirais un bonheur dont je n'avais pas l'idée, et dont je sentais pourtant la privation." (CON 129) Das Subjekt ersehnt ein Glück, von dem es sich als getrennt empfindet. Die unbestimmte Sehnsucht, die unbewusstes erotisches Begehren verstanden werden kann, ist Ausdruck der Tatsache, dass sich dieses Subjekt selbst nicht genügt. Woher käme sonst diese Sehnsucht? Das Begehren des Subjekts richtet sich auf einen Ort jenseits seiner selbst. In seinem Begehren erweist sich das Subjekt als grundsätzlich relational strukturiert: Es braucht ein anderes, auf das es sich beziehen kann. Ein begehrendes

70 Auch Starobinski deutet den Exhibitionismus in seinem Gestus des Ausstellens des Intimen als Erzählprinzip: „Der Exhibitionismus stellt eine vorübergehende Abweichung in Jean-Jacques Sexualverhalten dar; in modifizierter Form jedoch liegt er einem Werk wie den Bekenntnissen als Prinzip zugrunde." Exhibitionismus lasse sich nicht auf die sexuelle Sphäre beschränken, sondern mache vielmehr „eine bestimmte Art von „Weltverhältnis" sichtbar [...], das zur autobiographischen Erzählung führen wird." In: Starobinsi 2003, S. 251f.

71 Zanetti, Sandro: Sich selbst studieren. Die Bekenntnisse des Jean-Jacques Rousseau. In: Ortheil, Hans-Josef & Brodowsky, Paul & Klupp, Thomas (Hrsg.): Weltliteratur II. Vom Mittelalter zur Aufklärung. Hildesheim 2009, S. 242–266, 258.

Subjekt trägt die konstitutive Notwendigkeit der Relation zu anderen in sich. Den anderen wiederum begegnet man in der sinnlich wahrnehmbaren Gestalt von Körpern. Das Wissen um die Wechselwirkung gegenseitiger Körper-Erscheinung ist auch der folgenden Textstelle eingeschrieben, in welcher Rousseau seine äußere Erscheinung beschreibt:

> Sans être ce qu'on appelle un beau garçon, j'étais bien pris dans ma petite taille; j'avais un joli pied, la jambe fine, l'air dégagé, la physionomie animée, la bouche mignonne, les sourcils et les cheveux noirs, les yeux petits et même enfoncés, mais qui lançaient avec force le feu dont mon sang était embrasé. [...] Ainsi j'avais avec la timidité de mon âge celle d'un naturel très aimant, toujours troublé par la crainte de déplaire. (CON 82f.)

Die Aneinanderreihung einzelner Elemente seiner „physionomie" ergibt das Bild eines vielleicht nicht schönen, aber charmanten Jungen. Dieser Junge zeichnet sich durch „un naturel très aimant" aus. Er ist gleichzeitig geneigt zu lieben, liebesbedürftig und liebenswert. Die Kehrseite davon ist „la crainte de déplaire". Es ist kein Zufall, dass der Blick, welchen das erzählende Subjekt auf seinen symbolischen Körper richtet, die Furcht zu missfallen bereits mitdenkt. Es möchte nicht nur wahrgenommen, sondern auch geliebt werden.

Das Subjekt der *Confessions* inszenieniert sich als in soziale Beziehungen eingebundenes und darauf angewiesenes. So verdankt der kranke und schwächliche Neugeborene sein Leben der Fürsorge seiner Tante: „Une soeur de mon père, fille aimable et sage, prit si grand soin de moi, qu'elle me sauva." (CON 36) Die Abhängigkeit von der Pflege, vom *soin* anderer markiert nicht nur den Anfang von Rousseaus Leben, sondern jedes menschlichen Lebens – und holt jene Verletzlichkeit ans Licht, welche vom Konzept neuzeitlicher, autonomer Männlicheit verdrängt wird.

In den liebevollen Beziehungen, die er als Kind – im Gegensatz zu Anton Reiser – erfahren hat, sieht Rousseau den Grund für seine positive Entwicklung:

> Comment serais-je devenu méchant, quand je n'avais sous les yeux que des exemples de douceur, et autour de moi que les meilleurs gens du monde? Mon père, ma tante, ma mie, mes parents, nos amis, nos voisins, tout ce qui m'environnait ne m'obéissait pas à la vérité, mais m'amait, et moi je les aimai de même. (CON 39)

Dieses Ideal wechselseitiger liebevoller Beziehungen findet sein Modell in der Freundschafts- und Liebesbeziehung mit Madame de Warens. Während mehrerer Jahre lebt Rousseau in Madame de Warens Haushalt und ist ökonomisch von ihr abhängig. Als Rousseau schwer erkrankt, rettet ihm zum zweiten Mal eine an den Platz der verstorbenen Mutter getretene Frau das Leben: „A force de soins, de vigilance et d'incroyables peines, elle me sauva, et il est certain qu'elle seule pouvait me sauver." (CON 284) Die Liebesbeziehung mit Madame de Warens ist aber nicht allein durch die Kategorien von Mutter und Kind zu erfassen und ebenso wenig durch Merkmale einer erotischen Beziehung, obwohl auch dieser Aspekt nicht fehlt. Vielmehr schreibt ihr Rousseau einen absoluten, einzigartigen und von der Welt losgelösten Status zu:

> Nous commençames, sans y songer, à ne plus nous séparer l'un de l'autre, à mettre en quelque sorte toute notre existence en commun, et sentant que réciproquement nous nous étions non seulement necessaires, mais suffisants, nons nous accoutumâmes à ne plus penser à rien d'étranger à nous, à borner absolument notre bonheur et tous nos désirs à cette possession mutuelle, et peut-être unique parmi les humains, qui n'était point, come je l'ai dit, celle de l'amour, mais une possession plus essentielle, qui, sans tenir aux sens, au sexe, à l'âge, à la figure, tenait à tout ce par quoi l'on est soi, et qu'on ne peut perdre qu' en cessant d'être. (CON 285)

Entworfen wird hier das Bild einer von der Umgebung losgelösten Einheit. Was das von Begehren bewegte Subjekt allein nicht erlangt, erlangt es durch das Einheitserlebnis dieser „existence en commun": Eine Selbstgenügsamkeit, die außerhalb dieses Zustands der Liebe nichts benötigt. „Nous étions non seulement necessaires, mais suffisants". Selbstgenügsamkeit wird hier nicht als konstitutiv für das einzelne autonome Subjekt vorgestellt, sondern als Ergebnis einer Beziehung. Die Beziehung zum anderen bringt idealerweise jene Einheit hervor, in welcher das Subjekt sich als ganz erlebt. Dieser Entwurf einer von der Welt getrennten, gemeinsamen und glücklichen Existenz ist allerdings erst aus der Retroperspektive möglich. Sie erinnert an jene Einheit der ursprünglich zweigeschlechtlichen Kugelmenschen, welche in Platons *Symposion* geschildert wird.[72] Nachdem die Götter die Menschen gewaltsam in zwei Hälften zerteilt haben, ist die ursprüngliche Einheit unerreichbar. Dieser alte Traum, im geliebten Anderen die verlorene Hälfte seiner selbst wiederzufinden, wird von Rousseau aufgegriffen.

Die dargestellte Liebe ist – gerade in ihrem absoluten Anspruch – fragil und wie bei Platon zum Zeitpunkt des Erzählens bereits verloren. „A quoi tint-il que cette précieuse crise n'amenât le bonheur du reste de ses jours et des miens?",

72 Platon: Hippias Minor. Symposion. Phaidon. Sämtliche Werke IV. Griechisch und Deutsch. Nach der Übersetzung von Friedrich Schleiermacher. Frankfurt/M 1991, S. 99–103.

(CON 285) fragt das erzählende Subjekt, um sogleich alle Schuld am Zerbrechen der Einheit von sich zu weisen. Als Rousseau nach seiner Reise nach Montpellier wieder zu Madame de Warens zurückkehrt, hat ein anderer seinen Platz eingenommen.[73] Im Rückblick erhält ihre einmalige, absolute, gegenseitige und allem Begehren genügende Beziehung den Status einer vergänglichen Idylle. Der idyllische Charakter wird verstärkt durch die Schilderung des „court bonheur de ma vie" (CON 288) im sechsten Buch der *Confessions*, nämlich des Lebens auf dem Landgut in Charmettes, welches Rousseau und Madame de Warens einen Sommer lang führten. Mit der Fragilität einer absoluten, alles Begehren stillenden Liebe wird zugleich die Fragilität einer sicheren Identität des Subjekts vorgeführt.

Im Modell einer selbstgenügsamen, von der Welt entfernten und beglückenden Liebesbeziehung findet das Subjekt eine Begründung seines Selbst. So erweist es sich als *sujet aimant*. Doch in einer Liebeseziehung ist das Subjekt solchermaßen abhängig, dass es sich nicht mehr als autonom verstehen kann. Das liebende Subjekt kann weder aus sich selbst bestehen noch sich selbst genügen – dies zeigt nicht nur das dargestellte Liebesmodell, sondern auch die Tatsache des immer neu erwachenden Begehrens.

So sehr sich Rousseau in den *Confessions* seine Freiheit und Autonomie postuliert und seine Unabhängigkeit von anderen Menschen behauptet – beispielsweise in der Darstellung des jugendlichen Verlassens seiner Heimatstadt Genf, seiner autodidaktischen Bildung oder im wiederholten Bestehen auf finanzieller Unabhängigkeit resp. den Verzicht auf eine Rente des Prinzen – so wird diese Autonomie zugleich immer wieder als ungenügend und unmöglich vorgeführt. Dies zeigt sich zum Beispiel in Rousseaus „projet de fuir", im ersten Schritt des unglücklichen Lehrjungen in die Welt und in die Unabhängigkeit. Doch die Freiheit, welche er zu erringen glaubt, erweist sich im Laufe des Textes als Schein. Der Konjunktiv „je croyais" markiert sie bereits als bloße Annahmen:

73 Mit diesem Schock, einen anderen an seinem Platz im Bett von Madame de Warens vorzufinden, spielt auch eine neue literarische Bearbeitung von Rousseaus Lebensgeschichte: Ott, Karl-Heinz: Wintzenried. Hamburg 2011. Rousseaus Texte und Biographie faszinieren nicht nur die Forschenden, sondern auch die Literaten. Allerdings bietet Otts Roman kaum mehr als ein seichtes Nacherzählen der Confessions. Das Lächerlichmachen der Figur Rousseau steht meiner Meinung nach zu stark im Zentrum dieses Romans.

> L'indépendence que je croyais avoir acquise était le seul sentiment qui m'affectait. Libre et maître de moi-même, je croyais pouvoir tout faire, atteindre à tout: je n'avais qu'à m'élancer pour m'élever et voler dans les airs. (CON 79)

Nicht nur das im jugendlichen Überschwang empfundene Gefühl, dass einem die ganze Welt zu Füßen liege, wird ironisiert, sondern auch die Gewissheit, „libre et maître de moi-même" zu sein. Die Differenz zwischen dem erzählenden und dem erzählten Subjekt tritt hier in der Erfahrung zu Tage, zwar als Subjekt aus sich selbst bestehen zu *wollen*, dies jedoch nicht zu *können*. Spöttisch entlarvt das erzählende Subjekt seinen Traum von der Unabhängigkeit als Illusion.

Das Konzept der Autonomie des Subjekts wird ja bereits am Anfang der *Confessions* ad absurdum geführt, indem erzählt wird, wie der neugeborene Rousseau der Liebe und Pflege seiner Tante sein Leben verdankt. Ein Subjekt ist von Anfang auf andere angewiesen. Dies zeigt sich auch in den unzähligen Personendarstellungen und nicht zuletzt in der minutiösen Schilderung der Intrigen im zweiten Teil der *Confessions*, welche Rousseau gegen sich geführt glaubt, oder in den Berichten über die Aufnahme oder Ablehnung seiner Bücher. Das erzählende Subjekt bleibt keineswegs unberührt von dem Urteil der anderen.

So ist sind die *Confessions* nicht nur eine Selbsterschreibung, sondern auch eine Erschreibung aller Menschen, welche dieses Selbst mit hervorbringen. Die Abhängigkeit von fremder Anerkennung und Liebe zeigt das Subjekt in seinem Angewiesensein auf andere, also in seiner Verletzbarkeit. Die *Confessions* liefern viele konkrete Beispiele dafür, dass „jene zugleich unbezweifelbare und unbehagliche selbstreferenzielle Subjektivität, die zunächst nur als maskuline gedacht werden konnte"[74] dort an ihre Grenzen stößt, wo dieses Subjekt ohne einen Blick, eine Geste, ein Zeichen, ohne *soin* von anderen am Ende wäre. Das erzählende Subjekt bei Rousseau macht, um mit Christoph Kucklick zu sprechen, seine Ausrichtung auf Fremdreferenz[75] sichtbar. Das Angewiesensein auf Beziehungen zu anderen und die daraus entstehende Verletzbarkeit stellen das Subjektmodell männlicher Autonomie[76] von Grund auf in Frage. Dieser Aspekt wird in der Lektüre von *Anton Reiser* noch genauer betrachtet.

---

74 Kucklick, Christoph: Das unmoralische Geschlecht. Zur Geburt der negativen Andrologie. Frankfurt/M 2008, S. 71.

75 Kucklick 2008, S. 80.

76 Natürlich ist dieses Postulat des ‚freien und autonomen Subjekts' eine populäre Verkürzung von philosophischer Reflexion, aber es war gerade in dieser Verkürzung allgemein bekannt und ideologisch wirksam. Die Subjektphilosophie beispielsweise bei Fichte oder Hegel entdeckte gleichzeitig mit der Bestimmung von Subjektivität durch

Wenn man, wie diese Studie es tut, den Blick auf die Subjektivität bei Rousseau richtet, ist auch die Reflexion von Männlichkeit nicht zu übersehen. Diese Reflexion passt aber nicht ohne Weiteres ins Paradigma der feministischen Rousseau-Rezeption[77], welche vor allem Rousseaus Einfluss auf die Zementierung der Geschlechterdifferenz und die Unterordnung des weiblichen Geschlechts betonte. Die Geschlechtsidentität des erzählenden Subjekts der *Confessions* wird eben gerade nicht festgeschrieben, sondern als vielgestaltig, komplex und immer wieder mit sich selbst im Widerspruch erzählt.

Aus dieser Perspektive zeigt sich der rhetorische Gestus des „moi, seul" zu Beginn der *Confessions* als grandiose Übertreibung. Das rhetorische Gebäude versucht, das konstitutive Ungenügen, auf die das allein auf sich selbst setzende Subjekt trifft, zu überbrücken. Die Selbstsetzung des modernen Subjekts ist nicht auf sicheres Fundament gebaut. Und das, worauf es sich beruft – die Erzählung seines Lebens –, ist von ihm selbst nachträglich hervorgebracht. Rousseau unterwandert das Pathos des Subjekts auf vielfache Weise.

DAS SUBJEKT ALS FLUCHTPUNKT

Das Projekt der Selbsterschreibung der *Confessions* ist ein Projekt der Fülle. Das Subjekt erzählt sich selbst und gleichzeitig eine Fülle von Ereignissen, Personen, Beobachtungen, Verstrickungen und Eindrücken. dies hat seinen Fluchtpunkt im Subjekt der Erzählung. So sind die Grenzen des Subjekts der *Confessions* sehr weit gesteckt. Die Frage nach den Grenzen des Subjekts wird in Rousseaus letztem Text, den *Rêveries du promeneur solitaire*, nochmals radikal bearbeitet. Die *Rêveries* inszenieren, wie wir sehen werden, Subjektivität als vielschichtige und widersprüchliche Grenzaufhebung. Sie sind ein Text, der gleichzeitig den absoluten Rückzug des Subjekts auf sich selbst und seine totale Durchlässigkeit und

das Setzen ihrer selbst auch die Schattenseiten und Aporien dieses Subjektmodells. Vgl. dazu: Kucklick 2008, S. 68–93.

77 Ein hilfreicher Überblick und eine kritische Reflexion der feministischen Rousseau-Rezeption findet sich bei: Garbe, Christine: Die ‚weibliche' List im ‚männlichen' Text. Jean-Jacques Rousseau in der feministischen Kritik. Stuttgart; Weimar 1992. Der Hauptpunkt von Garbes Kritik bezieht sich auf die Annahme, dass Literatur ein transparentes Medium für die Darstellung von Frauenbildern biete. Texttheoretische Reflexionen zum Beispiel über die Literarizität von Rousseaus Texten seien in der feministischen Lesart kaum berücksichtigt worden.

Expansion inszeniert. Dabei ist der Angelpunkt der *Rêveries* und der *Confessions* derselbe: Erzählen als Selbstbehauptung.

ZUSAMMENFASSUNG *CONFESSIONS*

Rousseau eröffnet seine Selbsterschreibung in den *Confessions* durch ein großartiges Betonen seiner Einzigartigkeit als Subjekt. Er imaginiert sich selbst als Ergebnis seines Erzählens: als Buch. Seine Bekenntnisse unterwirft er der Bedingung der *vérité*. Die versprochene Wahrheit erweist sich als eine subjektive Wahrheit, geprägt von Rousseaus *sentiments,* der Authentizität seiner Empfindungen sowie von der erinnernden Fiktion. Die Lesenden der *Confessions* sind durch die Aufgabe der Komposition der einzelnen Elemente zum „Werk Jean-Jacques Rousseau" aber konstitutiv in die Erzählsituation eingebunden. Das Streben nach Wahrheit und absoluter Offenheit veranlasst den Erzähler zum Versuch, den Lesenden *alles* zu erzählen. Rousseaus Anspruch des *tout dire* führt zu einer raffinierten Rhetorik der Lückenlosigkeit. Der Erzähler verschweigt dabei die Möglichkeit, dass er etwas verschweigen könnte, und inszeniert sich stattdessen in völliger Selbstpräsenz: alle *sentiments* und Erinnerungen, sein ganzes Leben, sind ihm transparent und zugänglich. Die Selbstpräsenz des Subjets Rousseau wird jedoch durch die zwanghafte erzählerische Dynamik des *tout dire* unterhöhlt: Der Anspruch, *alles* zu sagen, ist konstitutiv unmöglich einzulösen. Die Selbstpräsenz und Autonomie des Subjektes erscheint auf diesem Hintergrund als ironisch.

Subjektivität hat nichtsdestotrotz in Rousseaus *Confessions* eine sehr viel gewisser scheinende Grundlage als bei Moritz oder Sebald: Das Selbstgefühl. Das *sentiment* fundiert Rousseaus Selbsterkenntnis in einem performativen Akt des Fühlens und schafft zumindest momenthaft eine Einheit des Subjekts. Das Fühlen ist außerdem dem Denken nicht entgegengesetzt, sondern bildet dessen Voraussetzung. Das *sentiment* ist es auch, welches Subjektivität als *sensation* an den Körper zurückbindet. Die Aufmerksamkeit für den eigenen Körper bildet eine Grundkonstante des Textes. Körperliche Schwäche und Krankheit sind von Anfang an eine Bedingung von Rousseaus Leben und verweisen auf den prekären Status des Subjekts. Rousseau inszeniert sich als Subjekt, welches seinen Körper mit hypochondrischer Aufmerksamkeit wahrnimmt. Der bewussten medizinischen Auseinandersetzung mit dem eigenen Körper steht eine reale Erfahrungsdimension des Körpers gegenüber, die sich in ihrer Unmittelbarkeit und Unsagbarkeit der Sprache entzieht. Rousseau fasst eine solche Erfahrung als *tempête.* Die Darstellung eigener Körpererfahrungen stellt das sich selbst erschreibende Subjekt vor die ästhetische Herausforderung, für das Unsagbare Worte zu finden. Der Körper wird aber auch noch in anderer Hinsicht problematisiert. Die Darstellung von Rousseaus Sinnlichkeit verweist auf sein Nichtwissen in Bezug auf seinen Körper. Der Konflikt zwischen seinem Begehren und dem Nichtwissen, wohin es führen könnte, agiert Rousseau durch Exhibitionismus aus. Die exhibitionistische Szene führt zudem Rousseaus Erzählprinzip vor: Ein Subjekt, das alles *sagt*, *zeigt* auch alles, bis zur Entblößung – und wählt doch genau aus, was es den Zuschauenden und Lesenden zeigt.

Eine grundsätzliche Lesart von Rousseaus Begehren, das sich auf ein Außerhalb des Subjekts richtet, zeigt weiter, dass sich das Subjekt Rousseau selbst nicht genügt. Das körperlich-emotionale Empfinden von Begehren und sein „naturel très aimant" machen Rousseau zu einem Subjekt in Relationen, das darauf angewiesen ist, von anderen geliebt zu werden. Die Relation zu anderen und der Blick auf sich selbst sind nicht zu trennen. Das Angewiesensein auf andere macht aber auch verletzbar. Die *Confessions* zeichnen ein Subjekt in der Spannung zwischen Autonomie und Abhängigkeit, das sich hinter der großartigen sprachlichen Selbstsetzung des *Moi, seul* verbirgt.

Durchlässiges Subjekt: Jean-Jacques Rousseaus *Rêveries du promeneur solitaire*

„Me voici donc seul sur la terre" (RE 43). Das erzählende Subjekt der *Rêveries* nimmt in den ersten Worten des Textes das Alleinsein als Ausgangspunkt und Zentrum seines Erzählens. Der Titel inszeniert es als *promeneur solitaire*. Der Spaziergänger ist einsam, „seul sur la terre". Er erlebt sich als fremd, ja geradezu als Außerirdischer: „Je suis sur la terre comme dans une planète étrangère où je serais tombé de celle que j'habitais." (RE 48)

Der Titel *Rêveries du promeneur solitaire* setzt aber zugleich einen Kontrapunkt zum Motiv der Einsamkeit: die Bewegung des Spazierens. Diese zweifache Prägung setzt den Text der *Rêveries* unter Spannung und verweist auf gegenläufige Bewegungen von Subjektivität: Die Expansion des Spaziergängers, der durch die Welt und ins Weite geht, und den Rückzug des Einsamen auf sich selbst.

In diesem Kapitel zu Rousseaus *Rêveries* stehen deshalb zuerst die gegensätzlichen Aspekte von Einsamkeit und Expansion des Subjekts im Fokus. Der Fokus auf die *Rêveries* als Subjektivitätstext führt zu einer bestimmten Konzeption von Subjektivität: Zur Durchlässigkeit des Subjekts. Einerseits hat das Subjekt der *Rêveries* keine feste Position im Text. Es verzichtet auf die Kontrolle über das Erzählte, nimmt sich zurück und lässt sprachliche Dynamiken spielen. Andererseits zeigt sich das durchlässige Subjekt in erster Linie als wahrnehmendes Subjekt. Ausgehend von dieser Beobachtung werde ich über die Bedeutung der ästhetischen Wahrnehmung für Subjektivität nachdenken – und über die eigentümliche Verbindung von Selbstvergessenheit und Selbstgefühl im ästhetischen Erlebnis. Die literarische Form prägt die Deutung durchgängiger und beharrlicher als bei jedem anderen Text. Deshalb nehme ich zum Schluss die Frage des Schreibens in den Blick. Meine Lektüre überlässt sich der Dynamik der *Rêveries*. Am Wegrand erscheinen in zufälliger Folge Aspekte von Subjektivität. Auch grundlegende Strukturen und Eigenschaften des Textes werden aufgegriffen, wie die eben erwähnte Spannung zwischen der Bewegung des Rückzugs des Einsamen und der Expansion des Spaziergängers.

„Seul sur la terre" – Imaginäre und ambivalente Einsamkeit

Die Einsamkeit markiert die Bedingung der Subjektsetzung zu Beginn des Textes: „Me voici donc seul sur la terre, n'ayant plus de frère de prochain d'ami de société que moi-même." (RE 43) Diese Einsamkeit ist absolut – das Subjekt behauptet, niemanden auf der Welt zu haben und von allen anderen Menschen abgesondert, völlig allein dazustehen. In dieser Lage erscheint die Wendung zu sich selbst als einzig mögliche Beziehungsform. Auf diese Weise stellen die *Rêveries* Einsamkeit als Voraussetzung der selbstreflexiven Wendung moderner Subjektivität vor. Nirgendwo lernt sich das Subjekt besser kennen als in der Einsamkeit, wo ihm nichts anderes mehr bleibt als der Blick auf sich selbst: „Mais moi, détaché d'eux et de tout, que suis-je moi-même? Voilà ce qui me reste à chercher." (RE 43) Der Rückzug auf sich selbst führt das Subjekt aber nicht zwingend zu Selbstgewissheit. Denn im Zustand des Losgerissenseins von allem hat die Frage nach sich selbst etwas Beunruhigendes: Was bleibt von mir überhaupt noch übrig, wenn ich von der Welt und allen Menschen isoliert bin? „Que suis-je moi-même?" Noch ist ungewiss, welche Antwort das Subjekt im Laufe des Erzählens auf diese Frage finden wird. „Voilà ce qui me reste à chercher." Der Ausgang der Recherche hängt auch davon ab, *wohin* das Subjekt blickt, wenn es auf sich selbst blickt.

Die *Rêveries* haben sich den Rückzug aus der Welt programmatisch auf die Fahne geschrieben und markieren darin eine Differenz zu den *Confessions*. In der Hälfte aller *Promenades* wird die Einsamkeit thematisiert, beschworen oder beklagt.[78] Dadurch entsteht der Eindruck, die Bewegung des Isolierens, des

78 In der Première Promenade sind die Einsamkeit und das Verstossenwerden aus der menschlichen Gesellschaft das grosse Thema. Die Absolutsetzung der Einsamkeit und ihre wirkungsvolle sprachliche Inszenierung zu Beginn der Rêveries wiederholt sich in der Mitte des ersten Spaziergangs: „Tout est fini pour moi sur la terre. [...] Tout ce qui m'est extérieur m'est étranger désormais." (RE 48). Durch die Wiederholungsstruktur und die Strategie, diese Situation in unzähligen Sätzen zu variieren, erhält die Einsamkeit eine so starke Akzentuierung, dass der gesamte erste Spazierung wie eine Beschwörung der Einsamkeit wirkt. Die Deuxième Promenade, welche mit der Schilderung eines Spaziergangs beginnt, beschreibt die Einsamkeit als Freiraum für Ge-

Rückzugs, des Sich-Abschneidens sei ein stets zu wiederholender Akt der Anstrengung. Die Einsamkeit als Ausgangslage des Erzählens muss immer wieder neu erreicht werden.

Bei einem zweiten Blick zeigt sich: So absolut ist Rousseaus Einsamkeit auch wieder nicht. Die St. Petersinsel im Bielersee, der Ort der *Cinquième Promenade*, spiegelt zwar die Abgeschiedenheit des Erzählers topographisch wieder. Doch die absolute Einsamkeit wird gleich wieder relativiert, indem beschrieben wird, dass außer dem Erzähler Rousseau auch noch der Steuereinnehmer mit seiner Familie und Bediensteten auf der Insel leben (RE 104f.). Und in der *Deuxième Promenade* taucht Rousseaus Frau auf, die ihn nach seinem Unfall in Empfang nimmt (RE 58). Der Erzähler lebt also nicht allein und gibt sich auch keine Mühe, dies zu verbergen. Trotzdem hindert ihn die Gesellschaft anderer Menschen nicht daran, immer wieder Einsamkeit zu behaupten. Dies legt die Vermutung nahe, dass es dem erzählenden Subjekt nicht so sehr um die Darstellung einer realen, sondern vielmehr einer gefühlten Einsamkeit geht. Die Einsamkeit des *promeneur solitaire* ist imaginär. Indem sich der Erzähler immer wieder auf sie beruft, sie beschreibt oder beklagt, konstituiert er sie. Das performative Heraufbeschwören der Einsamkeit bildet den Grundtenor der *Rêveries*.

Ihr imaginärer Charakter weist überdies darauf hin, dass die Einsamkeit untrennbar verbunden ist mit der Situation des Erzählens. Schreiben ist grundsätzlich eine einsame Tätigkeit, weil sie die gesamte Aufmerksamkeit des Schreibenden fordert und ihm gleichzeitige anderweitige Kommunikation unmöglich macht. So entwerfen die *Rêveries* Einsamkeit als Grundsituation des schreibenden Subjekts, deren Archetypen der Mystiker in der Wüste, der Weise oder der Gelehrte in seiner Kammer[79] sind. Diese Grundsituation des Schreibens verkör-

---

danken und Träumereien, Einkehr in sich selbst und als Befreiung von schlechten Erfahrungen: „L'habitude de rentrer en moi-même me fit perdre enfin le sentiment et presque le souvenir de mes maux, j'appris ainsi par ma propre expérience que la source du vrai bonheur est en nous" (RE 54).

In der *Troisième Promenade* tritt die Einsamkeit ambivalent auf, einerseits als „gout vif pour la solitude" (RE 71) und andererseits als „une solitude aussi complète, aussi permanente, aussi triste en elle-même" (RE 80). Die *Cinquième Promenade* beschreibt ein mystisches Natur- und Einheitserlebnis, das nur in der Einsamkeit möglich ist und die *Huitième Promenade* verhandelt schliesslich noch einmal das Komplott, welchem der Erzähler zum Opfer gefallen zu sein meint, und die Strategie der gleichmütigen Einsamkeit, welche er ihm entgegensetzt.

79 Vgl. Art. Einsamkeit. In: Historisches Wörterbuch der Philosophie. Herausgegeben von Joachim Ritter. Band 2. Basel 1972, S. 407–408.

pert auch ein anderer Einsamer, der sich aus dem Gewimmel der Welt in seinen Turm zurückzog, um zu lesen und zu schreiben, und in dessen Tradition Rousseau sich stellt, Michel de Montaigne:

> Je fais la même entreprise que Montaigne, mais avec un but tout contraire au sien: car il n'écrivait ses essais que pour les autres, et je n'écris mes rêveries que pour moi. (RE 50)

Indem Rousseau behauptet, nur für sich zu schreiben, imaginiert er sich selbst als einzigen Leser seiner Texte. In dieser hochgradig rhetorischen Konstruktion inszenieren die *Rêveries* eine Einheit von Erzähler und Leser. Heinrich Meier beschreibt dies so:

> [Rousseau] wählt die Rhetorik einer unbedingten Aufrichtigkeit, die adressatenunabhängig auftritt, und einer unmittelbaren Transparenz, die absichtslos gegen andere erscheint. Der Grund-Satz der Rhetorik, deren sich Rousseau in den *Rêveries* bedient, lautet: Der Autor und sein Leser sind eins. Es ist der Grundsatz einer Rhetorik, die vorgibt, ohne Rhetorik auszukommen, jeder Rhetorik zu entsagen, über alle Rhetorik hinaus zu sein.[80]

Im schreibenden Ich fallen Schreibender und Lesender zusammen. Die in den *Confessions* explizit am Werk beteiligten Leser sind verschwunden. Damit bildet Rousseaus Text die selbstbezügliche Bewegung von Subjektivität strukturell ab. Die einsame Schreibsituation erscheint als exemplarische Situation eines modernen Subjekts, dessen Einsamkeit nicht mehr von einer metaphysischen Instanz erfüllt wird und die deshalb total ist.

Paradoxerweise erweist sich das erzählende Subjekt aber umso mehr auf die Anerkennung durch andere angewiesen, je mehr es bekräftigt, sich von den Meinungen der anderen – im Falle des Schriftstellers Rousseau des Publikums – losgesagt zu haben: „J'ai perdu pour jamais l'idée de ramener de mon vivant le public sur mon compte" (RE 46).[81] Die Vehemenz, mit welcher Rousseau die

---

80 Meier, Heinrich: Über das Glück des philosophischen Lebens. Reflexionen zu Rousseaus Rêveries in zwei Büchern. München 2011, S. 25.

81 In diesem Zusammenhang wäre die Frage zu diskutieren, ob sich die Rêveries wirklich nicht an ein Publikum wenden, wie Rousseau hier betont. Die Obsession, mit welcher er alle Menschen geisselt, die ihn und sein Werk falsch einschätzen und verachten, lässt darauf schliessen, dass die Wendung an ein Publikum den Text entscheidend konstituiert. Eine Absage an das Publikum ist auch eine Wendung zum Publikum.

Meinungen der anderen über ihn zurückweist, beweist gerade nicht den Gleichmut des Einsamen, sondern brennende Enttäuschung.

Die Einsamkeit wird also auf widersprüchliche Weise beschworen. In der *Troisième Promenade* spricht Rousseau beispielsweise im gleichen Satz von einem „entier renoncement au monde" und von einem „goût vif pour la solitude" (RE 71). Diese gegensätzlichen Charakterisierungen erweisen auf kleinstem Raum die Ambivalenz der Einsamkeit für das Subjekt: Einsamkeit bedeutet Verzicht. Verzicht auf die Welt geschieht nicht ohne Schmerz. Dass das Subjekt im Alleinsein demgegenüber aber auch einen „goût vif pour la solitude" empfindet, zeigt sie als Quelle einer neuen Erfahrung der Welt und seiner selbst, die ihren Höhepunkt in der *Cinquième Promenade* hat. Die Ambivalenz der Einsamkeit, deren Darstellung zwischen positiv und negativ oszilliert, durchzieht die gesamten *Rêveries* und versetzt die Lesenden in eine dauernde Unsicherheit über den Status des Beschriebenen. Das erzählende Subjekt stellt sein aktuelles Empfinden der Einsamkeit nämlich immer mit solcher Emphase dar, als gebe es keine andere mögliche Einschätzung als die aktuell dargelegte – nur um im nächsten Spaziergang die Einsamkeit wieder anders zu bewerten.

Auf der einen Seite wird die Situation der Isolation und des Ausgeschlossenseins, in welcher Rousseau sich sieht, als verunsichernd und unverständlich dargestellt, als *un chaos incompréhensible* und als *étrange révolution*:

> Depuis quinze ans et plus je suis dans cette étrange position elle me paraît encore un rêve. [...] Tiré je ne sais comment de l'ordre des choses, je me suis vu précipité dans un chaos incompréhensible où je n'aperçois rien du tout, et plus je pense à ma situation présente et moins je puis comprendre où je suis. [...] Quand cette étrange révolution se fit, pris au dépourvu j'en fus d'abord bouleversé. (RE 43f.)

Rousseau erlebt seinen Ausschluss aus der menschlichen Gesellschaft als erschütternd und verwirrend. *L'ordre des choses* wird aufgelöst. Mit der geordneten Deutung der Welt verliert auch das eigene Leben seine Sicherheit. Das Subjekt sieht sich aus stabilisierenden Strukturen und Ordnungen verbannt und erlebt die Isolation als alles umfassende Zerrüttung und Erosion, zum Beispiel, wenn die Anerkennung durch andere in Verkennung umschlägt: „Pouvais-je dans mon bon sens supposer qu'un jour, moi le même homme que j'étais, le même que je suis encore, je passerais, je serais tenu sans le moindre doute pour un monstre, un empoisonneur, un assassin [...]?" (RE 44) Wie ist es möglich, dass Rousseau, ohne es zu merken, sich in den Augen der anderen plötzlich in ein Monster oder einen Verbrecher verwandelt hat? Die Diskrepanz zwischen der Selbstwahrnehmung und der Wahrnehmung durch andere ist mit dem

Verstand nicht nachzuvollziehen. Sie lässt sich biographisch mit der Paranoia Rousseaus erklären[82], doch noch viel dringlicher lässt sie die Lesenden am „chaos incompréhensible" teilhaben, welches zurück bleibt, nachdem die Einsamkeit die Ordnung der Dinge verrückt hat. Die Erosion der symbolischen Ordnung zersetzt auch die Wahrnehmung seiner selbst als Subjekt.[83]

Die fehlende Anerkennung durch andere, d.h. die Verkennung seiner als *monstre* stellt sein Selbstverständnis in Frage. Wie kann das Subjekt sicher sein, dass es wirklich kein Monster ist? Die Erfahrung absoluter Selbstentfremdung beschreibt Rousseau im Vergleich mit einem Ausserirdischen: „Je suis sur la terre comme dans une planète étrangère où je serais tombé de celle que j'habitais." (RE 48) Von einem fremden Planeten auf die Erde geworfen – ein radikaleres Bild für die totale *aliénation* des Subjekts lässt sich nicht finden. Die Existenz außerhalb der *ordre des choses* ist gleichbedeutend mit dem Leben auf einem fremden Planeten.

Der Furor, mit welcher der Erzähler im ersten und achten Spaziergang die gegen ihn gerichtete Verschwörung beschreibt[84] – wobei die Ereignisse, welche

---

82 Jean Starobinski weist auf spezifische Eigenheiten von Rousseaus Texten hin, mit welchen sich alle Lesenden auseinandersetzen müssen: Auf die „Vermischung von pathos und logos" (Starobinski 2003, S. 64); sowie auf die Untrennbarkeit von Person und Werk Jean-Jacques Rousseau: „Rousseau war, ob zu Recht oder zu Unrecht, nicht bereit, sein Denken und seine Inividualität, seine Theorien und sein persönliches Schicksal zu trennen. Man muss ihn nehmen, wie er sich gibt, in der Verschmelzung und Vermischung von Existenz und Idee. Auf diese Weise kommt man dahin, das literarische Schaffen Jean-Jacques' zu untersuchen, als stellte es ein imaginäres Handeln dar, und sein Verhalten, als bildete es eine gelebte Fiktion." (S. 9)

83 Diese Verunsicherung, welche ich im Kontext moderner Subjektivität, die sich ihres prekären Status bewusst wird, betrachte, kristallisiert auch als Verunsicherung über die Position des Erzählers im Text. Claudia Albes bemerkt dazu: „Diese Bilder der visuellen Desorientierung lassen sich als Metaphern für einen radikalen Blickwechsel des Erzählers auf seine eigene Position im Text lesen, eine Veränderung, die es ihm unmöglich macht, mit seinem eingangs formulierten Projekt der Selbsterforschung nahtlos an frühere autobiographische Unternehmungen anzuschliessen." In: Albes, Claudia. Der Spaziergang als Erzählmodell. Studien zu Jean-Jacques Rousseau, Adalbert Stifter, Robert Walser und Thomas Bernhard. Tübingen; Basel 1999, S. 47.

84 Bernhard H. F. Taureck weist darauf hin, dass Rousseau eine „dreifache Sprache" verwendet, um die Nachstellungen, denen er sich ausgesetzt fühlt, zu beschreiben, nämlich „die Sprache der Gnosis (die Welt als Spaltung von Licht und Finsternis), die Sprache der Metapyhsik und die Sprache der Sicherheit von Descartes, erweitert um

mit dieser „trame“ (RE 46) gemeint sein könnten, jedoch rätselhaft bleiben – übersetzt die nie verheilte Verletzung, welche die Verkennung durch die anderen für das Subjekt bedeutet[85], in Sprache. Die „tranquilité“ wiederum verweist auf die andere, positive Seite der Einsamkeit. Einsamkeit erscheint dann als „goût vif“ (RE 71), als Grund von Selbstgewissheit und Seelenruhe in der Tradition der antiken Lebensphilosophie[86]. Der erste Spaziergang beschreibt Einsamkeit als unfreiwillige Wahl. Nachdem das Subjekt nämlich eingesehen hat, dass sein Widerstand gegen das Ausgestoßenwerden zwecklos ist, nimmt es seine Einsamkeit in einem Akt der „résignation“ an:

> Sentant enfin tous mes efforts inutiles et me tourmentant à pure perte j'ai pris le seul parti qui me restait à prendre, celui de me soumettre à ma destinée sans plus regimber contre la nécessité. J'ai trouvé dans cette résignation le dédommagement de tous mes maux par la tranquilité qu'elle me procure et qui ne pouvait s'allier avec le travail continuel d'une résistance aussi pénible qu'infructueuse. (RE 45)

So verwandelt sich das Leiden an der Einsamkeit in „tranquilité“ und „dédommagement“. Obwohl die sich wandelnde Wahrnehmung der Einsamkeit als innerer Prozess, als „résignation“, erklärt wird, fällt doch die rasche Umwertung der Einsamkeit auf. Die Deutung der Einsamkeit ist immer prekär.

Die ambivalente Wahrnehmung der Einsamkeit spiegelt das Wechselspiel der Seele. Einsamkeit verändert ihre Färbung je nach aktuellem Empfinden des Subjekts und ist „Source du vrai bonheur“ (RE 54) oder „tristesse (RE 80). Einsamkeit ist also *subjektiv* in mehrfachem Sinn. Einerseits ist sie abhängig von der Wahrnehmung des Subjekts. Andererseits ist sie konstitutiv für den Entwurf sei-

---

das Motiv der wiedergefundenen Natürlichkeit“. Taureck erweitert die biographische Lesart der Nachstellungen in den Rêveries als Symptom von Rousseaus Verfolgungswahn, indem er darauf hinweist, dass sie auch als neuzeitliche Reaktion auf die Erschütterung der Sicherheit der Welt(ordnungen) gelesen werden können. Taureck; Bernhard H. F.: Jean-Jacques Rousseau. Hamburg 2009, S. 129.

85 Starobinski sieht das Verkanntwerden als Grundproblem von Rousseaus Werk und bringt es in Verbindung mit der Entdeckung des Scheins. Indem das Subjekt bemerkt, dass es scheint und somit auch von anderen verkannt werden kann, wird sein Bewusstsein „aus seinem Paradies vertrieben“. In: Starobinski 2003, S. 20.

86 Der häufig verwendete Begriff der „tranquilité“ verweist auf die ataraxia, welche sowohl in der epikuräischen als auch in der stoischen Lebensphilosophie den angestrebten Seelenzustand der Unerschütterlichkeit bezeichnete. Mit der Würdigung von Plutarch in der Quatrième Promenade wird dieser Kontext explizit.

ner selbst, welchen der Erzähler als *promeneur solitaire* skizziert. Einsamkeit erscheint als Bedingung der Selbsterschreibung der *Rêveries*, aber auch als Problem und als performativer Effekt des Schreibens.

UMHERSCHWEIFENDES ERZÄHLEN: DAS SUBJEKT ALS *PROMENEUR*

Die *Rêveries* sind, wie auch der *promeneur,* immer in Bewegung. Sie gehen hierhin und dorthin, mal schneller, mal langsamer, ohne zu einem bestimmten Ziel gelangen zu wollen: „Un registre fidèle de mes promenades solitaires et des rêveries que les remplissent quand je laisse ma tête entièrement libre, et mes idées suivre leur pente sans résistance et sans gêne." (RE 53). So reflektiert der Text seine schwer bestimmbare Form selbst.[87] Die quecksilbrige Beweglichkeit des „entièrement libre" freigelassenen und von Widerständen der Konvention ungehinderten *Rêveries* macht es schwer, sie zu fassen.

Die Bewegung der „promenades solitaires", der Träumereien und „mes idées suivre leur pente sans résistance et sans gêne" fallen im Text in eins. Bewegung, Träumereie und assoziative Gedankenstreifzüge überlagern und verbinden sich. So vollzieht der Text das Umherstreifen[88] des *promeneur solitaire* als Prinzip des Erzählens und bildet es auch in der Textbewegung ab. Die *Rêveries* entwerfen und realisieren so ihre eigene Denk- und Schreibpoetik.

Umherschweifen setzt einen Freiraum voraus. Dem Spaziergänger gewährt die Einsamkeit diesen Freiraum, dem erzählenden Subjekt die Textform der *Rêveries,* welche auf Strukturen konventioneller Gattungen weitgehend verzichten. Natürlich entbehren die *Rêveries* nicht gänzlich der Form und Struktur – so ist der Text in zehn *Promenades* gegliedert, die sich inhaltlich unterscheiden, aber motivisch verknüpft sind und sich in ihrer kreisförmigen Struktur ähneln –, aber sie versuchen, den Anspruch des freien gedanklichen und räumlichen Umherschweifens in einer angemessenen, d. h. offenen Form zur Gestaltung zu

87 Dass die Rêveries ihr eigenes Gemachtsein und ihre Textvollzüge reflektieren, ist an vielen Stellen zu beobachten. In ihrer Analyse des Spaziergangs als Erzählmodell bestimmt Claudia Albes die „autoreflexive Dynamik im Hinblick auf ihre eigenes Erzähltsein" als grundlegendes Merkmal der Rêveries. Vgl. Albes 1999, S. 12 und S. 55.

88 Die Promenades erzählen zum einen von tatsächlich unternommenen Spaziergängen und zum anderen von den Spaziergängen, welche die Gedanken und Ideen des Erzählers gleichsam von selbst unternehmen. Im Erzählen verschränken sich tatsächliche und gedankliche Spaziergänge auch.

bringen. Konventionelle narrative Strukturen insbesondere autobiographischen Erzählens werden kaum bedient. Die *Rêveries* markieren somit den Entwurf einer neuen Textgattung, die sich den Erwartungen der Lesenden und des Literaturbetriebs programmatisch entzieht und ihren eigenen Wendungen, auch ihren Nebensächlichkeiten folgt. Sie erzählen *irgend etwas*, das eine sich aus dem anderen ergebend gemäß den Bewegungen der Assoziation. Auch Unvorhergesehenes oder Umwege bestimmen und verändern die Richtung des Textes. Das erzählende Subjekt kann auf Grund seiner Perspektive des aus der *ordre des choses* Herausgerissenen konventionelle Ordnungen der Bedeutungszuschreibung in Frage stellen.

Doch dieses Außerhalb-der-Ordnung-Stehen macht auch die Position des Subjekts in der Erzählung unfassbar. Wohin es nämlich seine Spaziergänge und *Rêveries* führen werden, weiss das erzählende Subjekt nicht. Ein Gedanke führt zum nächsten, eine Träumerei zur anderen. Die Bewegung des gedanklichen und textuellen Spazierens wird auf unbestimmte und unvorhersehbare Weise von der Imagination bestimmt:

> Quelquefois mes rêveries finissent par la méditation, mais plus souvent mes méditations finissent par la rêverie, et durant ces égarements mon âme erre et plane dans l'univers sur les ailes de l'imagination (RE 134).

Gerade die Abwege, welche die Seele ins Ungewisse führen, ermöglichen Höhenflüge der Phantasie. Dies bedeutet aber, dass das erzählende Subjekt nicht autonom über das Erzählte verfügt, sondern von der Dynamik des spazierenden Erzählens mitgerissen wird. Das Subjekt verzichtet auf die Herrschaft über den Text. Das Subjekt verhält sich passiv gegenüber den Wendungen, die seine *Promenades* nehmen:

> Les loisirs de mes promenades journalières *ont* souvent *été remplis* de contemplations charmantes dont j'ai regret d'avoir perdu le souvenir. Je fixerai par l'écriture celles qui pourront me venir encore; chaque fois que je les relirai m'en rendra la jouissance. (RE 49, Hervorhebung M. L.)

Die *contemplations* erfüllen die Spaziergänge ohne Zutun des Subjekts. Der eigendynamischen Bewegung des spazierenden Erzählens unterworfen, es alles auf, was es zufälligerweise streift. Erst im Prozess des Schreibens tritt das Subjekt auf den Plan, was der grammatische Wechsel des Subjekts zu *je* zeigt: „Je fixerai par l'écriture celles qui pourront me venir encore". Die Arbeit des erzählenden Subjekts ist das Festhalten der Bewegung des Spazierens in der Schrift.

Die Aufgabe des Subjektes ist es, das Unfassbare und Flüchtige der *Promenades* in eine Form, in Schriftzeichen zu fassen. Die Schrift erscheint somit als Ort des Subjekts. Im Prozess erzählerischer Gestaltung steht das Subjekt im Paradox zwischen der Dynamik der Bewegung der *Rêveries* und ihrer Fixierung. Es hält seine *Rêveries* „par l'écriture" fest – und diese Formulierung „durch die Schrift" gesteht der Schrift wiederum einen eigenständigen Anteil am Schreibprozess zu. Das Verständnis der figurativen Eigendynamik von Rousseaus Texten wurde durch Paul de Mans Deutung maßgeblich beeinflusst. De Man hat diese Dynamik in den *Allegories of Reading* als „figural displacement"[89] vorgeführt. Damit prägte er nicht nur die Rousseau-Rezeption der letzten 30 Jahre[90], sondern auch die dekonstruktivistische Literaturtheorie. De Mans Rousseau-Lektüren in den *Allegories of Reading* haben zudem Konsequenzen für das Verständnis des Subjekts des Erzählens: „Writing always includes the moment of disposession in favor of the arbitrary power play of the signifier and from the point of view of the subject, this can only be experienced as a dismemberment, a beheading or a castration."[91] Die Unsicherheit des erzählenden Subjekts im Text, welche in den *Rêveries* durch die Textbewegung des Spazierens bedingt ist, wird von de Man negativ als Besitzverlust, Zerstückelung, Enthauptung oder Kastration gedeutet. Das Subjekt hat die Sprache nicht im Griff und empfindet dies als Kontrollverlust, als Verlust der *agency*. Bei dieser Deutung bleibt aber unbeachtet, dass das erzählende Subjekt der *Rêveries* die Kontrolle über das Erzählte und das Erzählen *freiwillig* abgibt, weil es ihm gefällt, spazierend zu träumen. Die von de Man verwendeten Metaphern, welche alle aus dem Bereich von körperlicher Verstümmelung und männlicher Sexualität stammen, passen nicht zu dieser Beobachtung. Das Subjekt der *Rêveries* beharrt nicht auf seiner Herrschaft über der Sprache, sondern gibt sie gerne ab. Es will die Sprache und Schrift gerade nicht im Griff haben. Auf diese Weise kann das erzählende Subjekt auch wieder zum Leser seiner selbst werden und sich vom eigenen Text überraschen lassen, wie in der oben zitierten Textpassage deutlich wird: „Chaque fois que je les relirai m'en rendra la jouissance." Die Lust, welche das Subjekt bei der Relektüre seiner selbst empfindet, kennzeichnet auch den Erzählgestus des Subjekts: Der Kon-

89 de Man 1979, S. 284.

90 Vgl. z. B. Claudia Albes: „Der Glaube an die Autorität des Erzählers im eigenen Text schliesslich wird durch die Erkenntnis zunichte gemacht, dass die literarische Sprache in verschiedenen Kontexten unkontrollierbare figurative Bedeutungen entfaltet, angesichts derer die Erzählerintention als Sonderfall gelten muss." In: Albes 1999, S. 115.

91 de Man 1979, S. 296.

trollverlust über seine Selbsterschreibung bewirkt *jouissance*. Der lustvolle Aspekt der *Rêveries* wird in ihrer Abgrenzung vom Denken besonders deutlich:

> J'ai pensé quelquefois assez profondément; mais rarement avec plaisir, presque toujours contre mon gré et comme par force: la rêverie me délasse et m'amuse, la réflexion me fatigue et m'attriste; penser fut toujours pour moi une occupation pénible et sans charme. Quelquefois mes rêveries finissent par la rêverie, et durant ces égarements mon âme erre et plane dans l'univers sur les ailes de l'imagination dans des extases qui passent toute autre jouissance. (RE 133f.)

Der Verzicht auf Kontrolle und rationales Denken ermöglicht einen lustvollen Zustand der Ekstase und Selbstvergessenheit.

Wenn das Subjekt die Bewegung seiner Sprache nicht lenkt, stellt sich aber die Frage, wodurch die Sprache denn sonst bewegt wird. Und diese Frage wird in den *Rêveries* durchaus gestellt. Eine mögliche Antwort bietet von de Man aufgezeigte Eigendynamik sprachlicher Figuren. Der Text führt sie im Vollzug und in seinen formalen und assoziativen Wendungen vor. Eine andere mögliche Antwort nimmt nicht den Text, sondern das Subjekt in den Blick – das Subjekt, das im ziellosen und umwegigen Text seiner selbst nicht sicher ist. Explizit wird dies anhand eines Umwegs: In der *Septième Promenade* führt ein *détour* das Subjekt unerwartet zu unbekannten Seiten seiner selbst. Das erzählende Subjekt ertappt sich unwillkürlich bei einem Umweg. Dieser Umweg wendet nicht nur den Text in eine andere Richtung, sondern veranlasst das Subjekt auch dazu, über die Unbewusstheit seiner Motive nachzudenken: „En me rappelant que j'avais fait plusieurs fois machinalement le même détour, j'en recherchai la cause en moi-même." (RE 117) Rousseau entdeckt den Grund für den Umweg schliesslich darin, dass er einem Jungen ausweichen möchte, der immer an einer bestimmten Stelle des Wegs steht und eine Spende von ihm erwartet. Und er stellt fest, „que les vrais et premiers motifs de la plupart de mes actions ne me sont pas aussi clairs à moi-même que je me l'étais longtemps figure." (RE 118) Die sich im Umweg des Spaziergängers manifestierende Unsicherheit über die eigenen Motive und Beweggründe zeigt dem Subjekt, dass es weniger über sich selbst weiss, als es geglaubt hat. Die Erzählbewegung des Spazierens führt in unbekannte Regionen seiner selbst. Dies bedeutet auch, dass die Wendungen, welche die Gedankenspaziergänge des Subjekts nehmen, auch durch ihm unbewusste psychische Bewegungen und Obsessionen bestimmt werden. „Je dirai ce que j'ai pensé tout comme il m'est venu" (RE 49). Wann dem Subjekt welche *rêveries* zufliessen, ist ihm selbst unzugänglich und hat doch mit ihm zu tun. In den *Rêveries* verquicken sich die Eigendynamik des Textes und die unbewusste psychische Motivation des schreibenden Subjekts auf undurchdringliche Weise.

Die Nicht-Durchschaubarkeit seiner selbst stellt das in der *Première Promenade* formulierte Projekt der Selbsterforschung in Frage. Doch die *Rêveries* wollen keine gezielte Selbst-Erforschung sein wie die *Confessions*.[92] Die Träumereien schweifen ziellos umher und umkreisen die Frage des Subjektes nach sich selbst eher, als sie ihr auf den Grund gehen. Es ist ein Kreisen im eigentlichen Sinn des Wortes, denn die *Promenades* zeichnen mit ihrer doppelten Rückkehr zum Ausgangspunkt an ihrem Ende eine kreisförmige Struktur.[93] Die zu Beginn der *Rêveries* aufgworfene Frage: „Mais moi, détaché d'eux et de tout, que suis-je moi-même?", (RE 43) wird von diesem Kreisen lediglich gestreift, und dann spazieren die Gedanken und Assoziationen ohne jede Systematik anderswohin. Sollten die Leser vom *Promeneur solitaire* nämlich Systematik erwarten, sind sie selber schuld.

„UNE ÂME EXPANSIVE"

Durch die assoziative Form des Erzählens entwirft das Subjekt eine offene Form seiner selbst. Im Folgenden möchte ich genauer betrachten, auf welche Weise

92 Rousseau stellt die Rêveries zwar klar in die Nachfolge der Confessions. In der Frage nach sich selbst, d. h. in der Frage der Subjektivität beziehen sich die Texte aufeinander: „Je ne dois ni ne veux plus m'occuper que de moi. C'est dans cet état que je reprends la suite de l'examen sévère et sincère que j'appelai jadis mes Confessions." (RE 48f.) Doch im Hinblick auf die Textsorte, Erzählstruktur und Perspektive unterscheiden sich die beiden Texte stark, was in den Rêveries auch reflektiert wird: „Ces feuilles peuvent donc être regardées comme un appendice de mes Confessions, mais je ne leur en donne plus le titre, ne sentant plus rien à dire qui puisse le mériter." (RE 49) Die Rêveries sind ein Text, der nichts Erzählenswertes (und Bekennenswertes) zu sagen weiss und. Sie stehen damit den Confessions, die alles sagen wollen, diametral entgegen. Rousseau schlägt vor, die Rêveries als appendice der Confessions zu lesen – als Anhang oder Fortsatz, eigentlich unnötig, aber vielleicht als Korrektiv.

93 Claudia Albes beschreibt die Erzählstruktur der Promenades als von einer „zentrifugalen Eigendynamik" geprägt: „Das Erzählen in den Rêveries ist insofern spaziergängerisch, als es immer wieder neue Anläufe unternimmt, um sich von einem zeitlichen, räumlichen oder thematischen Zentrum zu lösen, zu dem es ebenso oft wieder zurückkehrt. Diese Dynamik erklärt die zuvor beobachtete Ambivalenz des Textes zwischen Offenheit und Geschlossenheit." In: Albes 1999, S. 45.

Subjektivität im Text der *Rêveries* gestaltet wird, und was es bedeutet, wenn sich das Subjekt als ein spazierendes Subjekt inszeniert. In der *Première Promenade* reflektiert Rousseau sein Schreibprojekt und führt in diesem Kontext auch in die neu entworfene Textgattung der *Rêveries* ein:

> Ces feuilles ne seront proprement qu'un informe journal de mes rêveries. Il y sera beaucoup question de moi parce qu'un solitaire qui réfléchit s'occupe nécessairement beaucoup de lui-même. Du reste toutes les idées étrangères qui me passent par la tête en me promenant y trouveront également leur place. (RE 49)

Die *Rêveries* bestimmen durch ihre unvorhersehbaren Wendungen die Struktur eines Textes, der nichts anderes als ein „informe journal" sein will. Der Text präsentiert sich als ungeformter, leicht dahin geworfener, und schert sich nicht um Formkonventionen. Als Trägermedium dieses „informe journal" fungieren „ces feuilles", welche gleichzeitig die Merkmale des Textes verkörpern: Blätter, ohne zwingende Folge vor der Leserin liegend. Dieses lose auf mehrere Blätter verteilte Tagebuch stellt die ‚Form' für die Selbsterschreibung des Subjekts dar – eine Form, die nicht so formlos ist, wie sie den Anschein gibt, denn die Dynamik der *Promenades* erweist sich in ihrem Gegen- und Miteinanderwirken der einzelnen Spaziergänge und ihrer motivischen Verknüpfung bei genauerem Hinsehen als Ergebnis einer sorgfältigen Komposition.[94]

Die *Rêveries* sind eine Selbsterschreibung. Dies macht das Subjekt explizit in der Bemerkung, es sei „sera beaucoup question de moi". Auf der anderen Seite finden im Text „toutes les idées étrangères qui me passent par la tête" *également* ihren Platz. In einer Selbsterschreibung, welche „les idées étrangères" ebenso integriert wie die Selbstreflexion, realisiert sich eine entgrenzende Konzeption von Subjektivität. Die Grenzen zwischen dem Ich und der Welt sind durchlässig. So gehört zu solcher Subjektivität alles, was einem durch den Kopf geht, auch Gedanken an *andere* Dinge, die „passent par la tête". Auf diese Weise entwerfen die *Rêveries* ein Subjektkonzept der Durchlässigkeit, Offenheit und Aneignung. Das Subjekt erfährt sich nicht (nur) im selbstreflexiven Bezug auf ‚sich selbst', sondern ebenso durch seine frei fliessenden Wahrnehmungen und Gedanken. Es versteht sich als „âme expansive" und verzichtet darauf, ein kohärentes Bild seiner selbst zu entwerfen: „Je ne puis cependant me concentrer tout entier en moi-même, parce que mon âme expansive cherche malgé que j'en aie à étendre ses sentiments et son existence sur d'autres êtres" (RE 139).

94 Als Beispiel sei die Cinquième Promenade genannt, welche das Zentrum der Rêveries bildet und auf die anderen Promenades ausstrahlt.

Die ausschließliche Konzentration auf sich selbst erweist sich als unmöglich. Seine „âme expansive" drängt das Subjekt dazu, seine Existenz auf andere Wesen auszuweiten. Insofern haben die *Rêveries* durchaus subjektkritisches Potenzial. Sie stellen die Frage nach der Individualität, indem sie die Grenzaufhebung zwischen sich und anderem erproben. Diese Durchlässigkeit markiert einen Gegensatz zur Einsamkeit. Die Durchlässigkeit für andere/s macht das Subjekt instabil. Es ist den „idées étrangères qui me passent par la tête" ausgeliefert. Demgegenüber macht hat die Einsamkeit die Funktion, die expansive Seele zusammenzuhalten. Könnte das Subjekt dagegen in seiner Einsamkeit und Selbstbezogenheit verharren, wären ihm Ruhe und *tranquilité* garantiert. In ihrer Wechselhaftigkeit – hier im Schwanken zwischen dem Rückzug des Subjekts auf sich selbst in der Einsamkeit und seiner Bezogenheit auf andere – erweisen sich die *Rêveries* als unzuverlässig und widersprüchlich, ja geradezu als täuschend. Gegenteiliges ist wahr in diesem Text – weil das Subjekt es im Moment gerade so empfindet, und weil der geschmeidige Text es der Leserin so suggeriert, als eine direkt aus dem Inneren Rousseaus fließende *Rêverie*. Gerade indem die *Rêveries* ihre rhetorische Gemachtheit hinter freiem Assoziieren verbergen, erreichen sie ihre täuschende Wirkung.

„LE FLUX ET REFLUX DE CETTE EAU" – DURCHLÄSSIGES SUBJEKT

Ein durchlässiges Subjekt ist in besonderer Weise ein Subjekt der Wahrnehmung – einer Wahrnehmung bis zur Selbstvergessenheit. Dieser Aspekt soll nun an der Lektüre der *Cinquième Promenade* vertieft werden. Wahrnehmung bildet nämlich sowohl ein fundamentales Thema des Textes sowie den Antrieb seiner Dynamik durch die Lenkung der Aufmerksamkeit auf die *sensations*. Die Frage der Wahrnehmung steht im Zentrum der Subjektkonstitution der *Rêveries*.

Die *Cinquième Promenade* erzählt auf einzigartige Weise von der Erfahrung der Wahrnehmung. Ihre Intensität versetzt das Subjekt überhaupt in den Zustand der *Rêveries* und verändert seine Zeiterfahrung. In der absoluten Wahrnehmung des Moments wird die Zeit aufgehoben. Gleich am Anfang der *Cinquième Promenade,* die um Rousseaus Aufenthalt auf der St. Petersinsel im Bielersee kreist, spricht Rousseau das Problem der Zeit an. In der Erinnerung an den Aufenthalt auf der Petersinsel gerät die Zeit in Schieflage: „On m'a laissé passer guère que deux mois dans cette île, mais j'y aurais passé deux ans, deux siècles, et toute l'éternité sans m'y ennuyer un moment" (RE 106). Die tatsächlich auf der Insel verbrachten zwei Monate sind von solcher Intensität, dass das Subjekt sie gerne auf zwei Jahre oder Jahrhunderte, ja sogar auf die Ewigkeit ausdehnen würde. „Je compte ces deux mois pour le temps le plus heureux de ma vie“ (RE 106). Die subjektive Bedeutung der zwei Monate auf der Petersinsel überschreitet diejenige ganzer Jahrhunderte. Die subjektive Wahrnehmung der Zeit schert sicht nicht um das kalendarische Maß. So widersetzt sich das umherschweifende, wechselhafte Erzählen der *Rêveries* widersetzt sich einer linearen Zeit- und Erzählordnung.

Ihre Bedeutung erhalten die zwei Monate auf der Petersinsel durch das empfundene Glück. Ausgehend von der ethischen Frage nach der Eigenart dieses Glücks entfaltet sich in der *Cinqième Promenade* die Erzählung: „Quel était donc ce bonheur et en quoi consistait sa jouissance?“ (RE 106) Das Subjekt nennt verschiedene Quellen seines Glücks: das *far niente* (RE 85), die Muße, welche seine ausgedehnten Träumereien überhaupt erst ermöglicht, das Befreitsein von der Pflicht des Schreibens (dazu später mehr), die neue Begeisterung für Botanik und das Herumstreifen auf der St. Petersinsel. Gemeinsam ist all diesen Glücksmomenten die Naturwahrnehmung. Beispielsweise dann, wenn Rousseau allein mit dem Boot auf den See hinaus fährt:

J'allais me jeter seul dans un bateau que je conduisais au milieu du lac quand l'eau était calme, et là, m'étendant tout de mon long dans le bateau les yeux tournés vers le ciel, je me laissais aller et dériver lentement au gré de l'eau quelquefois pendant plusieurs heures, plongé dans mille rêveries confuses mais délicieuses (RE 109).

Rousseau beschreibt hier eine synästhetische Wahrnehmung der Natur. Er sieht das Blau des Himmels und spürt die Strömung des Wassers unter dem Boot. Die blaue Farbe des Himmels und das untergründige Schaukeln des Bootes bilden die Grundlage für seine „rêveries confuses“. Diese Textpassage ist geprägt von einem fließenden, durch viele lange Vokale langsamen Rhythmus, welcher es erlaubt, sich beim Lesen gleichsam mit dem erzählenden Subjekt im Boot auszustrecken und die Strömung des Wassers und der Sprache zu spüren. Der Text erzeugt rhythmisch jene Gleichförmigkeit und Ruhe, von der er erzählt.

Die Szene der Ruhe mündet in totale Passivität: Das Subjekt *lässt* sich ins Boot fallen, und nachdem es dieses in die Mitte des Sees hinausgesteuert hat, ist es nurmehr passiv: Es *liegt* der Länge nach ausgestreckt im Boot, *lässt* sich langsam und lange auf dem Wasser treiben, *eingetaucht* in seine Träumereien. Das Subjekt verzichtet auf eigenes Handeln und überlässt sich ganz der Strömung des Wassers und seiner Träumereien. Die totale Zurücknahme eigenen Nachdenkens, Handelns und Wollens erzeugt eine Durchlässigkeit des Ich für anderes. Unterbrochen wird dieser Zustand der Durchlässigkeit erst von der sinkenden

Sonne, welche den Abend ankündigt und das Subjekt in die Aktivität zurückzwingt, soll das Boot die Insel noch vor Einbruch der Nacht erreichen: „Souvent averti par le baisser du soleil de l'heure de la retraite je me trouvais si loin de l'île que j'étais forcé de travailler de toute ma force pour arriver avant la nuit close." (RE 109)

In einer zweiten Szene sitzt Rousseau allein am Ufer und blickt aufs Wasser:

> Quand le soir approchait je descendais des cimes de l'île et j'allais volontiers m'asseoir au bord du lac sur la grève dans quelque asile caché: là, le bruit des vagues et l'agitation de l'eau fixant mes sens et chassant de mon âme toute autre agitation la plongeaient dans une rêverie délicieuse où la nuit me surprenait souvent sans que je m'en fusse aperçu. Le flux et reflux de cette eau, son bruit continu mais renflé par intervalles frappant sans relâche mon oreille et mes yeux suppléaient aux mouvements internes que la rêverie éteignait en moi et suffisaient pour me faire sentir avec plaisir mon existence, sans prendre la peine de penser. (RE 110)

Rousseau sieht und hört die Wellen. Er selbst ist ruhig, „chassant de mon âme toute autre agitation". Alle Bewegung ist im Wasser. Alle seine Sinne sind auf „l'agitation de l'eau" konzentriert, so dass er vergisst, wo er sich befindet und auch die einbrechende Nacht nicht wahrnimmt. Sowohl die sichtbare als auch die hörbare Bewegung des Wassers tauchen das Subjekt in den Zustand der *rêveries*. Sie ermöglichen eine Intensität und Totalität der Wahrnehmungserfahrung: „Le flux et reflux de cette eau, son bruit continu mais renflé par intervalles frappant sans relâche mon oreille et mes yeux suppléaient aux mouvements internes que la rêverie éteignait en moi". Die inneren Bewegungen des Subjekts verschwinden und werden durch das Kommen und Gehen des Wassers ersetzt. Das Subjekt vergisst sich im „flux et reflux de cette eau". Es besteht in nichts anderem mehr als in der synästhetischen Wahrnehmung der Bewegung des Wassers, „frappant sans relâche mon oreille et mes yeux". Das Subjekt wird im Akt des Wahrnehmens auf eine solche Weise durchlässig, dass das Wasser gleichsam durch seinen Körper fließt. Gerade die Selbstvergessenheit – „sans prendre la peine de penser" – führt zum Gefühl für die eigene Existenz. Das Subjekt *spürt* seine Existenz dann am deutlichsten, wenn es nicht sich selbst wahrnimmt, sondern im Wahrnehmen aufgeht und sich selbst entgrenzt. Die *Rêveries* beschreiben in dieser Szene eine an eine *unio mystica* gemahnende Einheitserfahrung, in welcher die Grenzen zwischen Ich und Welt aufgehoben sind. „Je ne rêve jamais plus délicieusement que quand je m'oublie moi-même." (RE 139) Im ästhetischen Erlebnis erlebt sich das Subjekt auf paradoxe Weise als Fülle und Leere gleichzeitig. In der Durchlässigkeit für sinnliche Wahrnehmung verliert *und* findet sich die „âme expansive".

Während das erzählende Subjekt auf die Bewegungen des Wassers blickt und das fortwährende Plätschern hört, steht es außerhalb aller Ordnungen. Die sinnliche Wahrnehmung stiftet eine Einheitserfahrung, welche die zeitliche Differenz aufhebt, in die ein sich erinnerndes, zu sich selbst in Beziehung tretendes Subjekt immer schon verstrickt ist. Dennoch ist sie dem Vergehen der Zeit – und dem Fortschreiten der Sprache im Erzählen[95] – unterworfen. Der Text macht nämlich klar, dass die erlebte Einheit nicht von Dauer sein kann, indem er das Signal zu ihrem Ende gibt. Die Intensität des Wahrnehmungserlebnisses lockert sich schließlich durch äußeren Zwang: „Au point qu'appelé par l'heure et par le signal convenu je ne pouvais m'arracher de là sans effort." Der Text verrät nicht, worin das „signal convenu" besteht, vielleicht in einer Glocke, die zum Abendessen ruft; jedenfalls lenkt das Signal die Aufmerksamkeit des Subjekts weg vom Naturerlebnis hin zur Ordnung des Tages und des Zusammenlebens – und zum Bewusstsein seiner selbst. Das Subjekt kann sich nicht „sans effort" losreissen, doch es scheint keine Wahl zu haben, ebenso wenig wie das Erzählen aus der Zeitlichkeit der Sprache ausbrechen kann.

Der Wunsch nach Dauer (des Glücks) erweist sich auf der Folie der fortwährenden Bewegung der Welt, dem „flux continuel", als unmöglich. Diesem paradoxen Verhältnis von Dauer und Wechselhaftigkeit gibt die *Cinquième Promenade* Gestalt, indem der Text die Bewegung des Wassers nachbildet. Beide Szenen, welche die Naturwahrnehmung des Subjekts schildern, haben die synästhetische Wahrnehmung des Wassers zum Zentrum, sei dies im Boot auf dem Wasser oder am Ufer mit Blick auf den See. „Le flux et reflux de cette eau" wird in sinnlich wahrnehmbaren Qualitäten dargestellt, als Gefühl des „dériver lentement au gré de l'eau" oder als „intervalles frappant sans relâche mon oreille et mes yeux" (RE 110). In ihrer absoluten Gegenwärtigkeit beansprucht die sinnliche Wahrnehmung des Wassers Dauer, während dagegen die Bewegung des Wassers diese Dauer im selben Moment wieder unterläuft. Das Wasser fließt, strömt, kommt und geht und auch seine Oberfläche erscheint in keinem Moment gleich, weil sich das Licht immer anders in ihm bricht. Die Bewegung des Wassers bildet sowohl das Verfließen der Zeit als auch die Instabilität und Wechselhaftigkeit des Subjekts ab. Zudem reflektiert es die Bewegung des Textes als *Rêverie*, die sich der Festschreibung entzieht, Widersprüchliches und Unwichti-

95 Zum Verhältnis von Zeit und Sprache s. Läubli, Martina: Gleichzeitig ungleichzeitig. Erzählte Zeit in W.G. Sebalds Austerlitz. Lizenziatsarbeit an der Universität Zürich 2007, S. 7ff.

ges mit Emphase erzählt. Die Instabilität des erzählenden Subjekts korrespondiert mit der Flüssigkeit und Bewegtheit des Wassers. Ein Text, dessen erklärtes Ziel es ist, „de me rendre compte des modifications de mon âme“ (RE 50) wird konsequenterweise instabil und verliert seine feste Form, will er seinem Gegenstand angemessen sein. Die *Cinquième Promenade* zeigt die Wechselhaftigkeit des Subjekts als Folge seiner Durchlässigkeit.

SUBJEKT ÄSTHETISCHER WAHRNEHMUNG

Angesichts der zentralen Bedeutung der sinnlichen Wahrnehmung für die Subjektkonzeption der *Rêveries* lohnt es sich, eine weitere Dimension dieser Wahrnehmung zu betrachten. Die von Rousseau erschriebene Naturwahrnehmung gibt sich nämlich spezifisch als ästhetische Wahrnehmung zu lesen. Es interessiert mich, welche Eigenschaften die Wahrnehmung des *Promeneurs* zur *ästhetischen* Wahrnehmung machen, und wie Subjektivität und Ästhetik der Wahrnehmung in den *Rêveries* zusammenwirken.

Den Hintergrund für diese Überlegungen bildet die Verortung der Ästhetik – gemäß der Bedeutung der griechischen *aisthesis* – in der sinnlichen Wahrnehmung. Einen Wendepunkt in der Begriffsgeschichte der Ästhetik bilden die 1750 erschienenen *Aesthetica* von Alexander Gottlieb Baumgarten[96]. Sie markieren das im 18. Jahrhundert gewachsene Interesse an an der Beschaffenheit sinnlicher Wahrnehmung und ihren Erkenntnismöglichkeiten und entwerfen eine neue philosophische Disziplin. In seiner Bezogenheit auf sinnliche Wahrnehmung erscheint das Subjekt der *Rêveries* implizit immer auch als Körpersubjekt[97].

Um die Bedeutung der Wahrnehmung in den *Rêveries* zu verstehen, scheint mir auch der Bezug auf eine zeitgenössische ästhetische Theorie ergiebig, umso mehr, wenn eine solche auf den Möglichkeiten sinnlichen Wahrnehmen beruht, wie dies Martin Seel in *Ästhetik des Erscheinens*[98] eingängig formuliert hat. Es fällt auf, dass Seel in seiner Charakterisierung einer *Ästhetik des Erscheinens* ohne expliziten Bezug auf Rousseau viele Aspekte beschreibt, die sich auch aus

96 Baumgarten, Alexander Gottlieb: Aesthetica. Lateinisch-Deutsch. Übersetzt und herausgegeben von Dagmar Mirbach. Hamburg 2007 (=Philosophische Bibliothek 572).

97 Manchmal wird die Körperlichkeit des Subjekts auch explizit, wie dies bei der Beschreibung des Unfalls in der Deuxième Promenade der Fall ist. Rousseau stürzt nach einem Zusammenprall mit einem Hund zu Boden. Was er darauf hin empfindet, ist nicht Schmerz, sondern ein seltsames Ausser-sich-Sein. (RE 57)

98 Seel, Martin: Ästhetik des Erscheinens. München 2000.

der Lektüre der *Cinqième Promenade* ergeben. Drei dieser Aspekte greife ich nun heraus, um die Bedeutung der ästhetischen Wahrnehmung in den *Rêveries* zu beleuchten.

Das Subjekt der *Rêveries* ist durchlässig für sinnliche Wahrnehmung. Dieser Zustand, in dem das Subjekt *nichts anderes* tut, als wahrzunehmen und zu träumen, wird von Rousseau als *Rêverie* bestimmt und klar vom Denken unterschieden. Das Subjekt träumt im Boot „sans avoir aucun objet bien déterminé ni constant" (RE 109). Der passive Zustand des Träumens bildet aber nur einen scheinbaren Gegensatz zum Denken. Denn das erzählende Subjekt kann sich dem Denken nur deshalb verweigern, weil es selbst zu denken fähig ist. Es weiss also, was es eben gerade nicht tun will. Mit demselben Argument unterscheidet Seel die ästhetische Wahrnehmung von der allgemeinen sinnlichen Wahrnehmung[99]. Die Fähigkeit zu begrifflichem Denken bildet laut Seel die Voraussetzung für ästhetische Wahrnehmung:

> Aber die menschliche Wahrnehmung zeichnet sich durch die Möglichkeit der bewussten und begreifenden Erfahrung aus. Und allein dort, wo es eine propositionale, eine begrifflich artikulierte Wahrnehmung gibt, [...] tut sich eine markante Differenz zwischen ästhetischen und anderen Formen der Wahrnehmung auf.[100] [...] Denn nur, wer etwas [begrifflich] *Bestimmtes* wahrnehmen kann, kann von dieser Bestimmtheit, oder genauer: kann von der *Fixierung* auf dieses Bestimmen auch absehen.[101]

Indem das erzählende Subjekt auch ein denkendes Subjekt ist, kann es erst vom Denken Abstand nehmen und die *Rêveries* und das ästhetische Wahrnehmen überhaupt als Freiheit begreifen. Der Gedanke liegt nahe, dass *le bonheur*, der aus der ästhetischen Wahrnehmung der Natur entsteht, seinen Grund in dieser spezifischen Freiheit hat, die der Verzicht auf begriffliches Denken bewirkt.

Der zweite Aspekt ist die synästhetische Qualität der in den *Rêveries* beschriebenen Wahrnehmungserlebnisse. Das erzählende Subjekt spürt das Schaukeln des Boots und sieht den blauen Himmel und, am Ufer sitzend, sieht es die Bewegung des Wassers und hört gleichzeitig das Geräusch der Wellen. Auch der Leserin bieten diese Szenen ein synästhetisches Erlebnis, in welchem die durch die Worte hervorgerufenen imaginativen Bilder mit dem Rhythmus und der klanglich-lautmalerischen Qualität von Rousseaus Sprache zusammenwirken.

---

99 Seel bestimmt die ästhetische Wahrnehmung als einen „speziellen Modus" der allgemeinen sinnlichen Wahrnehmung. Vgl. Seel 2000, S. 50.

100 Seel 2000, S. 50.

101 Seel 2000, S. 51f.

Der Text bildet das Wahrgenommene ab, lässt es in der Phantasie der Leserin noch einmal entstehen und überträgt die Bewegung und den Klang des wahrgenommenen Wassers auf die Bewegung der Sprache. So erhält das (sekundäre) Erschreiben der ästhetischen Wahrnehmung in der *Cinquième Promenade* performative Kraft. Weder das erzählende Subjekt noch die Leserin sind bloße Beobachter dieser Wahrnehmungsszene, sondern beide treten in den lebendigen Zustand des *sentir* der Eindrücke sowie der eigenen Wahrnehmung ein. Das *sentir* wirkt also doppelt. Martin Seel nennt diese Doppelung von Wahrnehmen und Spüren der eigenen Wahrnehmungsweisen ein „spürendes Sich-gegenwärtig-Sein".

Die Gegenwärtigkeit des eigenen synästhetischen Wahrnehmungsaktes hat aber nichts mit einem reflexiven Selbstbezug zu tun, wie Rousseau deutlich macht, wenn er den Zustand der Selbstvergessenheit und des vollständigen Aufgehens in der Wahrnehmung beschreibt. Ästhetische Wahrnehmung bietet eine lustvolle Differenz zur Reflexion. Das Subjekt ist dann ganz bei sich. Ästhetische Wahrnehmung ermöglicht eine widersprüchliche Erfahrung von Subjektivität: Das Subjekt sieht völlig von sich ab und ist wahrnehmend trotzdem ganz (bei) sich selbst. Dies ist die Bedeutung von „sentir avec plaisir mon existence, sans prendre la peine de penser" (RE 110). Im ästhetischen Wahrnehmen *weiss* das Subjekt nichts über sich, doch erlebt einen anderen *ästhetischen* Spielraum von Subjektivität.

Die Beschreibung ästhetischer Wahrnehmung als Gegenwärtigkeit des Wahrgenommenen sowie des Wahrnehmungsaktes verweist zudem auf ihre spezifische Zeitlichkeit, und dies ist der dritte Aspekt ästhetischer Wahrnehmung. Sie ermöglicht eine Erfahrung außerhalb der linearen Ordnung der Zeit. Das wahrnehmende Subjekt befindet sich ganz in der Gegenwart – es gibt in diesem Moment nichts anderes als das Fliessen, Strömen, Aufblitzen des Wassers. Doch wie oben bereits ausgeführt, ist diese „Besinnung auf Gegenwart"[102] nie absolut, sondern steht immer in einer Spannung zwischen Dauer und Veränderung. In den *Rêveries* wird dieses Verhältnis durch die – bildliche und klangliche – Darstellung des Wassers als ein dynamisches vorgeführt. Das Wasser bewegt sich und plätschert, verweist in der Dimension des Klangs somit auf die vergehende Zeit, während dagegen der See als Wasseroberfläche und Bild dauerhaft vor den Augen des wahrnehmenden Subjekts liegt. Ihre synästhetische Qualität macht ästhetische Wahrnehmung so vielschichtig.

Dieser Spannung von Dauer und Veränderung ist auch das Subjekt selbst unterworfen, und gerade dies macht den subjektiven Selbstbezug so kompliziert. In

102 Seel 2000, S. 62.

der ästhetischen Wahrnehmung wird sich das Subjekt nicht seiner selbst bewusst, sondern seinem Wahrnehmungsvollzug. Es ist auf einem Umweg bei sich. Die *Cinquième Promenade* der *Rêveries* zeigt dies mit besonderer Wirkungskraft. Ästhetische Wahrnehmung erscheint als grundlegende Dimension von Subjektivität. Rousseau malt das sich selbst vergessende Subjekt als glücklichen Menschen, momenthaft geschützt vor verunsichernden Reflexionen, vor Spaltung und Verdoppelung seiner selbst.

EIN BUCH ÜBER EINE ZITRONENSCHALE

Eine Konsequenz aus der spannungsvollen Zeitlichkeit ästhetischer Wahrnehmung wird in Martin Seels *Ästhetik des Erscheinens* nicht angesprochen: Das Problem des *Erzählens von* ästhetischer Wahrnehmung, also das Problem ihrer nachträglichen Beschreibung. Der Schreibprozess geschieht sekundär zur ästhetischen Wahrnehmung und ist deshalb nicht auf gleiche Weise unmittelbar wie das *sentir* selbst. Die *Rêveries* reflektieren im Gegensatz zu Seel das Problem des Erzählens von ästhetischer Wahrnehmung als Problem des Schreibens – auch wenn die Selbstvergessenheit des wahrnehmenden Subjekts nur dann real wird, wenn die Szene ihr Geschriebensein als Text vergessen macht. Die poetologische Reflexion manifestiert sich implizit in ihrer Form spaziergängerischen Erzählens und im Erzeugen einer unmittelbaren Sinnlichkeit. Daneben wird das Schreiben in der *Cinquième Promenade* auch direkt thematisiert. Gleich der erste Satz der *Promenade* führt die Nachträglichkeit des Erzählens vor, indem er die St. Petersinsel als ein erinnerter Ort vorstellt, an welchen Rousseau mit „tendres regrets" (RE 103) zurückdenkt. Die Insel erscheint in sentimentalischer Perspektive als Ort des verlorenen Glücks. Darauf folgt eine Beschreibung der St. Petersinsel, ihrer Landschaft und Kultivierung, und wiederum die Versicherung, dass die Insel Rousseau ein „asile" (RE 106) und die glücklichste Zeit seines Lebens gewährt habe. Indem Rousseau der Quelle dieses Glücks nachgeht, nennt er einerseits das *far niente*, das ihm den Zustand der *Rêveries* ermöglicht, und andererseits die Befreiung von Lesen und Schreiben[103]:

> Une de mes plus grands délices était surtout de laisser toujours mes livres bien encaissés et de n'avoir point d'écritoire. Quand de malheureuses lettres me forçaient de prendre la plume pour y répondre, j'empruntais en murmurant l'écritoire du Recevoir, et je me hâtais de la rendre dans la vaine espérance de n'avoir plus besoin de la remprunter. (RE 107)

103 Vgl. die ersehnte Befreiung vom Lesen- und Schreibenmüssen in *Austerlitz*.

Rousseau ist glücklich, während seines Aufenthalts auf der Insel seine Bücher und sein Schreibzeug nicht auspacken zu müssen. Falls er doch einmal etwas aufschreiben muss, benutzt er dazu nicht seine eigene Feder, sondern eine fremde. Dies erweckt den Eindruck, dass die Tätigkeiten des Lesens und Schreibens quälend oder zumindest problematisch sind. Sie stossen auf einen Widerstand, der nicht erklärt wird. Rousseau entwirft hier also eine Gegenbild zum Topos des modernen Subjekts – des Philosophen, Schriftstellers oder Gelehrten– in der Schreibstube. Gleichzeitig wirken die eingeschlossenen Bücher und Schreibutensilien auch ironisch – wird der Verzicht auf sie doch durch die Tatsache, dass die *Rêveries* geschrieben werden mussten, widerlegt. Der vorliegende Text liefert den Beweis, dass das erzählende Subjekt seine Feder doch nicht endgültig aus der Hand gelegt hat.

Eine Alternative zu „ces tristes paperasses et de toute cette bouquinerie" bietet die Botanik: „J'emplissais ma chambre de fleurs et de foin" (RE 107). Das Interesse für Pflanzen und Blumen regt Rousseau zu Streifzügen durch die Insel an, wobei der Versuch der naturwissenschaftlichen Beschreibung einer *flora peninsularis* manchmal wiederum in *Rêveries* mündet. Mit ihrem Anspruch einer umfassenden Beschreibung und verweist die Botanik auf den Versuch des Ordnens der Natur. Dem problematischen Status von Lesen und Schreiben wird damit eine andere Art der Beschreibung entgegengestellt, die auf Beobachtung, Sammlung und Ordnung der Natur beruht.

Indem die Botanik Rousseau zum Schreiben anregt, wird der eben etablierte Gegensatz zwischen Botanik und Schreiben aber wieder verwischt. Die Botanik führt das erzählende Subjekt zum Schreiben zurück. Ausgehend vom Projekt der *flora peninsularis* kommt Rousseau nämlich auf ein Buch über eine Zitronenschale zu sprechen: „On dit qu'un Allemand a fait un livre sur un zest[e] de citron, j'en aurais fait un sur chaque gramen des prés, sur chaque mousse de bois, sur chaque lichen qui tapisse les rochers; enfin je ne voulais pas laisser un poil d'herbe pas un atome végétal qui ne fût amplement décrit." (RE 107f.) Etwas so Kleines und Unspektakuläres wie eine Zitronenschale wird zum Gegenstand eines ganzen Buches. Ein solches Buch überwindet nicht nur die Trennung von Natur und Kultur, sondern verkörpert auch ein auf die Spitze getriebenes Interesse für das *Einzelne* und *Kleine*. Das Buch über die Zitronenschale beschreibt nicht den Zusammenhang der Natur, nicht einmal eine ganze Zitrone oder den Zitronenbaum, sondern nur die Schale. Es geht nicht um die Darstellung einer Totalität, sondern um das Wahrnehmen des Besonderen. Dies zeigt der emphatisch geäußerte Vorsatz, „enfin je ne voulais pas laisser un poil d'herbe pas un atome végétal qui ne fût amplement décrit." Die Natur wird auf kleinste wahrnehmbare Elemente reduziert – auf ein Pflanzenstäubchen, ein pflanzliches

Atom – und jedes einzelne dieser allerkleinsten Elemente ist es wert, betrachtet und beschrieben zu werden. So stellt sich mit dem Buch über die Zitronenschale, über einen Grashalm, ein Waldmoos oder eine Flechte das Problem der Darstellung von Besonderheit in der Gesamtheit der Natur – jenes Problem, das sich auch der Selbsterschreibung stellt, wenn das Subjekt *alles* sagen will, um seine Indivitualität darzustellen.

Doch die Tätigkeit des Träumens durchkreuzt die angestrebte Systematik der Botanik.[104] Die Botanik wird dem Subjekt gerade dann zur Quelle des Glücks, wenn die botanischen Streifzüge in *Rêveries* münden und zu ästhetischer Naturwahrnehmung und Selbstvergessenheit führen. Ästhetische Wahrnehmung macht jedes Schreiben und Verzeichnen unnötig, ja unmöglich. Der Akt der Wahrnehmung genügt. So bildet ästhetische Wahrnehmung der Welt den Gegenentwurf zur Erfassung der Welt durch Lesen und Schreiben, die in ihrer Eigenschaft der Vermittlung eine Distanz schaffen, die nie ganz zu überwinden ist.

Die Problematisierung von Lesen und Schreiben gegenüber der sinnlich fundierten ästhetischen Wahrnehmung bildet eine Ebene der poetologischen Reflexion der *Rêveries*. Eine andere Ebene wird durch die Tatsache eröffnet, dass wir es mit einem Text zu tun haben, der von ästhetischen Erlebnissen spricht, d. h. mit der Vermittlung von ästhetischer Wahrnehmung in der *écriture*. Dabei stellt der Text die größtmögliche Unmittelbarkeit her, zum Beispiel, indem er die Synästhesie der ästhetischen Wahrnehmung realisiert oder die Bewegung des wahrgenommenen Wassers klanglich und strukturell als Sprachfluss abbildet. Auf diese Weise lassen die *Rêveries* ästhetische Wahrnehmung mit poetischen Mitteln neu entstehen. Die Raffinesse der *Rêveries* liegt gerade darin, dass sie das lesende Subjekt vergessen machen, dass die erzeugte Wahrnehmung eine schriftliche und keine sinnliche ist. Die Struktur der *écriture* macht sich durch die Intensität der in ihr realisierten Wahrnehmung unsichtbar (oder versucht es zumindest). Wie das wahrnehmende Subjekt wird die Schrift selbst durchlässig und kann alle Wahrnehmungserfahrungen in synästhetischer Qualität realisieren. Die Schrift ist jedoch an die Bedingung der Nachträglichkeit geknüpft. Das Erzählen hinkt der Erfahrung der Welt stets hinterher und kann sie, trotz des Versuchs

104 Die Nichtausführbarkeit des Systematisierens zeigt sich auch daran, dass Rousseau die Insel in kleine Quadrate einteilt, innerhalb derer er alle Pflanzen „sans en omettre une seule“ und „avec un détail suffisant“ beschreiben will. (RE 107f.) Die Quadrierung der Natur verliert aber dann, wenn Rousseaus Naturerlebnisse beschrieben werden, an Bedeutung. Die Bewegung der Rêveries setzt sich über die Quadrate hinweg.

imaginativer Vergegenwärtigung, nie einholen. Die Performativität der poetischen Sprache der *Rêveries* lässt diese Lücke aber momenthaft verschwinden.

Die zweite Bedingung ergibt sich aus der Medialität der Schrift: Erzählte Erfahrungen sind vermittelte Erfahrungen. Jede Vermittlung birgt die Gefahr des Verzerrens, der unechten Wiedergabe, des Misslingens. Dies könnten die Gründe dafür sein, dass Lesen und Schreiben für Rousseau solchermaßen problematisch ist, dass er auf der St. Petersinsel seine Bücher und Feder in der verschlossenen Kiste lässt. Das Problem der Wahrheit, welches die *Rêveries* ebenso umtreibt wie die *Confessions*, gibt sich somit als Problem einer ‚echten', möglichst unmittelbaren sprachlichen Vermittlung zu lesen. In der *Quatrième Promenade* relativiert Rousseau einen absoluten und allgemeinen Wahrheitsbegriff[105] und rechtfertigt die Lüge/Fiktion[106] als „habit de la vérité" (RE 90). Dieser Befreiungsschlag der Lüge zur Fiktion und also zur Wahrheit macht einen so durchlässigen Text wie die *Rêveries* erst möglich.

Der in der Schrift zum Ausdruck gelangende Abstand zu sich selbst sowie zur Erfahrung der Welt bleibt dabei unüberwindbar. Deshalb weicht Rousseau aus, schweift umher und beschreibt stattdessen seine Promenaden und Wahrnehmungen. Im Versuch, die Nachträglichkeit und Distanz der Schrift in der ästhetischen Wahrnehmung des Subjekts aufzuheben, wird dieses grundlegende Problem schriftlicher Vermittlung poetisch fruchtbar in der kreisenden Form des Spaziergangs und der *Rêverie*. So verschmelzen die *Rêveries* das Problem von Subjektivität mit demjenigen der Ästhetik.

---

105 Rousseau bestimmt die Wahrheit nicht als objektiv feststehend, sondern gemäss ihrem ethischen Nutzen. Wahrheit schuldet man den anderen nur dann, wenn sie der Gerechtigkeit dient: „Ainsi, la vérité due est celle qui intéresse la justice, et c'est de profaner ce nom sacré de vérité que de l'appliquer aux choses vaines dont l'existence cest indifferente à tous et dont la connaissance est inutilie à tout." (RE 87)

106 „Mentir pour son avantage à soi-même est imposture, mentir pour l'avantage d'autrui est fraude, mentir pour nuire est calomnie; c'est la pire espèce de mensonge. Mentir sans profit ni préjudice de soi ni d'autre n'est pas mentir: ce n'est pas mensonge, c'est fiction. Les fictions qui ont un objet moral s'appellent apologues ou fables et comme leur objet n'est ou ne doit être que d'envelopper des vérités utiles sous des formes sensibles et agréables, en pareil cas on ne s'attache guère à cacher le mensonge de fait qui n'est que l'habit de la vérité, et celui ne débite une fable que pour une fable ne ment en aucune façon." (RE 89)

ZUSAMMENFASSUNG *RÊVERIES*

Das Problem der Subjektivität treibt auch die *Rêveries* um. In seinem letzten Text gestaltet Rousseau Subjektivität nicht als biographische Erzählung, sondern in der umherschweifenden Struktur von zehn Spaziergängen. Auch hier bildet das erzählende Subjekt den absoluten und gleichzeitig betont subjektiven Fluchtpunkt des Textes.

Die *Rêveries* stehen unter einer Spannung zwischen gegenläufigen Bewegungen: der Expansion des *promeneurs*, der von sich selbst weg und ins Weite geht, und dem Rückzug des *sujet solitaire* auf sich selbst. Indem das erzählende Subjekt im ersten Satz seine Einsamkeit betont („Me voici donc seul sur la terre"), markiert es diese als Bedingung der Subjektsetzung. Die einsame Schreibsituation wird als exemplarische Situation eines modernen Subjekts vorgeführt. Gleichzeitig erweist sich die immer wieder beschriebene Einsamkeit als imaginär und ebenso sehr als performativer Effekt des Schreibens wie als Bedingung der Selbsterschreibung. Das erzählende Subjekt erlebt die Einsamkeit als widersprüchlich. Einerseits ermöglicht ihm die Einsamkeit seine Position als Erzähler und seine Einzigartigkeit, andererseits enthält sie auch die Verletzung, welche die Verkennung durch die anderen für Rousseau bedeutet.

Als Gegenbewegung zum einsamen Rückzug auf sich selbst vollziehen die *Rêveries* Bewegungen des Spazierens. Das assoziative Umherschweifen des erzählenden Subjekts findet seine entsprechende Form in der freien und unkonventionellen Textgattung der *Rêveries*. Die spazierende Erzählweise verhindert dabei eine feste Position des Subjekts im Text. Wohin ihn seine Spaziergänge führen werden, weiss der erzählende *promeneur* selbst nicht. Der Verzicht auf die Herrschaft über die Sprache ist jedoch lustvoll: Gerne vertraut sich das Subjekt der sprachlichen Dynamik an. Der Antrieb des Erzählens liegt neben der Eigendynamik literarischer Sprache auch in der Nicht-Durchschaubarkeit des Subjekts Rousseau. Die Bewegungen und Wendungen seiner *Rêveries* werden auch durch psychische Bewegungen und Obsessionen bestimmt, die dem Subjekt unbewusst sind.

Das erzählende Subjekt münzt also die eigene Intransparenz in einen lustvollen Verzicht auf die Souveränität über das Erzählen um und schafft eine eigene assoziative Ordnung des Erzählens. In seine Selbsterschreibung integriert es die Selbstreflexion ebenso wie *idées étrangères*, die ihm beim Spazieren durch den Kopf gehen, und wahrgenommene *sensations*, welche die Aufmerksamkeit und den Text in immer wieder andere Richtungen lenken. Auf diese Weise konzipiert sich das Subjekt der *Rêveries* als durchlässiges Subjekt. Indem es sein eigenes Nachdenken, Handeln und Wollen völlig zurücknimmt, wird das durchlässige

Subjekt zum Subjekt der Wahrnehmung. So steht die Frage der Wahrnehmung im Zentrum der Subjektkonzeption der *Rêveries*. In den Naturwahrnehmungen der *Cinquème Promenade* macht sich das Subjekt so durchlässig, dass es sich vergisst und sich vollständig durch die *sensations* des Moments bestimmen lässt. Doch gerade diese Selbstvergessenheit in der Wahrnehmung ermöglicht ein Existenzgefühl.

In Rousseaus Gestaltung der Naturwahrnehmungen spielt das Wasser eine besondere Rolle. Die Instabilität und Durchlässigkeit des wahrnehmenden Subjekts korrespondiert mit der Flüssigkeit und Bewegtheit des Wassers. Dabei lässt sich die sinnliche Wahrnehmung des Subjekts auch als ästhetische Wahrnehmung lesen. Rousseaus Naturwahrnehmungen beschreiben spezifische Aspekte ästhetischer Wahrnehmung wie den Verzicht des Subjekts auf bewusstes Denken, die synästhetische Qualität der Wahrnehmung und ihr widersprüchliches, zwischen Dauer und Veränderung changierendes Zeitverhältnis. Ästhetische Wahrnehmung erscheint in den *Rêveries* als grundlegende Dimension von Subjektivität und gleichzeitig als widersprüchliche Erfahrung: Indem das Subjekt durchlässig wird für das andere, das Wahrgenommene, und sich selbst vergisst, ist es ganz sich selbst. Auf diese Weise entwerfen die *Rêveries* ein Gegenmodell zur bewussten Selbstreflexion.

Mit der Erfahrung der ästhetischen Wahrnehmung stellt sich dem Subjekt aber auch die Frage ihrer erzählerischen Vermittlung. Das literarische Erzählen wird in den *Rêveries* problematisiert, einerseits auf Grund seiner Nachträglichkeit und andererseits auf Grund seiner Eigenschaft der Vermittlung, welche stets eine mögliche Verzerrung der *vérité* impliziert. Die Vermittlung der Welt durch die Schrift bildet einen sekundären Gegenentwurf zur unmittelbaren sinnlichen Wahrnehmung. Rousseau bearbeitet dieses Problem durch die ästhetische Gestaltung seines Textes, wobei er größtmögliche Transparenz für sinnliche Wahrnehmung anstrebt. Das zweite Problem – die Beschreibung des Einzigartigen und Einzelnen, wie es sich im Buch über die Zitronenschale manifestiert, und im Hinblick auf die Selbsterschreibung in der individuellen Beschreibung des Subjekts – prägt sich in die Struktur der *Rêveries* ein. Die *Promenades* des Subjekts geben sich als immer neue Versuche zu lesen, durch einen Umweg den Abstand, welchen das Subjekt in der Schrift zu sich selbst einnimmt, zu umgehen.

Unmögliche Selbsterkenntnis: Karl Philipp Moritz' *Anton Reiser*

Der Leser auf dem Tisch

Ein junger Mann namens Anton Reiser reist zu Fuß nach Erfurt. Er wandert durch das Harzgebirge. Nach einer Tagesreise ist er müde und kehrt in einem kleinen Dorf ein. Doch er findet das Wirtshaus verschlossen.

Es war noch vor der Dämmerung – der Torweg zum Hofe bei dem Wirtshause stand offen – und auf dem Hofe war eine Laube, in welcher ein Tisch aber weder Stuhl noch Bank stand. – Reiser, um sich auszuruhen, legte sich also auf den Tisch, und weil er zum Lesen sehen konnte, so las er in der Odyssee die Stelle von den Menschenfressern, die in dem ruhigen Hafen, die Schiffe des Ulysses zerschmettern, und seine Gefährten ergreifen und verzehren. – Auf einmal war der Wirt zu Hause gekommen und sahe, da es schon anfing dunkel zu werden, einen Menschen in seinem Hofe in der Laube auf dem Tische liegen, und in einem Buche lesen. (AR 382)

In den Augen des Wirts muss dieser Mensch, der vor ihm auf dem Tisch liegt und trotz einbrechender Dunkelheit in einem Buch liest, sehr merkwürdig erscheinen. Und genau so führt diese kleine Szene Anton Reiser auch den Lesenden vor. Der Protagonist liest nicht im Gras oder im Bett liegend, sondern auf dem Tisch. An diesem unpassenden Ort gibt er eine komische Figur ab. Dabei ist es die Not, die Anton Reiser in diese Lage gebracht hat: Das Wirtshaus ist geschlossen und es gibt weder Stuhl noch Bank, auf die er sich setzen könnte. Also nimmt er kurzerhand mit dem Tisch vorlieb und vertieft sich in die Lektüre.

In dieser Szene aus dem vierten Teil des Romans *Anton Reiser* kristallisieren sich grundlegende Züge der Figur sowie der Erzählweise des Romans heraus. Zuerst einmal: Wer hier vorgestellt wird, ist ein *Mensch*. Dieser Mensch ist ein

Leser. Als lesender Mensch verkörpert Anton Reiser geradezu den Prototyp der Aufklärung. Der heimkehrende Wirt hält ihn, nachdem er seine erste Irritation überwunden hat, für einen Studenten: „Er redete Reisern erst ziemlich unsanft an, da dieser sich aber aufrichtete, und der Wirt in ihm einen wohlgekleideten Menschen sah, so fragte er ihn sogleich, ob er ein Jurist sei, welches in diesen Gegenden die gewöhnliche Benennung für einen Studenten ist" (AR 382). Das Lesen verweist – in Kombination mit der für einmal wohlgekleideten Erscheinung – auf die Identität eines Studenten. Dem Wirt gilt Lesen als Tätigkeit des Studierens und Lernens, als eine Praxis der ‚Bildung'. Die Lesenden von *Anton Reiser* wissen an dieser Stelle bereits von Anton Reisers Kampf um schulische Bildung. Der junge Mann könnte also tatsächlich ein reisender Student sein – wären da nicht Anton Reisers Theaterpläne und sein exzessiver Lesehunger. Von ebendieser „Begierde zu lesen" (AR 19) erzählt nämlich die Szene. Kaum ist eine Gelegenheit dafür gekommen, greift Anton Reiser zum Buch und vertieft sich in die Geschichte von Odysseus und den Menschenfressern, eine besonders abenteuerliche und drastische Szene der *Odyssee*. Ihr Unterhaltungswert ist nicht zu übersehen. Die abenteuerliche Lesewelt bildet eine Gegenwelt zur dämmerigen Laube des Wirtshauses sowie zu den Anstrengungen von Anton Reisers Fußreise. Lesen ist demnach eine lustgetriebene Flucht in Phantasiewelten als auch ein Mittel zur Bildung. Die wichtigste Praxis des Menschen der Aufklärung erscheint als ambivalent. Ein bibliomanisches Subjekt, das sich leidenschaftlich und lustgetrieben der Lektüre überlässt, kann in der Phantasiewelt sich selbst verlieren. Im Gegensatz dazu bildet das Subjekt in der Begegnung mit fremden Welten und Vorstellungen aber auch seine Gefühle und Vernunft. Dann ist Lesen ein Mittel zur Reflexion und Bildung, sowohl im Sinne von Wissenserwerb als auch als Selbsttechnik. Für den in dieser Studie fokussierten Komplex der Subjektivität sind beide Wirkungen des Lesens zugleich wichtig – diejenige der Bildung/Selbstbegegnung und diejenige des lustvollen Selbstverlusts.[107]

Diese ambivalente Bedeutung des Lesens durchdringt nicht nur den Roman *Anton Reiser*, sondern die gesamte Schriftkultur des 18. Jahrhunderts, welche zwischen Lesebegeisterung und Angst vor ungehemmter ‚Lesewut' schwankt[108].

107 Vgl. dagegen die Arbeit von Martina Wagner-Egelhaaf, die das Lesen in Anton Reiser durchgehend als figurative Textstruktur der Melancholie deutet: Wagner-Egelhaaf, Martina: Die Melancholie der Literatur. Diskursgeschichte und Textfiguration. Stuttgart; Weimar 1997.

108 Zu den Dynamiken des Lesens und zur Lesesucht im 18. Jahrhundert vgl. Koschorke, Albrecht: Körperströme und Schriftverkehr. Mediologie des 18. Jahrhunderts. München 1999, S. 398ff. Zur Verortung der Lesesucht Anton Reisers im Kontext

Als süchtige, nie zu stillende Begierde wird Reisers Lesewut dort in Szene gesetzt, wo das Lesen mit dem Genuss von Opium verglichen wird: „Das Lesen war ihm nun einmal so zum Bedürfnis geworden, wie es den Morgenländern das Opium sein mag, wodurch sie ihre Sinne in eine angenehme Betäubung bringen.“ (AR 193) Indem der Roman die Betäubungsfunktion des Lesens ausstellt, bezweifelt er auch die vernunftoptimistische Annahme, dass sich ein Subjekt durch rationale Prozesse gänzlich verstehen kann. In dieser psychologischen Perspektive liegt das Revolutionäre von *Anton Reiser*. Der Roman stellt nicht nur die Ambivalenz der zeitgenössischen Lesebegeisterung dar, sondern auch die subjektiven und psychischen Motivationen, die zu einem solch obsessiven Leseverhalten führen.

Im Hinblick auf die Bedeutung des Lesens ist in dieser Szene außerdem die Leseposition bemerkenswert. Lesend auf einem Tisch zu liegen, ist weder konventionell noch körperneutral. Wenn ein Mensch auf dem Tisch liegt, stellt er seinen Körper aus. Die Tätigkeit des Lesens wird hier also mit einer bestimmten Körperhaltung verbunden. Auf einem Tisch liegend vollzogen, ist Lesen von einem rein geistigen Geschehen weit entfernt. Der als Kuriosum auf dem Tisch präsentierte Körper ist keine vernachlässigbare Größe. So inszeniert *Anton Reiser* nicht nur den liegend lesenden Menschen, sondern macht den Körper überhaupt zum Thema. Damit gestaltet der Roman einen grundlegenden Zusammenhang, welcher für die diese Studie von zentralem Interesse ist: das Zusammenwirken von Körper, Subjektivität und Schrift.

Die unerwartete Präsentation des lesenden Körpers auf dem Tisch in der Laube hat nicht zuletzt eine komische Wirkung. So wird die Figur Anton Reiser einerseits von außen – aus der Perspektive des Wirts, aber auch des Erzählers – betrachtet und seine Lage in trockenem Ton berichtet. Andererseits folgt der Erzähler Anton Reisers Perspektive und fühlt sich in seine Lage ein; dieser ist müde und sucht einen Platz zum Ausruhen und Lesen. Anton Reisers Perspektive wird wiederum durch die Beschreibung der Textwelt seiner Lektüre verdoppelt. Sie evoziert die zerschmetterten Schiffe von Odysseus vor den Augen der Lesenden. Durch den Wechsel und das Ineinanderfließen der Perspektiven vervielfacht sich die Szene, ohne jedoch aus dem Zusammenhang der Erzählstimme herauszutreten und in Fragmente zu zerfallen.

Die Vervielfachung der Erzählperspektiven – der Blick von außen, zum Teil ein mehrfacher, und die Wahrnehmung von innen – wird sich in der folgenden

von Fiktionalität und Faktizität um 1800 vgl. Herrmann, Britta: Fiktionalität und Faktizität um 1800. In: Dies. & Thums, Barbara: Ästhetische Erfindung der Moderne? Perspektiven und Modelle 1750 – 1850. Würzburg 2003, S. 115–137, S. 126f.

Analyse als essentielle narrative Strategie des Romans erweisen. Sie setzt das Problem der Subjektivität, die den Text umtreibt, in literarische Darstellung um. Der Blick des Subjekts auf sich selbst entzweit und vervielfacht. Die Problematisierung von Subjektivität durch die Erzählperspektive wird in Kapitel *„Den Blick der Seele in sich selber schärfen“* genauer untersucht.

Ob er Anton Reiser von außen oder von innen betrachtet – der Blick des Erzählers ist knapp und scharf. Er skizziert Szenen präzis und mit Blick für ihre Zufälligkeiten und vermeidet so jede Schematisierung. In diese Szenen hinein setzt er die Figur Anton Reiser. Anton Reiser weicht immer ein wenig von dem ab, was man als normales Verhalten bezeichnen würde, nicht nur, was seine Leseposition auf dem Tisch betrifft. Er fügt sich – im Hinblick auf Verhalten, Kleidung, Redeweise oder Gedanken – nicht in seine Umgebung ein; er kann, obschon er dies möchte, nicht in ihr aufgehen. Der Wunsch, dazu zu gehören, zeigt sich schon in der frühen Kindheit Anton Reisers als unerfüllbar. Stattdessen geht er „fast immer traurig und einsam umher, weil die meisten Knaben in der Nachbarschaft ordentlicher, reinlicher, und besser, wie er, gekleidet waren, und nicht mit ihm umgehen wollten“ (AR 17f.) So markiert der Roman Anton Reiser als auffällig und nicht der Norm entsprechend.

Auffälligkeit weckt Neugierde – dies ist das Kalkül des Erzählers. Die Radikalität des Romans besteht aber gerade darin, dass der Blick des Erzählers auf seine merkwürdige Figur neutral bleibt. Zwar werden die Auffälligkeiten und Absonderlichkeiten Anton Reisers mit scharfem Blick beobachtet und beschrieben, aber nicht in erster Linie als Abnormalität oder Krankheit bewertet. Vielmehr nimmt Anton Reiser sogar die exemplarische Position *des Menschen* ein, gemäß dem Versprechen der ersten Vorrede. Der Roman nimmt in der ersten Vorrede in Anspruch, nicht nur die Geschichte eines Individuums, sondern „die innere Geschichte *des* Menschen“ (AR 10, Hervorhebung M. L.) zu erzählen. Und der heimkehrende Wirt in der beschriebenen Romanszene sieht auf den ersten Blick „einen Menschen“ auf seinem Tisch liegen, keinen Sonderling.

Die Metonymie, welche das Austauschverhältnis des einzelnen und besonderen Menschen mit *dem* Menschen im Allgemeinen strukturiert, ist an sich schon ungeheuer.[109] Im Fall von Anton Reiser ist der Sprung vom Besonderen zum

109 Das Verhältnis des einzelnen besonderen Menschen zum Gattungswesen Mensch beschäftigt Moritz auch im Vorschlag zu einem Magazin einer Erfahrungs-Seelenkunde. Dort zeigt sich die Spannung zwischen dem empirischen Vorgehen – Individuen beobachten, Fakten sammeln ohne zu urteilen – und dem allgemeingültigen Anspruch der Erfahrungsseelenkunde als Wissenschaft noch deutlicher. So scheinen im Vorschlag, trotz der Programmatik des Textes, immer wieder Zweifel

Allgemeinen umso frappierender: Ein Kind, ein Jugendlicher, ein Getriebener, ein Schwermütiger, ein Hungriger, ein Schwärmer, ein Verletzter, ein schmerzender Körper, eine kranke Seele steht exemplarisch für den Menschen. Eine Randexistenz rückt ins Zentrum der Humanität. Diese exemplarische Setzung Anton Reisers – als ‚Mensch' und als Zentrum des Romans – verrückt ein Verständnis von Normalität, das sich an Idealvorstellungen orientiert. *Anton Reiser* sprengt die Grenzen des Normalitätsbegriffs. Die humanistische Idee der Aufklärung erhält dadurch eine eigene Prägung. Indem Moritz Prinzipien der Aufklärung wie die Gleichheit konsequent weiterdenkt, legt er ihre Selbstwidersprüche offen. Denn wenn auch das Abnormale allgemeinmenschlich ist, wird der Normalitätsbegriff in der Konsequenz hinfällig. Es ist dann nicht mehr möglich, allgemeingültige Grundsätze zu formulieren. Durch seine Subversion des Normalitätsbegriffs richtet der Roman seinen auch soziologisch genauen Blick auch auf die Umgebung der Figur Anton Reiserund entlarvt die Umstände und Mechanismen, welche Anton Reiser erst zum Außenseiter *machen*.

Es wäre jedoch einseitig, die Beschreibung Anton Reisers als merkwürdiges Subjekt nur in die Richtung des Auffälligen, ja Krankhaften zu lesen. Denn etwas Merkwürdiges weckt, indem es auffällt, primär einmal Neugierde. Es fordert dazu auf, genauer hinzusehen oder nachzufragen – und dies ist es, was die literarische Inszenierung tut. Warum liegt Anton Reiser auf dem Tisch? Wohin ist er unterwegs? Warum liest er? So entfacht die Figur Anton Reiser nicht nur die Neugierde des Erzählers, sondern auch der Lesenden.

---

auf, ob „eigene spezielle Beobachtung und Erfahrung" überhaupt je zu einer gültigen Ordnung führen können: „Aber wie soll ein solches Werk jemals vollendet werden? – Dann ist es vollendet, wenn alle Ausnahmen bemerkt sind, wenn die Fakta sich immer so einfinden, dass sie keine Ausnahmen mehr von der Regel machen." Der Zeitpunkt der Vollendung liegt in unbestimmter Zukunft. Unter diesem Vorzeichen kann Erfahrungsseelenkunde als Wissenschaft nicht mehr sein als eine schwankende Skizze: „Das System der Moral, das wir besitzen, kann immer als ein ohngefährer Grundriss betrachtet werden, damit man doch nicht ganz aufs Ohngefähr hin arbeitet; aber man muss dies System auch so schwankend, wie möglich nehmen; bloss einige Punkte festsetzen, aber noch nicht von einem Punkte zum andern Linien ziehen, sondern nun warten, bis diese Linien gleichsam sich selber ziehen." Vgl. Moritz, Karl Philipp: Vorschlag zu einem Magazin einer Erfahrungs-Seelenkunde. In: Ders: Dichtungen. Schriften zur Erfahrungsseelenkunde. Werke Band 1. Frankfurt/M 1999, S. 797ff.

DER PSYCHOLOGISCHE ROMAN: EIN HYBRID

Das Interesse des Erzählers am kuriosen Subjekt Anton Reiser richtet sich nicht nur auf das Auseinanderklaffen von Anton Reiser und seiner Umgebung. Es richtet sich auch ins Innere des kuriosen Subjekts. Dies signalisiert die Gattungsdifferenzierung des Textes als „psychologischer Roman" (AR 10). Karl Philipp Moritz ist der erste, der den Begriff der Psychologie[110] auf die Gattung des Romans anwendet. Auf diese Weise macht er ein spezifisches Potenzial des Romans manifest: Der Roman, die erfolgreichste Gattung des 18. Jahrhunderts, ist zugleich *die* Gattung der Psychologie. Im Roman kann sich das in der zweiten Hälfte des 18. Jahrhunderts erwachte Interesse an der menschlichen Seele und ihrer wissenschaftlichen Erforschung austoben, und zwar insbesondere empirisch-beobachtend. In der neuen, erst noch zu gestaltenden literarischen Form des Romans entfaltet sich die anthropologische Frage nach der Natur des Menschen.[111] Die anthropologischen Forschungen arbeiten sich von beiden Seiten in die menschlichen Natur vor, von der Seite des Organismus/Körpers sowie von der Seite dessen, was als sein Geist oder seine Seele zu fassen versucht und unter dem Begriff des ‚Inneren' subsummiert wird. Für dieses Innere hat im ausgehenden 18. Jahrhundert nicht mehr länger die Religion die Deutungshoheit – wenn

---

110 Die Psychologie emanzipiert sich ab 1750 von der Metaphysik und beginnt, den Platz einer philosophischen Grundwissenschaft einzunehmen. Vgl. Psychologie, Art. In: Historisches Wörterbuch der Philosophie. Bd. 7. Basel/Stuttgart 1989, S. 1599–1653. Bis zur Etablierung der Psychologie als wissenschaftliche Disziplin mit empirischen Grundlagen vergehen dann nochmals gut 100 Jahre bis ab 1870 an deutschen Universitäten Psychologie als Fach gelehrt und erforscht wird. Vgl. Bell, Matthew: The German Tradition of Psychology in Literature and Thought, 1700–1840. Cambridge 2005, S. 225. Bells Studie bietet einen hilfreichen Überblick der Entwicklung des deutschsprachigen psychologischen Denkens aus der Metaphysik.

111 Die Frage nach dem Menschen konzentriert sich auf die Frage nach seiner Natur: „Diese Frage pflügt die kulturelle Landschaft des 18. Jahrhunderts um und strukturiert sie neu. Medizin, Anthropologie, Psychologie und Pädagogik als Leitsektoren eines sich immer weiter differenzierenden Ensembles von Wissenschaften über den Menschen scharen sich um die Frage nach seiner Natur zusammen. Was da in unzähligen Abhandlungen, Aufsätzen und Büchern entsteht, ist nicht nur ein Dokument der Aufklärung über den Grossgegenstand Natur, sondern zugleich ein Kollektivroman über die Natur der Aufklärung selbst." In: Müller, Lothar: Die kranke Seele und das Licht der Erkenntnis: Karl Philipp Moritz' Anton Reiser. Frankfurt/M 1987, S. 10.

auch der Pietismus einen Horizont bildet, an dem Karl Philipp Moritz sich abarbeitet. So wird das Innere des Menschen zum faszinierenden Neuland.

Das Erkunden dieses Inneren wird zur eigentlichen Aufgabe des Romans – so sieht es zumindest der erste deutsche poetologische Text über diese literarische Gattung, Friedrich von Blanckenburgs *Versuch über den Roman* von 1774, auf den Moritz sich in der Vorrede zu *Anton Reiser* bezieht. Blanckenburg nennt die Beschreibung des *Inneren* der Personen als Hauptaufgabe des Dichters:

> Der Dichter, wenn er sich nicht entehren will, kann den Vorwand nicht haben, dass er das *Innere* seiner Personen nicht kenne. [...] Mit dieser Voraussetzung werden wir nun, bey dem Wirklichwerden irgend einer Begebenheit, das ganze *innre* Seyn der handelnden Personen, mit all den sie in Bewegung setzenden *Ursachen* in dem Werk des *Dichters* sehen müssen.[112]

Das Innere des Menschen gilt als eigene, dem Handeln ursächliche und der Beschreibung würdige Wirklichkeit. So verspricht auch der Erzähler mit *Anton Reiser* ein „Buche, welches vorzüglich die innere Geschichte des Menschen schildern soll." (AR 10)

Dieses auf das Innere gerichtete Interesse verweist schon bei Blanckenburg auf einen spezifischen Erzählfokus. Psychologisch explizit wird es dann bei Moritz.[113] Der wissenschaftliche Anspruch, welchen die Literatur mit dem Rekurs auf die Psychologie formuliert, wird durch den scharfen analytischen Blick des Erzählers auf Anton Reiser und seine Welt eingelöst. Dieser scharf beobachtende Blick verfolgt das aufklärerische Projekt, ein „individuelles Dasein" (AR 10) zu beschreiben und zu erklären, jedoch ohne es zu deuten oder zu bewerten. Die Methode der empirischen „Beobachtungen [...] aus dem wirklichen Leben" (AR 10), welche Moritz in seinem *Magazin für Erfahrungsseelenkunde* erläutert

112 Blanckenburg, Friedrich von: Versuch über den Roman. In: Steinecke, Hartmut (Hrsg.): Romantheorie. Texte vom Barock bis zur Gegenwart. Stuttgart 1999, S. 190.

113 Mit dem Prinzip der „inneren Geschichte" bezieht sich Moritz auf Blanckenburg. In ihrer Romantheorie unterscheiden sich die beiden aber, worauf Claudia Kestenholz hinweist: „Moritz [folgt] [...] gerade nicht der Romantheorie Blanckenburgs, dessen Diktum der ‚inneren Geschichte' er realisiert. Blanckenburg insistiert auf der Schöpferfunktion des Autors im Sinne klassischer Mimesis. Moritz hingegen konzipiert den Erzähler als Wissenschaftler, der sich auf blosse Ordnung des Faktenmaterials beschränkt." Kestenholz, Claudia: Die Sicht der Dinge. Metaphorische Visualität und Subjektivitätsideal im Werk von Karl Philipp Moritz. München 1987.

und reflektiert, garantiert eine Gültigkeit des Textes jenseits der fiktionalen Welt. Der Roman *Anton Reiser* präsentiert sich als Mischwesen von Forschung und Fiktion. Einerseits will er einen Beitrag zur Menschen- und Erfahrungsseelenkunde leisten. Die empirischen Beobachtungen statten die fiktionale Welt des Romans aus. Andererseits vermag erst die fiktive Form die Welt zu strukturieren, so dass in ihr die Wirklichkeit klarer zu erkennen ist als durch einen einfachen Blick auf die ‚Realität'.[114] Die zweite Vorrede legt denn auch den Akzent auf die ästhetische Form „einer solchen getreuen Darstellung" (AR 120). *Anton Reiser* ist ein „künstlich verflochtnes Gewebe eines Menschenlebens" (AR 120). Der Wirklichkeitsgehalt des Romans – und somit seine Wahrheit – erweist sich in seiner ästhetischen Gestaltung als Textgewebe. Das Mischwesen des psychologischen Romans will den ästhetischen ebenso wie den empirischen Anspruch einlösen. Diese Kombination der Diskurse von empirischer Wissenschaft und ästhetischer Gattungsdiskussion kompliziert eine klare Einordnung des Textes und daraus folgende Interpretationsweisen. *Anton Reiser* nimmt unterschiedliche Diskurse und divergierende narrative Strukturen auf, ohne sie zu harmonisieren und erweist sich hiermit als hybride Form.[115] Als solche weist er wiederum auf den Universalitätsanspruch des Romans in der Romantik voraus.[116]

---

114 Diese spezifische Leistung von Fiktionalität betont auch Blanckenburg. Ein Roman kann die Wirklichkeit klarer erkennbar machen als diese selbst, weil erst durch die ordnende Nachahmung des Erzählens die Ursachen und Wirkungen von Handlungen und Persönlichkeiten deutlich werden: „Das Werk des Dichters muss eine kleine Welt ausmachen, die der grossen so ähnlich ist, als sie es seyn kann. Nur müssen wir in dieser Nachahmung der grossen Welt mehr sehen können, als wir in der grossen Welt selbst, unsrer Schwachheit wegen, zu sehen vermögen." In: Blanckenburg, S. 194. Übrigens wird gerade wegen der Neubewertung der Fiktion in der zweiten Hälfte des 18. Jahrhunderts die Gattungsdiskussion des Romans virulent. Vgl. dazu Herrmann 2003, S. 115–137.

115 An der Moritz-Rezeption lässt sich dieses Problem nachvollziehen. Immer wieder wurde nach durchgehenden Deutungsperspektiven gesucht. Doch die Gleichzeitigkeit unterschiedlicher Perspektiven in Anton Reiser lässt sich nicht umgehen. Darauf weist auch Lothar Müller hin, indem er am Beispiel der historischen Gleichzeitigkeit des metaphysisch-religiösen Konzepts der „Sünde" und des medizinischen Konzepts der „Krankheit" solche sich überkreuzende Diskurse analysiert. Vgl. Müller 1987, S. 48. Auch der Melancholie-Diskurs, eines der wichtigen Beschreibungsmodelle für Anton Reisers psychischen Zustand, weist historische Ungleichzeitigkeiten auf, wie Hans-Jürgen Schings aufzeigt: „Die Faszination des Anton Reiser beruht nicht zuletzt auf der insistierenden Suche nach den Ursachen der Melancholie. Sie führt den Diagnostiker und Kommentator durch verschiedene, mitei-

RÄUMLICHE ORDNUNG DES ERZÄHLENS

Das Versprechen des Erzählers, in *Anton Reiser* „vorzüglich die *innere* Geschichte des Menschen [zu] schildern“ (AR 10, Hervorhebung M. L.), verweist auf ein grundlegendes Ordnungsmodell des Romans. Die Erzählung über das kuriose Subjekt Anton Reiser bezieht sich nämlich in unterschiedlicher Weise auf räumliche Strukturen. Der *inneren* Geschichte stehen *äußere* Ereignisse gegenüber, welche sie antreiben und auf sie einwirken.

Mit der Absicht, eine „innere Geschichte des Menschen“ zu erzählen, spannt der Text von Beginn an den Gegensatz zwischen *innen* und *außen* auf. Eine Geschichte ist ja nur als *innere* erkennbar, wenn man sie von einem kategorial anderen Ort her, d. h. von *außen,* als solche wahrnimmt. Mensch, dessen Inneres dargestellt werden soll, wird dabei als ganzer Mensch[117], als von seiner Umge-

---

nander konkurrierende Kategoriensysteme – mit der Bereitschaft, keine Auskunft auszulassen und jener asketischen Objektivität, die er den Lesern des Magazins versprochen hatte. So wird Reisers „Leidensgeschichte“ für den Metaphysiker (und Geschichtsphilosophen) zum Prüfstein der Theodizee, für den Psychologen zur einer Archäologie der Melancholie, für den Pädagogen und Psychologen zu einer Studie über Unterdrückung.“ Schings, Hans-Jürgen: Melancholie und Aufklärung. Melancholiker und ihre Kritiker in Erfahrungsseelenkunde und Literatur des 18. Jahrhunderts. Stuttgart 1977, S. 242.

116 Wissenschaftlich-narrative Mischformen lassen sich zu dieser Zeit viele beobachten, auch in der wissenschaftlichen Literatur. Matthew Bell vertritt z.B. die These, dass die Verhandlung psychologischer Beobachtungen in der deutschsprachigen Literatur die Psychologie als Wissenschaftsdisziplin überhaupt hervorgebracht habe. Vgl. Bell 2005, S. 1. Die Wechselwirkungen von Literatur und Wissenschaft um 1800 bilden ein aktuell viel beachtetes Forschungsfeld. Ich kann hier nur eine Auswahl von einigen wenigen Perspektiven nennen: Gamper. Michael (Hrsg.): Experiment und Literatur. Themen, Methoden, Theorien. Göttingen 2010; Gamper, Michael et al. (Hrsg.): „Wir sind Experimente: wollen wir es auch sein!“. Experiment und Literatur II. 1790–1890. Göttingen 2010; s. darin insbes: Herrmann, Britta: Dichtung als „Experimentalphysik des Gemüths“ und als Geschäft der physisch-moralischen Bildung. Nerven-Poetik um 1800, S. 123–139; Vogl, Joseph (Hrsg.): Poetologien des Wissens um 1800. München 1999.

117 Zum neuzeitlichen Konzept des ‚ganzen Menschen‘ mit Fokus auf die Literatur vgl. Schings, Hans-Jürgen (Hrsg.): Der ganze Mensch. Anthropologie und Literatur im 18. Jahrhundert. DFG-Symposion 1992. Stuttgart 1994.

bung räumlich abgegrenzt vorgestellt. So bildet ein ganzer menschlicher Körper die Bezugsgröße für die vom Roman in Anspruch genommene Vorstellung eines *Innern* und eines *Äußern.*[118] Auf Grund seiner dreidimensionalen Ausdehnung ist ein Körper im Raum anwesend. Diese konkrete Präsenz des Körpers liegt allen räumlichen Vorstellungen und Unterscheidungen – sowie den Vorstellungen des Subjekts von sich selbst – zu Grunde, auch wenn diese Anwesenheit des Körpers oft unbewusst bleibt. Und so ruft die innere Geschichte von Anton Reiser in der Konsequenz nicht nur dessen äußere Geschichte auf, sondern auch die Geschichte seines Körpers als ungenannte Bezugsgröße der Erzählung und seiner Subjektivität.

Die räumlichen Gegensätze *innen/außen* durchziehen den gesamten Roman. Einerseits strukturiert der Erzähler den Roman in eine innere und äußere Geschichte. Damit korrespondiert die Unterscheidung in eine innere und äußere Wirklichkeit Anton Reisers, also die Gegenüberstellung seiner wunschgetriebenen Phantasiewelt und seiner Lebenswelt:

> Er lebte auf diese Weise ein doppeltes Leben, eins in der Einbildung und eins in der Wirklichkeit. [...] Nun spielte er unterwegens auf seinen Wanderungen alle die Rollen in Gedanken durch, die ihn dereinst mit Ruhm und Beifall krönen, und seinen mannigfaltigen Kummer belohnen sollten. [...] er konnte nicht unterscheiden, dass dies alles nur *in ihm* vorging. (AR 378f.)

Anton Reisers doppeltes Leben wird durch räumliche Kategorien unterschieden: Das Leben in der Wirklichkeit liegt *außerhalb von ihm* und seine Phantasiewelt *in ihm*. Dabei steht das Körperinnere als Metapher für jene immaterielle Welt der Phantasie, welche in der Vorstellungskraft, in Gedanken und Emotionen besteht.

---

118 „Generell kann jeder materielle Gegenstand als Körper bezeichnet werden. Körper ist alles, was einen messbaren Raum ausfüllt. Im mathematischen Sinn gilt jedes dreidimensionale Gebilde als Körper. [...] Körper stellen "ein ringsum begrenztes Gebilde" dar (Duden) und kommen damit einer Auffassung des Raums sehr nahe, die diesen als Behälter definiert. Raum wie Körper sind demnach nach Aussen hin geschlossen und können aufgefüllt werden. Damit wird ein Körperinneres klar von einem Körperäusseren unterschieden. Diese Vorstellung des Körpers als eine von der Umwelt abgeschlossene Einheit ist nicht selbstverständlich, sondern Resultat des mit dem Zeitalter der Aufklärung einsetzenden Rationalisierungsprozesses." Schroer, Markus: Einleitung. Zur Soziologie des Körpers. In: Ders. (Hrsg.): Soziologie des Körpers. Frankfurt/M 2005, S. 24f.

Das doppelte Leben Anton Reisers korrespondiert mit der Doppelstruktur der Erzählung. Nicht nur die literarische Darstellung zeigt sich durch den Fokus auf außen und innen als geteilt und verdoppelt, sondern auch die darzustellende Welt Anton Reisers. Die verschiedenen räumlichen Dimensionen werden durch die Stimme des Erzählers modelliert. Diese Erzählperspektive in Anton Reiser ist nicht ohne Komplikationen. Das folgende Kapitel *„Den Blick der Seele in sich selber schärfen"* untersucht sie genauer.

Die räumliche Ordnungsstruktur vervielfacht sich auf der Ebene der erzählten Welt durch konkrete Raumbeschreibungen. So beginnt beispielsweise Anton Reisers unglückliche Lehrlingszeit beim Hutmacher Lobenstein mit dem Eintritt durch „eine große schwarze Tür, die mit vielen eingeschlagenen Nägeln versehen war". Die Stube, in welche er dann gelangt, ist nicht weniger düster: „Ein altes Mütterchen [...] öffnete ihnen die Tür, und führte sie [...] in eine große Stube, die mit dunkelbraun angestrichenen Brettern getäfelt war" (AR 57). Als Anton Reiser nach einer leidvollen Zeit der Ausbeutung das Haus des Hutmachers endlich wieder verlassen kann, wird sein Abschied erneut als Durchgang durch die schwarze Tür beschrieben: „Es war an einem Sonntagnachmittage, da Anton mit seinem Vater wieder aus dem L...schen Hause ging, – er blickte die schwarze Tür mit den großen eingeschlagenen Nägeln noch einmal an und wandte ihr getrost den Rücken, um wieder aus dem Tore zu wandern" (AR 102). Die schwarze Tür symbolisiert Anton Reisers Ein- und Ausgang in einen unterweltähnlichen Raum und grenzt diesen Raum von der übrigen erzählten Welt ab. Nun, mit der Tür im Rücken und gleichzeitig noch aus einem zweiten Raum, nämlich durch das Tor der Stadt(mauern), tretend, öffnet sich die „weite Welt" (AR 102) wieder vor Anton Reiser. So wird das Erzählgeschehen – neben den zeitlichen Strukturen – eminent räumlich strukturiert. Die erzählte Welt Anton Reisers wird auf diese Weise zum Erzähl*raum.*[119]

Um die räumlichen Strukturen des Romans für die Frage der Darstellung von Subjektivität fruchtbar zu machen, ist die Unterscheidung von Raumkonzepten hilfreich, die Gernot Böhme vertritt. Böhme bestimmt als essentiellen Unterschied von Raumkonzepten einerseits den „Raum der leiblichen Anwesenheit" und andererseits den „Raum als Medium von Darstellung":

---

119 Die Räume und räumlichen Bewegungen in Anton Reiser sind – wie die Stadtmauern – oft kreisförmig strukturiert. Zum Zirkel als Schema der Raumwahrnehmung vgl. Torra-Mattenklott, Caroline: Kreisfigur und Metaschematismus bei Karl Philipp Moritz. In: Gaier, Ulrich & Simon, Ralf (Hrsg.): Zwischen Bild und Begriff. Kant und Herder zum Schema. München 2010, S. 155–190.

Der *Raum leiblicher Anwesenheit* gehört wesentlich zu meiner leiblichen Existenz, weil leiblich da zu sein heißt, sich in einer Umgebung zu befinden. Der *Raum als Medium von Darstellung* hat dagegen nichts mit mir als Menschen zu tun, er ist vielmehr ein abstraktes Ordnungsschema, nach dem eine Mannigfaltigkeit von Dingen vorgestellt wird. Das Merkwürdige ist nun, dass beide Konzepte in der Regel behandelt werden, als seien sie dasselbe, so dass gerade die alltägliche Vermischung dieser Konzepte es einem erlaubt, in beiden Fällen von *Raum* zu sprechen: Meine leibliche Anwesenheit wird gedacht als Platziertheit zwischen den Dingen – und die Ordnung, die die Dinge miteinander haben, als Ordnung ihrer Gleichzeitigkeit, d. h. also ihrer wechselseitigen Anwesenheit. [120]

Die Strukturen der Erzählung von *innen* und *außen* sowie die räumlichen Gegensätze der erzählten Welt – zum Beispiel das dunkle Haus des Hutmachers im Gegensatz zur weiten Welt – gehören zum Raum als *Darstellungsmedium*. Der Gegensatz *innen/außen* differenziert erstens das Erzählen in verschiedene Geschichten und Perspektiven des Erzählers. Zweitens eröffnet der Raum ein topologisches Darstellungsmedium für die erzählte Welt. So wird auch Anton Reisers *Inneres* räumlich vorgestellt – zum Beispiel dann, wenn er bei philosophischen Spekulationen an „eine bretterne Wand, oder undurchdringliche Decke" (AR 246) stößt. Besonders deutlich tritt der Raum als Darstellungsmedium bei der Beschreibung der Reisen in Erscheinung. Die Ereignisse werden gemäss Anton Reisers Bewegung im Raum erzählerisch geordnet. Drittens strukturiert der Raum als Darstellungsmedium auch den Blick auf den Menschen. Dieser anthropologische Blick unterscheidet den Menschen in eine äußere Gestalt und in ein Inneres, welches für den Blick des anderen nicht zugänglich ist – es sei denn, es wäre der Blick des Erzählers.

Nicht nur die Raumerfahrungen werden im Roman zum Thema, sondern auch Existenzerfahrungen. Dann, wenn es um die (Selbst-)Wahrnehmung und somit auch die Subjektivität der Figur Anton Reiser geht, wird das zweite von Böhme vorgestellte Raumkonzept, der *Raum der leiblichen Anwesenheit,* wirksam. Anton Reisers Existenzerfahrungen sind meist von drückender Negativität, wie zum Beispiel das Erlebnis an jenem nasskalten und verschneiten Tag, an dem es ihm mit durchnässter Kleidung bewusst wird, „*dass er sich selbst nicht entfliehen konnte*. – Und mit diesem Gedanken war es, als ob ein Berg auf ihm lag – er strebte sich mit Gewalt darunter empor zu arbeiten, aber es war, als ob die *Last seines D*aseins ihn darnieder drückte." (AR 255f.) Anton Reiser erfährt

120 Böhme, Gernot: Der Raum leiblicher Anwesenheit und der Raum als Medium von Darstellung. In: Krämer, Sybille (Hrsg.): Performativität und Medialität. München 2004, S. 129.

sein eigenes Dasein als drückende Last, die er nicht loswerden kann. Aus dem Raum seiner Anwesenheit in der Welt, in der hineingebannt ist, kommt er nicht hinaus, wie die vergeblichen Fluchtbewegunen zeigen. Wohin er auch geht: Anton Reiser schleppt sich selbst mit sich herum.

Wenn auf solche Weise Anton Reisers Raum- und Existenzerfahrungen erzählt werden, wird der Romantext selbst zum *Raum der leiblichen Anwesenheit*. Dabei ist der Aspekt der *Erfahrung* entscheidend. Ein Subjekt erfährt sich in einem Raum als körperlich anwesend und strukturiert sowohl den Raum als auch die Selbsterfahrung von dieser Erfahrung des Hier-Seins aus: „Der Raum leiblicher Anwesenheit ist dasjenige, worin wir unsere leibliche Existenz erfahren: Sie ist das Hier-Sein, ein Ort, der sich absolut in der unbestimmten Weite des Raums artikuliert. [...] Das *Hier* ist also in reinem Selbstbezug gegeben."[121] In der leiblichen Anwesenheit überlagern sich Erfahrung des eigenen Körpers und des Raumes mit einem Selbstbezug, den das Subjekt nicht erst durch Reflexion herstellen muss, sondern im Hiersein seines Körpers empfindet. Dies manifestiert sich in den Worten: „Hier bin ich. Die Referenz der deiktischen Wörter *hier* und *ich* ist das sprechende Subjekt selbst. In ihrer Einzigartigkeit sind der Ort und die Person des Subjekts absolut – nicht *irgendwo* und *irgendwer*, sondern *ich* und *hier*. So lässt sich leibliche Anwesenheit nur aus der Perspektive des erfahrenden Subjekts beschreiben. „Das Entscheidende ist nämlich meine Involviertheit in diesen Raum bzw. sein existenzieller Charakter. Der leibliche Raum ist die Weise, in der ich selbst da bin bzw. mir anderes gegenwärtig ist, d. h. er ist Handlungsraum, Stimmungsraum und Erfahrungsraum."[122]

Und genau für diese Perspektive der Erfahrung des Subjekts bietet die literarische Erzählung Raum, weil sie auf der subjektiven Perspektive als gültiger Perspektive beharren kann, weil sie vom Besonderen und nicht vom Allgemeingültigen spricht. Im Erzählen von einem individuellen und merkwürdigen Subjekt wird der Text zum „Handlungsraum, Stimmungsraum und Erfahrungsraum" dieses Subjekts.

Für die literarische Verhandlung von Subjektivität in *Anton Reiser* sind also beide genannten Raumkonzepte bedeutsam: Die Erzählung als räumlich modelliertes Darstellungsmedium einerseits, das in seiner dreidimensionalen Struktur den Körper als Bezugsgröße immer impliziert und als Raum andererseits, der leibhafte Erfahrungen eines Subjekts enthält.

Das gegensätzliche räumliche Modell einer *inneren* und *äußeren* Geschichte verleiht dem Roman eine eigene Dynamik. Es fordert nicht nur das Innere Anton

---

121 Böhme 2004, S. 133.

122 Böhme 2004, S. 134.

Reisers zur psychologischen Erforschung heraus, sondern auch das Äußere der Romanfigur wird mit Aufmerksamkeit verzeichnet. So werden die materiellen und emotionalen Bedingungen von Antons Kindheit konkret und detailliert vorgestellt: der dauernde Streit seiner Eltern, der schmerzende Fuß, seine zerrissene schmutzige Kleidung, die unmenschlichen Arbeitsbedingungen während seiner Lehrlingszeit als Hutmacher, die Kälte beim Chorsingen, das Hungern als Schüler. Die Dynamik zwischen äußerer und innerer Geschichte entfaltet sich dadurch, dass die äußeren Ereignisse vom Erzähler stets in ihrer Auswirkung auf Anton Reiser gedeutet und so wieder auf seine innere Geschichte zurückgeführt werden, wie folgende Textstelle aus Anton Reisers Schulzeit zeigt:

> Denn die unwürdige Behandlung, der er zuweilen ausgesetzt war, benahm ihm oft einen großen Teil der Achtung gegen sich selbst, welche schlechterdings zum Fleiß notwendig ist. – Oft ging er dann mit traurigem Herzen zur Schule. (AR 159f.)

Die soziale Verachtung wirkt sich emotional auf Anton Reisers Selbstachtung und seine Motivation aus – er geht mit traurigem Herzen zur Schule. Die erzählten Ereignisse erhalten ihre Bedeutung durch ihren Zusammenhang mit dem Inneren von Anton Reiser. Nichts wird um seiner selbst willen oder aus purer Freude am Erzählen erzählt, sondern im Hinblick auf die Figur Anton Reiser. Dieses Erzählprinzip, alle Elemente des Textes auf seine Figur zu beziehen, praktiziert Aufmerksamkeit auch für das Unbedeutende oder verleiht dem unbedeutend Scheinenden erst eine Bedeutung: „Wer den Lauf der menschlichen Dinge kennt, und weiss, wie dasjenige oft im Fortgange des Lebens sehr wichtig werden kann, was anfänglich klein und unbedeutend schien, der wird sich an die anscheinende Geringfügigkeit mancher Umstände, die hier erzählt werden, nicht stoßen." (AR 10) Indem die Rückführung des Erzählten auf die Figur erst ihre Bedeutung generiert, tut der Erzähler – aus einer anderen Perspektive, doch wieder verdoppelt – dasselbe wie Anton Reiser selbst, der „nun einmal gelernet hatte, [...] alles auf sich zu beziehen" (AR 88). Als Jugendlicher bereits „ein völliger Hypochondrist geworden" (AR 89), fürchtet er bei jedem Krähen eines Hahns seinen Tod (vgl. AR 88). So karikiert der Erzähler einerseits Anton Reiser, der jedes Krähen als „Totenglocke" (AR 88) wahrnimmt, weil er in seiner Egomanie alles als Zeichen auf sich bezieht. Andererseits führt Anton Reiser in seinem Drang zur Bedeutungsproduktion genau das vor, was das „künstlich verflochtne Gewebe" (AR 120) des Textes formal tut.

Anton Reiser figuriert auf diese Weise als Magnetfeld des Textes. Alle Elemente richten sich nach ihm aus; er verleiht den einzelnen Ereignissen im Roman ihre Bedeutung. Die Wechselwirkungen von innen und außen, vielfach variiert und differenziert, beziehen sich immer auf Anton Reiser. Doch in diesen Wechselwirkungen erscheint er nicht als autonomes Subjekt. Vielmehr ist er ihnen ausgeliefert, in sie verwickelt und kann sie weder verstehen noch steuern. Erst durch Lektüre des Romans werden die Wechselwirkungen erkennbar. Doch diese sich beim Lesen erschliessenden Muster decken sich nur zum Teil mit den Deutungsvorschlägen des Erzählers. Die Leserin sieht auch andere Muster: eine Vielfalt von räumlichen Strukturen, Sprach- und Zitatmuster, bestehend aus Lehrsprüchen, Bibelexegese und Kirchenliedern, wiederkehrende Motive wie die Farbe Schwarz oder Anton Reisers Todeswunsch und die Reisebewegungen – um einige wenige zu nennen. Die Muster entstehen durch die Eigenschaft des Textes als „künstlich verflochtnes Gewebe eines Menschenlebens". Die „unendliche Menge von Kleinigkeiten" wird „in dieser Verflechtung (selbst) äußerst wichtig" (AR 120). Das kunstvolle Gewebe ermöglicht eine Vielfalt an Mustern.

Innere und äußere Geschichte stehen in *Anton Reiser* in einem Verhältnis gegenseitiger (De-)Formation. Ihre Dynamik von Wechsel und gegenseitiger Beeinflussung inszeniert gegenläufige Kräfte, die auf die Figur wirken. In ihrer Wirkung auf Anton Reiser, in der Dimension der Erfahrung des Subjekts wiederum wird die analytische klare Unterscheidunge zwischen innerer und äußerer Geschichte, Innerem und Äußerem des Menschen obsolet. So lässt sich dieses Erzählmodell auch als anthropologische Position gegen ein rationalistisches Konzept des Menschen lesen: Das Innere und Äußere eines Menschen lassen sich nicht trennen.

„Den Blick der Seele in sich selber schärfen"

Die Aufmerksamkeit[123] für das *Innere* nimmt den Menschen Anton Reiser als Subjekt in den Blick. Erklärtes Ziel des Romans ist es, „den Blick der Seele in

123 Aufmerksamkeit (für das Innere, für sich selbst) ist ein leitendes Prinzip des Erzählens: „Wer den Lauf der menschlichen Dinge kennt und weiss, wie dasjenige oft im Fortgange des Lebens sehr wichtig werden kann, was anfänglich klein und unbedeutend schien, der wird sich an die anscheinende Geringfügigkeit mancher Umstände, die hier erzählt werden, nicht stossen." (AR 10) Wird das Prinzip der Aufmerksamkeit in übersteigertem Mass angewendet, besteht die Gefahr der Hypochondrie. Auf der Handlungsebene gilt dies auch für Anton Reiser (AR 89). Zur wissenschaftshistorischen Kategorie der Aufmerksamkeit und ihrer Bedeutung für die Literatur siehe folgende Studie: Thums, Barbara: Aufmerksamkeit. Wahrnehmung und Selbstbegründung von Brockes bis Nietzsche. München 2008. In ihrer genauen Studie be-

sich selber [zu] schärfen" (AR 10). Nimmt man die erste Vorrede als hermeneutische Anweisung, erscheint *Anton Reiser* als Versuch einer Selbstreflexion.[124] Selbstreflexion führt gemäß dem zeitgenössischen Ideal zu Selbstaufklärung. Bei Jean-Jacques Rousseau, dessen *Émile* den jungen Pädagogen Moritz nachweisbar beeinflusst hat,[125] ist das Erreichen von Selbstbewusstsein ein zentraler Schritt in der Entwicklung des Kindes zum Erwachsenen. „C'est à ce second degré que commence proprement la vie de l'individu; c'est alors qu'il prend la consience de lui-même."[126] „La consience de lui-même" macht ein Individuum, das vielleicht eben noch selbstvergessen gespielt hat, erst zum Subjekt. Ein Subjekt weiss *um* sich. Um auch etwas *über* sich zu wissen, stellt es sich die Frage: „Wer bin ich?" Selbstbewusstsein führt zu Selbsterforschung. Doch Selbstbewusstsein bedingt eine konstitutive Distanz zu sich selbst. So lässt sich die selbstreflexive Wendung zu sich selbst als Teilung und Verdoppelung fassen. Mit den Worten von Lothar Müller: „Entzweiung und Verdoppelung sind die Bewegungsformen, in denen sich die Produktion von Selbstbewusstsein vollzieht."[127] Eine Seele, die in sich selbst blickt, teilt und verdoppelt sich und bleibt gleichzeitig sich selbst – eine paradoxe mentale Operation!

Die Selbsterkenntnis Anton Reisers bildet die zentrale Aufgabe des Romans. Die aufklärerische Forderung der Selbsterkenntnis treibt das Erzählen an und wird sowohl inhaltlich als auch auf der Ebene der Erzählstruktur gestaltet. So verläuft *Anton Reiser* vordergründig gemäß der Ordnung des Bildungsromans. Anton Reiser geht trotz aller ihm begegnenden Schwierigkeiten die Stationen eines Bildungswegs. Angetrieben von Leselust und dem Drang nach dem Erwerben von Wissen und institutioneller Bildung, erarbeitet er sich abendländische Kulturtechniken, welche typischerweise der Selbstaufklärung dienen und mit

schäftigt sich Thums auch mit Karl Philipp Moritz, mit dem Problem der Selbstbeobachtung und Selbsttäuschung in den Beiträgen zur Philosophie des Lebens (S.79ff.) und mit Moritz' ästhetischen Texten (S. 219ff.) und den Hartknopf-Romanen (S. 252ff.).

124 Vgl. dazu Claudia Kestenholz: „So liegt denn das Hauptinteresse der Moritz'schen Reflexion nicht nur biographisch, sondern auch konzeptuell in der Selbstreflexion. [...] Reflexion hebt Unmittelbarkeit auf, indem das Subjekt sich über diese d. h. über sich selbst erhebt." Kestenholz 1987, S. 40f.

125 Dies lässt sich insbesondere an Moritz' erster Buchpublikation, den Unterhaltungen mit meinen Schülern von 1783 beobachten. Vgl. Meier, Albert: Karl Philipp Moritz. Stuttgart 2000, S. 68f.

126 Rousseau, Jean-Jacques: Émile ou de l'éducation. Paris 1966, S. 91.

127 Müller 1987, S. 44.

Michel Foucault als Selbsttechniken[128] verstanden werden können. Indem Anton Reiser liest, dichtet, sich seiner religiösen Erziehung geschuldeten Seelenprüfungen unterwirft, Tagebuch schreibt, in philosophischem Gestus über metaphysische Probleme und über die eigene Existenz nachdenkt, reisend die Welt erkundet und Theater spielt, vollzieht er Praktiken, die es ermöglichen, sich zu sich selbst in Beziehung zu setzen. Im Kapitel *Anton Reisers Selbsttechniken* betrachte ich die im Roman beschriebenen Selbsttechniken genauer und reflektiere Foucaults Konzept der Selbsttechniken aus literaturwissenschaftlicher Perspektive.

Obwohl Selbsttechniken Praktiken der Selbsterforschung darstellen, wirken sie bei Anton Reiser nicht als solche. Sie sind meist leere Gesten, denn Anton Reiser bleibt sich selbst – trotz aller Bildung und der Anwendung von Selbsttechniken – vollkommen dunkel. Er erreicht gerade nicht, was die Pädagogik der Aufklärung und der Roman *Anton Reiser* den Lesenden verheissen und gleichzeitig abfordern: „den Blick der Seele in sich selber [zu] schärfen". Anton Reiser verkennt sich in einem fundamentalen Sinn. Er kann sich selbst, seine Fähigkeiten, Gefühle und Motivationen nicht annähernd realistisch einschätzen. Er lebt nicht nur an seiner äußeren, sondern auch seiner inneren ‚Wirklichkeit' vorbei. Dies führt in letzter Konsequenz zur Aporie am Ende des Romans: Anton Reiser steht vor dem Nichts der aufgelösten Theatertruppe.

In der „zerstreuten Herde" (AR 484), so die letzten beiden Worte des Romans, realisiert sich die Auflösung, auf welche *Anton Reiser* hinsteuert. Nicht nur die glänzenden Zukunftsträume lösen sich auf, sondern auch die narrativen und motivischen Linien und Verknüpfungen, die teleologische Struktur des ‚Bildungsromans' und natürlich die Figur Anton Reiser selbst. Im Rückblick zeigt sich der Roman als eine stets von der Auflösung bedrohte narrative Ordnung. Aus der Perspektive seines Endes im Nichts konturieren sich diejenigen Strukturen des Erzählens, welche dem Modell der Bildung entgegenwirken: Kreisförmige[129] Strukturen der Wiederholung, Digression und gegensätzliche Strukturen

128 Foucault hat das Konzept der Selbsttechniken in seinem Spätwerk in verschiedenen Kontexten skizziert, jedoch nie systematisch ausgeführt. Vgl.: Foucault, Michel: Der Gebrauch der Lüste. Sexualität und Wahrheit Bd. 2. Frankfurt/M. 2. Aufl. 1990; Ders.: Die Sorge um sich. Sexualität und Wahrheit Bd. 3. Frankfurt/M 1986; Ders.: L' herméneutique du sujet. Cours au Collège de France. 1981-1982. Paris 2001; sowie in verschiedenen Aufsätzen und kleineren Schriften in: Ders.: Dits et écrits 1945–1988. IV 1980–1988. Paris 1994.

129 Nadja Wick interpretiert die kreisförmigen Strukturen sowie das Kreismotiv in Anton Reiser als Figuration des Eingeschlossenseins: „So ist auch der Kreis ein Motiv der Erzählung, das nicht Reisers Mittelpunkts-Fantasien symbolisiert, sondern vor-

des Schwankens von Auf und Ab, Hin und Her oder Hell und Dunkel. Auch wenn Anton Reiser in seiner Bildungskarriere ‚weiter kommt' und Neues lernt, unterläuft sein instabiler seelischer Zustand diese Entwicklung immer wieder und wirft ihn zum Ausgangspunkt zurück, zu den in der Kindheit entstandenen seelischen Mustern von Selbsthass, Schwermut und Egozentrismus, weit entfernt von einer „consience de lui-même". In der Erzählstruktur äußert sich dies in Wiederholungen – von Motiven, Worten, zentralen Problemkomplexen und ganzen Szenen wie zum Beispiel von Anton Reisers Versuchen, sich in den Fluss zu stürzen. Das aufklärerische Strukturmodell einer teleologischen ‚Bildung' steht mit demjenigen der Wiederholung und Auflösung in Streit.

Der Roman *Anton Reiser* führt das Streben nach Selbsterkenntnis und ihre Unmöglichkeit auch in seiner Erzählstruktur vor. Damit problematisiert er einerseits Anton Reiser als Subjekt, andererseits stellt er die aufklärerische Hoffnung auf Selbsterkenntnis zur Diskussion. Die gescheiterte Selbsterkenntnis Anton Reisers liegt nicht am Mangel an Bemühungen. Der Roman erzählt ja minutiös von seinen Anläufe zur Selbsterforschung mittels verschiedener Kunstformen. Die Schwierigkeit liegt vielmehr in der Ungewissheit, ob man überhaupt etwas von sich wissen kann. Der Komplex der Subjektivität beruht auf einer ungenannten Basis: dem Körper. Auch Anton Reisers Nichtwissen über sich selbst betrifft in symptomatischer Weise seinen Körper. Anton Reiser spaltet seinen Körper von ‚sich' ab. Doch im literarischen Text, der seine Figur auf vielschichtige Weise dar-stellt (in einen Raum stellt), wird Anton Reiser als Körpersubjekt fassbar. Die Erkundung von Subjektivität und Körper treffen sich.

nehmlich eine Figuration des Eingeschlossenseins darstellt, die auf die psychisch bedingte Ausweglosigkeit von Reisers Situation verweist." Wick, Nadja: Apotheosen narzissistischer Individualität. Dilettantismus bei Karl Philipp Moritz, Gottfried Keller und Robert Gernhard. Bielefeld 2008, S. 113. Eine andere Perspektive eröffnet Caroline Torra-Mattenklott, indem sie die Figur des Zirkels bei Moritz mit Bezug auf Herder als „Metaschematisieren" deutet, also erkenntnistheoretisch verortet. Kreisfiguren werden für Anton Reiser als konstitutiv aufgezeigt. Torra-Mattenklotts Interpretation betont nicht das Moment der Wiederholung der kreisförmigen Bewegung, sondern die Geschlossenheit der geometischen Figur des Kreises und ihre Fähigkeit der Überführung der Linearität der Sprache ins Bildhafte des Schemas. So „fördert dieses diagrammatische Verfahren [der Kreisfigur] die abstrakten Strukturen hinter den affektiv aufgeladenen Lebenserfahrungen zutage." Torra-Mattenklott 2010, S. 155–190.

Der Erzähler und seine Figur

Den „Blick der Seele in sich selber [zu] schärfen", ist das erzählerische Projekt des Romans *Anton Reiser*. Doch angesichts von Anton Reisers Verkennen seiner selbst sowie des intimen, aber hierarchischen Verhältnisses des Erzählers zu seiner Figur stellt sich die Frage: Um wessen Blick handelt es sich dabei? Oder um welche Seele? Schärft sich im Laufe des Erzählens der Blick Anton Reisers in seine Seele? Oder ist der Blick des Erzählers in Antons Seele gemeint? Oder der Blick des Erzählers in seine eigene Seele? Oder der Blick der Lesenden in Antons Seele? Oder in ihre eigene? Weil der Erzähler in der Vorrede alle drei Konstituenten der Lektüre anspricht – den Erzähler, die Figur und die Lesenden – und dynamisch aufeinander bezieht, gleichzeitig aber das Ziel des Buches unpersönlich formuliert[130], entzieht sich der „Blick der Seele in sich selber" der grammatischen Festlegung. Selbst-Erforschung erscheint als Spiel verschiedener Möglichkeiten des Betrachtens, der Lektüre und des Erzählens.

Die Metapher des *Blicks* der Seele in sich selber verweist auf die Subjektivitätsmetapher des Spiegelbilds[131]. Die Spiegelung ermöglicht Selbstbetrachtung. In diesem Blick auf sich selbst verdoppelt sich das Subjekt. Im Spiegel sehe ich mich selbst (wenn auch verkehrt), und ich sehe mich selbst als *Gestalt*. Die literarische Selbstbeschreibung als Imagination eines Blicks auf sich oder in sich selbst verlangt nach der Figuration visueller Wahrnehmbarkeit – und eine solche bietet der Körper des Subjekts.

In der Erzählanlage von *Anton Reiser* blickt der Erzähler von außen auf und zugleich in seine Figur. Der Effekt des Blicks in den Spiegel – die Verdoppelung und Verkehrung – verteilt sich auf die zwei Positionen von Erzähler und Anton Reiser.

Gleichzeitig von außen und von innen sehen

Um den erzählerischen Vollzug der Selbst-Erforschung in *Anton Reiser* in den Blick zu nehmen, ist eine genauere Betrachtung der Erzählperspektive und des eigentümlichen Verhältnisses von Erzähler und Anton Reiser unerlässlich. In den Vorreden zu den vier Teilen des Romans tritt der Erzähler als auktorialer

130 Der ganze Satz lautet: „Auch wird man in einem Buche, welches vorzüglich die innere Geschichte des Menschen schildern soll, keine grosse Mannigfaltigkeit der Charaktere erwarten: denn es soll die vorstellende Kraft nicht verteilen, sondern zusammendrängen, und den Blick der Seele in sich selber schärfen." (AR 10)

131 Zum Spiegelbild als Subjektivitätsmetapher s. Konersmann 1988.

Erzähler explizit in Erscheinung, wie beispielsweise in der zweiten Vorrede: „Um fernern schiefen Urteilen, wie schon einige über dies Buch gefällt sind, vorzubeugen, sehe *ich* mich genötigt, zu erklären..." (AR 120, Hervorhebung M.L.). Das ‚Ich' des Erzählers wird als Erzählstimme kenntlich, welche die Ereignisse interpretiert. In das Erzählen fließen immer wieder Kommentare des Erzählers ein. Er deutet die erzählten Situationen, Ereignisse und Gefühle im Hinblick auf seine Figur und unterscheidet sie von Anton Reisers eigenen Deutungen. Dabei betont der Erzähler, seine Deutung entspreche der Wirklichkeit, während diejenigen Anton Reisers Illusionen und Fehleinschätzungen seien. Der Erzähler rechtfertigt seinen Wahrheitsanspruch durch seinen objektiven Blick ‚von außen'. In diesem Blick wird Anton Reiser zum *sujet*, zum Untersuchungsobjekt.

Eine typische Quelle divergierender Deutungen bilden Anton Reisers seelische Reaktionen auf negativ erlebte soziale Situationen, wie folgendes Beispiel zeigt: Wegen unpassenden Verhaltens erfährt Anton Reiser allgemeine Verachtung. Bei einer Einladung im Haus des Rektors trinkt er nämlich zu viel Wein,

> so dass Reiser allerlei verwirrtes Zeug redete, und am Ende zu Bette gebracht werden musste. – War nun Reiser vorher schon in dem Zutrauen und der Achtung aller derer, die ihn kannten, gesunken, so gab dieser Vorfall seinem guten Kredit nun vollends den letzten Stoß. Vorher war er schon ein träger, unordentlicher, und unfleißiger; nun war er auch ein unmäßiger, und schlechter Mensch, weil er in dem Hause seines Lehrers, der zugleich sein Wohltäter war, durch sein unanständiges Betragen, zugleich das *undankbarste* Herz verraten hatte. (AR 200)

Diese Verachtung, die Anton Reiser entgegenschlägt, wirkt sich wiederum auf sein Selbstbewusstsein aus:

> Er war damals weit entfernt, dass er sich gegen sich selbst hätte entschuldigen sollen – vielmehr traute er dem Urteil so vieler Menschen mehr, als seinem eigenen Urteil über sich selbst, zu – er klagte sich oft an, und machte sich die bittersten Vorwürfe, über seine Versäumnis im Studieren, über sein Lesen, und über sein Schuldenmachen beim Bücherantiquarius – denn er war damals nicht imstande, sich das alles als eine natürliche Folge der engsten Verhältnisse, worin er sich befand, zu erklären. (AR 201f.)

Anton Reiser sucht den Grund für sein Fehlverhalten in sich selbst und verachtet sich ob seiner Schlechtigkeit. Er sieht nicht, dass es die beengten Verhältnisse seines Lebens sind – das völlige Fehlen jeglicher Unterstützung seiner Eltern, die Mittagstische, die vielen Korrekturversuche von Seiten verschiedener Erwachsener und die mangelnde Anerkennung –, die, wie der Erzähler nahelegt, natürlicherweise zu solch problematischem Verhalten führen mussten.

Anton Reiser nimmt das Urteil anderer für bare Münze und sucht die Schuld für sein Versagen bei sich selbst. Der Blick der anderen – ein falscher, verachtender oder übelwollender Blick, oder, noch schlimmer, das Fehlen des Blickes der anderen – wird im Roman exzessiv thematisiert. Der Erzähler dagegen beurteilt die Situation unbefangen, weil er im Gegensatz zu Anton Reiser von außen auf sie blickt. Diese Perspektive vermag die Machtverhältnisse der sozialen Situation offenzulegen – die Macht des Rektors als „Wohltäter" und Anton Reisers Abhängigkeit von ihm sowie der daraus entstehende moralische Druck, welcher ihm wiederum Schuldgefühle verursacht.

Doch Anton Reiser verkennt nicht nur die äußere Wirklichkeit, sondern auch seine eigenen emotionalen Beweggründe. Während der Lehrlingszeit wird Anton Reiser vom Hutmacher Lobenstein zu lautem Gebet angehalten. Dies hat zur Folge, dass er versucht, sich „durch irgend einen Ausdruck von Reue, Zerknirschung, Sehnsucht nach Gott und dergleichen [...] in die Gunst des Hrn. L... ein[zu]schmeicheln" (AR 64). Während Anton Reiser das laute Gebet bewusst dazu nutzt, sich die Anerkennung seines Vorgesetzten zu verschaffen, bietet ihm aber auch das einsame Gebet ein „heimliches Vergnügen" (AR 64), indem dieses seine Eitelkeit bedient:

> Und soweit ging die Täuschung seiner Einbildungskraft, dass es ihm zuweilen wirklich war, als ginge etwas ganz Besonderes im Innersten seiner Seele vor; und sogleich war auch der Gedanke da, wie er nun diesen seinen Seelenzustand etwa in einem Briefe an seinen Vater oder den Hrn. v. F. einkleiden, oder ihn Hrn. L. erzählen wolle. Es waren also dergleichen eingebildete innere Gefühle immer eine süße Nahrung seiner Eitelkeit, [...] es schmeichelte ihn immer sehr, wenn erwachsene und bejahrte Leute seinen Seelenzustand für so wichtig hielten, dass sie sich darum bekümmerten. Das war der Grund, dass er sich so oft einen abwechselnden Seelenzustand zu haben einbildete [...]. (AR 65)

Der Erzähler verfügt auch hier, wo es um das Innere Anton Reisers geht, über die Deutungshoheit. Er entlarvt Anton Reisers Gefühl, etwas Besonderes gehe in seiner Seele vor, als unechte „Täuschung". Anton Reiser selbst ist solchermaßen in seinem „abwechselnden Seelenzustand" verfangen, dass er keine Distanz zu sich selbst einnehmen kann. Er empfindet, ohne zu fragen warum. Der verborgene Grund seiner „Täuschungen" – der Produktion bestimmter Empfindungen, die für andere interessant scheinen und deren Kommunikation und Anerkennung imaginiert werden – liegt gemäß dem Erzähler in Anton Reisers Wunsch, von anderen für wichtig genommen zu werden und somit in seiner Eitelkeit.

Der Erzähler kann Anton Reisers Produktion von Selbsttäuschungen offenlegen, weil er seine Figur als Beobachter von außen als auch ihre Seele von innen betrachten kann. Dieser doppelte Blick macht es erst möglich, die Erzählerperspektive und diejenige Anton Reisers als voneinander abweichend vorzuführen.

Das Eigentümliche an der Position des Erzählers ist es nun, dass sich seine Distanz manchmal auch verringert und er ganz nahe an die Wahrnehmung der Figur Anton Reiser herantritt. Martina Wagner-Egelhaaf bezeichnet dies als ein „Hineinragen der Figur in den Erzähler"[132]. Durch eine sich unmerklich verschiebende Fokalisierung scheint Anton Reiser selber zum *Subjekt* des Erzählens zu werden. Das Verhältnis des Erzählers zu seiner Figur dynamisiert sich. Frauke Berndt beschreibt dies so:

> [Es] profiliert sich im AR ein Erzähler, der als eigenständige literarische Figur vielleicht sogar zum eigentlichen Helden des Romans erklärt werden muss. Denn dieser Erzähler geht weder in der Allwissenheit und Überlegenheit der auktorialen Erzählsituation noch in der Objektivität der Experimentalseelenkunde auf, sondern ist mit der Figur und deren Erinnerungen aufs engste verbunden. Tatsächlich schickt der Erzähler mit Anton Reiser einen Stellvertreter in die Arena der Erinnerungen.[133]

Ohne Berndts Einschätzung des Erzählers als „eigentlichen Helden des Romans" stark zu machen, halte ich ihre Beschreibung des Verhältnisses von Erzähler und Figur in *Anton Reiser*, insbesondere den Begriff des „Stellvertreters" für sehr treffend, um die untergründige Verbindung von Erzähler und Figur zu erfassen.

Die Beweglichkeit des Erzählers im Wechsel zwischen kommentierend-distanzierter Erzählposition und Nähe zu Anton Reisers Wahrnehmung lässt sich beispielsweise an dieser Textpassage nachvollziehen:

> Seine Phantasie hatte hier wieder Spielraum. – Das war ihm alles so himmlisch, so feierlich in die Lobgesänge zur Ehre Gottes öffentlich einzustimmen. – Der Name Chor tönte ihm so angenehm. – Das Lob Gottes in vollen Chören zu singen, war ein Ausdruck, der ihm immer in diesem Sinne schallte. – Er konnte die Zeit kaum abwarten, wo er in diese glänzende Versammlung würde aufgenommen werden. (AR. 158)

---

132 Wagner-Egelhaaf 1997, S. 354.

133 Berndt, Frauke: Anamnesis. Studien zur Topik der Erinnerung in der erzählenden Literatur zwischen 1800 und 1900 (Moritz – Keller – Raabe). Tübingen 1999 (=Hermaea Band 89), S. 71.

Die noch etwas distanzierten Feststellung: „Seine Phantasie hatte hier wieder Spielraum“, lenkt mit dem Stichwort „Phantasie“ die Aufmerksamkeit nach ‚innen‘. Der Erzähler taucht in Anton Reisers schwärmerische Vorfreude auf das Chorsingen ein. Zwar bleibt durch die Mittelbarkeit von „Das war ihm“ oder „tönte ihm“ nach wie vor klar, dass hier Anton Reisers Vorstellung des Chorsingens vorgestellt wird (und nicht die des Erzählers), doch tritt diese ganz in den Vordergrund und kann von den Lesenden als „so himmlisch, so feierlich“ mitempfunden werden, umso mehr als die Wirkung der Vorstellung des Chorsingens auf Anton Reiser mehrfach und emphatisch variiert wird. Mit dem letzten Satz „Er konnte die Zeit kaum abwarten ...“, tritt der Erzähler ohne Hinweis auf seine vermittelnde Beobachtung ganz nahe an seine Figur heran. Die Position des Erzählers ist unsichtbar geworden.

So befinden sich Erzählposition und Deutungsperspektive durch das Variieren der Distanz des Erzählers in einem dauernden Wechsel unterworfen. Auf diese Weise wird der Blick auf und in Anton Reiser kompliziert und vervielfacht und Anton Reisers Sicht auf sich selbst als unzulänglich ausgestellt – und seine Selbsterforschung in Frage gestellt.

In seinen Deutungen spricht der Erzähler gerne von „Grund“ (AR 65) oder von „natürlichen Folgen“ (AR 202), um Anton Reisers Verhalten und seelischen Zustand zu erklären. Das Auffächern von Gründen und Konsequenzen ist bezeichnend für seinen erklärenden Erzählgestus. Die Ursachen und Folgen sollen erklärt werden, *wie es dazu gekommen ist* – dass Anton Reisers Geschichte so und nicht anders verläuft. Der Erklärungszusammenhang wird durch die Logik des narrativen Aufeinanderfolgens von Ereignissen gestiftet. Diese durch den Erzähler vermittelte narrative Logik erschließt sich erst den Lesenden.

Auf den erklärenden Gestus des Erzählers weist auch Lothar Müller hin, dessen Monographie über *Anton Reiser* dieser Studie wichtige Impulse liefert. Müller liest den Roman als Krankengeschichte, also im Rahmen eines medizinisch-diagnostischen Deutungsmodells. In dieser Krankengeschichte wird Anton Reisers „kranke Seele“ zum Schauplatz für die Spannungen, die aus dem sich etablierenden wissenschaftlich-aufklärenden Zugriff auf das Unsichtbare der Seele entstehen.[134] Und diese Spannungen wollen erklärt und verarbeitet werden, zum Beispiel durch das Deutungsmodell der Krankengeschichte.

Die durchgehende zeitliche Ordnung des Romans ist ein weiterer Aspekt der erklärenden Erzählstrategie. Eine Ausnahme bildet die Erzählung von Anton Reisers früher Kindheit, wo in einer „Ausschweifung“ verschiedene Erinnerungsstücke aus den ersten Lebensjahren nach ihrem ungleichzeitigen Auftau-

134 Müller 1987, S. 11.

chen durcheinander erzählt werden (AR 36-41). Der Vorgang des Erinnerns wird wie bei Rousseau explizit reflektiert, einerseits als Rekonstruktion und andererseits als unwillkürliches Auftauchen einer *mémoire involontaire*.[135] Doch diese Abweichung stört die zeitliche Ordnung biographischen Erzählens nicht grundlegend. Die zeitliche Ordnung wird nicht nur durch die Abfolge der erzählten Ereignisse deutlich, sondern auch durch explizite zeitliche Verweise, mit denen der Text durchsetzt ist und die differenzierte zeitliche Relationen herstellen.[136] Die zeitliche Verknüpfung der Ereignisse durch zeitliche Relationen sowie durch die Zeitlichkeit der sequentiellen Abfolge der Sprache schafft die Suggestion einer kausalen Ordnung und inszeniert auf diese Weise das Erzählen als ein Erklären. Als kleines Beispiel sei aufgezeigt, wie zwischen Anton Reisers Spaziergängen, Lektüre und poetischen Versuchen ein Zusammenhang hergestellt wird:

> Seine Spaziergänge wurden ihm *nun* immer interessanter; er ging mit Ideen, die er aus der Lektüre gesammelt hatte, hinaus, *und* kehrte mit neuen Ideen, die er aus der Betrachtung der Natur geschöpft hatte, wieder herein – *Auch* machte er *wieder* einige Versuche in der Dichtkunst. (AR 287, Hervorhebungen M.L.)

Das Spazieren scheint Anton Reiser nun immer interessanter. Das „nun" markiert einen zeitlichen Vergleichspunkt: Das Spazieren ist „nun" interessanter als früher. Die Tätigkeit des Spazierens, d. h. das Hinausgehen und Zurückkommen, wird allein durch die narrative Abfolge, markiert durch „und", mit der Wechsel-

135 Interessant ist auch die Reflexion der topographischen Erinnerung: „Die zu lebhafte Vorstellung und Wiedererinnerung des Orts, machte, dass die Erinnerung an den Zwischenraum der Zeit, welche unterdes verflossen war, verlosch, oder schwächer wurde – anders wenigstens lässt sich wohl schwerlich das Phänomen jener sonderbaren Empfindung erklären, die Anton damals hatte." (AR 93)

136 Im Text wimmelt es von Zeitadverbien wie *danach, indes, nachdem, oft, dann* und vor allem *nun*, welche das Erzählte in zeitliche Relationen setzen. Zum Beispiel: „Nun kamen die Sommerferien heran und die Primaner führten, wie sie alle Jahr zu tun pflegten, öffentlich verschiedene Komödien auf – Reiser konnte bei der allgemeinen Verachtung, der er als ein sogenannter Famulus des Rektors ausgesetzt war, sich nicht die mindeste Hoffnung machen, eine Rolle zu erhalten [...]. Bis er auf den Einfall kam, mit zwei bis dreien seiner Mitschüler, welche auch keine Rollen hatten, [...] eine Komödie besonders aufzuführen. Hiezu wurde denn Philotas gewählt, wo Reiser einem andern, der die Rolle des Philotas schlecht machte, sie mit Geld abkaufte, und also nun den Philotas spielte. Nun war er in seinem Elemente." (AR 191, Hervorhebungen M.L.)

wirkung von Ideen aus der Lektüre und neuen Ideen aus der Betrachtung der Natur verbunden. Gleichzeitig macht Anton Reiser *auch wieder* „Versuche in der Dichtkunst". Ein weiteres „auch" verbindet das Dichten mit den Spaziergängen und der Lektüre. Da die „Versuche in der Dichtkunst" letzteren nachgeordnet sind, suggeriert der Text, dass sie in den Spaziergängen und den neuen Ideen durch Lektüre und Naturbetrachtung ihren Grund haben. Der Eindruck der Kausalität[137] entsteht als Wirkung der zeitlichen Ordnung des Erzählten.

Bei der Vielfalt von möglichen Ursachen und der deformierenden Wechselwirkung von Ursachen und Folgen ist es letztendlich unmöglich, die richtige Erklärung zu finden. Wie Moritz durch die doppelte Deutungsperspektive von Anton Reiser und Erzähler vorführt, hängt die Erklärung immer von der Perspektive ab. So ist die Selbsterforschung nun „freilich [...] keine so leichte Sache, dass gerade jeder Versuch darin glücken muss", räumt der Erzählter von *Anton Reiser* ein.

Lächerlichkeit und unvereinbare Wirklichkeiten

Der Erzähler des Romans durchschaut seine Figur Anton Reiser bis in ihm unbewusste Winkel. Seine Perspektive ist dynamisch in sich immer wieder verändernder Distanz. Der Wechsel der Fokalisierung geschieht dabei beinahe unmerklich. Ebenso wie Erzählen und Kommentieren gehen auch die Perspektiven von außen und innen ineinander über. So hört der kranke Anton Reiser beispielsweise seine Angehörigen von seinem eigenen Tod sprechen:

> Schon im achten Jahr bekam er eine Art von auszehrender Krankheit. Man gab ihn völlig auf, und er hörte beständig von sich, wie von einem, der schon wie ein Toter beobachtet wird, reden. Dies war ihm immer lächerlich, oder vielmehr war ihm das Sterben selbst, wie er sich damals vorstellte, mehr etwas Lächerliches, als etwas Ernsthaftes. Seine Base, der er doch etwas lieber, wie seinen Eltern zu sein schien, ging endlich mit ihm zu einem Arzt, und eine Kur von einigen Monaten stellte ihn wieder her. (AR 20)

Diese Passage skizziert nicht nur in wenigen Strichen den Verlauf von Anton Reisers Krankheit, sondern modelliert auch die Vernachläßigung des Kindes durch seine Eltern, die voreilig und resigniert seinen Tod erwarten, ohne sich um

---

137 Auch Claudia Kestenholz weist auf die Kausalität als narrativ-formaler Effekt in Anton Reiser hin: Im zweiten Vorwort „erscheint ‚Harmonie' als Effekt von Vernetzung, als Stringenz im formalen Sinne. Die Frage des Telos und damit des Sinns wird ausgeblendet. [...] Kausalität ersetzt hier Finalität." In: Kestenholz 1987, S. 38.

eine Behandlung zu bemühen. Am stärksten wirkt auf Anton Reiser die Tatsache, dass in seiner Gegenwart von ihm als Sterbender gesprochen wird. Anton Reiser erscheint hier als ein Objekt, dessen Schicksal die anderen bereits besiegelt haben. Was er dabei fühlt, widerspricht sich dem, was man als ‚normale' Reaktion erwarten würde: Trauer oder Angst. Vielmehr empfindet der Achtjährige den Gedanken an das Sterben als *lächerlich*. Die Assoziation des Lächerlichen bleibt im weiteren Verlauf des Romans mit dem Sterben verbunden und färbt das sich wiederholende Bild der Todessehnsucht auf spezifische Weise.[138]

Der Wechsel des Erzählfokus von der Außen- auf die Innenperspektive geschieht unauffällig im mittleren Satz: „Dies war ihm immer lächerlich..." Und dann wendet sich die Szene im dritten und letzten Satz des Abschnitts mit dem engagierten Handeln der Base wieder nach außen und findet in der unerwarteten und denkbar einfachen Rettung des Kindes ihren Abschluss.

Das lächerliche Gefühl des Kindes hat angesichts seiner ernsten Lage eine sarkastische Wirkung. Der Wechsel der Erzählperspektive zwischen außen und innen hat einen entlarvenden Effekt, indem er Anton Reisers inneres Empfinden als beißenden Kontrast zur äußeren Umgebung zeigt. Anton Reiser selbst ermangelt die Fähigkeit, zwischen seiner inneren Wirklichkeit – welche der Erzähler *Einbildung* oder *Phantasie* nennt – und der äußeren Wirklichkeit zu unterscheiden. Das Auseinanderklaffen dieser beiden Wirklichkeiten, Anton Reisers „doppeltes, ganz von einander verschiedenes inneres und äußeres Leben" (AR 238), wird ausgestellt und auch parodiert. Das Leben in seiner inneren Wirklichkeit muss er einmal um ein Haar mit seinem Leben bezahlen:

> Mitten in einem solchen lyrischen Schwunge seiner Gedanken war es, als er dicht bei Seesen, einen Fußpfad ging, der ihn von der Straße ab, über eine Wiese führte, wo gerade ein Scheibenschießen war, das allen seinen schimmernden Aussichten in die Zukunft beinahe ein plötzliches Ende gemacht hätte: denn eine Flintenkugel sauste ihm dicht vor dem Kopfe vorbei, während dass alles ihm zuschrie, er solle von dort weggehen. (AR 380)

Der ganz in poetische Gedanken versunkene Anton Reiser hat keine Augen für die Umgebung, die er durchwandert, und gerät ohne es zu merken mitten in eine Schießübung. Der „lyrische Schwung" in seinem Inneren und die Gewehrkugel in seiner äußeren Umgebung, die ihm lebensgefährlich dicht am Kopf vorbei-

138 So entbehrt auch die Schilderung von Anton Reisers Selbstmordversuch am Ende des zweiten Teils des Romans nicht der Komik, wenn man sich Anton Reisers überhängenden und schliesslich gewaltsam sich selbst zurückbiegenden Körper am Flussufer vorstellt. (AR. 226f.)

saust, spitzen den Kontrast der Wirklichkeiten zu, zwischen denen Anton Reiser keine Verbindung schaffen kann. Der Möchtegern-Poet, der zwischen durch die Luft sausenden Kugeln einhergeht, ist eine lächerliche Figur. In Bezug auf die Stärke seiner Einbildungskraft wird er wohl nur von Don Quijote übertroffen.

So entsteht das Lächerliche als Effekt der kontrafaktischen Wahrnehmung Anton Reisers immer dann, wenn Wirklichkeiten, innen und außen, subjektive Empfindung und soziale Situation unvereinbar aufeinanderprallen. Im Ausstellen solcher gegensätzlicher gleichzeitigen Wirklichkeiten und Blickrichtungen zeigt sich die aufklärende, entlarvende Leistung des Erzählers. Das Lächerliche ist ein Effekt der multiperspektivischen Erzählstrategie. Durch den Blick von außen inszeniert der Erzähler einen sozialen Blick, der das Individuum zuweilen nicht versteht und nicht anerkannt – und stellt aus, wie Subjektivität funktioniert: Subjekt sind wir auch durch den Blick der anderen.

Der fremde Blick auf sich selbst

Wenn der Erzähler Anton Reisers Gedanken und Empfindungen darstellt, schlüpft er in die Haut seiner Figur und erzählt Anton Reiser *von innen*. Er nimmt auch die kleinsten inneren Bewegungen Anton Reisers wahr und macht sie explizit. Dabei reicht die Innenperspektive des Erzählers über das bewusst Empfundene hinaus. Sie taucht auch unter die Oberfläche von Anton Reisers Bewusstsein und erfasst das, was dieser von sich selbst nicht weiss.

Wenn Anton Reiser vor der „Verachtung und [dem] Spott seiner Mitschüler" und dem „dadurch erregten Gefühl seiner eigenen Unwürdigkeit" in den Zuschauerraum des Theaters flieht, ist eigentlich „alles, was er tat, um sich hievon loszureißen, [...] im Grunde eine bloße Betäubung seines inneren Schmerzes, und keine Heilung desselben". (AR 212) Der Erzähler weiss im Gegensatz zu Anton Reiser, dass das, was dieser als einzigen Ausweg empfindet, um seinen Schmerz erträglich zu machen, „im Grunde" keine Heilung, sondern nur Betäubung ist. Anton Reiser durchschaut seine Gefühle nicht, was der Erzähler wiederum distanziert-kommentierend deutlich macht: „Die häufigen Tränen, welche er oft beim Buche und im Schauspielhause vergoss, flossen im Grunde eben sowohl über sein eigenes Schicksal, als über das Schicksal der Personen, an denen er teilnahm" (AR 212). Die Identifikation mit anderen bwirkt jene Distanz zu sich selbst gerade nicht, die für die Selbsterforschung nötig ist. Anton Reiser weint und merkt nicht, dass er nicht nur über die Schicksale auf der Bühne oder im Buch weint, sondern auch über seine eigene Situation. Das Mitleiden an fremdem Kummer verdeckt Anton Reisers Selbstmitleid. Damit wird das im Roman leitmotivisch wiederkehrende Problem der Selbsttäuschung angesprochen. Selbsttäuschung verhindert Selbsterforschung äußerst wirkungsvoll: Sie erzeugt Empfindungen, um dahinter liegende andere ursächliche Empfindungen zu verbergen. Indem der Erzähler die Innenperspektive Anton Reisers auf diese Weise differenziert und den Lesenden vor Augen führt, welche Gedanken, Empfindungen und Motivationen Anton wahrnimmt und welche ihm dagegen unbewusst bleiben, führt er eine Psychoanalyse *avant la lettre* vor.

Die Analyse von Anton Reisers Seele durch den Erzähler stellt strukturell eine Fremdanalyse dar. Die betrachtende, zergliedernde und deutende Instanz ist der allwissende Erzähler; und er gibt sich nicht als Anton Reiser zu erkennen, obwohl man natürlich vermuten könnte, dass es Anton Reiser selbst ist. Es gibt im Text selbst Hinweise darauf, dass der Erzähler die Geschichte zu einem späteren Zeitpunkt aufschreibt. Temporale Hinweise[139] implizieren, dass der Weg von Anton Reiser trotz der Aporie der zerschlagenen Theatertruppe am Ende des Romans weiter gegangen ist. Mehr können die Lesenden aber nicht wissen[140], und wenn vom Erzähler auf Anton Reiser zu einem späteren Zeitpunkt und von ihm auf den Autor Karl Philipp Moritz geschlossen wird, dann ist dies nur unter Rückgriff auf Informationen über Moritz' Biographie möglich.

In der Vorrede zu den *Beiträgen zur Philosophie des Lebens* beschreibt Moritz das Paradox der Selbsterforschung als einen Wirbel, aus dem es sich herauszuziehen gilt: „Wer Beobachtungen über sich selber [...] anstellen will, [...] muss die Kunst lernen, in manchen Augenblicken seines Lebens sich plötzlich aus dem Wirbel seiner Begierden herauszuziehen, um eine Zeitlang den kalten Be-

139 Zum Beispiel [Hervorhebungen M.L.]: „Leider scheint sie [Antons Mutter] diese Krankheit auf ihren Sohn fortgeerbt zu haben, der jetzt noch oft vergeblich damit zu kämpfen hat." (AR 34) Oder: „Er war damals weit entfernt, dass er sich gegen sich selbst hätte entschuldigen wollen..." (AR 201) Oder: „Reiser hat sich nachher oft an diesen Auftritt in seinem Leben zurückerinnert, und Betrachtungen darüber angestellt, wie in diesen kindischen Bestrebungen nach einer so unbedeutenden Sache, als eine Rolle in einem Stücke [...] sich doch das ganze Spiel der menschlichen Leidenschaften ebenso vollständig entwickelte, als ob es die allerwichtigste Angelegenheit betroffen hätte; und wie das Streben gegeneinander, dies Verdrängen und wieder verdrängt werden, ein so getreues Bild des menschlichen Lebens im Kleinen war, dass Reiser alle seine künftigen Erfahrungen hierdurch schon gleichsam vorbereitet sah." (AR 334)

140 Vgl. Lothar Müller: „Der Erzähler hat am Ende Anton Reisers Namen mit einer Lebensgeschichte angefüllt, deren Ähnlichkeit mit der Kindheit des Autors unabweisbar ist. Für die Logik seines Verfahrens aber scheint diese Ähnlichkeit unerheblich zu sein." Müller 1987, S. 22.

obachter zu spielen, ohne sich im Mindesten für sich selber zu interessieren."[141] Der Erzähler steht auf Grund seiner auktorialen Position strukturell als „kalter Beobachter" außerhalb des „Wirbels". Aus der Distanz des Beobachters blickt er kühl auf den herumgewirbelten Anton Reiser. Gleichzeitig verfügt der Erzähler über eine eigentümliche Sichtnähe zu Anton Reiser. So ist die Distanz des Beobachters nicht stabil, sondern schwankend. Vor allem, wenn der Erzähler in unmittelbare Nähe zur Figur tritt, scheint Anton Reiser zeitweise eine eigene Erzählstimme zu erhalten, welche diejenige des Erzählers doppelt. An diesem widersprüchlichen, eng-distanzierten Verhältnis von Erzähler und Figur ist jene „Entzweiung und Verdoppelung" zu beobachten, welche Lothar Müller als grundlegende Produktionsform von Selbstbewusstsein bezeichnet[142].

Die Teilung der Perspektiven von Erzähler und Anton Reiser führen genau diese Entzweiung und Verdoppelung vor, welche in der Selbstreflexion geschehen. Die paradoxe Differenz, welche in der Selbsterforschung als Selbst-Objektivierung vollzogen werden muss, wird erzählerisch in der Differenz zwischen Erzähler und Figur gestaltet. Der Erzähler hat jene Position des Fremden inne, welche das Subjekt sich selbst gegenüber einnimmt. Hans Esselborn beschreibt dies grundsätzlich im Hinblick auf autobiographisches Schreiben:

> Die Spaltung des Autors Moritz in den Erzähler und die Hauptfigur kann erzähltheoretisch als Radikalisierung der immanenten Spannung jeder Autobiographie betrachtet werden. Denn bei der Niederschrift des früheren Lebens tritt ein sich erinnerndes, schreibendes Ich in der Gegenwart einem erlebenden und erzählten Ich in der Vergangenheit gegenüber, die allerdings in Wechselwirkung miteinander stehen.[143]

Die Analysetechnik der Selbstspaltung modelliert die Erzählanlage des Romans als Teilung (und zeitweilige Konfusion) der Perspektiven. Selbstreflexion ist nur durch den Umweg des Fremdbezugs durch den Erzähler möglich.

Die Undurchsichtigkeit ihres Verhältnisses bildet die Schwierigkeit ab, die eigene Position in der Selbstreflexion genau zu bestimmen. Wo steht ein Subjekt, das auf sich selbst blickt, nun genau? Die paradoxale Struktur von Teilung und Verdoppelung eines Selbst, das nichtsdestotrotz ein Individuum und somit

141 Moritz, Karl Philipp: Beiträge zur Philosophie des Lebens. In: Ders.: Werke. Dritter Band. Erfahrung, Sprache, Denken. Hg. von Horst Günther. Frankfurt/M 1981, S. 8.

142 Müller 1987, S. 44.

143 Esselborn, Hans: Der gespaltene Autor. Anton Reiser zwischen autobiographischem Roman und psychologischer Fallgeschichte. In: Recherches Germaniques N. 25, Strassburg 1995, S. 74.

unteilbar ist, lässt sich nicht gänzlich durch die vergleichsweise einfache Struktur von zwei getrennten Erzählperspektiven abbilden. So äußert sich die Komplexität eines Problems der Konfusion der Erzählstruktur. Um Moritz' Bild vom Wirbel und vom kühlen Beobachter nochmals aufzunehmen: Man kann feststellen, dass der Erzähler dort, wo seine Perspektive von derjenigen von Anton Reiser ununterscheidbar wird, selbst in den Wirbel gezogen wird und die Position des kühlen Beobachters verlässt.

Die Multiperspektivität, die der Roman *Anton Reiser* als Antwort auf das Darstellungsproblem von Subjektivität entwickelt, ist dabei nur für die Lesenden erkennbar. Was Anton Reiser im Hinblick auf sich selbst nicht gelingt, tut der Erzähler und mit ihm die Lesenden: Gleichzeitig von innen und von außen auf ihn zu blicken. So ist es uns möglich, Anton Reiser – im wahrsten Sinn des Worts – zu durchschauen. Daraus ergibt sich eine eigentümliche Textwirkung: Ein Kontrast zwischen totaler Transparenz Anton Reisers als *sujet* der Erzählung und totaler Intransparenz seiner selbst als Subjekt.

ANTON REISERS SELBSTTECHNIKEN

Während der Roman *Anton Reiser* in seiner erzählerischen Konstruktion eine Selbsterforschung analytisch und sprachlich vermittelt vorführt und auf diese Weise einen literarischen Umgang mit dem Problem der Selbstreflexion findet, bleibt das Problem der Selbstreflexion auf der inhaltlichen Ebene ungelöst. Der Roman erzählt beharrlich von der Schwierigkeit der Selbsterkenntnis, indem Anton Reiser vergeblich immer wieder die typischen Gesten vollzieht, welche in der abendländischen Kultur eine Wendung zu sich selbst markieren. Nicht nur das Lesen übt große Anziehungskraft auf ihn aus, sondern alle der „idealischen Welt" zugehörenden Kunstformen – und Medien, müsste man speziell im Hinblick auf die Literatur sagen, da der Erzähler zwischen ästhetisch wertvollen Büchern (also Poesie) und weniger wertvollen (Romanen) unterscheidet. Außerdem spielt in Anton Reisers Leseabenteuer und Schreiberfahrungen die Dimension der Schrift eine eigenständige Rolle – wie auf der Zeichnung des schreibenden Knaben vom Carrachi-Kreis. Seine innere Geschichte wird wesentlich durch die Aneignung von und Auseinandersetzung mit zeitgenössischen Kunstformen und Medien vorangetrieben. So tut Anton Reiser von seiner Schulzeit an genau das, was nötig wäre, um den Blick der Seele in sich selbst zu schärfen: Er liest, prüft seine Seele, schreibt Tagebuch, dichtet, wälzt philosophische Probleme, reist und spielt Theater. Diese Kunstformen regen seine Einbildungskraft an und wirken auf seine Seele ein. Gleichzeitig bieten sie seiner inneren Wirklichkeit, welche in der Kommunikation mit anderen kaum zur Äußerung gelangt, alternative Ausdrucksmöglichkeiten in ästhetischer Form. Entscheidend ist, dass alle in *Anton Reiser* beschriebenen reflektierenden und ästhetischen Tätigkeiten dem Subjekt eine Wendung zu sich selbst ermöglichen sollen. Die Figur Anton Reiser vollzieht somit ‚Selbsttechniken' im Sinne von Michel Foucault – ebenso wie der Roman als ganzer eine Selbsterschreibung unternimmt. Weil sie für diese Studie eine wichtige Denkanregung bieten, werden die Selbsttechniken im Folgenden genauer erläutert.

Michel Foucault hat das Konzept der Selbsttechniken in seinem Spätwerk der 1980er Jahre in Vorlesungen, Aufsätzen und Interviews[144] vorgestellt und umkreist, jedoch nicht (mehr) kohärente gefasst. Doch gerade die fehlende Systematik[145] der *techniques de soi* verleiht dem Begriff eine Formbarkeit, die dazu anregt, seine Bedeutungsmöglichkeiten weiterzudenken und ihn auch auf die Literatur des 18. Jahrhunderts zu beziehen. Retrospektiv betrachtet gelangte Foucault von der Analyse gesellschaftlicher Machtstrukturen über die Genealogie neuzeitlicher Wissensstrukturen und die Geschichte von Wahrheit und Sexualität folgerichtig zur Frage, wie ein Subjekt sich zu sich selbst verhält und wie es sich

144 Im 2. und 3. Band der Histoire de la sexualité, in den Vorlesungen am Collège de France 1981–1982 unter dem Titel L'herméneutique du sujet; in verschiedenen Aufsätzen und Reden der 80er Jahre (Dits et écrits IV, 1980–1988).

145 Das Konzept der Selbsttechniken weist Inkonsistenzen auf, die sich auch durch die Lektüre der verschiedenen betreffenden Texte nicht klären lassen. Dies betrifft zum einen Foucaults Verhältnis zur Philosophie der Neuzeit und die Frage nach dem ontologischen Status des Subjekts. Zum anderen ist der Bezug der Selbsttechniken auf die Frage nach den Herrschaftsformen, genauer die Frage nach dem Zusammenhang von Subjekt und Macht, widersprüchlich.

selbst versteht und gestaltet[146]. Salopp könnte man sagen, Foucault sei von den Formen der Unterwerfung zu den Formen der Selbstgestaltung gelangt.[147]

Für den Prozess der Subjektbildung bilden die „rapports à soi-même" die grundlegende Voraussetzung. Diese Beziehungen zu sich selbst sind aber nicht rein reflexiv, nicht nur mentale Operationen. Sie sind vielmehr gekennzeichnet durch die Haltung der *epimeleia heautou,* welche Foucault mit *souci de soi* übersetzt, mit einer Haltung der Aufmerksamkeit für sich selbst, welche auch den Körper und praktische Vollzüge einschliesst. So bezeichnen Selbsttechniken vielfältige Bezugnahmen auf sich selbst, z.B. Praktiken der Meditation, des Erinnerns oder körperliche Übungen, mit denen sich ein Subjekt *bildet*, *formt* und *gestaltet.* Nicht zufällig wird, was Selbsttechniken leisten, mit Metaphern aus der bildenden Kunst ausgedrückt. Ein Subjekt bearbeitet sich selbst als Material, um aus sich ein Werk zu schaffen. *Selbsttechnik* meint im Sinne des griechischen τεχνη-Begriffs Kunstfertigkeit[148] als auch Praxis. Selbsttechniken bezeichnen umfassende *praktische* Einwirkungen auf sich selbst als ganzen Menschen, also

146 Dies ist natürlich sehr vereinfachend skizziert. Foucault selbst stellt jedoch den wechselnden Fokus seiner Werke mehrfach als Entwicklung und somit als folgerichtig dar. Ein Überblick findet sich am Anfang von Subjectivité et vérité von 1981: „Un tel projet [une histoire du „souci de soi-même"] est au croisement de deux thèmes traités précédemment: une histoire de la subjectivité et une analyse des formes de la ‚gouvernementalité'". Und: „L'histoire du „souci" et des „techniques" de soi serait donc une manière de faire l'histoire de la subjectivité: [...] à travers la mise en place et les transformations dans notre culture des „rapports à soi-même", avec leur armature technique et leurs effets de savoir." (DEE 213f.)

147 Die Frage nach sich selbst kann in Foucaults machtanalytischer Perspektive nie unabhängig von der Frage der Macht gestellt werden. Den Selbsttechniken ist es zwar zu verdanken, sich dieser Machtfragen im Hinblick auf sich selbst klarer zu werden, doch befreien sie das Subjekt nicht aus den verschiedenen Macht-Zusammenhängen, denen es als subiectum unterworfen ist. So bilden Machtpraktiken und Selbsttechniken im Hinblick auf Foucaults Konzept von Subjektivität einen schwer zu durchdringenden Komplex. Klar ist jedenfalls, dass die Perspektive der Selbsttechniken die Frage nach dem Zusammenwirken von Macht und Subjekt kompliziert.

148 Diese umfassende Beschreibung der Selbsttechniken macht dieses Konzept auf die verschiedensten wissenschaftlichen Disziplinen anwendbar. Entsprechend breit wird das Konzept verwendet. Hier geht es jedoch um Diskussion von Subjektivität, also den Kontext, in welchem Foucault das Konzept gestellt hat.

ganzheitlich auf Körper, Seele, Denken und auf die Weise, wie man in der Welt ist.

Selbsttechniken als *praktische* Einwirkungen auf sich selbst zielen auf eine Veränderung des Subjekts:

Les techniques de soi, que permettent aux individus d'effectuer, seuls ou avec l'aide d'autres, un certain nombre d'operations sur leur corps et leur âme, leurs pensées, leurs conduites, leur mode d'être; de se transformer afin d'atteindre un certain état de bonheur, de pureté, de sagesse, de perfection ou d'immortalité."[149]

Selbsttechniken bewirken eine *Transformation* unserer selbst. Hiermit zielen sie auf einen Zustand, den Foucault mit religiösen und metaphysischen Leitbegriffen beschreibt: „un certain état de bonheur, de pureté, de sagesse, de perfection ou d'immortalité". Die Möglichkeit einer solchen Transformation beruht auf der Annahme der Veränderbarkeit des Subjekts. Diese Idee der Perfektionierung durch Techniken knüpft unverkennbar an den Perfektionsgedanken der Aufklärung an. Rousseau macht die Idee der „perfectibilité" des Menschen prominent, indem er in der Fähigkeit, sich selbst zu vervollkommnen, das Merkmal sieht, welches den Menschen vom Tier unterscheidet. (Dis. inégalité, 45 dt. Ausg.) Auf diese Weise kehren die Kategorien der abendländischen Philosophie in diesem Konzept einer erfahrungsbasierten Subjektivität wieder. Obwohl sich Foucault von der abendländischen Subjektphilosophie abgrenzt[150], fundieren die Selbsttechniken darauf. Dies wiederum macht sie anschlussfähig für die Erforschung der Literatur der Aufklärungszeit.

---

149 Foucault: Les techniques de soi (DEE 785).

150 Foucault grenzt sich von der philosophischen Tradition der Neuzeit ab und bezieht sich auf diejenige der Antike. Er kritisiert die Priorität, welche dem gnôthi seauton in der Philosophie der Neuzeit, namentlich von Descartes zugesprochen wurde: „La raison, me semble-t-il, la plus sérieuse pour laquelle ce précepte du souci de soi a été oublié, la raison pour laquelle a été effacée la place occupée par ce principe pendant près d'un millénaire dans la culture antique, [...] je l'appellerai le „moment cartésien". [...] Il a joué de deux façons en requalifiant philosophiquement le gnôthi seauton (connais-toi toi-même) et en disqualifiant au contraire l'epimeleia heautou (souci de soi-même). [...] De plus, en plaçant l'évidence de l'existence propre du sujet au principe même de l'accès à l'être, c'était bien cette connaissance de soi-même (non plus sous la forme de l'épreuve de l'évidence mais sous la forme de l'indubitabilité de mon existence comme sujet) qui faisait du „connais-toi toi-même" un accès fondamental à la vérité. (HDS 15f.)

Das Ziel einer Transformation des Subjekts hin zur „perfection" erweckt den Eindruck, dass dieses Ziel durch die Anwendung der Selbst*technik* auch tatsächlich erreicht werden kann. Subjektivität erscheint in dieser Perspektive als *machbar*, als praktikabel, und wird nicht grundsätzlich in Frage gestellt. Hier erweist sich die Lektüre von *Anton Reiser* als Korrektiv: Der Roman leistet eine differenzierte Reflexion der Selbsterschreibung. Einerseits zeigt er das Scheitern von Anton Reisers Selbsterkenntnis in radikaler Negativität auf. Die psychologische Perspektive auf die Figur macht sichtbar, wie ihre Verletzung und ihre emotionalen Zwänge eine verändernde Wirkung der Selbsttechniken verunmöglichen. Die Position des Subjekts Anton Reiser ist dermaßen unsicher und problematisch, dass die sich darauf beziehenden Selbsttechniken ins Leere laufen. Versteht man Subjektivität als „dichtes Gewebe von Selbstbeziehungen"[151], so webt sich Anton Reiser nicht selbst, sondern ist in einem ihm unentwirrbaren Netz von ihm unbewussten Wechselwirkungen gefangen. Andererseits führt der Roman aber in der mehrfachen und Aussenperspektive auf die Figur Anton Reiser selbst ein Selbstentfremdungsexperiment vor, das die Lesenden dennoch zu Selbsterkenntnis führen kann.

Selbsttechniken als ästhetische Praktiken

Für die Lektüre literarischer Texte ist jedoch nicht nur die psychologische Perspektive auf das Konzept der Selbsttechniken relevant, sondern noch mehr ihre Verbindung mit der Frage der Ästhetik. Selbsttechniken zielen auf eine „*Ästhetik* des Daseins"[152]. Die Gestaltung seiner selbst bedeutet also nicht zuletzt eine ästhetische[153] Transformation: Selbsttechniken sind „gewusste und gewollte Praktiken, mit denen sich die Menschen nicht nur die Regeln ihres Verhaltens festlegen, sondern sich selber zu transformieren (...) und aus ihrem Leben ein *Werk* zu machen suchen, das gewisse ästhetische Werte trägt".[154] Durch Selbsttechniken

151 Bublitz, Hannelore: Subjekt. In: Foucault-Handbuch. Leben – Werk – Wirkung. Hg. von Clemens Kammler et al. Stuttgart 2008, S. 293–296, S. 294.

152 Foucault, Michel: Über sich selbst schreiben. In: DEE, S. 503. Hervorh. M.L.

153 Die Selbstgestaltung ist keine rein ästhetische, sondern auch eine ethische Praxis, hat sie doch ethische Werte wie „bonheur" zum Ziel. Die Arbeit an sich selbst, wenn sie in irgendeiner Weise auf Perfektion ausgerichtet und somit zielorientiert sein soll, braucht Orientierungspunkte. Dies sind nicht zuletzt ethische Werte. Doch stehen im Folgenden die Formen der Selbsttechniken im Vordergrund.

154 Foucault, Michel: Der Gebrauch der Lüste. Sexualität und Wahrheit Bd. 2. Frankfurt/M. 1990, S. 18, Hervorhebung M.L.

macht sich ein Subjekt zum Kunstwerk und ist gleichzeitig Stoff und gleichzeitig Produkt einer Kunst.

Foucault fasst den Begriff der Ästhetik sehr weit, er reflektiert ihn nicht eigens, sondern konturiert ihn durch die Beschreibung verschiedener Selbsttechniken. Die von Foucault angeführten Beispiele von Selbsttechniken stammen aus der Spätantike und dem Frühchristentum. Sie reichen vom aktiven Rückzug in sich selbst/aufs Land als „Mußezeit“[155] und dem Studium von Texten[156] über die Selbstbeschreibung in Briefen oder Tagebüchern[157] bis hin zu Meditations- und Erinnerungstechniken[158] und körperlichen Übungen (*gymnasia*)[159].

Folgt man Foucaults Verwendung des τεχνη-Begriffs als Kunst(fertigkeit), ist jede Technik Kunst. Jede Selbsttechnik erscheint als eine *ästhetische* Technik. Auf der Folie der alle in dieser Studie untersuchten Texte prägenden ästhetischen Theorie des 18. Jahrhunderts stellt sich allerdings die Frage nach der spezifischen Leistung ästhetischer Kunstformen für die Subjektkonstitution. Die ästhetische Perspektive impliziert die Frage nach der Differenz der Künste zu den Selbsttechniken im Allgemeinen. Diese Fragen werden in diesem Kapitel anhand der Lektüre von Anton Reisers Selbsttechniken reflektiert. Dabei steht aus literaturwissenschaftlicher Perspektive insbesondere die Produktion von Subjektivität durch Sprache und Schrift im Fokus. Autobiographisches literarisches Erzählen lässt sich grundsätzlich als Selbsterschreibung verstehen.

> Zu den wichtigsten Praktiken der Sorge um sich selbst gehörte es, dass man Aufzeichnungen über sich selbst machte, in der Absicht, sie später wieder einmal zu lesen; dass man Abhandlungen und Briefe an Freunde schickte, die ihnen helfen sollten; dass man Tagebuch führte, um die Wahrheiten, deren man bedurfte, für sich selbst reaktivieren zu können. Senecas Briefe sind dafür ein Beispiel.[160]

Das Schreiben über sich selbst ist eine bevorzugte Selbsttechnik, weil die Selbsterschreibung in einer fixierten Schrift resultiert. Das Subjekt erforscht sich somit nicht nur während des Schreibprozesses, sondern bleibt sich als Text gegeben. Auf diese Weise wird es zum Leser seiner selbst. Das Schreiben als

155 Foucault, Michel: Technologien des Selbst. In: DEE, S.966–999, S. 977.

156 Ebd.

157 Foucault, Michel: Technologien des Selbst. In: DEE, S. 978.

158 Ebd. S. 986.

159 Ebd. S. 987.

160 Foucault, Michel: Technologien des Selbst. In: DEE, S. 977f.

„Selbstübung“[161] ist bei Foucault eng mit dem Denken und mit dem Lesen[162] verknüpft. Subjektivität äußert sich in wechselnden Bewegungen zwischen Selbstreflexion, Selbstproduktion und Selbstlektüre.

Doch obschon Foucault grundsätzlich den ästhetischen Aspekt der Selbsttechniken betont, geht sein Konzept nicht über den Entwurf von Schreiben und Lesen als *Tätigkeiten* (Praktiken) und ihren Effekt auf das Subjekt hinaus. Gerade das, was ein Subjekt zum Kunstwerk macht, nämlich die *Form* seines Selbstentwurfs, wird nicht eigens reflektiert. Für die Ästhetik der hier untersuchten Selbsterschreibungen ist aber gerade ihre literarische Form entscheidend. So hat Foucaults Konzept der Selbsttechniken seine Grenzen in einer etwas mechanischen Auffassung der Herstellung von Subjektivität durch Schrift.

Deshalb habe ich bei der Lektüre von *Anton Reiser* bis jetzt die Form des Romans, vor allem in Bezug auf die Erzählstruktur, in den Blick genommen. Aber auch auf der inhaltlichen Ebene spielen die Selbsttechniken eine wichtige Rolle, werden doch verschiedene Kunstformen explizit als Selbsttechniken vorgestellt. Der Roman erzählt von der beunruhigenden Anziehungskraft, welche die *schöne* Form auf das problematische Subjekt Anton Reiser hat. So überkreuzen sich die Fragen nach Subjektivität und diejenige der ästhetischen Praktiken. Für die Verhandlung von Subjektivität in *Anton Reiser* ist nicht nur der Aspekt der *Produktion* von Kunst/seiner selbst essenziell, sondern im Gegenzug dazu auch der Aspekt der *Rezeption* von Kunst. Die Folie dafür bildet die Ästhetik der zweiten Hälfte des 18. Jahrhunderts[163], welche zwischen Subjektivität und ästhetischer Wahrnehmung und Reflexion einen engen Zusammenhang geschaffen

161 Foucault, Michel: Über sich selbst schreiben. In: DEE, S. 506.

162 Vgl. Foucault, Michel: Über sich selbst schreiben. In: DEE, S. 507, S. 509.

163 Vgl. Baumgarten, Alexander Gottlieb: Aesthetica. Lateinisch-Deutsch. Übersetzt und herausgegeben von Dagmar Mirbach. Hamburg 2007; Kant, Immanuel: Kritik der ästhetischen Urteilskraft. In: Ders.: Kritik der Urteilskraft. Frankfurt/M 1974, S. 115–301; Sulzer, Johann Georg: Allgemeine Theorie der schönen Künste. 2., unveränd. Nachdr. der Ausg. Leipzig 1792, mit einer Einleitung von Giorgio Tonelli. Hildesheim 1994; Herder, Johann Gottfried: Kalligone. Hrsg. von Heinz Begenau. Weimar 1955; Winckelmann, Johann Joachim: Gedanken über die Nachahmung der Griechischen Werke in der Malerei und Bildhauerkunst. In: Ders.: Kunsttheoretische Schriften, Teil 1. Faksimile der 2. Aufl. 1756. Baden-Baden 1962; Lessing, Ephraim Gotthold: Laokoon oder über die Granzen der Mahlerey und Poesie. Hrsg. von Karl Gotthelf Lessing. Berlin 1800; Moritz, Karl Philipp: Versuch einer Vereinigung aller Schönen Künste und Wissenschaften unter dem Begriff des in sich selbst Vollendeten. In: Ders. Werke Band 2., S. 943–949.

hat, der sich im Begriff des ‚ästhetischen Subjekts' kristallisiert.[164] Ästhetische Wahrnehmung bietet dem Subjekt eine neue und umfassende Möglichkeit der *Erfahrung* – nicht nur des Kunstwerks, sondern durch die Aufmerksamkeit für den Wahrnehmungsakt auch seiner selbst. Indem der Roman die ästhetische Wahrnehmung und die Rezeption von Kunst durch Anton Reiser fokussiert, lenkt er den Blick wiederum selbstreflexiv auf seine eigene Wirkung. Inwiefern ermöglicht *Anton Reiser* als literarischer Text eine ästhetische Erfahrung?

Für die Reflexion von Selbsttechniken eignet sich *Anton Reiser* besonders, weil der Roman ein ganzes Spektrum an Kunstformen als Selbsttechniken vorstellt und diese verschiedenen Formen gleich mitreflektiert und auch differenziert. Die den Roman prägenden Wiederholungsstrukturen stellen diese Kunstformen als immer wieder anzuwendende Praktiken aus. Selbsttechniken werden von Anton Reiser zwar wiederholt vollzogen, führen aber nicht aus der Leere und Instabilität seines seelischen Zustandes heraus. Daneben zeigen auch die ästhetischen Bewegungen des Romans eine Eigendynamik. So wirft der Roman ein kritisches Licht auf die Wirksamkeit der Selbsttechniken.

Tagebuch schreiben

Im Schreiben eines Tagebuchs vollzieht ein Subjekt die selbstreflexive Wendung exemplarisch im Medium der Schrift. „Das Selbst ist etwas, worüber man schreibt, ein Thema oder Gegenstand des Schreibens."[165] Bei Anton Reiser entsteht das Schreiben über sich selbst aus religiösen Praktiken – und ist somit nicht weit entfernt von den spätantiken Techniken des Gewissensprüfung, welche nach Foucault die „écriture de soi" begründen[166].

164 Die Subjektreflexion der Ästhetik um 1800 wird von Foucault nicht rezipiert.

165 Nach dieser grundsätzlichen Feststellung eines eminenten Zusammenhangs von Subjektivität und Schreiben fährt Foucault weiter und verweist darauf, dass das Schreiben über sich keine spezifisch moderne Tätigkeit sei: „Das Selbst ist etwas, worüber man schreibt, ein Thema oder Gegenstand des Schreibens. Dies ist durchaus kein moderner Sachverhalt, der in der Reformation oder in der Romantik hervorgetreten wäre. Vielmehr handelt es sich um eine der ältesten Traditionen des Westens, sie war bereits etabliert und tief verwurzelt, als Augustinus seine Bekenntnisse zu verfassen begann." Foucault, Michel: Technologien des Selbst. In: DEE, S. 978.

166 Vgl. Foucault, Michel: Über sich selbst schreiben. In: DEE, S. 503–521.

In der „Lese-Republik“[167] im Hause Reiser beginnt alles, was Anton Reiser existenziell betrifft, mit der Lektüre. So wird Anton durch die religiösquietistischen Schriften seines Vaters schon als Kind zur strengen Selbstprüfung angeregt. Mit neun Jahren liest er die Bibel, das Leben der Altväter und ein Büchlein über Märtyrerknaben. Eine schmerzhafte Fußentzündung hält Anton Reiser vier Jahre lang im Haus und im Bett fest und „fesselte ihn immer mehr an das Lesen und an die Bücher.“ (AR 12) In dieser Situation ist Lesen Anton Reisers Rettung; „das Buch musste ihm Freund, und Tröster, und alles sein.“ (AR 21) Dem Buch, das den Freund und Tröster ersetzt, haftet jedoch der Geruch der Kompensation an. Weil das Buch so viel, ja *alles* sein muss, hält es Anton Reiser in der Phantasiewelt der Lektüre gefangen und. So ist das Lesen – zumindest dem Erzähler – immer auch verdächtig.

In einem literarischen Kurzschluss nimmt Anton Reiser alles, was er liest, als Wirklichkeit: „Denn was er las, das suchte er auch gleich auszuüben.“ (AR 23) Die Lektüre auf sich zu beziehen und ihr nachzueifern, ist seine erste Selbsttechnik. Die Lektüre wiederholt und verdoppelt sich in seinem Handeln. Anton Reiser formt sein Leben nach der Literatur. Die religiösen Schriften, welche in pietistischer Tradition nicht nur zu moralisch gutem Verhalten, sondern auch zu strenger Selbstprüfung anhalten, eignen sich dafür besonders.

> Während dieser Lektüre ward ihm ein kleines Buch geschenkt, dessen eigentlichen Titel er sich nicht erinnert, das aber von einer frühen Gottesfurcht handelte, und Anweisungen gab, wie man schon vom sechsten bis zum vierzehnten Jahre in der Frömmigkeit wachsen könne. [...] Anton las also den Abschnitt *für Kinder von neun Jahren*, und fand, dass es noch Zeit sei, ein frommer Mensch zu werden, dass er aber schon drei Jahre versäumt habe.
>
> Dies erschütterte seine Seele, und er fasste einen so festen Vorsatz, sich zu bekehren, wie ihn wohl selten Erwachsene fassen mögen. Von der Stunde an befolgte er alles, was von Gebet, Gehorsam, Geduld, Ordnung usw. in dem Buche stand, auf das pünktlichste, und machte sich nun beinahe jeden zu schnellen Schritt zur Sünde. [...]
>
> Wenn er, wie natürlich, sich zuweilen vergaß, und einmal, wenn der Linderung an seinem Fuße spürte, umher sprang oder lief, so fühlte er darüber die heftigsten Gewissensbisse, und es war ihm immer, als sei er nun schon einige Stufen wieder zurückgekommen. (AR 22f.)

Die kindliche Ernsthaftigkeit, mit welcher Anton Reiser das Ziel der Frömmigkeit verfolgt, lastet ihm jede kleinste Gedankenlosigkeit, jedes Vergessen der

167 Wagner-Egelhaaf 1997, S. 105.

religiösen Regeln als Sünde an. Indem Anton Reiser in übersteigerter Form das tut, was von einem moralischen Subjekt verlangt wird, nämlich sich der ethischen Maßstäbe seines Handelns jederzeit bewusst zu sein und ihnen gemäß zu handeln, und sich selbst dauernd an einem als absolut genommenen Maßstab überprüft, führt der Roman die Ansprüche an ein moralisches Subjekt ad absurdum. Harmlosigkeiten wie Umherspringen gelten nach diesem Maßstab als Sünde.

Die religiöse Praxis der strengen Selbstprüfung ist Anton Reiser schon von Kind an vertraut. Das Ausrichten des eignen Handelns an moralischen Maßstäben ist jedoch noch keine Selbstreflexion im Sinne der Wendung zu sich selbst. Die Frage: *Bin ich fromm?* ist von der Frage: *Wer bin ich?* weit entfernt.

Am Ende seiner unglücklichen Schulzeit, während der Anton Reiser in verschiedenen Kammern wohnt und von Freitisch zu Freitisch weiter gereicht wird, beginnt er, „sich ein Tagebuch zu machen, worin er alles, was ihm begegnete, aufschrieb.“ (AR 238) Tagebuchschreiben wird als typische Praxis eines Heranwachsenden vorgestellt, der seinem Leben durch das Notieren der Ereignisse Bedeutung zu verleihen versucht. Doch Anton Reiser verfehlt das Ziel, sich durch ein Tagebuch zu formen: Sein „Tagebuch geriet denn ziemlich sonderbar, weil er keinen einzigen Umstand seines Lebens, und keinen einzigen von den Vorfallenheiten des Tages, er mochte so unbedeutend sein, wie er wollte, darin ausließ.“ (AR 238) Das Tagebuch soll Anton Reisers Erlebnisse umfassend darstellen, es soll *alles* erzählen. Diese aufklärerische Obsession, *alles* zu erzählen, erinnert an Jean-Jacques Rousseaus Prinzip des *tout dire*, welches für die Wahrheit seiner Lebenserzählung bürgen soll. Ein Tagebuch, das *alles* erzählen will, kann sich also auf einen bedeutenden literarischen Anwalt berufen. Seit Rousseaus *Confessions* kann sich niemand mehr dem Authentizitätsanspruch des Tagebuchs entziehen. Rousseaus Werk wurde in Moritz' Generation deutschsprachiger Literaten und Denker breit und extensiv rezipiert. Die *Confessions* waren, nachdem sie von der französischen Zensur zurückgehalten wurden, 1782 posthum erschienen und somit hochaktuelle Literatur.[168] In Moritz' Werk finden sich, abgesehen von der für diese Studie zentralen Frage der Subjektivität, noch weitere Bezüge zu Rousseau[169]. Aber auch die Differenzen beider Werke sind zu beachten, beispielsweise der grundlegende Unterschied zwischen der analytisch-

168 Zur Rezeption von Rousseaus Confessions in Deutschland s. Pfotenhauer, Helmut: Literarische Anthropologie. Selbstbiographien und ihre Geschichte – am Leitfaden des Leibes. Stuttgart 1987 (=Germanistische Abhandlungen 62), S. 29ff.

169 Vgl. Völkel, Barbara: Karl Philipp Moritz und Jean-Jacques Rousseau. Aussenseiter der Aufklärung. New York; Peter Lang 1991.

psychologischen Erzählanlage von Anton Reiser und der autobiographischen, auf Triebhaushalt und Leidenschaften des erzählenden Subjekts fundierenden Erzählperspektive in den *Confessions*. So wird Anton Reisers Versuch, *alles* zu erzählen und nichts auszulassen, bereits als fragwürdig dargestellt, weil er mit den „Vorfallenheiten des Tages" doch nicht das Entscheidende erzählt. Wenn Anton Reiser in seinem Tagebuch die ‚falschen' Dinge, also nur Begebenheiten „ohne alles Interesse" erzählt, wird das Prinzip des *tout dire* – natürlich in der Meinung des Erzählers und nicht derjenigen Anton Reisers – lächerlich:

> Dies Tagebuch geriet denn ziemlich sonderbar [...]. – Da er nun nur lauter wirkliche Begebenheiten, und seine Phantasien, die er den Tag über hatte, nicht mit aufschrieb, so mussten die Erzählungen von den Begebenheiten des Tages, eben so kahl und abgeschmackt, und ohne alles Interesse sein, wie diese Begebenheiten selbst waren. (AR 238)

Was ist jedoch von Interesse und erzählenswürdig, wenn nicht die wirklichen Begebenheiten? Die Antwort des Erzählers ist klar: Die zweite Wirklichkeit von Anton Reiser, seine „Phantasien". Sie verleihen den „kahlen und abgeschmackten" Begebenheiten durch den Subjektbezug erst ihre Bedeutung. Doch über seine Phantasien findet sich in Anton Reisers Tagebuch kein Wort. Der Erzähler erklärt dies folgendermaßen:

> Reiser lebte im Grunde immer ein doppeltes, ganz von einander verschiedenes inneres und äußeres Leben, und sein Tagebuch schilderte gerade den äußern Teil desselben, der gar nicht der Mühe wert war, aufgezeichnet zu werden. – Den Einfluss der äußern – wirklichen Vorfälle auf den innern Zustand – seines Gemüts zu beobachten, verstand Reiser damals noch nicht; seine Aufmerksamkeit auf sich selbst hatte noch nicht die gehörige Richtung erhalten. (AR 238f.)

Anton Reiser „verstand damals noch nicht", „den Einfluss der äußern – wirklichen Vorfälle auf den innern Zustand – seines Gemüts zu beobachten". Anton Reiser blickt nur auf sein äußeres Leben, ohne dessen Einfluss auf sein inneres Leben zu sehen. Die doppelte Wirklichkeit Anton Reisers liegt den Lesenden offen, doch er selbst erkennt diese Wirklichkeitsstruktur nicht. Die „gehörige Richtung" der Aufmerksamkeit auf sich selbst wäre diejenige *in* sich. Doch Anton Reiser ist so sehr in sein inneres Leben verwickelt, dass er sich nicht zum kalten Beobachter seiner selbst werden kann. Die Selbstentzweiung als konstitutives Moment der Selbstreflexion ist der Figur Anton Reiser nicht möglich. Stattdessen inszeniert ihn der Erzähler als eine verfangene, distanzlose und verletzte Figur und seine Selbsttechniken als symptomatische Wiederholung ebendieser Verfangenheit und Verletzung.

Textkörper

Mit dem Medium der Schrift hängt ein weiterer Aspekt der Selbsterschreibung zusammen. Indem Anton Reiser über sich schreibt, schafft er einen Text, der *ihn* enthält – unabhängig davon, welches Bild von ihm der Text malt. Im Tagebuch schafft er sich und sein Leben ein zweites Mal. Der Text über sich, ist er erst einmal geschrieben, existiert unabhängig vom schreibenden Subjekt. So verdoppelt sich das Subjekt in der Schrift. Die mediale Form der Schrift gibt diesem Doppel des Subjekts eine feste Gestalt. Die Schrift auf dem Papier hat eine räumlich-materielle Dimension. Dadurch wird sie zur Gestalt, zum Schrift-*Körper* des Subjekts. Ein Subjekt gewinnt in der Selbst-Erscheibung also nicht nur eine Geschichte und eine Form, sondern auch einen Körper. Auf diese Körperlichkeit von Schrift verweist der lateinische Begriff des Text*corpus* sowie Rousseau, der in den *Confessions* das Buch als Stellvertreter des Subjekts inszeniert.

Der Begriff des *corpus* leitet auch Michel Foucaults Überlegungen zur *écriture de soi*. Das Schreiben über und für sich geschieht in enger Verbindung mit dem Lesen. Doch über das Lesen hinaus kann Schreiben das Gelesene zum Teil des Subjekts machen, indem es dem Gelesenen-Einverleibten eine Form und Einheit gibt:

> Das Schreiben hat [nach Seneca] die Aufgabe, aus dem Gelesenen ein „*corpus*" zu machen [...]. Und darunter ist kein Korpus von Lehren zu verstehen, sondern [...] der Körper dessen, der sich die Lesefrüchte durch Transkribieren aneignet und sich ihre Wahrheit zu eigen macht. Das Schreiben verwandelt das Gesehene und Gehörte in „Kräfte und Blut".[170]

Foucault versteht das Schreiben über sich also weniger als einen freien Selbstentwurf des Subjekts denn als einen Prozess der Einverleibung von Gelesenem und Gehörten. Die Leistung des Subjekts besteht in der Auswahl und Anordnung der „Lesefrüchte". „Die in der persönlichen Übung des Schreibens erfolgende Subjektivierung [sorgt] für Einheit unter den heterogenen Fragmenten."[171] Schreiben bedeutet somit auch eine Subjektivierung und Verkörperung von Diskursen. Das Fremde und Heterogene wird einverleibt und auf diese Weise Teil

170 Foucault, Michel: Über sich selbst schreiben. In: DEE, S. 511.

171 Ebd.

des Subjekts. Ein Subjekt konstituiert sich nicht zuletzt durch die Einverleibung von Fremdem. Doch der Prozess des Schreibens macht das Fremde zum Eigenen. Damit weist Foucault auch auf die identitätsbildende Wirkung von Schreiben hin: „Der Schreibende [bildet] durch diese Sammlung von Gesagtem seine eigene Identität."[172] Foucault denkt die Selbsterschreibung hier also stärker vom Vorgang der Inkorporierung her als von der Medialität der Schrift. Das Schreiben über sich selbst resultiert in einem zweiten Körper des Subjekts, in einer Verdoppelung. Die Selbsterschreibungen von Anton Reiser berühren übrigens beide angesprochenen Aspekte: sowohl die Einverleibung von Diskursen durch das Schreiben – bedenkt man die ungeheuer detaillierte Lesebiographie des späten 18. Jahrhunderts, die der *Anton Reiser* auch ist – als auch die Medialität der Schrift. Zweitere wird im Abschnitt *Schreiben* genauer betrachtet.

Das „sonderbare" Tagebuch Anton Reisers veranlasst den Erzähler nicht zu einer Kritik an der Selbsterforschung im Medium der Schrift. Vielmehr lässt er keinen Zweifel daran, dass die Verantwortung für das Scheitern der Selbstreflexion durch Tagebuchschreiben an Anton Reiser selber liegt, dessen Aufmerksamkeit eben nicht die Richtung nach innen hat. Trotz der falschen Richtung der Aufmerksamkeit macht der Erzähler eine gewisse Entwicklung von Anton Reisers Tagebuch aus:

> Indes verbesserte sich doch sein Tagebuch mit der Zeit, indem er anfing, nicht nur seine Begebenheiten, sondern auch seine Vorsätze und Entschliessungen darin aufzuzeichnen, um nach einiger Zeit zu sehen, was er davon in Erfüllung gebracht hatte. Er machte sich schon damals selber *Gesetze*, die er in seinem Tagebuche aufschrieb, um sie in Erfüllung zu bringen. (AR 239)

Durch das Aufschreiben von eigenen Vorsätzen und Entschlüssen wird das Tagebuch insofern zur Selbsttechnik, als Anton Reiser in ihm Gesetze etabliert, nach denen er handeln möchte.[173] Anstatt diese Maßgaben wie früher aus gelesenen Büchern und religiösen Geboten zu übernehmen, setzt sie Anton Reiser

---

172 Foucault, Michel: Über sich selbst schreiben. In: DEE, S. 512.

173 Auch Foucault betont immer wieder die ethische Dimension der Selbsttechnik des Schreibens. Durch das Niederschreiben kann man Ideen und Grundsätze in anderer Weise reflektieren und sich aneignen als nur durch Lesen: „Doch gleich an welcher Stelle [der Meditation] das Schreiben eingefügt ist, es bildet stets eine entscheidende Phase in dem Prozess, dem jede askesis zustrebt, nämlich der Entwicklung rationaler Handlungsanweisungen aus gehörten oder gelesenen und als wahr erkannten Aussagen." Foucault, Michel: Über sich selbst schreiben. In: DEE, S. 506.

nun selbst. Doch in dem Maße, in welchem er seine Gesetze selbst gestaltet, wachsen auch die Ansprüche an sich: „An guten Vorsätzen war er unerschöpflich – Dies machte ihn aber auch beständig mit sich selbst unzufrieden, weil der guten Vorsätze zu viele waren, als dass er sich selber jemals hätte ein Genüge tun können.“ (AR 239) Nicht mehr Gott fordert ein bestimmtes Verhalten, sondern Anton Reiser selbst – dies ändert jedoch nichts daran, dass die Forderungen übersteigert sind. Selbstdisziplinierung kann ebenso unerbittlich sein wie Fremddisziplinierung.

Eine andere Funktion erhält das Tagebuch kurz darauf. Es wird zum Brief und somit zum Kommunikationsmedium zwischen Anton und Philipp Reiser. Die gemeinsame Begeisterung für Shakespeare bewegt die beiden zu nächtelanger Lektüre und „knüpfte zwischen Philipp Reisern und Anton Reisern das lose Band der Freundschaft fester.“ (AR 259) Shakespeare markiert für Anton Reiser ein künstlerisches Initiationserlebnis. Durch die Lektüre seiner Dramen wird „alles, was er sonst Dramatisches gelesen hatte, gänzlich in Schatten gesetzt und verdunkelt“ (AR 258). Die Dramen wirken vor allem auf Anton Reisers Empfindungen: „Durch den Shakespeare war er die Welt der menschlichen Leidenschaften hindurchgeführt – der enge Kreis seines idealischen Daseins hatte sich erweitert“ (AR 258) Das ästhetische Erlebnis der Shakespeare-Lektüre weckt einerseits seine Aufmerksamkeit für „menschliche Leidenschaften“, also für innere Vorgänge in den Menschen und in ihm selbst, und verstärkt (ja verschärft) andererseits sein Interesse für die Kunstformen Literatur und Theater, für das Lesen, Theaterspielen und Schreiben. Das ästhetische Erlebnis zeitigt mehrfache Folgen, zu denen man auch die Freundschaft mit Philipp Reiser hinzuzählen kann.

Anton Reiser hat nun einen Vertrauten, dem er sich mitteilen will: „Das Bedürfnis, seine Gedanken und Empfindungen mitzuteilen, brachte ihn auf den Einfall, sich wieder eine Art von Tagebuch zu machen, worin er aber nicht sowohl seine äußern geringfügigen Begebenheiten, wie ehemals, sondern die innere Geschichte seines Geistes aufzeichnen, und das, was er aufzeichnete, in Form eines Briefes an seinen Freund richten wollte.“ (AR 259) Die Idee, wieder ein Tagebuch zu schreiben, entsteht aus dem Bedürfnis nach Austausch. Durch das Interesse des Freundes erscheint Anton Reiser seine eigene „innere Geschichte“ plötzlich interessant und er kann sie beobachtend in den Blick nehmen. So entstehen Texte: Aufzeichnungen über die „innere Geschichte seines Geistes“ (A 259) und „Aufsätze, deren er sich zum Teil auch in reiferen Jahren nicht hätte schämen dürfen.“ (AR 259) In dialogischer Form – in der gleichzeitigen Wendung zu sich selbst wie zu jemand anderem – gelingt es Anton Reiser, sich selbst zuzuwenden.[174] Anton Reiser kann die subjektive Wendung zu sich selbst nicht als autonome Bewegung aus sich selbst vollziehen. Dafür fehlt es ihm an der Gewissheit der „eigenen Existenz" (AR 401). Aber die dialogische Bewegung von Ansprechen und Angesprochenwerden ermöglicht eine Form von Subjektivität.[175]

Dichten

Anton Reiser ist ein Literaturbegeisterter. Als Kind liest er wahllos, verschlingt alles, was ihm in die Hände kommt.[176] Poesie[177] bietet seiner leicht entzündbaren

174 Genauer betrachtet erweisen sich die tagebuchartigen Briefe an Philipp Reiser aber eher als Schreibübung denn als Übung zur Selbstreflexion, ist doch die „wechselseitige Übung im Stil" deren hauptsächlicher Effekt: „Die Übung war zwar einseitig, denn Philipp Reiser blieb mit seinen Aufsätzen zurück – aber Anton Reiser hatte doch nun jemanden, dem er Gefühl und Geschmack zutraute, dessen Beifall oder Tadel ihm nicht gleichgültig war, und an den er denken konnte, so oft er etwas niederschrieb." (AR 259)

175 So reflektiert der Roman das Problem der fehlenden Anerkennung Anton Reisers. Das Nicht-Gemeintsein erlebt Anton Reiser als Zerstörung seiner Subjektivität: „Er war einmal bei einem Kaufmann in H..., der gemeiniglich statt der Person, mit der er sprach, einen andern anzusehen pflegte. Dieser bat, indem er Reisern ansah, einen andern, der mit in der Stube war, zum Essen, und da Reiser die Einladung auf sich deutete, und sie höflich ablehnte, so sagte der Kaufmann mit sehr trockner Miene: ich meinen Ihn ja nicht! – dies ich meine Ihn ja nicht! mit der trocknen Miene tat eine solche Wirkung auf Reisern, dass er glaubte in die Erde sinken zu müssen; dies ich meine ihn ja nicht! verfolgte ihn nachher wo er ging und stund [...] und er kam sich in dem Augenblick so unbedeutend, so weggeworfen, so nichts vor, dass ihm sein Gesicht, seine Hände, sein ganzes Wesen zur Last war." (AR 165f.)

176 Eine ausführliche Aufstellung der Lesebiographie Anton Reisers findet sich bei Wagner-Egelhaaf 1997, S. 361f.

177 Der Poesiebegriff, der in Anton Reiser verwendet wird, bezieht sich in erster Linie auf Lyrik. Dichtung in diesem Sinne unterscheidet sich zum Beispiel von Romanen und wird in traditionellem Verständnis höher gewertet. Doch betrachtet man die im Roman genannten verschiedenen literarischen Formen unter dem Gesichtspunkt ihrer Wirkung auf Anton Reiser, führen sie alle zum „furor poeticus". Deshalb wird der Poesiebegriff in diese Studie erweitert und gattungsunabhängig für die Kunstform der Literatur verwendet.

Phantasie einen Spielraum und einen Rückzugsort. Als Jugendlicher verfeinert er seinen Geschmack nach ästhetischen Kriterien:

> Nun hatte er damals schon angefangen, sich die Titel der Bücher, welche er gelesen hatte, in einem dazu bestimmten Buch niederzuschreiben, und sein Urteil dabei zu setzen, das mehrmalen ziemlich richtig ausfiel (...). So lernte er nun von selbst allmählich das Mittelmäßige und Schlechte von dem Guten immer besser unterscheiden. (AR 196f.)

In dieser Zeit beginnt Anton Reiser auch selber zu dichten und verfällt einem „furor poeticus“ (AR 152). Inspiriert durch seine Lektüre und durch Spaziergänge in der Natur schreibt Anton Reiser Gedichte. Diese sind in den Roman montiert und brechen die Prosaform des Textes auf. Anton Reisers Gedichte zeugen von unterschiedlichen literarischen Einflüssen: Lyrische Gattungen wie religiöse Lieder, Schäferdichtung, lateinische Lyrik und empfindsame Lyrik ebenso wie einzelne Dichter: Horaz, Vergil, E. Ch. Kleist, Hölty, Goethe[178] und Shakespeare. In der Schule und bei seinem Freund Philipp Reiser hat Anton Reiser mit seinen Gedichten einigen Erfolg. Zum Dichten nutzt er traditionelle Gelegenheiten wie Feiertage oder Todesfälle. Anton Reiser erhält schließlich die Gelegenheit, zu Ehren des Geburtstags der englischen Königin ein Gedicht vorzutragen. „Sein poetischer Ruhm breitete sich bald in der Stadt aus – er bekam von allen Seiten Aufträge Gelegenheitsgedichte zu machen“ (AR 299f.). So sehr Anton Reiser als Gelegenheitsdichter Furore macht, so sehr scheitert er jedoch als Poet. Als Gelegenheitsdichter bedient Anton Reiser eine niedere Gattung, welche im 18. Jahrhundert zunehmend an Bedeutung verlor.[179] Der kommerzielle Aspekt sowie die schematisierende Tendenz der Gelegenheitsdichtung widersprechen den ästhetischen Idealen einer autonomen, durch die Phantasie des Künstlers

178 Literarische Einflüsse werden manchmal auch kommentiert, so zum Beispiel in Bezug auf Goethe, nachdem Anton Reiser dem Werther-Fieber verfallen ist: „Allein die zu oft wiederholte Lektüre des Werthers brachte seinen Ausdruck sowohl als seine Denkkraft um vieles zurück, indem ihm die Wendungen und selbst die Gedanken in diesem Schriftsteller durch die öftere Wiederholung so geläufig wurden, dass er sie oft für seine eigenen hielt, und noch verschiedene Jahre nachher bei den Aufsätzen, die er entwarf, mit Reminiszenzen aus dem Werther zu kämpfen hatte, welches der Fall bei mehreren jungen Schriftstellern gewesen ist, die sich seit der Zeit gebildet haben.“ (AR 286)

179 Vgl. Gelegenheitsdichtung. Artikel in: Metzler Literatur Lexikon: Begriffe und Definitionen. Hrsg. von Günter und Irmgard Schweikle. 2., überarb. Aufl. Stuttgart 1990, S. 171–172.

hervorgebrachten Dichtung. Die höhere literarische Gattung der Poesie bleibt Anton Reiser verschlossen. Der Erzähler wird nicht müde, Anton Reisers Dichterwunsch als illusorisch darzustellen.

So wird Anton Reisers Begeisterung für Poesie durch eine parodistische Schilderung seines „furor poeticus" (AR 152) konterkariert. Seine „Anfälle von Poesie" (AR 474) sind überzeichnet dargestellt und in humoristischen Szenen ausgestaltet. Zu nennen wären hier zum Beispiel Anton Reisers idyllische Neujahrswünsche, welche die naive Bewunderung der Eltern wecken (AR 172f.), die unfreiwillige Komik eines Gedichts zum Lob der Wissenschaften (AR 152) und die Szene des in „lyrischem Schwunge" versunken dahingehenden Anton Reiser, der erst, als ihm die Kugeln um den Kopf pfeifen, bemerkt, dass er in eine Schießübung geraten ist (AR 380).

Anton Reiser schreibt zwar Verse und empfindet poetische Stimmungen, aber er ist kein Dichter. Doch das Wunschbild des Dichterseins, das Anton Reiser zwar zum Dichten antreibt, reicht für das Schreiben von wahrer *Poesie* nicht aus. Um ein Gedicht zu schreiben, braucht Anton Reiser nämlich stets einen Anstoß oder eine Empfindung, die zur Äußerung drängt. Wenn er beispielsweise „Zweifel und Besorgnisse wegen seines ängstlichen zwecklosen Daseins" (AR 271) empfindet, dann „*floss* das Gedicht gleichsam aus seiner Seele" (AR 272, Hervorhebung M.L.). Doch so bald Anton Reiser anfängt, „Gedichte zu machen, bloß um Gedichte zu machen, [...] gelang ihm [dies] nie so gut." (AR 272) Wenn er versucht, die Prinzipien der zeitgenössischen und von Moritz maßgeblich mitformulierten Autonomieästhetik umzusetzen und allein um des Dichtens willen zu dichten, gelingen Anton Reiser keine guten Gedichte mehr.

In der fehlenden Inspiration kristallisiert sich dieser Komplex des gescheiterten Dichters. Im Laufe eines „poetischen Frühlings" sucht Anton Reiser oft einen Platz im Wald auf, „wo ein kleiner klarer Bach über Kiesel rollte" und wo er mit Horaz oder Vergil in der Tasche manche glückliche Stunde seines Lebens verträumt. „Und hier besuchte ihn auch zuweilen die Muse, oder vielmehr, er suchte sie." (AR 274) Die Muse will gesucht werden – in der passenden Kulisse. Die abwesende Muse entzieht sich ihrer Aufgabe des Inspirierens. Als Abwesende verkörpert sie die fehlende Inspiration Anton Reisers. „Denn er bemühte sich jetzt, ein großes Gedicht zustande zu bringen, und weil er diesmal bloß dichten wollte, um zu dichten, so gelang es ihm nicht, wie vorher; der Wunsch, ein Gedicht zu machen, war diesmal eher bei ihm da, als der Gegenstand, den er besingen wollte" (AR 274). Der Wunsch allein reicht für die Entstehung eines Gedichts, das den ästhetischen Ansprüchen der Zeit genügt, nicht aus. So führt der Erzähler Anton Reiser als gescheiterten Dichter und Dilettanten vor.

Anton Reisers Dichterwunsch ist ein „Dichtungs*trieb*“ (AR 475). Das Schreiben*wollen* ist Wunsch, Trieb oder Furor: also in hohem Maß affektgetrieben. Dadurch zeigt sich das Dichten bei Anton Reiser in erster Linie als Effekt und gleichzeitig als Objekt eines Begehrens.

Die Nähe von Imagination und *sentiment*, also Triebstrukturen, haben wir bereits bei Rousseau beobachtet. Außerdem weist Moritz' Analyse der Begehrensstrukturen seiner Figur auf Roland Barthes 200 Jahre später erschienene Deutung des Dichterwunsches als Schreibphantasie voraus. In Die *Vorbereitung des Romans* erkundet Barthes das Verfassen eines Romans aus der Perspektive des Schreibbegehrens. Solche Schreibphantasien, „im Sinne einer begehrenden Kraft verstanden“[180] und „auf so etwas wie die URLUST (am Lesen)“[181] beruhend, lassen sich an Anton Reiser schlagend ausmachen. Das Problem der Realisierung dieses Begehrens, welches auch Barthes anspricht, stellt sich dem dichtenden Anton Reiser auf Schritt und Tritt. Es gibt in der Schreibphantasie einen „Punkt, an dem sich die Alternative stellt: Entweder vergeht das Begehren, oder es stößt auf das Reale des Schreibens, und was dann geschrieben wird, wird nicht mehr der PHANTASIERTE ROMAN sein.“[182] Dem Begehren zu Schreiben widersetzt sich das Reale des Schreibprozesses mit seinen praktischen Fragen ebenso wie der ästhetische Anspruch, der an ein reales Werk gestellt wird.

Anton Reisers Versuch zu „dichten [...], um zu dichten“ steht im Zusammenhang einer breiten ästhetischen Debatte, die nach Alexander Gottlieb Baumgartens *Aesthetica* 1750 den deutschen Sprachraum erfasste und die neue Disziplin der Ästhetik als Philosophie der Kunst etablierte. An dieser Debatte beteiligte sich auch Karl Philipp Moritz mit wegweisenden ästhetischen Schriften. In *Über die bildende Nachahmung des Schönen* stellt er das *Empfindungsvermögen* vor, welches – strukturiert durch die menschlichen *Empfindungswerkzeuge* – die Voraussetzung für den Genuss von Kunst bildet. Um ein Kunstwerk aber nicht nur als ästhetisches Subjekt wahrnehmen, sondern als Künstler auch schaffen zu können, ist außerdem *Bildungskraft* nötig, welche das Empfindungsvermögen ergänzt.[183] Genau diese *Bildungskraft* – im Roman „Dichtungsvermögen“ (AR 461) genannt – fehlt Anton Reiser:

180 Barthes, Roland: Die Vorbereitung des Romans. Vorlesungen am Collège de France 1978–1979 und 1979–1980. Frankfurt/M 2008, S. 42.

181 Barthes 2008, 47.

182 Barthes 2008, 44.

183 Moritz, Karl Philipp: Über die bildende Nachahmung des Schönen. In: Ders.: Werke Band 2. Popularphilosophie. Reisen. Ästhetische Theorie. Frankfurt/M 1992, S. 978.

> Es ist wohl ein untrügliches Zeichen, dass einer keinen Beruf zum Dichter habe, den bloß eine Empfindung im Allgemeinen zum Dichten veranlasst, und bei dem nicht die schon bestimmte Szene, die er dichten will, noch eher als diese Empfindung, oder wenigstens zugleich mit der Empfindung da ist. Kurz, wer nicht während der Empfindung zugleich einen Blick in das ganze Detail der Szene werfen kann, der hat nur Empfindung, aber kein Dichtungsvermögen. (AR 461)

Für Anton Reiser bildet die Empfindung die Voraussetzung für ein Gedicht. Wer dagegen über Dichtungsvermögen verfügt, braucht weder bestimmte Empfindungen noch eine Gelegenheit, sondern entwirft Poesie autonom, dank seinem Blick für Szenen und Details und ihre Darstellung. Nur solche Bildungskraft befähigt zum „Beruf zum Dichter". Anton Reiser realisiert nicht, dass ihm die produktionsästhetischen Voraussetzungen zum Dichter fehlen. Allein sein phantasmatischer Dichterwunsch lässt ihn sich für einen Dichter halten.[184] So kommentiert der Erzähler:

> die warnende Stimme kann nicht früh genug dem Jüngling zurufen, sein Innerstes zu prüfen, ob nicht der Wunsch bei ihm an die Stelle der Kraft tritt, und weil er diese Stelle nie ausfüllen kann, ein ewiges Unbehagen in die Strafe verbotenen Genusses bleibt.
> Dies war der Fall bei Reisern, der die besten Stunden seines Lebens durch misslungene Versuche trübete, durch unnützes Streben, nach einem täuschenden Blendwerke, das immer vor seiner Seele schwebte, und wenn er es nun zu umfassen glaubte, plötzlich in Rauch und Nebel verschwand. (AR 461)

Antons Versuche des Dichtens entspringen einem Wunsch, den er für Begabung hält.[185] In dieser Weise falsch verstanden, wird die Poesie zu einer Illusion, welche Anton Reiser blendet, indem sie ihm ein Ziel vortäuscht, das verschwindet, so bald er es zu erreichen glaubt.[186] Indem er stets von neuem vergeblich dem

184 Als weitere Zeichen für fehlende Dichtungskraft werden genannt: Die „Wahl des Schrecklichen" (Vatermord, Meineid, Blutschande), um einen möglichst grossen Effekt zu erzielen, (AR 462f.) sowie „Stoff aus dem Entfernten und Unbekannten" wie „morgenländische Vorstellungen", „wo alles von dem Szenen des gewöhnlichen nächsten Lebens der Menschen ganz verschieden ist; und wo also auch der Stoff schon von selber poetisch ist" (AR 463).

185 Damit ist das Problem des Dilettantismus angesprochen. Vgl. Wick 2008, S. 138f.

186 Nach Matthew Bell führt das an Anton Reiser als „Leiden der Poesie" konstatierte Fehlen von Bildungskraft zur Melancholie: „Melancholy might, in fact, be the result of artistic impotence." In: Bell 2005, S. 132.

„täuschenden Blendwerk“ der Poesie hinterher jagt, ist Poesie einerseits ein Symptom für Anton Reisers labilen psychischen Zustand, andererseits bewirkt sie ihrerseits neues Leiden, weil sie sich erstens im entscheidenden Moment entzieht und weil zweitens ihre „idealische Wirklichkeit“ Anton Reiser von seiner „äußeren Wirklichkeit“ und von der Wendung zu sich selbst ablenkt. Die Rolle der Dichtung in diesem Spiel ist äußerst zweifelhaft. Durch ihre Schönheit kann sie Leidenschaften entfachen und Wünsche als Phantasmen am Leben halten.

Diese Reflexion der illusorischen Kraft der Poesie und Anton Reisers Dichterwut steht innerhalb des Romans in einem bestimmten Kontext. Sie finden sich in einem eigenen Kapitel mit dem Titel *Die Leiden der Poesie* im vierten Teil des Romans. *Die Leiden der Poesie* verweisen auf den Deutungshorizont der Krankengeschichte. So überkreuzt sich ästhetische Reflexion von Poesie mit der Analyse von Anton Reisers Leiden, also mit der psychologischen Wirkung von Poesie.[187] Moritz stellt die Triebstruktur der Imagination aus.

Aus psychologischer Perspektive erweist sich die Poesie deshalb als täuschend und illusorisch, weil sie bestimmten Zwecken dient und aus unbewussten psychischen Motivationen heraus begehrenswert scheint. In der Passage zu den *Leiden der Poesie* will der Erzähler in aufklärerischer Weise nun erhellen, „was bei vielen Menschen ihr ganzes Leben hindurch, ihnen selbst unbewusst, und im Dunkeln verborgen bleibt, weil sie Scheu tragen, bis auf den Grund und die Quelle ihrer unangenehmen Empfindungen zurückzugehen.“ (AR 460) Gerade das dem Subjekt Verborgene führt zu den „geheimen Leiden“ (AR 460) der Poe-

187 Wie auch Jutta Osinski zeigt, wechselt der Standpunkt des Erzählers von einem psychologischen zu einem ästhetischen. Damit verändert sich auch seine Einschätzung von Kunst. Osinski erklärt diese Widersprüchlichkeit durch den Bezug auf zwei unterschiedliche psychologische Modelle: „Kunst wird an Antons psychischen Bedürfnissen gemessen und als einziger Trost dargestellt, als hilfreicher Fluchtpunkt in einer unerträglichen Wirklichkeit, in der Anton sonst zugrunde gegangen wäre. Dagegen betont derselbe Erzähler dann in dem Einschub plötzlich, das Leiden sei Folge eines falschen Kunstverständnisses. Er deutet das Leiden in der Wirklichkeit um zum Leiden an der Poesie und stellt die eigenen Wertungen auf den Kopf. Es geht nicht mehr um den Wert der Kunst für Anton, sondern um Antons Wert für die Kunst. Dieser Umkehrung entspricht ein Wechsel der psychologischen Bezugssysteme, der auffällig ist: Im Einschub argumentiert der Erzähler vermögenspsychologisch, im Roman erfahrungsseelenkundlich.“ In: Osinski, Jutta: Psychologie und Ästhetik bei Karl Philipp Moritz. In: Fontius, Martin & Klingenberg, Anneliese (Hrsg.): Karl Philipp Moritz und das 18. Jahrhundert. Bestandesaufnahmen – Korrekturen – Neuansätze. Tübingen 1995, S. 201–214.

sie. So zeigt der Roman die enorme Anziehungskraft der Poesie – gerade dafür, was sich unbewusst und konflikthaft in der Seele verbirgt. Auf dem Feld der Dichtung agiert Anton Reiser etwas aus, was ihm unbewusst und deshalb auch unsagbar bleibt. Die poetische Gestaltung spricht das Verborgene und Unsagbare nicht aus, sondern zeugt davon in einer *anderen* Form.

Anton Reiser nimmt die Poesie für das Ausagieren seiner psychischen Verletzungen in den Dienst und unterwirft sie so einem fremden Zweck. Entgegen dem ästhetischen Prinzip der Kunstautonomie instrumentalisiert Anton Reiser die Poesie, und zwar auf mehrfache Weise. Neben dem kompensatorischen Zweck der Poesie als Fluchtort vor den elenden Lebensumständen[188], der imaginativen Entschädigung für ihm Vorenthaltenes und dem Ausagieren von Verletzungen soll die Tätigkeit des Dichtens auch zur sozialen Anerkennung als Dichter führen. In der Perspektive der Ästhetik des späten 18. Jahrhunderts können Anton Reisers *Leiden der Poesie* somit als aus ästhetischer Perspektive formulierte Kritik an der Instrumentalisierung der Kunst gelesen werden. Der täuschende Charakter und die Verführungskraft von Poesie wirken zwar besonders stark auf eine kranke Seele, verdanken sich letztendlich aber ihrer Ästhetik.

Diese Kritik wirft auch ein neues Licht auf das Konzept von Poesie als Selbsttechnik. Aus ästhetischer Perspektive ist auch das Ziel der Selbst-Erforschung mit dem Mitteln der Poesie ein fremder Zweck, welcher die Poesie in bestimmter Richtung in Dienst nimmt. Denkt man Kunstformen von Foucault her also als Selbsttechniken, dann missachtet man die Autonomie der Kunst, auch wenn die ästhetischen Formen der Selbsttechniken für die Ästhetisierung des Subjekts eine Rolle spielen. Dichtung aus ästhetischer Perspektive ist keine Selbsttechnik, da ihre *Form* und nicht die *Praxis* über ihr Gelingen entscheidet.

Die Kritik an der Instrumentalisierung von Kunst ist nun auch im Hinblick auf *Anton Reiser* als poetischen Text zu bedenken. Wie verhält sich ein Roman, welcher die Unterwerfung der Poesie unter einen fremden Zweck kritisiert, seinerseits zu dieser Kritik? In den Vorreden zu *Anton Reiser* werden verschiedene Zwecksetzungen formuliert. Zwar geht es Moritz um das Erzählen, d.h. darum, „die innere Geschichte des Menschen [zu] schildern“ (AR 10). Doch in der großen narrativen Form des Romans hat vieles Platz, so beispielsweise auch das pädagogische-selbsttechnische „Bestreben [...], die Aufmerksamkeit des Men-

188 „aber wodurch ihm das Lesen von Romanen und Komödien zu einem so notwendigen Bedürfnis geworden war – alle die Schmach, und die Verachtung, wodurch er schon von seiner Kindheit aus der wirklichen, in eine idealische Welt verdrängt worden war“ (AR 231).

schen mehr auf den Menschen selbst zu heften, und ihm sein individuelles Dasein wichtiger zu machen" (AR 10). Der vierte Teil des Romans verspricht zudem eine „getreue Darstellung von den mancherlei Arten von Selbsttäuschung" und „einige vielleicht nicht unnütze Winke, für Lehrer und Erzieher sowohl, als für junge Leute, die ernsthaft genug sind, um sich selbst zu prüfen" (AR 370). Der Erzähler scheut sich nicht, für sein eigenes Erzählen Ziele zu formulieren. Damit entzieht er den Roman dem autonomieästhetischen Anspruch der Vollkommenheit und Zweckfreiheit von vornherein. Diese strukturelle Widersprüchlichkeit des Romans ergibt sich aus den unterschiedlichen Perspektiven des Romanprojekts: psychologische und ästhetische Perspektiven konstituieren ihn gleichermaßen.

Die pädagogisch-psychologischen Zielsetzungen liegen mit dem ästhetischen Anspruch des Romans in Streit. Dieser zeigt sich in der Gattungsbezeichnung ‚Roman' und der Beschreibung des *Anton Reiser* als „künstlich verflochtnes Gewebe " (AR 120), wird aber auch in der ästhetischen Gestaltung des Romans und den Figurationen des Textes manifest. Die ästhetischen Gestaltung zeigt sich zum Beispiel im Funkeln von scharf wahrgenommenen und präzis beschriebenen einzelnen Romanszenen oder in der Dynamik der gegenläufigen Erzählstrukturen von Entwicklung und Wiederholung oder Auf und Ab; in der unterschiedlichen Dynamik von räumlicher und zeitlicher narrativer Ordnung, die sich entgegen der formulierten Erzählerabsicht verselbstständigen, oder in der Komik, die durch den Konflikt von innerer und äußerer Wirklichkeit entsteht, oder in den eigenwilligen Konnotationen, welche Moritz' Sprache traditionellen Topoi wie der Todessehnsucht verleiht. So tritt die Gestaltung des *Anton Reiser* weniger als ästhetisches Programm, sondern vielmehr auf vielfältige Weise als Merkmal und Wirkung des Erzählens als „künstlich verflochtnes Gewebe" des Textes in Erscheinung. Aufgrund seiner ästhetischen Gestaltung lässt sich der Roman *Anton Reiser* nicht vollständig von *einem* Zweck, einer Frage oder *einem* Deutungsmodell in den Dienst nehmen, auch nicht von der Frage der Selbsterkenntnis. Außerdem unterwandert der Text durch die Vieldeutigkeit und Dynamik, welche er in Sprachbildern, Szenen und Erzählstrukturen erzeugt, die Deutungshoheit und den Wahrheitsanspruch des allwissenden Erzählers.

Schreiben

Anton Reiser erzählt von Dichtungsversuchen und reflektiert Dichten als ästhetische Ausdrucks- und Produktionsform von Subjektivität. An der dichtenden Romanfigur wird aber noch eine andere Dimension des Schreibens vorgeführt, nämlich die mediale Eigenschaft von Literatur als *Schrift*.

In der folgenden Szene wird Schreiben als körperliche Bewegung und als Schriftzeichen zum eigendynamischen Ausdrucksmedium. Durch die Freundschaft zu Philipp Reiser ermutigt, entstehen „unter den Händen eine Anzahl kleiner Aufsätze, deren er sich zum Teil auch in späteren Jahren nicht hätte schämen dürfen“ (AR 259). Doch beim Schreiben dieser Aufsätze ereignet sich etwas Seltsames:

> Nun war es sonderbar; wenn er im Anfang etwas niederschreiben wollte, so kamen ihm immer die Worte in die Feder: *was ist mein Dasein, was mein Leben?* Diese Worte standen daher auch auf mehreren kleinen Stückchen Papiere, die er hatte beschreiben wollen, und dann, wenn es nicht ging, wieder wegwarf. (AR 259)

Immer wenn Anton Reiser zum Schreiben ansetzt, gelangen die gleichen Worte aufs Papier. Sie stellen die Fragen nach der eigenen Existenz: *was ist mein Dasein, was mein Leben?* Es sind keine Worte, die Anton Reiser schreiben *will* – vielmehr „kamen sie ihm in die Feder“, treten also unbeabsichtigt und ungefragt zum Vorschein. Sie stehen auf Papierstücken, auf die Anton Reiser eigentlich etwas anderes hätte schreiben wollen. Wenn ihm nichts einfällt, womit er die drängenden Fragen überschreiben könnte, wirft Anton Reiser die Papierchen weg.

Erzählt wird hier ein Vorgang unbewussten und zwanghaften Schreibens. Die ‚automatisch‘ hingeschriebenen Worte beziehen sich auf Anton Reiser, ohne dass er dies beabsichtigt hätte. Das Subjekt bezieht sich im körperlichen Schreibvorgang unbewusst stets auf sich selbst. Die Frage nach dem eigenen Dasein ist virulent und ungelöst, sonst würde sie nicht immer wieder auftauchen. Doch Anton Reiser geht der Frage, die ihm seine Schrift stellt, nicht nach, sondern wirft die Zettelchen weg.

Schreiben wird in dieser Passage gleichzeitig als zwanghaft und als körperhaft inszeniert. Allein durch die Tatsache, dass Anton Reiser mechanisch-körperlich zum Schreiben ansetzt – vor ihm liegend das Papier, in der Hand die Feder – kommt diese Schreibdynamik in Gang. Das Medium der Schrift wird als Spur des Körpers ausgestellt. Körper, Medium und Subjekt treten in eine spezifische Konstellation. Der körperliche Vorgang des Schreibens und der mediale Prozess der Umsetzung von Ideen in Schrift ermöglicht das Wiederauftauchen der unbewussten Frage. Die *körperliche Bewegung* des Schreibens setzt etwas frei, von dem Anton Reiser nicht weiss, das ihn aber ‚im Grunde‘ umtreibt. Interessant ist, dass er auf den Zettelchen nach *„meinem Dasein“* und *„meinem Leben“* fragt. Damit vollzieht die Schrift eben diese Wendung zu sich selbst, welche Anton Reiser selbst nicht gelingt. Durch die Vermittlung in der Schrift wird ihm die ihn als Subjekt betreffende Frage nach dem Lebenssinn zugänglich. Im zwanghaften Schreiben äußert sich seine Subjektivität und wird somit stets als vermittelte und nie direkt zugängliche erfahrbar. Anton Reisers Körper verwandelt sich in unkontrollierte Schrift.

Diese unbewusste Wendung zu sich selbst wird durch vermittelnde, materialle Zeichen schaffende Tätigkeit des Schreibens möglich. So reflektiert der Text Schreiben und Schrift nicht nur in ästhetischer Weise als Poesie, sondern auch in ihrer Eigenschaft als Medium. Was genau an der Schnittstelle zwischen Idee/Empfindung und Medium des Schriftzeichens geschieht, bleibt unerklärt. Es wird aber deutlich, *dass* etwas geschieht, und zwar etwas anderes, als das Subjekt erwartet – und dass genau in diesem eigendynamischen Geschehen der medialen Umsetzung etwas Verborgenes zum Vorschein kommen kann. Schreiben ermöglicht also eine Wendung zu sich selbst, indem es durch seine Prozesshaftigkeit und Medialität eine Form der Selbstdistanz bietet und gleichzeitig den Körper des Subjekts im Akt des Schreibens einbettet. Daraus erklärt sich die Bedeutung des Mediums Schrift für die Produktion und Gestaltung von Subjektivität.[189]

Die mediale Reflexion Schreibens in dieser Szene von *Anton Reiser* stellen außerdem die Eigendynamik der Schrift als Medium und ästhetische Form aus, welche vom Konzept der *Technik* nicht erfasst wird. Bei der Überführung des Blicks auf sich selbst in das Medium der Literatur geschieht etwas, was sich der Verfügung des Subjekts entzieht.

Theaterspielen

Für die Kunstform des Theaters setzt Anton Reiser buchstäblich alles aufs Spiel. Anton Reiser liebt sowohl die Lektüre von Theaterstücken, den Besuch der Komödie als auch das Theaterspielen selbst. Durch die Schilderung von Anton Rei-

189 Die Perspektive auf Schrift als Medium scheint in Moritz' Werk immer wieder auf. Nicht nur in den ästhetischen Schriften spielt Medienreflexion eine wichtige Rolle, sondern auch in der Publizistik der Denkwürdigkeiten und insbesondere in den pädagogischen Texten. Im Neuen A.B.C. Buch beschäftigt sich Moritz mit der Alphabetisierung und dem Verhältnis von Sprache und Denken und Sprache und Bild. In der Kinderlogik führt er Denken als einen vielfach medial vermittelten Prozess vor. Interessant ist bei Moritz die Diskrepanz zwischen expliziter Medienreflexion und der implizit-performativen Medialität seiner Texte. Eine Untersuchung dieses Zusammenhangs an anderer Stelle wäre lohnenswert.

sers Theatererlebnissen gibt der Roman einen lebendigen Einblick in die zeitgenössische Theaterszene und -Faszination.[190]

Innerhalb von Anton Reisers theatralischen Tätigkeiten erweist sich das eigentliche Rollenspiel in besonderem Maß als Selbsttechnik. Indem das Subjekt in eine Rolle schlüpft, kann es als ein anderer agieren. Das Subjekt nimmt für die Dauer des Spiels nicht nur den Blick des anderen ein, sondern leiht ihm auch seinen Körper. Durch die Verkörperung eines anderen ermöglicht Theaterspielen eine Distanz zu sich selbst.

Doch bei Anton Reiser wirkt das Theaterspielen nicht als Selbsttechnik. Seine Theater-Faszination kennzeichnet sich gerade dadurch, dass er die Differenz zwischen sich selbst und der fremden Rolle nicht bemerkt. So aktiviert die Übernahme einer Theaterrolle nur diejenigen Empfindungen, welche bereits in ihm schlummern:

> Er wünschte sich dann eine recht affektvolle Rolle, wo er mit dem größten Pathos reden und sich in eine Reihe von Empfindungen versetzen könnte, die er so gern hatte, und sie doch in seiner wirklichen Welt, wo alles so kahl, so armselig zuging, nicht haben konnte. – Dieser Wunsch war bei Reisern sehr natürlich; er hatte Gefühle für Freundschaft, für Dankbarkeit, für Großmut, und edle Entschlossenheit, welche alle ungenutzt in ihm schlummerten; (AR 177)

---

190 Zur Bedeutung des Theaters in Anton Reiser s. Kim, Hee-Ju: Ich-Theater. Zur Identitätsrecherche in Karl Philipp Moritz' Anton Reiser. Heidelberg 2004. Hee-Ju Kim bezeichnet das Theater als „herausragendes Medium bürgerlicher Selbstverständigung und Neuorientierung im Zeichen der Moderne“ und kann sich dabei auf die historische Tatsache der Theaterbegeisterung des 18. Jahrhunderts berufen: „In diesem prekären Prozess der Individualisierung spielen Kultur und Wissenschaft eine besondere Rolle. Während die Kirche im Zuge der Säkularisierung vielen kein fragloses metaphysisches Orientierungsmuster mehr zur Verfügung stellen kann, offerieren Literatur und andere kulturelle Institutionen wie das Theater ein Forum bürgerlicher Selbstverständigung; dort vermag insbesondere die mittelständische Intelligenz neue Leitbilder für ihr Welt- und Selbstverständnis zu erkunden. Im Medium theatralischer Inszenierung wird das Verhältnis von Ich und Welt, das sich aus seinen tradierten Selbstverständlichkeiten löst und dadurch dem Einzelnen die überkommene sozial-kollektive Identitätssicherung nicht mehr bieten kann, neu ‚durchgespielt'. Gerade das Theatralische eignet sich hierfür besonders gut, da es dem Identitätssuchenden einen Raum für Erprobung variabler Existenzentwürfe und Reflexionsalternativen eröffnet.“ In: Kim 2004, S. 9.

Anton Reiser verfügt über Empfindungen, welche unter den kargen und entwürdigenden Lebensumständen seines Alltags nicht zur Wirkung gelangen können, so dass sie „ungenutzt in ihm schlummerten". Am Theaterspielen lockt ihn die Aussicht, dies alles endlich ‚wirklich' empfinden zu können, was er in seiner alltäglichen Welt vermisst (AR 191). Die Welt des Theaters kommt somit einen Kompensationswunsch entgegen. Es geht Anton Reiser beim Rollenspiel weniger darum, in eine fremde Rolle zu schlüpfen, als Zugang zu eigenen Empfindungen zu erhalten: „In dem Schauspiel schien er sich gleichsam wieder zu finden, nachdem er sich in seiner wirklichen Welt beinahe verloren hatte" (AR 177).

Das Theaterspielen führt Anton Reiser zu sich selbst, jedoch nur im Hinblick auf das Schwelgen in Empfindungen, nach denen er sich sehnt, und nicht auf die Erforschung seiner selbst. Denn seine Motivation zum Theaterspielen bleibt Anton Reiser wiederum unbewusst. Der Erzähler bestimmt sie im Wunsch Anton Reisers, anders zu sein als in seiner von Demütigung geprägten äußeren Wirklichkeit, nämlich großmütig, edel und standhaft, also ein idealer Held:

> Und dann konnte er auf dem Theater alles sein, wozu er in der wirklichen Welt nie Gelegenheit hatte – und was er oft zu sein wünschte – großmütig, wohltätig, edel, standhaft, über alles Demütigende und Erniedrigende erhaben – wie schmachtete er, diese Empfindungen, die ihm so natürlich zu sein schienen, und die er doch stets entbehren musste, nun einmal durch ein kurzes, täuschendes Spiel der Phantasie in sich wirklich zu machen. (AR 190f.)

Theaterspielen bedeutet eine kurzzeitige Verwirklichung dessen, was und wie Anton Reiser zu sein wünscht, eine Kompensation seiner unerfüllten Wünsche. Aber trotz der Glücksmomente, welche das Theater ihm beschert, ist es doch nur ein „kurzes, täuschendes Spiel der Phantasie". Auf den Illusionscharakter des Theaters weist der Erzähler immer wieder hin, beispielsweise in derjenigen Szene, welche Anton Reisers Theaterbegeisterung als Rettung aus düsterer Lage schildert:

> Indem er nun so in schwermütige Gedanken vertieft einherging, [...] schoss auf einmal, wie ein Blitz, ein Gedanke durch seine Seele, der alles aufhellte, und wodurch sich ihm alles wieder in einem schönern Lichte malte – er erinnerte sich, dass er schon zu Hause bei seinen Eltern gehört hatte, es wäre eine Schauspielergesellschaft nach H... gekommen, die den Sommer über dort spielen würde. (...) Mit schnellen Schritten eilte nun Reiser der Stadt zu, die ihm vorher so verhasst, und nun plötzlich wieder über alles lieb geworden war. (AR 210)

Anton Reiser geht noch am gleichen Abend ins Theater, wo er Lessings *Emilia Galotti* sieht. Interessanterweise wirkt *Emilia Galotti* gerade nicht im Sinne bürgerlicher Aufklärung auf ihn, sondern durch die Illusionswirkung.[191] Anton Reiser verfällt dem „schönern Lichte" der Illusion. Die „theatralischen Ideen" (AR 332) steigen Anton Reiser zu Kopf, mit der Folge, dass er die Schule und alles andere in seinem Leben vernachlässigt.

Das Theater prägt den Roman nicht nur in seiner Reflexion als aktuelle Kulturform, sondern auch als Metapher für Anton Reisers Seele. Das Theaterspiel als Metapher für Anton Reisers innere Verfassung entbehrt nicht der Ironie, da Anton Reiser Rollenspiele vollführt, ohne aber zu merken, dass er Rollen spielt. So spielt er Rollen nicht nur vor anderen, sondern auch vor sich selbst. Die Mechanismen des Theaters führen das Problem der Selbsttäuschung auf mehrfache Weise vor. Anton Reiser übersieht nämlich nicht nur die Differenz zwischen sich und seinen Rollen, sondern er realisiert außerdem nicht, dass er gar kein guter Schauspieler ist:

> Er glaubte, es [das Theaterspielen] könne ihm nicht fehlschlagen, weil er jede Rolle tief empfand, und sie in seiner eigenen Seele vollkommen darzustellen und auszuführen wusste – er konnte nicht unterscheiden, dass dies alles nur *in ihm* vorging, und dass es an äußerer Darstellungskraft ihm fehlte. (AR 379)

Das mit dem Rollenspiel verbundene intensive Empfinden nimmt Anton Reiser solchermaßen für seine innere Welt in Anspruch, dass er keinen Gedanken an die äußere Welt verschwendet. Er fragt sich nicht, wie er als Schauspieler auf die Zuschauer wirkt, sondern „er täuschte sich selbst, indem er das für echten Kunsttrieb nahm, was bloß in den zufälligen Umständen seines Lebens gegründet war." (AR 401) Anton Reisers Theaterbegeisterung geht so weit, dass er sich für seine Aufwendungen für Kostüme verschuldet, den ganzen Tag fast nichts isst „als etwas Salz und Brot" (AR 212) und die Schule schwänzt (AR 351). Nach

191 Dazu Lothar Müller: „Die Diagnose des Umschlags von Aufklärung in Selbsttäuschung soll zeigen, dass die Aufklärungsdramaturgie, nicht anders als der Roman, die Erfahrungsseelenkunde als Bündnispartner braucht, wenn sie ihre Wirkungsabsicht erreichen will. Anton bringt aus einer Aufführung von Emilia Galotti weder ein Bewusstsein von der Überlegenheit bürgerlicher Moral noch von den politischen Konsequenzen ihrer Ausweglosigkeit mit nach Hause, sondern allein die Aufputschung seiner Fluchtenergien aus der ‚wirklichen' in eine idealische Welt. [...] reagiert Anton vor allem darauf, dass und wie die theatralische Illusion erzeugt wird, weniger auf die erklärte Wirkungsabsicht des Dramas." Müller 1987, S. 354.

Abschluss des Gymnasiums setzt er alles daran, von einer Schauspieltruppe aufgenommen zu werden. Er reist der Eckhofschen Schauspielergesellschaft hinterher und wird von Eckhof in der Hoffnung auf ein Engagement hingehalten, bis er schließlich eine vernichtende Absage erhält. Es ist übrigens nicht nur mangelnde Begabung, sondern auch sein Körper, welcher Anton Reisers Schauspielerei zunichte macht. So verliert Anton Reiser im entscheidenden Moment sein Haar (AR 471), und Eckhof lässt durchblicken, dass Anton Reisers körperliche Erscheinung den Normen eines Schauspielers nicht entspricht: „Und ein andermal, als von Goethen gesprochen wurde, sagte Eckhof, er sei ohngefähr von Reisers Statur, *aber* gut physiognomiert" (AR 405).

Anstatt von der Illusion einer Theaterkarriere abzulassen, folgt Anton Reiser darauf anderen Theatertruppen und gibt dafür seinen Studienplatz in Erfurt auf. Dieses blinde Verfolgen des Theaters und die völlige Verkennung seiner Fähigkeiten führen schließlich zur aporetischen Situation, mit welcher der Roman endet: Die letzte Theatertruppe, in welche Anton Reiser seine Hoffnungen gesetzt hat, hat sich aufgelöst. „Die Sp...sche Truppe war als nun eine zerstreuete Herde." (AR 483) Mit diesem letzten Satz scheitert Anton Reisers Theaterkarriere definitiv. Anton Reiser steht vor dem Nichts und wird vom Erzähler dort stehen gelassen. Keine andere Kunstform der Selbst-Erforschung zeigt die Konsequenzen von Anton Reisers gescheiterter Selbsterkenntnis so dramatisch wie das Theater.

Philosophieren

Nach den Romanen, Gedichten und Theaterstücken entdeckt Anton Reiser die Lektüre philosophischer Bücher. Ein Buch von Johann Christoph Gottsched „gab [...] seiner Denkkraft gleichsam den ersten Stoß" (AR 244). Er „bekam dadurch wenigstens eine leichte Übersicht aller philosophischen Wissenschaften". Doch Anton Reiser will mehr; er will nicht nur die Wissenschaften, sondern „die Sache [selbst ...] *übersehen*" (AR 244).

Dabei entwickelt sich Anton Reisers philosophische Reflexion lustgetrieben. Er spürt „die immerwährende Begierde, das Ganze bald zu übersehen" (AR 245). Doch Anton Reiser stellt fest, dass „das blosse Lesen nichts half" (AR 244). Also beginnt er, „sich auf kleinen Blättchen schriftliche Tabellen zu entwerfen, wo er das Detail immer dem Ganzen gehörig unterordnete, und sich auf die Weise einen anschaulichen Begriff davon zu machen suchte." (AR 244) Auf diese Weise bringt er sich logisches und kategorisches Denken autodidaktisch bei und entwickelt aus der Lektüre eine eigene analytische Vorgehensweise, wie dies Rousseau in den *Confessions* in ähnlicher Weise erzählt. Die Entwicklung von Anton Reisers „Denkkraft" erscheint im erzählerischen Modell des Bildungsromans als weiterer Schritt seiner ‚Bildung', jedoch auf eigene Faust und außerhalb von Bildungsinstitutionen. Als autodidaktischer Philosoph, als Einzelner, welcher auf Grund seiner „Denkkraft" von selbst zu Erkenntnissen gelangen kann, nähert er sich dem Ideal der Philosophie der Aufklärung. Insofern erscheint Anton Reiser hier auf den ersten Blick prototypisch als modernes Subjekt der Erkenntnis.

Der Roman schildert das Philosophieren als Endeckung des eigenen Denkvermögens in den Metaphern der Dämmerung, des Tagesanbruchs und der Schöpfung:

> In seiner Denkkraft ging eine neue Schöpfung vor. – Es war ihm, als ob es erst in seinem Verstande dämmerte, und nun allmählich der Tag anbräche, und er sich an dem erquickenden Lichte nicht sattsehen könnte. (AR 245)

Denken ist ein Akt der Kreation. Anton Reisers Denkkraft lässt die Schöpfung neu entstehen. Nicht nur in *Anton Reiser* verwendet Moritz eine Metaphorik der Schöpfung, um von den Möglichkeiten der menschlichen Vernunft zu erzählen. In seiner Abhandlung *Auch eine Hypothese über die Schöpfungsgeschichte Mosis* deutet Moritz die biblische Schöpfungsgeschichte neu, indem er sie als sprachliche Selbstermächtigung des Menschen liest. Die Metaphorik der Schöpfung schafft eine Verbindung zwischen den kreativen Vollzügen des Sprechens/Erzählens und des Denkens. Hinzu kommt – in der oben zitierten Stelle aus *Anton Reiser* besonders deutlich, jedoch den ganzen Roman prägend – eine traditionell-aufklärerische visuelle und Lichtmetaphorik[192]. Es „dämmert" in An-

192 Eine „Favorisierung des Blicks" wurde in der Anton-Reiser-Forschung vielfach festgestellt, jedoch mit unterschiedlichen Deutungsperspektiven. Frauke Berndt beispielsweise führt die „Favorisierung des Blickes" auf die „Epistemologie des Neuplatonismus" zurück. In Anton Reiser seien „nicht von ungefähr mystische Denk- und Erfahrungsstrukturen nachgewiesen worden". Vgl. Berndt 1999, S. 78. Claudia Kestenholz dagegen knüpft weniger an die Mystik denn an die Philosophie der Aufklärung an, wenn sie Reflexionsbegriff und optische Metaphern in Moritz' Werk mit denjenigen bei Leibniz vergleicht. Vgl. dazu: Kestenholz, Claudia 1987, S. 52ff. Ausserdem untersucht Kestenholz die „Blickpunktorientierung" der Figur Anton Reiser und verweist auf eine „spezifisch Reisersche Visualität", die beispielsweise durch Höhendifferenzen des Standpunktes und den strukturellen Gegensatz von Übersicht und Blindheit gekennzeichnet sei. In: Kestenholz 1987, S. 106.

ton Reisers Verstand, und schließlich bricht der Tag mit „erquickendem Lichte“ an. Verstehen bedeutet eine Sache „übersehen“.

Doch der Roman erzählt nicht nur von Anton Reisers Einsichten und dem Licht der Erkenntnis. Seiner Denkkraft treten auch Schwierigkeiten entgegen, die in räumlicher Metaphorik erzählt werden:

> Allein schon damals war es ihm oft, wenn er sich eine Weile im Nachdenken verloren hatte, als ob er plötzlich an etwas stieße, das ihn hemmte, und wie eine bretterne Wand, oder eine undurchdringliche Decke auf einmal seine weitere Aussicht schloss – es war ihm dann, als habe er nichts gedacht – *als Worte* – (AR 246)

Der von der Denkkraft eröffnete und durchdrungene Raum ist nicht grenzenlos. An einem bestimmten Punkt wird Anton Reiser in seinem Nachdenken von einer „bretternen Wand“ gehemmt. Er fühlt sich von einer undurchdringlichen Decke eingeschlossen. Sein Denken wird am Weitergehen gehindert. Anton Reiser fühlt sich von seiner „weiteren Aussicht“ ausgeschlossen. Die „bretterne Wand“ bildet eine Differenzerfahrung ab. Die räumliche Metaphorik des Eingeschlossenseins verweist das Denken an seinen Ort im Körperinneren des Subjekts. Außerdem findet die Differenzerfahrung, welche Anton Reiser an die Grenzen seines Denkens führt, in seiner Körperlichkeit eine Entsprechung. Als Körper ist ein Subjekt immer etwas Abgegrenztes, Unterschiedenes, nicht mit dem anderen Verschmelzbares. (S. auch Kapitel *"Thierische Zerstückbarkeit" und Phantasien der Entgrenzung*)

Indem Anton Reiser nun an die undurchdringliche Differenz wie an eine „bretterne Wand“ stösst, verschwinden der Denkraum, das Licht und die Wonne der philosophischen Entdeckungsreisen auf einen Schlag. Anton Reiser kann von dem, was gerade noch ein Abenteuer war, nichts anderes mehr wahrnehmen als Worte. Die Gedanken verschwinden, verbergen sich hinter dem Medium der Sprache, hinter der bloßen Materialität der Zeichen. Anton Reiser wird gewahr, dass ihm für das Denken nichts weiter als die Sprache zur Verfügung steht. Dies weist weniger auf die Grenzen seiner intellektuellen Fähigkeiten hin als auf das grundsätzliche Sprachproblem der Philosophie: „Die Sprache schien ihm beim Denken im Wege zu stehen, und doch konnte er wieder ohne Sprache nicht denken.“ (AR 246) Die begrenzte und immer schon bestimmte Form der Worte erlebt Anton Reiser zugleich als Bedingung und Beschränkung des Denkens. So irrt er, schwankend zwischen der Wonne des Denkens und dessen Grenzen, „ohne Stütze und Führer in den Tiefen der Metaphysik umher“ (AR 247).

Nicht nur durch das Aufgreifen des Sprachproblems und der Körperlichkeit des Denkens setzt sich der Roman *Anton Reiser* in kritische Distanz zum Vernunftoptimismus der Aufklärung, sondern auch im Hinblick auf die Selbsterkenntnis des Subjektes Anton Reiser. Philosophische Reflexion führt nicht zu Selbstreflexion und Selbsterkenntnis. Anton Reisers autodidaktisches Entwickeln seiner Denkkraft ist zwar ein eindrückliches Zeugnis für die menschliche Fähigkeit zur Vernunft. Doch gelingt es ihm nicht, sein Philosophieren in einer solchen Weise auf sich zu beziehen, dass er sich dadurch seiner selbst vergewissern kann. Stattdessen tritt ihm nur seine Ungewissheit über sich selbst entgegen. Im Laufe seiner philosophischen Erkundungen stellt sich ihm die ungeklärte Frage nach seiner Existenz mit immer größerer Dringlichkeit: „Seine dunkle Vorstellung von Leben und Dasein, das wie ein Abgrund vor ihm lag, drängte sich immer zuerst in seiner Seele empor – er fühlte sich gedrungen, erst diesen wichtigen Punkt seiner Zweifel und Besorgnisse zu berichtigen, ehe er irgend etwas anders zum Gegenstande seines Denkens machte." (AR 260) Inmitten des Nachdenkens mittels allgemeiner Begriffe drängt sich Anton Reiser – wie bereits beim Schreiben – die existenzielle Frage auf: *Was ist mein Dasein, was mein Leben?* Zur philosophischen Klärung dieser Frage setzt Anton Reiser bei den Begriffen „*Ichheit* und *Selbstbewusstsein*" an und verfolgt schließlich „den Begriff des *Individuums*" (AR 260), verwendet also die Konzepte der zeitgenössischen metaphysischen Philosophie. Doch indem Anton Reiser dem Begriff des Individuums nachgeht,

> so war es ihm nach einigem Nachdenken, als ob er sich selbst entschwunden wäre – und sich erst in der Reihe seiner Erinnerungen an das Vergangene wieder suchen müsste. – Er fühlte, dass sich das Dasein nur an der Kette dieser ununterbrochenen Erinnerungen festhielt. –
>
> Die wahre Existenz schien ihm nur auf das eigentliche Individuum begrenzt zu sein – und außer einem ewig unveränderlichen, alles mit einem Blick umfassenden Wesen, konnte er sich kein wahres Individuum denken. (AR 260)

Außer einem „ewig unveränderlichen, alles mit einem Blick umfassenden", also einem göttlichen ewigen Wesen, kann sich Anton Reiser kein „wahres Individuum" denken. Nur dieses ewige Wesen besitzt die Möglichkeit „wahrer Existenz". Den Menschen, die nicht ewig unveränderlich sind, ist dies nicht gegeben. Aber wenn Anton Reiser kein „wahres Individuum" sein kann, was ist er dann? Auf diese Frage findet er keine Antwort, vielmehr ist es ihm, „als ob er sich selbst entschwunden wäre". Entgegen dem Versprechen des cartesianischen *cogito ergo sum* gelangt Anton Reiser durch Nachdenken in allgemeinen Begriffen weder zu Selbsterkenntnis noch zu Selbstgewissheit, sondern verliert sich selbst. Um sich wieder zu finden, muss er „sich erst in der Reihe seiner Erinnerungen an das Vergangene wieder suchen“. Nicht das Philosophieren, sondern das Erinnern gibt also Aufschluss über die eigene Existenz. Auch für Rousseau bilden Erinnerung und Erinnerungsfähigkeit die Voraussetzung für Selbstidentität: „La mémoire étend le sentiment de l'identité sur tous les moments de son existence; il devient véritablement un, le même, et par conséquent déjà capable de bonheur ou de misère.“[193] Dabei meint *mémoire* nicht nur die Fähigkeit, sich zu erinnern, sondern auch ihr narrativ-produktives Verfahren, wie im Kapitel *Moi seul und die Wahrheit über das Subjekt* gezeigt wurde. Die „ununterbrochenen Erinnerungen“ muss das Subjekt selbst zu einer „Kette“ oder zu einem Text verflechten. Die Suche nach der „Reihe seiner Erinnerungen“ führt somit zur Lebensgeschichte, zur Biographie, zur Literatur. Es ist nicht viel und nichts Festes, was das Dasein Anton Reisers festhält; nur die „Kette dieser ununterbrochenen Erinnerungen“. Diese Erinnerungen sind im Falle Anton Reisers meist negativ und mit Gefühlen der Scham verbunden. Gemäß den Maßstäben der Welt erscheinen sie unbedeutend, nicht erzählenswert. Dass Moritz dies trotzdem tut und dadurch Mut zur Negativität beweist, macht nicht zuletzt das verstörende Potential des Romans aus. Angesichts von Anton Reisers Lebensumständen scheint die Kette, an welcher sein Dasein festhält, höchst zufällig.[194] Doch die Verkettung der Elemente gibt auch dem Zufälligen eine Position und mindestens formal eine Bedeutung. So entwerfen Erinnerungsketten oder Erinnerungstexte allein schon durch die formale Beschaffenheit ihres Verknüpft- bzw. Verkettetseins eine Ganzheit. Die Erfahrung der eigenen Existenz, d. h. die Selbsterfahrung des Subjekts, hängt von der Schaffung eines Zusammenhangs ab – von einer Ganzheit mit Bezug auf sich selbst. Deshalb erscheint das analytisch-begriffliche Nachdenken der Philosophie nicht als geeignete Selbsttechnik. Das Eintauchen in eine „weitere Aussicht“ bleibt ihm durch eine innere „Scheidewand“ verwehrt, und über der Frage nach dem Individuum entschwindet er sich selbst. Um sich in den Tiefen der Metaphysik wiederzufinden, muss Anton Reiser ein anderes Verfahren wählen, nämlich das narrative Verfahren des Erzählens von Erinnerungen.

Die Erfahrung von Einheit und Ganzheit, auf welche das Subjekt Anton Reiser sein ganzes Begehren[195] richtet und worauf sich seine Existenzerfahrung

193 Rousseau, Jean-Jacques: Émile ou de l'éducation. Paris 1966, S. 91.

194 Zum Problem des Zufalls in Anton Reiser s. Brüns, Elke: Die zufällige Existenz. Karl Philipp Moritz' Anton Reiser. In: Dies. (Hrsg.): Ökonomie der Armut. Soziale Verhältnisse in der Literatur. München 2008, S. 70ff.

195 Frauke Berndt weist darauf hin, „dass Selbst- und Objektbeziehungen im Anton Reiser im Spannungsfeld zwischen jener aussagelogisch begründeten Struktur der

gründet, ist durch Nachdenken und philosophische Spekulation nicht zu erreichen. Dagegen können ästhetische Erlebnisse und Verfahren diese Ganzheit – mindestens zeitweilig – erfahrbar machen.

Der Roman beschreibt neben dem narrativen Verfahren des Sich-Erinnerns auch ästhetische Erfahrungen und verbindet sie mit der Erfahrung von Ganzheit. Anton Reiser erlebt Ganzheit durch die Lektüre von Shakespeares Dramen: „Die Monologe von Hamlet hefteten sein Augenmerk zuerst auf das *Ganze* des menschlichen Lebens – er dachte sich nicht mehr allein, wenn er sich gequält, gedrückt, und eingeengt fühlte“ (AR 258). Indem Hamlets Monologe Anton Reiser auf „das *Ganze* des menschlichen Lebens“ hinführen, führen sie ihn auch zur Wahrnehmung seiner Existenz. Das ästhetische Erlebnis bietet die Erfahrung einer Ganzheit, eines Verbundenseins mit der „Welt der menschlichen Leidenschaften“ und gleichzeitigen Für-sich-Seins des Subjekts.

> Durch den Shakespeare war er die Welt der menschlichen Leidenschaften hindurchgeführt – der enge Kreis seines idealischen Daseins hatte sich erweitert – er lebte nicht mehr so einzeln und unbedeutend, dass er sich unter der Menge verlor – denn er hatte die Empfindungen Tausender beim Lesen des Shakespeare mitempfunden. –
> Nachdem er den Shakespeare, und so wie er ihn gelesen hatte, war er schon kein gemeiner und alltäglicher Mensch mehr. (AR 258)

Das ästhetische Erfahrung der Lektüre verändert die Selbstwahrnehmung des Subjekts: Das Lese-Erlebnis, das für Anton Reiser auch ein Empfindungs-Erlebnis ist, führt zu einer veränderten Selbstdeutung: Anton Reiser „war (...) schon kein gemeiner und alltäglicher Mensch mehr“. Er kann sich nun als besonders und bedeutungsvoll sehen. Ästhetische Wahrnehmung führt zur Selbstwahrnehmung. Auf diese Weise wird deutlich, dass eine ästhetische Praxis als ästhetische Erfahrung zur Selbsttechnik werden kann. Doch die ästhetische Erfahrung erschöpft sich nicht in ihrer subjektkonstituierenden Wirkung.

Eine solche Ganzheitserfahrung kann das Philosophieren nicht bieten. In seinen philosophischen Untersuchungen versucht Anton Reiser zwar, das Postulat der Selbsterkenntnis umzusetzen und das Philosophieren als Selbsttechnik zu nutzen. Die Bilanz ist jedoch ernüchternd:

Differenz – der „Scheidewand“ – und dem in dieser Struktur insistierenden Begehren operieren, das Gefühl der „Fremdheit“ zu durchbrechen oder zu überwinden. Die „Scheidewand“ fungiert also als Metapher eines systematisch begründeten Konflikts zwischen einem [...] Realitätsprinzip und einem trotz aller Tabuisierung sich zu Wort meldenden Identitätsbegehren.“ Berndt 1999, S. 69f.

Am Ende seiner Untersuchungen dünkte ihm scin eignes Dasein, eine bloße Täuschung, eine abstrakte Idee – ein Zusammenfassen der Ähnlichkeiten, die jeder folgende Moment in seinem Leben mit dem entschwundenen hatte. (AR 260f.)

Das Licht der Vernunft wirft kein Licht auf Anton Reisers Existenz. Der autodidaktische Philosoph findet im Denken nicht sich selbst.

Reisen

„Alle seine Gedanken gingen nun mal ins Weite." (AR 365) So beschreibt Moritz Anton Reisers unbändigen Drang zu reisen – neben dem Theater ein weiteres Ziel des Begehrens, als Anton Reiser an der Schwelle zum Erwachsenwerden steht. Nach der Schule hält ihn nichts mehr zurück – weder seine bedrückenden Lebensverhältnisse, seine Theaterschulden noch sein schlechter Ruf. So bricht Anton Reiser auf, und der vierte Teil des Romans hebt an zu einer Reisebeschreibung. Die vielen Spaziergänge, welche im Laufe des Romans gemacht werden, haben diese Reise motivisch vorbereitet. Anton Reiser führt nun „seinen Namen mit der Tat" (AR 321). Er wird Subjekt, indem er Reisen – das durch Namensgleichheit seine Identität markiert – für sich als Möglichkeit entdeckt und realisiert. Am Ende seiner „Jünglings-Jahre" (AR 230) zieht er als „junger Mensch" (AR 370) hinaus in die Welt gemäß jener Symbolik, dass eine Reise die Entwicklung zum Erwachsenensein vorantreibt[196]. Wie in Johann Gottfried Herders *Journal meiner Reise im Jahr 1769* ist das Gefühl des Aufbruchs ins Unbekannte und Offene zentral: „die ganze Welt lag vor ihm – und tausend Aussichten eröffneten sich vor seiner Seele." (AR 372) Durch das Kennenlernen von Neuem, durch eine Horizonterweiterung im buchstäblichen Sinn wirkt das Reisen auf Anton Reiser und ‚bildet' ihn: „Freilich hatten die äußeren Gegenstände einen immerwährenden Einfluss auf die inneren Gedankenreihen; mit dem Horizonte erweiterten sich auch gemeiniglich seine Vorstellungen" (AR 378). Die räumliche und körperliche Bewegung der Reise eröffnet der äußeren Wirklichkeit einen Zugang zur inneren Wirklichkeit. In dieser Dynamik wächst nicht nur die Kenntnis der Welt, sondern die Fähigkeit des Denkens. Indem das Reisen Anton Reiser zu seinen eigenen Wahrnehmungs- und Denkprozessen zurückführt, ist es auch eine Selbsttechnik.

Doch das Reisen bedeutet für Anton Reiser auch eine Fluchtbewegung – aus den bedrückenden Verhältnissen der sozialen Welt sowie aus sich selbst:

196 Vgl. Metzler Lexikon literarischer Symbole. Herausgegeben von Günter Butzer und Joachim Jacobs. Stuttgart, Weimar 2008, S. 294f.

> ... an dem trüben und regnichten Nachmittage, wo er den hämischen Blicken seiner versammleten Mitschüler, und der gänzlichen Vernachlässigung und dem unerträglichen *Nichtbemerktwerden*, das ihm bevorstand, entfloh, indem er aus dem Tore von H... dem einsamen Walde zueilte. –
> [...] Dieser einsame Spaziergang war es, welcher Reisers Selbstgefühl erhöhte, seinen Gesichtskreis erweiterte, und ihm eine anschauliche Vorstellung von seinem eignen wahren, isolierten Dasein gab [...]. (AR 268)

Die Einsamkeit des Spaziergangs führt aus der von sozialer Ungerechtigkeit geprägten Alltagswelt hinaus, hinein in einen Raum der Freiheit von hämischen Blicken, Verachtung und von dem dauernden Kampf um Selbstbehauptung. So wächst Anton Reisers Reisesehnsucht immer dann ins Unermessliche, wenn seine Situation unerträglich wird: „Sein Aufenthalt in H... wurde ihm von nun an wo möglich noch verhasster – und der Wandergeist hatte sich seiner nun ganz bemächtigt" (AR 363). Wie die Leidenschaft für das Theater erwacht auch der „Wandergeist" immer dann, wenn Anton Reiser sein Leben nicht mehr aushält. So erweist sich der Aufbruch in die Weite als eine sich wiederholende zwanghafte Reaktion Anton Reisers, die zur Freiheit, die er während des Reisens empfindet oder zu empfinden hofft, in einer eigentümlichen Spannung steht. Dass Anton Reiser sich beim Reisen als Subjekt entdeckt, das selbstbestimmt seinen Weg durch die Welt nimmt, wird vom zwanghaften Wiederholungsmuster seiner Reisebewegungen konterkariert. Das reisende Subjekt Anton Reiser ist unlösbar in die gegensätzlichen Kräfte von Freiheit und Zwang verstrickt. Reisen stellt auch eine Flucht vor sich selbst dar, indem Anton Reiser auf neue Räume blickt, aber nicht auf sich selbst.

Seinen unbewussten Motivationen und Verhaltensmustern entkommt Anton Reiser auf seiner Reise nicht, sondern wiederholt sie auch unterwegs. Denn „so labyrinthisch wie sein Schicksal war, wurden nun auch seine Wanderungen, er wusste sich aus beiden nicht mehr herauszufinden" (AR 418). Anton Reisers Reisewege bieten keinen Ausgang aus sich selbst und seinem Schicksal. Anton Reiser wandert im vierten Teil des Romans von einem imaginierten Sehnsuchtsziel zum anderen – und weil er bei seiner Ankunft das Erhoffte nie vorfindet, bricht er immer wieder auf und reist weiter. Die Reise wird zum Irrweg, weil sich die Ziele dauernd entziehen. Beim Erreichen eines neuen Ortes stellt Anton Reiser jedes Mal enttäuscht fest, dass das Ziel nicht das bietet, was es verheissen hat: „Sobald das *Dort* nun *Hier* wurde, hatte es auch all seinen Reiz verloren, und der Quell der Freude war versiegt." (AR 457) Solange ein Ort ein „Dort" und somit unbekannt, unerreicht und unrealisiert ist, ist er eine Verheißung, ein „Labyrinth der Zukunft" (AR 92). Doch das Erreichen des Ortes, die Realisierung seiner Wünsche, bedeutet den Verlust der Verheißung. Auf diese Weise erweist sich die Reise als wunschgetrieben und wird zu einem dauernden Aufschub der Zukunft – und die Beschreibung der Reise zur Metapher für Anton Reisers von unbewusster Triebstruktur diktierter Zustand.

Der stete Aufschub bildet denn auch das Bewegungsnetz der Erzählung. Das unstete Reisen von einem Ort zum anderen treibt den Text voran und prägt ihm eine wiederkehrende Dynamik von Erwartung und Enttäuschung ein.[197] Claudia Kestenholz beschreibt diese Bewegung zwischen Illusion und Desillusionierung anhand der Blickwendung des reisenden Anton Reiser:

> Reiser blickt auf seiner Wanderschaft oft zurück. Doch er flieht den quälenden Rückblick und flüchtet sich in die reizende Aussicht, die ihm die Zukunft zu gewähren scheint. Diese Wendung der Blickrichtung um 180 Grad beschreibt in ihrer fruchtlosen Wiederholung die rhythmische Pendelbewegung zwischen Illusion und Desillusionierung. Die vorübergehende Weitung des Horizonts führt immer und immer wieder nur in die wunschbedingte Bilderkette der Einbildungskraft – in die Selbsttäuschungen einer Phantasie, die einem starken Bedürfnis nach Ganzheit und Identität gehorcht.[198]

Umso abrupter wirkt dann das Ende des Romans, welches den steten Aufschub und die Wiederholungsstrukturen unerwartet abschneidet. Damit wird sowohl die traditionelle Struktur der Reiseerzählung, welche die Bewegung der Rückkehr einschließt, aufgebrochen, als auch das Reisen dem Erzählmodell des Bildungsromans entzogen. Der dauernde Entzug des Neuen hält das Reisen ebenso wie die Produktion des Textes in Bewegung – bis diese Dynamik des Aufschubs am Ende des Romans abrupt unterbrochen wird und in der Leere der zerstreuten Theatertruppe steckenbleibt. Mit dieser formalen Radikalität gestaltet Karl Philipp Moritz Anton Reisers Aporie.

Unmögliche Selbsterkenntnis

Die im Roman beschriebenen ästhetischen Formen der Selbsterforschung führen Anton Reiser nicht zu Selbsterkenntnis. Obwohl ihnen allen die Wendung zu sich selbst und die Selbstdistanz als Gestus und strukturell inne wohnen, führen sie Anton Reiser nicht aus seiner Selbsttäuschung hinaus. Sie können ihn nicht aus seiner psychischen Befangenheit befreien. Durch Philosophieren erreicht

---

197 Die Bewegung zwischen dort und hier korrespondiert mit Anton Reisers seelischem Zustand, welcher als dauerndes Schwanken von Auf und Ab dargestellt ist.

198 Kestenholz 1987, S. 129.

Anton Reiser die größtmögliche Distanz zu sich selbst. Aus dieser Distanz im Grenzbereich des Denkens nimmt er aber nicht sich selbst wahr, sondern nur eine abgründige Unsicherheit über sich selbst.

Selbsttechniken werden in *Anton Reiser* zwar als produktiven ästhetischen Umgang mit sich selbst aufgezeigt. Das Selbstverhältnis, welches Selbsttechniken konstruieren, beruht aber nicht zwingend auf Selbstreflexion und Selbsterkenntnis. Im Fall von Anton Reiser führen Selbsttechniken zur Produktion eines Selbst, das auf Selbsttäuschung beruht. Der Erzähler führt die unüberwindliche Selbsttäuschung Anton Reisers auf die Unbewusstheit seiner Motivationen und seine psychische Disposition zurück, die er mittels verschiedener Begriffe immer wieder anders beschreibt, zum Beispiel mit der Wortschöpfung „Seelenlähmung“ (AR 205). Anton Reisers psychische Instabilität hat ihren Grund in der Verletzung durch andere. Diese Verletzung ist in der Situation des frühkindlich erlebten Liebesmangels exemplarisch gefasst, wiederholt sich aber im Lauf des Romans unzählige Male in verschiedenen Formen der Verachtung und Demütigung. Die Begriffe der *Demütigung*, *Verachtung* und *Unterdrückung* ziehen sich durch den Text. Aus erlebter Verachtung wird Selbstverachtung, als erlebter Unterdrückung wird Unterwerfung. Die Verletzung Anton Reisers macht Subjektivität als positiv bestimmte unmöglich und setzt auf diese Weise der produktiven Kraft der Selbsttechniken eine Grenze. Der Roman macht ebenso wie Anton Reisers Philosophieren die Leere dessen sichtbar, worauf sich die Selbsttechniken beziehen. Denn worauf blickt das sich selbst betrachtende Subjekt eigentlich? Hinter der subjektiven Verdoppelung der eigenen Gestalt verbirgt sich eine Aporie.

Auch die Erzählkonstruktion des Romans, welche einen allwissenden Erzähler einsetzt, um den unrettbaren Jungen Anton Reiser zu analysieren, bietet für diese Aporie keine Lösung – zeigt diese Perspektivierung der Figur Anton Reiser von außen doch nur umso deutlicher, dass ein Subjekt strukturell auf einen souveränen Erzähler angewiesen ist, um sich selbst zu erkennen; und gleichzeitig kann das Subjekt nie dieser souveräne Erzähler seiner selbst sein. Das verzweifelt-existenzielle Drängen, mit welchem Anton Reiser vergeblich nach Selbsterkenntnis strebt und welches der Erzähler überdeutlich ausstellt, straft den aufklärerischen Optimismus Lügen: Das Projekt der Selbstaufklärung wird im Roman *Anton Reiser* als konstitutiv aporetisch aufgezeigt.

Was aus der Betrachtung der Kunstformen der Selbsterforschung außerdem deutlich wird, ist einerseits die Anziehungskraft *ästhetischer* Formen für ein Subjekt, insbesondere für ein problematisches Subjekt. Zwischen Subjektivität, ästhetischer Selbstgestaltung und ästhetischer Erfahrung besteht ein untrennbarer Zusammenhang. Andererseits unterlaufen die Eigendynamik und Medialität ästhetischer Darstellungsformen die Indienstnahme von Kunstformen für ein bestimmtes Subjektmodell.

KÖRPERSUBJEKT ANTON REISER

Körperliche Bewegung wirkt sich auf Anton Reisers Seelenzustand aus. Im Roman werden Körper[199], Seele und Denken in einem Modell gegenseitiger Wechselwirkung dargestellt, ähnlich der Wechselwirkung zwischen innerer und äußerer Geschichte. Dieselbe Analogie der Wechselwirkungen zwischen innerer und äußerer Geschichte sowie zwischen Gemütszustand und Körper findet sich auch in Friedrich von Blanckenburgs *Versuch über den Roman*:

> Die ganze vereinte und in einander geflossene Summe unsrer Ideen und Empfindungen; – der Zustand unsers Körpers, Krankheit und Gesundheit, Gesellschaft und Wetter und viele namenlose, dem Ansehn nach sehr unbedeutende Dinge können diesen Gemüthszustand mehr oder weniger günstig gestimmt haben [...]. Unser Körper hat nur zu viel Einfluss auf den Zustand unsrer geistigen Empfindungen.[200]

Über den Einfluss des Körpers auf einen Menschen und auf die zu erzählende Geschichte ist also nicht hinwegzusehen – dies fällt nicht nur in den beiden ersten Vorreden von *Anton Reiser* auf, die sich klar auf Blanckenburg beziehen, sondern im Lauf der Romanlektüre je länger je mehr. Der Körper der Figur Anton Reiser tritt im Erzählen zunehmend in den Vordergrund, und dies auf unterschiedliche Weise. Anton Reiser erweist sich als *Körper*subjekt.

So setzt beispielsweise die *körperliche* Bewegung des Reisens produktive Prozesse in Gang. Allein schon das Setzen eines Schrittes nach dem anderen bewegt etwas in Anton Reiser: „Und nun hatte er auch ein schönes Mittel gegen seine schwermütige Laune gefunden; so oft er nämlich merkte, dass sie anfing, seiner Herr zu werden, ging er im größten Regen und Schnee des Abends [...] aus, und einmal um den Wall spazieren, und es fehlte ihm niemals, dass sich

199 Spätestens nach Judith Butlers Dekonstruktion des natürlichen Körpers kann von Körper nicht mehr in einem essentialistischen Sinn die Rede sein. Demgegenüber ist für diese Studie ‚Köper' als Grenzbegriff zentral. In Anton Reiser fällt der Körper einerseits als Störung auf und andererseits in seiner Dimension des Unverfügbaren. Zudem erscheint der Körper in Anton Reiser als ungenannte Grundlage von Wahrnehmung.

200 Blanckenburg 1999, S. 188.

nicht, so wie er mit schnellen Schritten vorwärts ging, neue Aussichten und Hoffnungen unvermerkt in seiner Seele entwickelt hätten" (AR 307f.). Das Gehen „mit schnellen Schritten" hellt Anton Reisers Stimmung auf. *Körperliche* Bewegung hat somit einen Effekt auf seinen seelischen Zustand.

Wenn Anton Reiser nun mit schnellen Schritten zur Stadt hinaus geht, und sich dieses Gehen auf sein Inneres ausgleichend und aufhellend auswirkt, kann dies als bewusst gewählte Strategie des Umgangs mit Schwermut und somit als *Umgang* des Subjekts *mit* seinem Körper gelesen werden. Körperliche Bewegung bietet Anton Reiser „ein schönes Mittel gegen seine schwermütige Laune" (AR 307). Anton Reiser geht als Subjekt *mit* seinem Körper um, als sei dieser etwas ihm zur Verfügung Stehendes und ihm äußerliches. Anton Reiser vollzieht damit jenes Körperkonzept, welches Philipp Sarasin als spezifisch modernes bezeichnet: „Ich habe einen Körper".Der moderne Umgang mit dem eigenen Körper – nicht Körper zu *sein*, sondern einen Körper zu *haben* – bewirkt dessen Objektivierung.[201]

Um die Objektivierung des Körpers besser zu verstehen, ist Birgit R. Erdles Konzept einer grundlegenden *Zweideutigkeit* des Körpers hilfreich. Ausgehend von der Feststellung, „dass der Körper im philosophischen und im anthropologischen Diskurs in doppelter Weise eingesetzt wird", unterscheidet sie einerseits den „betrachteten und abgezeichneten" Körper als „*Bild unter Bildern*" und andererseits den Körper als „physischen Raum der Erfahrung".[202] Der objektivierte Körper eines Subjekts *mit* Körper ist gemäß dieser Unterscheidung also ein betrachteter Körper – betrachtet sowohl vom Subjekt selbst als auch von anderen und abgezeichnet durch diskursive Prozesse, durch Sprache und andere Medien und Wissensformen. Als „Bild unter Bildern" gehört der objektivierte Körper der Ordnung des Symbolischen an, „denn er ist von jeher mit Sprache überzogen"[203]. Die produktive Kraft der Körperimagination wiederum unterläuft die Objektivierung des Körperbildes. Der erzählte Körper Anton Reisers ist somit ein „Bild unter Bildern" nicht nur, wenn das Subjekt Anton Reiser auf sich selbst blickt, sondern auch im Blick des Erzählers und in der sprachlichen Symbolisierung des Romans. So betrachtet ist Anton Reisers Körper ein *symbolischer Körper*.

Die Zweideutigkeit des Körpers besteht nun darin, dass er die Zugehörigkeit zur symbolischen Ordnung und damit sein *Bild* jederzeit stören kann. Dies ge-

201 Sarasin zeigt dies am hygienischen Diskurs vor allem des 19. Jahrhunderts genauer auf. Vgl. Sarasin 2001, S. 18ff.

202 Erdle 1991, S. 65.

203 Ebd.

schieht dann, wenn – wie dies in *Anton Reiser* wiederholt beschrieben wird – der Körper als Störung, als ungewollte und unvorhergesehene Erfahrung auftritt. Diese Erfahrungsdimension des Körpers ordnet Erdle der „außerhalb des Zeichens liegenden Ordnung des Realen“[204] zu. Das „Reale“ des Körpers – bestehend in „Lust, Genuss, Schmerz, Traumata, Zeitlichkeit und Tod“[205] – betrifft das Subjekt unvermittelt als eine andere, nicht symbolische Art der Erfahrung. Solche Erfahrung kann das Selbstverhältnis des Subjekts als autonomes natürlich erschüttern.

Liest man den Roman *Anton Reiser*, so fällt der Körper Anton Reisers immer wieder als Störung auf. Die Störung zeigt sich in der Negativität der Körpererfahrung, zum Beispiel in Hunger, Krankheit oder Hässlichkeit. Nur als negativer wird der Körper im Gegensatz zu Jean-Jaques Rousseau wahrgenommen und zum Gegenstand der Erzählung. Anders ist nie von ihm die Rede. So erscheinen „reale“ Negativität und Mangelhaftigkeit des Körpers als die Bedingung seiner Wahrnehmbarkeit und Erzählbarkeit als symbolischer Körper. In seiner Negativität entzieht sich der Körper der Verfügbarkeit des Subjekts. Indem er Anton Reisers Willen zur Selbstbestimmung entgegenwirkt, erweist sich der Körper als nicht hintergehbare Begrenzung von Anton Reisers Handlungsmacht und als schwache, schmerzende und mangelhafte Grundlage seiner Existenz.

Doch es wäre vorschnell, den Körper in *Anton Reiser* außchließlich durch seine Negativität und Mangelhaftigkeit zu bestimmen. Denn der Körper ist ja auch dann gegenwärtig, wenn Anton Reiser ihn nicht bewusst erfährt, sondern bildet das Medium, in welchem sich Anton Reisers Subjektivität, Wahrnehmung und Denkprozesse überhaupt vollziehen. Sein Körper prägt die Erzählung als physischen Raum der Erfahrung. Anton Reiser erfährt sich nämlich einerseits in einem Raum leiblicher Anwesenheit, d. h. unentrinnbar in eine Existenz, die er sich nicht ausgewählt hat, hineingedrängt, und andererseits seine Umgebung als körperlich-räumlich strukturiert. Wie sich noch zeigen wird, sind auch abstrakte Denkprozesse direkt an den Körper geknüpft. So ist der Körper neben seiner expliziten Verhandlung und Problematisierung im Roman auf eine untergründige Weise gegenwärtig. Er bildet die Grundlage der sinnlichen Wahrnehmung von Anton Reiser, welche vom Erzähler mit wechselnder Distanz wiedergegeben wird. Eine klare Distanzierung ist dem Erzähler nicht möglich, weil auch er die existenziell-körperlich-sinnliche Dimension seiner Figur nicht beherrschen kann. Anton Reisers Körper begrenzt in seiner Unhintergehbarkeit und Unverfügbarkeit auch die Handlungsmacht des Erzählers.

---

204 Erdle 1991, S. 65.

205 Ebd.

Die sinnliche Wahrnehmung spielt bereits bei der Einführung der Hauptfigur Anton Reiser eine Rolle:

> Unter diesen Umständen wurde Anton geboren, und von ihm kann man mit Wahrheit sagen, dass er von der Wiege an unterdrückt ward.
> Die ersten *Töne*, die sein *Ohr vernahm*, und sein aufdämmernder Verstand begriff, waren wechselseitige Flüche und Verwünschungen des unauflöslich geknüpften Ehebandes. [...]
> In seiner frühesten Jugend hatte er nie die Liebkosungen zärtlicher Eltern *geschmeckt*, nie nach einer kleinen Mühe ihr belohnendes Lächeln. (AR 15, Hervorhebungen M. L.)

Anton Reisers Eintritt in die Welt findet seinen Auftakt in den „Tönen, die sein Ohr vernahm". Anton Reiser *hört* nicht einfach die Flüche seiner Eltern, sondern die Flüche werden als ein Ereignis akustischer Wahrnehmung inszeniert. Die *Töne* erreichen das körperliche Sinnesorgan *Ohr*. Das *Vernehmen* der Töne zeigt sich auf diese Weise als prozesshaftes Geschehen von sinnlicher Wahrnehmung. Parallel zum Vernehmen der Töne *begreift* Anton Reisers „aufdämmernder Verstand" die Situation, die er hörend vernimmt. Die Entwicklung des Verstandes des kleinen Kindes vollzieht sich abhängig von sinnlicher Wahrnehmung. Die Ausbildung des Verstandes geht mit der Ausbildung der Wahrnehmungsfähigkeit einher. Verstand und Körper sind aufeinander bezogen. Damit spricht der Roman eine Kernfrage der zeitgenössischen Anthropologie[206] und Sinnesphysiologie an: Wie funktionieren körperliche und geistige Prozesse zusammen? Auf welche Weise konstituieren körperlich-physiologische und somit wissenschaftlich messbare Prozesse das, was traditionellerweise Seele genannt wird?

Interessant ist auch die Feststellung, dass der kleine Anton Reiser seit seiner frühesten Jugend „nie die Liebkosungen zärtlicher Eltern *geschmeckt*" hat. Es gibt wohl kaum eine sinnliche Wahrnehmung, welche stärker körperlich konno-

---

206 Vgl. dazu Helmut Pfotenhauers Zusammenfassung: „Anthropologie ist die neue, populäre Wissenschaft des 18. Jahrhunderts; sie befasst sich mit dem „ganzen Menschen" als einem leib-seelischen Ensemble; sie will im Gegensatz zu den herrschenden Denktraditionen die alte Aufspaltung von Sinnlichem und Vernunft in ein „commercium mentis et corporis", eine Verbindung von Leib und Seele, umdeuten; sie kümmert sich auch um das in der bis dahin dominierenden rationalistischen Philosophie Unscheinbare am Menschen, seine „niederen" Seelenvermögen, seine körperliche Konstitution und ihre seelischen Konsequenzen, seine Hinfälligkeit, seine kleinen, intim erfahrenen Lebensbereiche. Darin ist die Anthropologie mit der gleichzeitig sich entwickelnden Ästhetik verschwistert, die Subjektivität in ihren konkreten Erscheinungsformen in ihr Recht setzt." In: Pfotenhauer 1987, S.1.

tiert und unmittelbarer wäre als das Spüren einer Liebkosung auf der Haut. Doch anstelle des *Spürens* der Liebkosungen und des *Sehens* des Lächelns der Eltern steht im Text das *Schmecken*, oder eben gerade die Abwesenheit des Schmeckens. Das existenziell folgenreiche Fehlen liebevoller körperlicher Zuwendung erklärt die Verschiebung der sinnlichen Wahrnehmung: vom Tastsinn auf den Geschmackssinn und in den Mundraum. Interessant ist dabei, dass der hier physiologisch verstandene *Geschmackssinn* auch einen ästhetischen Sinn bezeichnet: den Geschmack als ästhetische Zentralkategorie[207]. Geschmack ist auch der Sinn für das Schöne. Wir begegnen hier einer hochkonzentrierten Bündelung von ästhetischen, physiologischen und psychologischen Diskursen.

Von Beginn von Anton Reisers Kindheit an wird deutlich, welch große Rolle sinnliche Wahrnehmung[208] für den Weltzugang von Anton Reiser spielt. Wahrnehmung erscheint als *aisthetische*, sie beruht auf den Wahrnehmungsmöglichkeiten, welche dem Körper durch die Sinnesorgane zur Verfügung stehen. Diese körperliche Grundierung der Wahrnehmung zieht sich implizit durch den ganzen Roman und ist überall dort gegenwärtig, wo der Erzähler die Wahrnehmungen Anton Reisers inszeniert. Die Beschreibungen dessen, was Anton Reiser nun gerade hört, schmeckt, spürt oder sieht, bestechen durch ihre Präzision. So bemerkt zum Beispiel Anton Reiser einmal, dass in der Dunkelheit die Erde dunkler ist als der Himmel:

> Er saß einmal in der Dämmerung an einem trüben Abend allein vor seiner Haustüre, und dachte hierüber nach, indem er so oft gen Himmel blickte, und dann wieder die Erde ansahe, und bemerkte, wie sie selbst gegen den trüben Himmel so schwarz und dunkel war. (AR 40)

207 Der Geschmack als Vermögen, Schönes und Hässliches zu unterscheiden und zu beurteilen, prägt die ästhetische Diskussion seit dem 17. und 18. Jahrhundert. Vgl. z.B. die Geschmacksdefinition in der Wissenschaftlich-literarischen Encyklopädie der Aesthetik von 1843: „Geschmack, der ästhetische, ist die erworbene Fähigkeit, das Schöne nach seinem eigenthümlichen Werte zu erkennen und zu würdigen und vom Gegentheil zu unterscheiden". In: Wissenschaftlich-literarische Encyklopädie der Aesthetik. Ein etymologisch-kritisches Wörterbuch der deutschen Kunstsprache. Von Dr. Wilhelm Hebenstreit. Wien 1834, S. 299. Für eine ausführliche Diskussion des Geschmacksbegriffs vgl. Lüthe, Rudolf & Fontius, Martin: Geschmack. Artikel in: Ästhetische Grundbegriffe. Band 2. Stuttgart Weimar 2001, S.792–819.

208 Neben dem Hören, Spüren und Schmecken ist vor allem das Sehen für Anton Reiser zentral.

Körperlich-sinnliche Erfahrung ermöglicht nicht nur die Entdeckung der Welt durch das Kind Anton, sie prägt auch seine Imagination und formiert seine Denkkonzepte. So bestimmt die selbstverständlich gegebene Möglichkeit des sinnlichen Weltzugangs Anton Reisers Selbstverhältnis als Körpersubjekt. Um sich als Subjekt *mit* Körper bewusst zu werden, bedarf Anton Reiser bewusster Körpererfahrungen. Im Folgenden werden die verschiedenen im Roman dargestellten Körperdimensionen genauer betrachtet. Die Analyse fokussiert dabei die Dimensionen von Hunger, Kleidung, äußerer Erscheinung, Schmerz und Begehren sowie Anton Reisers Versuche der Entgrenzung des Körpers. Von der Frage nach dem Körper – ebenso wie von der Frage nach der Subjektivität – ist auch die Frage nach der Männlichkeit nicht zu trennen.

Hunger

Hunger grundiert Anton Reisers Lebensgeschichte. Der Mangel an notwendiger Nahrung und der damit verbundene Hunger konstituieren sein Leben. Eine Episode aus der Kindheit beschreibt, wie Anton Reiser bei einem Fest im Haus, wo die Familie Reiser wohnt, „allein auf der Stube zurückbleiben musste, weil seine Eltern sich seines schlechten Aufzuges schämten. Es wurde Abend, und ihn fing an zu hungern; und nicht einmal ein Stückchen Brot hatten ihm seine Eltern zurückgelassen." (AR 24) In dieser Szene überkreuzen sich zentrale Probleme von Anton Reisers Leiden durch den und am Körper. Das Bedürfnis nach Nahrung ist eines der ersten körperlichen Bedürfnisse; doch nicht einmal dieses wird gestillt. Dass die Eltern ihm nichts zu essen, „nicht einmal ein Stückchen Brot" überlassen, während sie selbst zu einem Festessen eingeladen sind, ist kein Einzelfall, sondern symptomatisch für die fehlende Zuwendung, die das Kind Anton auf allen Ebenen erfährt. Hinter dem Mangel an Nahrung steht ein Mangel an Liebe und Zuwendung.[209] Zum Verlassenwerden von den Eltern kommt das

209 Dieser Mangel an Liebe wird vom Erzähler zugleich mit Anton Reisers Geburt klar gemacht und als einer der Hauptgründe für sein seelisches Leiden angeführt: „Unter diesen Umständen wurde Anton geboren, und von ihm kann man mit Wahrheit sagen, dass er von der Wiege an unterdrückt ward. Die ersten Töne, die sein Ohr vernahm, und sein aufdämmernder Verstand begriff, waren wechselseitige Flüche und Verwünschungen des unauflöslich geknüpften Ehebandes. [...] In seiner frühesten Jugend hat er nie die Liebkosungen zärtlicher Eltern geschmeckt, nie nach einer kleinen Mühe ihr belohnendes Lächeln. Wenn er in das Haus seiner Eltern trat, so trat er in ein Haus der Unzufriedenheit, des Zorns, der Tränen und der Klagen." (AR 15f.)

Ausgeschlossenwerden vom gemeinsamen Feiern hinzu. Die Ausgeschlossenheit vom Fest ist ein paradigmatischer Auftakt für immer wieder mit soziologischem Scharfblick thematisierte Ausgeschlossenheit von den festlichen Seiten des Lebens, ja vom sozialen Leben überhaupt. Als Grund dafür werden Anton Reisers „schlechter Aufzug" und die dadurch verursachte Scham genannt.

Unpassende und mangelhafte Kleidung stellt Anton Reiser immer wieder bloß. So wagt es Anton Reiser vor Scham über seine „armselige, schmutzige, zerrissene Kleidung" (AR 17) nicht, Freundschaften zu schließen; und ein fehlender Rock verhindert Anton Reisers öffentliche Deklamation von Gedichten um ein Haar (AR 293f.). Auf seiner Reise schließlich hängt das „Glück, das Anton Reiser in der Welt machen wollte, [...] jetzt im eigentlichen Sinne von seinen Schuhen ab", denn falls die Schuhe zerrissen, wäre an ein Weiterreisen nicht zu denken (AR 394).

Kleidung hat für Anton Reiser eine enthüllende statt eine verhüllende Funktion: Die Armseligkeit der Kleidung verrät seine Armut, zeigt ihn also im Hinblick auf seine soziale Herkunft nackt. Die ausgestellte Nacktheit ist auch in diesem Sinne zu verstehen, dass die mangelhafte Kleidung, indem sie die Aufmerksamkeit der anderen fesselt, Anton Reisers Körper entblößt. Mangelhafte Kleidung zieht den Blick auf den problematischen Körper und markiert ihn. Betrachtet man die Darstellung der Kleidung im Roman, wird deutlich, dass Kleidung nicht in einem physiognomischen Sinn die Identität einer Person zum Ausdruck bringt[210], sondern allein für deren soziale Stellung steht, welche wiederum in höchst zufälliger Weise davon abhängt, wo man geboren ist. Doch genau hier liegt das Problem: Weil Kleidung von den anderen *für die Person* genommen wird, erhält sie in der sozialen Welt eine ungeheure Wichtigkeit.[211] Grundlegende Entscheidungen über Anton Reisers Schicksal hängen somit von seinen Klei-

---

210 Kleidung ist für Anton Reiser also kein Symbol der persönlichen Identität, entgegen der Definition in: Metzler Lexikon literarischer Symbole. Herausgegeben von Günter Butzer und Joachim Jacobs. Stuttgart, Weimar 2008, S. 183.

211 Dies zeigt sich zum Beispiel dann, wenn Anton Reiser für einmal ein neues, schönes und ihn den anderen gleichstellendes Kleid hat: „Das neue Kleid, wodurch er sich nun seinen Mitschülern, von denen er so lange durch seine schlechte Kleidung ausgezeichnet gewesen war, wieder gleichgesetzt sahe, flösste ihm Mut und Zutrauen zu sich selber ein; und was das sonderbarste war, so schien es ihm auch mehr Achtung bei andern zu erwerben, die nun erst mit ihm sprachen, da sie sich vorher gar nicht um ihn bekümmert hatten." (AR 297)

dern ab. Ein Rock oder ein Paar Schuhe können den Lauf der Geschichte verändern. Anton Reiser ist der Zufälligkeit der kleinen Dinge ausgeliefert.[212]

Lesen wir nun die Passage des kleinen Anton weiter, der allein und hungrig in der Stube sitzt, bis er es schließlich nicht mehr aushält:

> und er wagte es, hinunter zu gehen, wo seine Eltern in großer Gesellschaft schmauseten, öffnete ein klein wenig die Türe, und bat seine Mutter um den Schlüssel zum Speiseschranke, und um die Erlaubnis, sich ein wenig Brot nehmen zu dürfen, weil ihn sehr hungere.
>
> Dies erweckete erst das Gelächter und nachher das Mitleid der Gesellschaft, nebst einigem Unwillen gegen seine Eltern.
>
> Er ward mit an den Tisch gezogen, und ihm von dem Besten vorgelegt [...]. (AR 24f.)

Anton Reisers Hunger wird dieses Mal gestillt, und er erhält – um den Preis der Bloßstellung – einen Anteil am gesellschaftlichen Schmaus. Doch die Sattheit hält nicht lange an, sondern wird wieder von Hunger verdrängt, diesem nagenden und quälenden Zustand, der im Roman so viel Raum beansprucht. Der hungrige Körper Anton Reisers ist ein mangelhafter Körper, der sich selbst nicht genügt. Anton Reisers ganzes Leben ist einer Ökonomie des Mangels unterworfen. Sein Hunger und sein Begehren werden von diesem konstitutiven Mangel unendlich angetrieben. Dieser Ökonomie des Mangels treibt auch Anton Reisers Einbildungskraft an. Er ist ein Subjekt illusorischer Wunschproduktion.

Anton Reisers Wünsche richten sich nach einander auf alle im letzten Kapitel vorgestellten Kunstformen. Besonders stark zieht das Theater – in besonderen Maß illusionsproduktiv – Anton Reisers Begehren auf sich: Das Theater hat einen „unendlichen Reiz" (AR 177). Anton Reiser „wünschte [nichts mehr], als Gelegenheit zu haben, mit mehreren seiner Mitschüler einmal eine Komödie aufzuführen" (AR 177). Seine Wünsche sind „unendlich" und grenzenlos. Darin gleichen sie jener von Deleuze und Guattari entworfenen *Wunschmaschine*, deren Eigenschaft die nie vollendete Produktion von Wünschen ist, und die „immerfort das Produzieren zu produzier[t]"[213]. Auch das Lesen, im Bund mit der

212 Zum Zufall Elke Brüns: „So wird in Anton Reiser zwar eine Kasuistik des Seelenkranken aus Sozialisation und sozialem Stand entwickelt, eines bleibt aber nicht ableitbar: der Zufall, genau in diese Existenz geboren zu sein." Brüns 2008, S. 70.

213 Vgl. dazu Deleuze, Gilles & Guattari, Félix: Anti-Ödipus. Kapitalismus und Schizophrenie I. Frankfurt/M, 5. Aufl. 1988, S. 13. Bei Deleuze und Guattari ist der Kontext und theoretische Bezugsrahmen allerdings ganz anders; entwickeln sie den Begriff der ‚Wunschmaschine' doch im Zusammenhang einer Analyse der Gesell-

Einbildungskraft, hält Anton Reisers Wunschmaschine in Bewegung. Es ist kein Zufall, dass seine Leselust meist in der Metaphorik des Hungers und Essens beschrieben wird. Lesen ist bereits für das kleine Kind Anton Reiser ein „Genuss" (AR 19). Die Romane der Mutter und der Base „verschlang" er hinter dem Rücken seines Vaters „mit unersättlicher Begierde" (AR 35). Das Wort *verschlingen* beschreibt Anton Reisers Leseverhalten als lustgetriebenes Einverleiben des Buches. Das Buch wird dem Subjekt einverleibt, wird zum Teil seines Körpers. Während der Schulzeit nimmt Anton Reisers „Bedürfnis" zu lesen die Züge einer Sucht an, was sich im Vergleich mit dem Genuss von Opium (AR 195) zeigt. „Wenn es ihm an einem Buche fehlte, so hätte er seinen Rock gegen den Kittel eines Bettlers vertauscht, um nur eins zu bekommen." (AR 195). Während Anton Reiser verarmt, macht der Antiquarius ein gutes Geschäft, indem er „ihm nach und nach alle seine [bereits gelesenen, M. L.] Bücher ablockte, und sie oft in seiner Gegenwart sechsmal so teuer wieder verkaufte, als er sie ihm abgekauft hatte." Statt dem Unterricht zu folgen, liest Anton Reiser „nichts anderes als Romane und Komödien". Sein Hunger nach Lektüre hat jedoch für seinen Körper unmittelbare Folgen. Anton Reiser vernachlässigt sein Äußeres und nimmt den Zerfall seines Körpers in Kauf, „denn das Bedürfnis zu lesen ging bei ihm Essen und Trinken und Kleidung vor" (AR 195f.). Das maßlose Einverleiben von Büchern hat also umgekehrt den Effekt, das Anton Reisers Körper schwindet. Sein Köper verschiebt sich in die Bücher, welche ihrerseits zu Buchkörpern werden.

Doch Anton Reiser kann seinen Körper nicht grenzenlos zu Gunsten seiner Wunschmaschine missachten. Der Roman erzählt immer wieder von Momenten, in denen sich der Hunger als Dimension des Realen nicht mehr übersehen lässt. Dann stellt sich der Körper Anton Reisers Wünschen in den Weg. Dies geschieht auf der Reise nach Erfurt. Anton Reiser ist schon seit Wochen zu Fuß unterwegs. Auf der vergeblichen Suche nach einer Theatertruppe, die ihn aufnimmt, hat er sein ganzes Geld verbraucht:

> Als Reiser nun hier am andern Morgen seinen Dreier Schlafgeld bezahlt hatte, war sein Vermögen bis auf neun Pfennige geschmolzen; und nun fing er an, auf einmal sich so erschöpft zu fühlen, da rohe Wurzeln schon seit mehreren Tagen seine einzige Kost gewesen waren, dass der Gedanke an eine Meile, die er gehen sollte, ihn mit Schrecken erfüllte; denn er fühlte sich an diesem Morgen wie gelähmt, und der Raum zwischen Mühlhausen

---

schaft und ihrer ökonomisch-psychischen Prinzipen. Das Prinzip der unendlichen Produktion der Wunschmaschine passt aber so gut zur Figur Anton Reiser, dass die Anwendung des Begriffs auch auf ein einzelnes Subjekt sinnvoll ist.

und hier kam ihm wie eine furchtbare Wüste vor, durch die er ohne einen Labetrunk und ohne Stärkung reisen sollte. (AR 422)

Der Hunger reißt Anton Reiser aus seinen Phantasien und macht die nächste Etappe der Reise zum unüberwindbaren Hindernis. Die Auswirkungen des bohrenden Hungers, den rohe Wurzeln nicht zu stillen vermögen, sind nicht zu übergehen. Ohne Nahrung fehlt Anton Reiser die Kraft zu gehen, er ist erschöpft und gelähmt. Der Hunger drängt sich in den Mittelpunkt seiner selbst und vertreibt alle anderen Gedanken und Antriebskräfte. Dadurch wird aus dem modernen Subjekt, das reisend die Welt erkundet, nurmehr ein armer Mensch. In einem ungeheuren Kraftakt erreicht Anton Reiser Erfurt schließlich doch, begleitet und angetrieben von einem mitreisenden Schuhknecht und „bis zum Hinsinken ermattet" (AR 424).

Anton Reiser kämpft mit Hartnäckigkeit und Willenskraft gegen die Begrenzungen, die ihm sein Körper auferlegt, er leidet, hungert und reißt sich zusammen. Doch immer wieder kommt der Moment, wo ihn Körper und gefühlter Mangel überwältigen:

Endlich aber, nachdem er zum erstenmale drei Tage, ohne zu essen zugebracht, und sich den ganzen Tag über mit Tee hingehalten hatte, drang der Hunger mit Ungestüm auf ihn ein, und das ganze schöne Gebäude seiner Phantasie stürzte fürchterlich zusammen – er rannte mit dem Kopfe gegen die Wand, wütete und tobte, und war der Verzweiflung nahe, da sein Freund Philipp Reiser, den er so lange vernachläßiget hatte, zu ihm hereintrat, und seine Armut, die freilich auch nur in einigen Groschen bestand, mit ihm teilte. (AR 218)

Drei Tage lang unterwirft Anton Reiser mit eiserner Disziplin[214] seinen Körper seinem Willen oder vielmehr seiner Not und hält ihn mit Tee hin. Doch dann überwältigt ihn das „Ungestüm" des Hungers und lässt das „ganze schöne Gebäude seiner Phantasie" zusammenstürzen. Nun wendet sich die Beherrschung des Körpers ins Gegenteil: Anton Reiser verliert die Kontrolle, „er rannte mit dem Kopfe gegen die Wand, wütete und tobte" – bis Rettung in der Gestalt sei-

214 Die Geschichte über Anton Reiser und die Ausbeutung seines Körpers bietet Einblick in zahlreiche Formen der Disziplinierung des Körpers, sei dies nun soziale Disziplinierung durch Erziehungsmethoden in der Schule, Ausbeutung des Körpers bei der Arbeit oder Normierungsdruck im Hinblick auf die äussere Erscheinung (Kleider) oder aber die Formen der Selbstdisziplinierung, welche Anton ausübt, teilweise aus Not, teilweise weil er die ‚idealische Welt' höher gewichtet als den Körper.

nes Freundes Philipp Reiser erscheint. Dass der Freund gerade im Moment der abgrundtiefen Verzweiflung zu Anton Reiser hereintritt, verleiht der Szene den Anschein des Wunderbaren, der unerwarteten Rettung aus großer Not. Dieses Wunderbare wird jedoch sogleich wieder relativiert durch die Tatsache, dass Philipp Reiser selbst auch nur einige Groschen besitzt, die nicht ausreichen, um den Hunger der beiden anhaltend zu stillen.

Im Hunger prallen innere Welt und die äußere Welt aufeinander. Der Hunger untergräbt die Autonomie des Subjekts. Der hungernde Körper setzt der dichtenden und denkenden Einbildungskraft, seinen Wünschen und Zielen eine absolute Grenze und erweist sich damit als unverfügbar. Diese Unverfügbarkeit des Körpers kann einerseits als „Einspruch"[215] gegen Besitz- und Machtansprüche gelesen werden, wie sie sich in dein gesellschaftlichen Disziplinierungsformen manifestieren, welche der Roman ebenfalls aufzeigt, und andererseits als Einspruch gegen den Machtanspruch des souverän auf seinen Gegenstand blickenden Erzählers. Die Unverfügbarkeit des Körpers von Anton Reiser schwächt auch die Position des Erzählers. Auf diese Weise hat der Körper Konsequenzen für das Erzählexperiment *Anton Reiser* insgesamt. Durch die Inszenierung von Anton Reiser als Körpersubjekt und durch die differenzierende Darstellung des verunsichernden Komplexes des Körpers kritisiert der Roman das aufklärerische Ideal einer erfolgreichen Selbsttechnik als Selbstermächtigung.

> So wie sein Körper immer weniger Nahrung erhielt, verlosch allmählich seine ihn sonst noch belebende Phantasie, und sein Mitleid über sich selbst verwandelte sich in Hass und Bitterkeit gegen sein eignes Wesen. (AR 218)

Durch Mangel und Hunger verlöscht auch die Phantasie, die Anton Reiser sonst tröstet und vorantreibt. Dieser Verlust sowie seine Schwäche wirken sich wiederum auf Anton Reisers Wendung zu sich selbst aus. Er beginnt sich selbst zu hassen. Wenn sich der Körper seiner Verfügungsmacht entzieht, verliert Anton Reiser die Vorstellungen davon, was er aus sich machen könnte und auf diese Weise auch seine Subjektivität. Hunger unterbricht jede Selbsttechnik brutal.

Die Körperreflexion in *Anton Reiser* zeigt aber auch, dass es Subjektivität ohne Körper nicht gibt. Indem Anton Reisers Körper sich immer wieder als Störung bemerkbar macht und in Wechselwirkung mit seinem Inneren dargestellt wird, beansprucht er Zugehörigkeit zum Komplex der Subjektivität und entfaltet kriti-

215 Barkhaus, Annette & Fleig, Anne: Körperdimensionen oder die unmögliche Rede von Unverfügbarem. In: Dies. (Hrsg.): Grenzverläufe. Der Körper als Schnitt-Stelle. München 2002, S. 22.

sches Potenzial gegenüber rationalen und vernunftoptimistischen Konzeptionen des Menschen.

Kein „Körper ohne Fehl": Anton Reisers Körper

Der Körper wird in *Anton Reiser* mehrdimensional reflektiert: als Erfahrung, als Problem, als Phänomen und als Grundlage der Wahrnehmung. Für die Figur Anton Reiser gibt es keine Subjektivität ohne Körper. Körper und Subjektivität bilden einen Zusammenhang. Um diesen vielschichtigen Komplex etwas besser zu erfassen, sollen hier zwei grundsätzliche Dimensionen des Körpers, wie er in *Anton Reiser* verhandelt wird, unterschieden werden.

Einerseits erscheint der *Körper als Medium*, in dem und durch den sich Anton Reisers Subjektivität vollzieht; sei dies als unbewusste Grundlage aller Wahrnehmung und Medium des Denkens und Grundlage der Ordnung, nach welcher das Subjekt die Welt strukturiert. Der Körper als Medium ist untergründig präsent und zeigt sich in den vielen Wechselwirkungen zwischen Innerem und Äußerem, von Seele und Körper. Anton Reiser wird diese körperliche Grundlegung von Subjektivität nie los, obwohl es manchmal „wie ein Berg auf ihm lag" (AR 255), dass er „alle Tage *mit sich aufstehen, mit sich schlafen gehen*, [...] dass er nun unabänderlich er *selbst* sein *musste*, und kein anderer sein *konnte*, dass er in sich selbst eingeengt, *eingebannt* war" (AR 256), weil seine Existenz mit diesem Körper verbunden ist.

Die andere Dimension von Körper kommt dann zur Sprache, wenn sich Anton Reiser als Subjekt sich selbst zuwendet und wahrnimmt. Subjektivität als Wendung des Subjekts zu sich selbst schließt auch das Verhältnis zum eigenen Körper ein. Wie bereits früher erwähnt, stellt sich das Subjekt selbst als Gestalt, als Körper vor. Diese Vorstellung von sich selbst bleibt jedoch im Bereich der Imagination, da sich niemand je vollständig von außen sehen kann. Das eigene Spiegelbild ist stets zweidimensional und seitenverkehrt. Das Subjekt objektiviert seinen Körper, indem es ihn imaginiert. Es blickt auf sich selbst, als ob es von außen blicken würde. Innen und außen, Subjekt und Selbstbild geraten damit in ein Verhältnis des *als ob*. Wenn wir also in diesem Sinn vom Körper des Subjekts (von einem Subjekt *mit* Körper) sprechen, haben wir es immer mit einem Körper*bild* zu tun. Körperbilder sind sowohl imaginär als auch symbolisch im Sinne von Birgit Erdle. Wie wir später noch genauer sehen werden, zeichnen sich die Körperimaginationen von Anton Reiser aber eher durch Zerstückelung denn durch Ganzheit aus. Anton Reises symbolischer Körper erscheint als abgespalteter und verdrängter.

Stefan Rieger hat das Problem des Körperverhältnisses des Subjekts aus anthropologischer Perspektive am psychologischen Diskurs kurz nach 1800 aufgearbeitet, indem er es als „Steuerungswissen" beschreibt:

> Die philosophische Frage nach jenem Ich, das alle Vorstellungen begleiten und zugleich die Verbindung des Körpers mit der Totalität der kognitiven Prozesse garantieren können soll, wird immer stärker Gegenstand auch der empirischen Psychologie. Deren Forschungen sind allesamt, wenn auch unterschiedlich spekulativ, um die Frage zentriert, wie ein Mensch verwaltet wird oder genauer: wie ein Mensch in die Lage versetzt werden soll, sich selbst zu verwalten. So werden in unterschiedlichen Diskursen Spekulationen angestellt, die um ein spezifisches Steuerungswissen des Menschen kreisen, ein Wissen, das als unbewusstes Wissen den Körper in die Pflicht einer Selbsttechnik nimmt, das Zusammenspiel unterschiedlicher Körperfunktionen regelt und dabei der Tatsache Rechnung trägt, dass der Mensch ein in Echtzeit operierender datenverarbeitender Prozess ist.[216]

Ohne alle Implikationen des Konzepts „Steuerungswissen" für die Vorstellung des Menschen zu übernehmen, wird hier doch deutlich, wie schwierig sich das Selbstverhältnis für ein modernes Subjekt gestaltet, wenn es sich der komplexen Funktionen seines Körpers sowie seiner geistigen Prozesse bewusst zu sein versucht. Wie kann ein Subjekt aus dem Wissen über all die verschiedenen Prozesse die Vorstellung einer Ganzheit seiner selbst gewinnen?

Anton Reiser versucht dies gar nicht erst. In seinen Versuchen der Selbsterforschung geht es ihm nicht darum, sich selbst als Ganzheit zu sehen. Er verspricht sich in keiner Weise von der Hinwendung zum eigenen Körper Aufschluss darüber, *wer* er ist. Sein Körper wird nicht zum Gegenstand der Selbst-Erforschung, sondern abgespaltet. Dies liegt daran, dass Anton Reisers Körpererfahrungen durchwegs negativ sind. Er erlebt seinen Körper als schmerzend, hungrig, beschämend und unpassend, also immer als Leiden oder Unbehagen verursachend. Sein Körper setzt sich Anton Reiser entgegen. Dies führt in der Wechselwirkung wiederum dazu, dass er „sein Äußeres ganz vernachläßigte; denn es war sehr natürlich, dass Reiser keine Lust zu seinem Körper hatte, da er doch niemandem in der Welt gefiel". (AR 195) Weil Anton Reiser „keine Lust zu seinem Körper hat", versucht er ihn zu übersehen und sein Selbstverhältnis ohne den Körper zu gestalten. Sein unpassender, armseliger und gar liederlich anzusehender Körper kann keinen Hinweis darauf geben, *wer* Anton Reiser ist.

---

216 Rieger, Stefan: Die Kybernetik des Menschen. Steuerungswissen um 1800. In: Vogl, Joseph (Hrsg.): Poetologien des Wissens um 1800. München 1999, S. 98f.

In der Abspaltung seines Körpers liegt auch ein Grund für das Scheitern von Anton Reisers Selbsterkenntnis. Er verkennt sich, indem er seinen Körper übersieht.

Die „Vernachläßigung seines Äußeren" bezieht sich somit einerseits auf den Umgang mit seinem eigenen Körper im Sinne von Michel Foucaults *souci de soi* und andererseits auch auf die Nicht-Wahrnehmung seines Körpers im Rahmen der Selbstreflexion. Anton Reiser vernachläßigt seinen Körper nicht nur, indem er ihm die Nahrung verweigert, sondern auch, indem er ihn nicht wahrnehmen und nicht als sich selbst anerkennen will. Weil er seinen Körper solchermaßen von ‚sich' abspaltet, kann dessen Schwinden mit eigentümlich positiven Gefühlen beobachten: „Mit einer Art von schrecklichem Wohlbehagen, sahe er seinen Körper eben so gleichgültig wie seine Kleider von Tage zu Tage abfallen." (AR 219) Der abmagernde Körper ist Anton Reiser genauso gleichgültig wie seine Kleider. Sein Schwinden verursacht ihm ein eigentümliches Wohlbehagen. Dieses masochistisch anmutende Gefühl ist symptomatisch für das problematische Verhältnis Anton Reisers zu seinem Körper. Diese drastische Spaltung seiner selbst von seinem Körper trägt durchaus gewaltsame Züge. Durch die Abspaltung kann das Subjekt den Körper aber nicht als Problem beseitigen. Bereits im vorhergehenden Kapitel hat sich der Hunger als Körper*erfahrung* gezeigt, die sich den Absichten und der Verfügungsmacht des Subjekts widersetzt. Auf diese Weise untergräbt der Körper als Medium – der Erfahrung der Welt, aber auch der Selbst-Erfahrung, als Subjektivität – die Stabilität des symbolischen, im Fall von Anton Reiser abgespalteten Körpers. Das Verhältnis des Subjekts zu seinem Körper besteht nicht allein in seiner Körperimagination. Vielmehr zeigt sich der Körper auch als Dimension realer Erfahrung und prägt das Subjekt auf *andere* Weise.

In der folgenden Romanpassage wird sichtbar, wie der Körper als Medium von Subjektivität das Subjekt *mit* Körper stört. Obwohl Anton Reiser der Beschädigung seines Körpers mit Wohlbehagen zusieht und der Wunschvorstellung von dessen Verschwinden nachhängt, verschwindet sein Körper nämlich nicht, sondern wird immer wieder durch unerwünschte Effekte spürbar. So leidet Anton Reiser in jenem Sommer, in welchem er die „Wonne des Denkens" entdeckt, philosophiert, sich Französisch beibringt und Shakespeare liest, unter „immerwährenden Kopfschmerzen" (AR 250). Die intellektuelle Tätigkeit ist von anhaltenden Schmerzen grundiert. Natürlich kann Anton Reiser seine Kopfschmerzen nicht dauernd bewusst wahrnehmen, ebenso wenig wie der Erzähler dauernd von ihnen erzählen kann, denn dann wäre für das Erzählen anderer Dinge im Text kein Raum mehr. Vielmehr wird der Schmerz zur Gewöhnung oder verdrängt. „Dabei dauerten seine Kopfschmerzen immer fort – allein er gewöhnte sich zuletzt so daran, dass ihm sein Zustand ordentlich gefährlich oder *unnatürlich* vorkam, wenn er einen Tag einmal keine Kopfschmerzen hatte.“ (AR 261) Anton Reisers geistige Aktivität und Produktivität beruht auf einer dauernden latenten Präsenz von Schmerz.

Die Zweideutigkeit des Körpers konstituiert das Subjekt Anton Reiser untrennbar: Einerseits gestaltet sich Anton Reiser als lernendes, denkendes und ästhetisch wahrnehmendes Subjekt, welches das Bild seines Körpers verdrängt, und andererseits erfährt er seinen Körper pausenlos als „immerwährende Kopfschmerzen“. Die Schmerzen betreffen Anton Reiser jenseits der symbolischen Ordnung der Sprache. Indem er sich an sie gewöhnt, macht er es unnötig, von ihnen zu sprechen. Denn es wäre unmöglich, die Schmerzen in diejenige symbolische Ordnung einzufügen, in welcher sich das intellektuell und imaginativ produktive Subjekt bewegt. Der Schmerz würde Anton Reiser vollständig absorbieren, denn „Schmerz fragmentiert unsere leibliche Selbstwahrnehmung: Er hebt bestimmte Körperregionen hervor und lässt andere verschwinden.“[217] Die Schmerzen markieren den Kopf als *Organ* des Denkens. Das Denken findet *im* Körper statt und wird somit als körperlich ausgewiesen. Schmerz erscheint als Symptom des Denkens.

Gleichzeitig markiert das Problem des Schmerzes auch die Grenzen der Sprache, auf die ein Subjekt stößt, wenn es seine Schmerzen oder andere Körpererfahrungen in Sprache fassen möchte: „Die eigenleibliche Schmerzerfahrung ist radikal subjektiv, ihre Unmittelbarkeit sprachlich nicht einholbar.“[218] Schmerzen prägen die innere Körpererfahrung des Subjekts. Die Wirkung des eigenen Körpers gegen aussen, d.h. die Wahrnehmung der eigenen Gestalt durch andere, wirkt ebenso auf die Körpererfahrung und die Konstruktion eines symbolischen Körpers zurück. In Erfurt durchkreuzt ein für alle Augen sichtbares Geschehen Anton Reisers Pläne und Bild von sich selbst. Er will Schauspieler werden und probt mit einem Freund ein Theaterstück:

> Er schrieb sich also seine Rolle auf, und lernte sie auswendig. Er war wirklich in der Aussicht auf seine theatralische Laufbahn vollkommen glücklich, als eine Bemerkung, die unter diesen Hoffnungen die fürchterlichste für ihn war, ihn mit Angst und Schrecken erfüllte. Ihm war es, wie einem, den des Satans Engel mit Fäusten schlüge: er bemerkte, dass ihm der Verlust seines Haars drohte.
>
> Gerade jetzt also, da er einen Körper ohne Fehl am notwendigsten brauchte, betraf ihn dieser Zufall, der ihn schon im voraus gegen sich mit Abscheu erfüllte. (AR 471)

217 Frei Gerlach 2003, S. 92.

218 Ebd.

Gerade jetzt – droht Anton Reiser der Verlust seines Haars. Dies bedeutet eine einschneidende Veränderung seiner äußeren Erscheinung. Erstens erscheint Anton Reiser sich selbst nicht mehr als ‚der Gleiche'. Der Verlust der Haare bringt sein Körperbild ins Wanken. Dieser symbolische Körper wiederum ist zentral für die Zuschreibung von Identität und somit für den Selbstbezug des Subjekts. Die „Abscheu" gegen sich, welche Anton Reiser spürt, hat mit einer tiefen Verunsicherung zu tun, welche die fehlende Übereinstimmung der Körperimagination mit dem, was das Subjekt von sich im Spiegel sieht, auslöst: Bin ich ohne Haare noch ich selbst?

Zweitens wäre Anton Reisers Entstellung bei einem Auftritt auf der Bühne für alle sichtbar. Als Schauspieler ist Anton in besonderem Maß auf einen „Körper ohne Fehl" angewiesen.[219] Doch ausgerechnet jetzt widersetzt sich dieser Körper den Ansprüchen, die an ihn gestellt werden. Der Verlust der Haare entblößt Anton Reiser und weist zugleich den Körper und körperliche Schönheit als kontingent aus.

Im Roman Anton Reiser bleibt der Körper zweideutig. Er zeigt sich einerseits als Körperbild des Subjekts und andererseits als unhintergehbares Medium, in welchem sich Anton Reisers Subjektivität vollzieht.

Mann mit Körper

Deutet man den Haarverlust als Verlust an Schönheit und sexueller Attraktivität, führt diese Szene bildlich vor, was andernorts zum problematischen Verhältnis Anton Reisers zu Sexualität erwähnt ist. Anton Reiser langweilt sich nämlich immer, wenn er sich Philipp Reisers „verliebte Launen" anhören muss. Ihm selbst würde es nie einfallen,

> sich für die Liebe eines Mädchens zu erwerben, weil er es für ganz unmöglich hielt, dass ihm bei seiner schlechten Kleidung, und bei der allgemeinen Verachtung, der er ausgesetzt war, je ein solcher Versuch gelingen würde. –

219 Der drohende Haarausfall ist nicht der einzige körperliche Grund für das Scheitern von Anton Reisers Schauspielerkarriere. Sein Körper ist auch sonst nicht „ohne Fehl": Und ein andermal, als von Goethen gesprochen wurde, sagte Eckhof, er sei ohngefähr von Reisers Statur, aber gut physiognomiert, welches aber allein schon den Schauspieler in Reisern ganz vernichtet haben würde, wenn nicht Eckhof gleich darauf zufälliger Weise ihm wieder etwas Aufmunterndes gesagt hätte [...]. (AR 405f.)

Denn so wie er die Verachtung, welche auf seinen Geist fiel, gleichsam mit zu sich selber rechnete, so rechnete er auch die schlechte Kleidung mit zu seinem Körper, der ihm denn eben so wenig liebenswürdig, als sein Verstand achtungswürdig vorkam. – Kurz, es war ihm der ungercimteste Gedanke von der Welt, dass er je von einem Frauenzimmer geliebt werden sollte. (AR 270)

Angesichts der erfahrenen Verachtung erscheint ihm die Vorstellung, von einer Frau geliebt zu werden, völlig abwegig. Er hat „gänzlich Verzicht darauf getan [...], je zu gefallen" (AR 318). Anton Reiser schließt die Möglichkeit von Liebe und Erotik aus seinem Leben aus und macht sie zur Leerstelle. Damit verzichtet er auf ein Potenzial des Körpers, das ebenso beflügelnde wie verstörende, in jedem Fall aber unkontrollierbare Auswirkungen haben könnte. Doch mit einer Verzichterklärung auf erotisches Begehren ist dieses natürlich nicht einfach aus der Welt geschafft. Die Ökonomie des Begehrens bleibt unter dem Zeichen des Mangels vielmehr weiter wirksam, wie dies bereits im Kapitel *Hunger* beschrieben wurde. Anton Reisers Begehren richtet sich auf andere als erotische Ziele, nämlich vor allem auf das Lesen und die Kunstformen des Dichtens oder Theaterspielens. Dabei zieht ihn eine phantasmatische Vorstellung von Dichtersein oder Schauspielersein an und weniger die eigentliche künstlerische Tätigkeit. Auch die Reisen folgen der Bewegung von Anton Reisers unerfüllbaren, sich immer neue Ziele suchenden Begehren. Auf der Ebene des Begehrens verdrängt Anton Reiser also seinen Körper, sondern lenkt es auf Ersatzziele, ohne jedoch die Dynamik seiner Wunschmaschine zu unterbrechen.

Auf einer anderen Ebene erklärt der Erzähler Anton Reisers Verzicht auf erotische Liebe, nämlich auf der Beziehungsebene. Anton Reiser hat einen von Geburt an konstitutiven Mangel an Anerkennung verinnerlicht. Wie der Roman deutlich macht, muss man, um lieben zu können und sich liebenswürdig zu wissen, zuerst geliebt werden. Anton Reiser hat das Gegenteil erlebt und kann sich nun nicht mehr vorstellen, dass er jemandem liebenswürdig und attraktiv erscheint.

Es fällt jedoch auf, dass dieses relationale Modell liebevoller Beziehungen vor allem im Hinblick auf Frauen unmöglich ist, also dann, wenn eine erotische und somit eine ganz spezifische Körperdimension mitspielt. Freundschaften mit Männern, allen voran mit Philipp Reiser, sind dagegen selbstverständlich Teil von Anton Reisers Leben. Dies wurde in der Rezeption auch als ein Zeichen für die unterschwellige Homosexualität Anton Reisers gelesen. In diesem Fall wäre auch die Homosexualität im Zusammenhang mit der Unsicherheit über die Frage der Geschlechtsidentität zu sehen. Doch dieser Erklärungsansatz greift für Untersuchung der Frage nach der Subjektivität und Männlichkeit Anton Reisers zu kurz. Dimensionen von Körper und Geschlecht werden im Roman selbst komplexer verhandelt. Lothar Müller kommentiert die Lesart der Homosexualität – jedoch nicht nur mit Blick auf Anton Reiser, sondern problematischerweise mit gleichzeitigem Blick auf den Autor Moritz – folgendermaßen:

> Das Schweigen über die Triebnatur des Helden lässt sich als entweder bewusste oder unbewusste Chiffrierung der homosexuellen Orientierung des Autors deuten. [...] Bei allen biographischen Belegen [...] bliebe freilich die Diagnose der Verdrängung latenter oder praktizierter Homosexualität eine zu enge Hypothese hinsichtlich der auffälligen Körperdistanz in Moritzens Werk. Sie könnte manches Schweigen und auch Verschweigen erklären, wäre aber kein Schlüssel für die zahlreichen Spekulationen und Reflexionen, in denen die Körperwelt, wenn auch als Negativum, zur Sprache kommt. In ihnen reagiert weniger die Angst, den Körper zu verraten, als die Angst davor, überhaupt Körper zu sein.[220]

Die Erzählung dieser Männerfreundschaften greift die Präfiguration des empfindsamen Freundschaftskultes auf. Dabei werden die freundschaftliche Nähe und der gegenseitige Austausch von Empfindungen sowohl gefeiert als auch parodistisch reflektiert.

> Nach und nach aber bildete sich bei ihm eine ordentliche Liebe und Anhänglichkeit an den jungen N..., welche durch dessen wahre Freundschaft für Reisern immer vermehrt wurde, so dass sie sich immer mehr, auch in ihren Torheiten, einander näherten, und von ihrer Melancholie und Empfindsamkeit sich wechselweise einander mitteilten.
> Dies geschahe nun vorzüglich auf ihren einsamen Spaziergängen, wo sie nur gar zu oft zwischen sich und der Natur eine Szene veranstalteten, indem sie etwa bei Sonnenuntergang die Jünger von Emaus aus dem Klopstock lasen, oder an einem trüben Tage, Zachariäs Schöpfung der Hölle, usw. [...]
> Hier saßen nun auch N... und Reiser oft Stunden lang, und lasen sich aus irgend einem Dichter wechselweise vor; welches die meiste Zeit eine wahre Mühe und Arbeit, und ein peinlicher Zustand für sie war, den sie sich aber einander nicht gestanden [...].
> Wenn man erwägt, wie viele kleine Umstände sich ereignen müssen, um das Stillsitzen und Lesen unter freiem Himmel angenehm zu machen, so kann man sich denken, mit wie vielen kleinen Unannehmlichkeiten N... und Reiser, bei diesen empfindsamen Szenen kämpfen mussten: wie oft der Boden feucht war, die Ameisen an die Beine krochen, der Wind das Blatt verschlug, usw. (AR 455f.)

220 Müller 1987, 291f.

Die Freundschaft zwischen Anton Reiser und Philipp Reiser geht jedoch über den empfindsamen Freundschaftskult hinaus. Sie wird als Schicksalsgemeinschaft zweiter unterschiedlicher Menschen geschildert, die sich auf einer Basis der Gleichheit begegnen. Walter Gartler deutet Philipp Reiser als „glücklicheren Doppelgänger"[221] Anton Reisers. Philipp Reiser stellt sicher einen Gegenentwurf zu Anton Reiser dar, doch die Beziehung der beiden, gerade in den Unterschieden ihrer Persönlichkeit, wird im Roman so differenziert verhandelt, dass sie über eine Alter-Ego-Beziehung hinausgeht.

Im Kontrast zu den Männerfreundschaften erscheint der Bereich der erotischen Liebe zu Frauen ungleich prekärer. Die abgewiesene Möglichkeit der Liebe markiert einen undurchschauten Komplex von Körper, Geschlecht, verdrängtem Begehren und Subjektivität. Dass Anton Reiser auf die Möglichkeit des erotischen Begehrens überhaupt „verzichtet" – und tatsächlich weiss auch der ins Unbewusste Anton Reisers blickende Erzähler nichts von Liebe und erotischen Sehnsüchten zu berichten[222] – weist auf eine tiefgreifende Unsicherheit im Hin-

221 „Eine komplementäre Ausdehnung wie Präsenz gewinnt die im Namen Anton Reisers auf einen blossen Punkt eingeschränkte Liebe jedoch, wenn im Roman von dessen romantischem Doppelgänger, also von Philipp Reiser, und von dessen wechselvollen Liebesgeschichten die Rede ist. In der Gestalt des glücklicheren Doppelgängers zieht der Erzähler selbstkritisch dasjenige ins Kalkül, was als triebökonomische Alternative zu Anton Reisers zölibatären Wunschmaschinen in dessen Lebensgeschichte ohne Zukunft hat bleiben müsse". In: Gartler, Walter: Unglückliche Bücher oder die Marginalität des Realen. Eine Untersuchung im Vorfeld des deutschen Idealismus. Wien 1988, S. 78.

222 Ausserdem ist Anton Reiser im Hinblick auf Sexualität völlig ahnungslos: „Er hatte bei seinem Religionsunterricht auf dem Seminarium zwar schon von allerlei Sünden gehört, wovon er sich nie einen rechten Begriff machen konnte, als von Sodomiterei, stummen Sünden, und dem Laster der Selbstbefleckung, welche alle bei der Erklärung des sechsten Gebots genannt wurden, und die er sich sogar aufgeschrieben hatte. Aber die Namen waren auch alles, was er davon wusste; denn zum Glück hatte der Inspektor diese Sünden mit so fürchterlichen Farben gemalt, dass sich Reiser schon vor der Vorstellung von diesen ungeheuern Sünden selbst fürchtete, und mit seinen Gedanken in das Dunkel, welches sie umhüllte, nicht einzudringen wagte. – Überhaupt waren seine Begriffe von dem Ursprung des Menschen noch sehr dunkel und verworren, ob er gleich nicht mehr glaubte, dass der Storch die Kinder bringe. – Seine Gedanken waren gewiss damals rein; denn ein gewisses Gefühl von Scham, das ihm natürlich zu sein schien, war Ursach, dass er weder mit deinen Gedanken über dergleichen Gegenstände verweilte, noch sich mit seinen Mitschülern und Be-

blick auf seine Geschlechtsidentität hin. Anton Reiser ist eine verunsicherte männliche Figur. Die Verunsicherung wird nur in dem Grad manifest, in welchem Körper und körperlich markierte Liebe für Anton Reiser zum Problem werden.

Subjektivität und Männlichkeit

Anton Reisers Verunsicherung im Hinblick auf seine Männlichkeit ist für diese Studie virulent, weil sich die Konzeption von Subjektivität mit derjenigen von Männlichkeit überkreuzt. Dass die Frage: *Wer bin ich?* auch die Frage nach dem Geschlecht bedingt, liegt daran, dass sich das Problem der Geschlechterdifferenz als spezifisch modernes Problem und als grundlegendes Merkmal von Identität entwickelt hat.[223] Ein modernes Subjekt kann sich nicht auf sich selbst beziehen, ohne die Differenz *weiblich/männlich* auf sich selbst anzuwenden, von den sozialen Zuordnungen gar nicht zu reden. Das Problem der Geschlechterdifferenz stellt sich auch Anton Reiser.

Der arme und schlecht gekleidete Junge hat nicht das selbstverständliche Aussehen eines Mannes. Das Armselige und Unpassende seiner Erscheinung beschämt ihn und macht ihn zum Objekt von Spott und Verachtung. Außerdem verbindet sich seine unpassende Erscheinung auch mit der Übernahme spezifisch weiblicher Aufgaben. So wird Anton Reiser als Kind dazu angehalten,

> die Dienste der niedrigsten Magd [zu] verrichten.
> Er musste Wasser tragen, Butter und Käse aus den Kramläden holen, und wie ein Weib mit dem Korbe im Arm auf den Markt gehen, um Esswaren einzukaufen.
> Wie innig es ihn kränken musste, wenn alsdann einer seiner glücklichen Mitschüler hämischlächelnd vor ihm vorbeiging, darf ich gar nicht erst sagen. (AR 45)

---

kannten darüber zu unterreden wagte. Auch kamen ihm seine religiösen Begriffe von Sünde wohl hierbei zu statten.“ (AR 146f.)

223 Claudia Honegger zeigt die Entwicklung der modernen Geschlechterdifferenz im Spannungsfeld von philosophischen Subjektentwürfen und anthropologischer Naturwissenschaft auf. Interessant ist ihr Hinweis darauf, dass der Entwurf des Allgemein-Menschlichen im 18. Jahrhundert durch ein zweites „für die Moderne gleichermassen konstitutives Deutungsschema konterkariert“ wurde: das der Differenz der Geschlechter. Durch das Problem der Geschlechterdifferenz entstand eine eigentümliche „Verschlingung von Differenzierung und Entdifferenzierung im Herz der Moderne“. Honegger, Claudia: Die Ordnung der Geschlechter. Die Wissenschaften vom Menschen und das Weib. Frankfurt/M; New York 1991, S. 1.

Anton Reiser muss die Rolle einer Magd einnehmen und als solche sichtbar in der Öffentlichkeit auftreten. Dies ist gleich doppelt beschämend.[224] Einerseits bedeutet Dienstbotenarbeit eine soziale Degradierung. Andererseits beschämt Anton Reiser besonders die weibliche Markierung der Arbeiten. „Wie ein Weib“ geht er mit dem Korb am Arm zum Markt. Die Kränkung ist deshalb so groß, weil Anton Reiser seine weibliche Rolle als peinlich empfindet und davon ausgeht, dass sie ihn in den Augen seiner Mitschüler lächerlich macht. Anton Reiser will nicht als weiblich wahrgenommen werden. Doch über seine Männlichkeit ist er sich ebenso wenig gewiss. Weil er im Wissen um sein erbärmliches Aussehen annimmt, seine Erscheinung werde von den anderen als unmännlich wahrgenommen wird, ist es ihm unmöglich, sich selbst als männlich zu sehen. Anton Reisers Körper tritt nicht als unproblematischer und männlicher in Erscheinung, sondern als schwach, negativ und mangelhaft – und damit als unmännlich. Diese Erfahrungen des Defizitären bringen Anton Reisers Körper überhaupt erst hervor und rücken ihn in den Bereich bewusster Wahrnehmung.

Die negative Markierung des Körpers positioniert Anton Reiser außerhalb der gesellschaftlichen Norm, welche sich am neuzeitlichen Prototyp des weißen Mannes orientiert, dessen Körper unmarkiert ist und dessen Status unproblematischer Männlichkeit/Menschlichkeit normalerweise gar nicht zur Wahrnehmung und Darstellung gelangt.[225] Das Konzept neuzeitlicher Männlichkeit blendet den Körper aus. Indem Anton Reiser nun als Mann *mit* einem Körper dargestellt wird, wird er zu einer problematischen männlichen Figur. Dies manifestiert sich auch in Anton Reisers Verunsicherung darüber, was es heißt, ein ‚Mann‘ zu sein. Seine Körpererfahrungen, seine innere Geschichte, seine Erfahrungen in der sozialen Welt, Demütigung und psychische Verletzung untergraben die Möglichkeit einer positiven Identität. Das Fehlen einer selbstverständlichen ‚männlichen‘ Markierung seiner Person, ist mit der Unsicherheit in Bezug auf sich selbst verquickt, und es undurchschaubar, was nun Grund wessen ist. Auf diese Weise

224 An der Geschichte Anton Reisers liesse sich die Intersektionalität von Diskriminierung bestens aufzeigen.

225 Nicht nur im Hinblick auf das Ideal des autonomen freien neuzeitlichen Menschen, das auf die rationalistische Trennung von Körper und Geist gegründet ist, ist die Abwesenheit des Körpers des Mannes zu beobachten, sondern auch aus soziologischer Perspektive nennen Lothar Böhnisch und Reinhard Winter „Körperferne“ als grundlegendes Bewältigungsprinzip männlicher Sozialisation. Zitiert nach: Walter, Willi: Gender, Geschlecht und Männerforschung. In: Braun, Christina von & Stephan Inge (Hrsg.): Gender Studien. Stuttgart; Weimar 2000, S. 103.

verhandelt der Roman den Komplex der Männlichkeit implizit in der Problematisierung von Körper und Subjektivität.

Spiele der Zerstörung

Der sich als problematisch bemerkbar machende, negativ markierte Körper ruft bei Anton Reiser Verunsicherung und Ablehnung hervor. Dies äußert sich nicht zuletzt in wiederkehrenden Phantasien der Selbstzerstörung: „Selbst der Gedanke an seine eigne Zerstörung war ihm nicht nur angenehm, sondern verursachte ihm sogar eine Art von wollüstiger Empfindung, wenn er oft des Abends, ehe er einschlief, sich die Auflösung und das Auseinanderfallen seines Körpers lebhaft dachte." (AR 31f.) Anton Reiser phantasiert seine Selbstzerstörung als Auseinanderfallen des symbolischen Körpers. Dies wird von einer „Art von wollüstiger Empfindung" begleitet. Das wollüstige Gefühl steht durch das Moment der Lust wiederum in enger Verbindung mit dem Körper und ist somit ambivalent. Das wollüstige Gefühl beim vorgestellten Auseinanderfallen des Körpers kann einerseits als Sehnsucht nach Körperlosigkeit und unmarkierter Männlichkeit gelesen werden. Andererseits zeugt es von masochistischer Lust an Zerstörung und Gewalt gegenüber sich selbst. Damit erscheinen Zerstörungswille und Lust an Gewalt als ein Aspekt von Anton Reisers Persönlichkeit. Die Bewegung der Dissoziation, welche das Auseinanderfallen des Körpers assoziiert, verweist auch auf das Ende des Romans, welcher in eine „zerstreuete Herde" (AR 484) mündet. Das Ende und Zerfallen des Textes (Textkörpers) bedeutet auch das Ende des Subjektes Anton Reiser.

Folgt man Lothar Böhnisch und Reinhard Winter, welche Gewalt gegen andere sowie gegen sich selbst als ein grundlegendes Bewältigungsprinzip männlicher Sozialisation betrachten[226], liegt diesen Momenten der Gewalt in *Anton Reiser* eine implizite Aushandlung von Männlichkeit zu Grunde. In dieser Perspektive erscheint männliche Gewalt als etwas, was durch die Reibung zwischen gesellschaftlichen Anforderungen und Subjektbildung des Einzelnen hervorgerufen wird. Männliche Gewalt entsteht also genau durch den Grundkonflikt, von dem *Anton Reiser* erzählt. Doch bei Anton Reiser bleibt Gewalt im Bereich der Phantasie. So führt er seine drei Selbstmordversuche immer nur *beinahe* aus und hält sich im letzten Moment zurück. Auch die Gewalt gegen andere Menschen

226 Gemäss der Darstellung männlicher Sozialisation durch Lothar Böhnisch und Reinhard Winter. Man könnte jedes der acht Bewältigungsprinzipien an der Sozialisation von Anton Reiser überprüfen. Zu diesem Modell von Bewältigungsprinzipien männlicher Sozialisation vgl. Walter 2000, S. 103.

an bleibt im Bereich der nicht realisierten Imagination. Er verschiebt die Lust an zerstörerischer Gewalt in „*kindische Spiele* [...], insofern dieselben auf Zerstörung hinaus liefen" (AR 220). Diese Spiele der Zerstörung werden insgesamt dreimal in ähnlicher Weise geschildert (AR 30f., 220f., 225). Die Wiederholungsstruktur der Zerstörungsphantasien ruft den Eindruck eines Gewalt*musters* hervor. Das Spiel besteht darin, dass Anton Reiser zwei Heere in Form von Kirsch- und Pflaumenkernen einander gegenüberstellt, die Augen schließt und diese Heere dann mit einem Hammer zertrümmert. So spielt er „das *blinde Verhängnis*" (AR 220) und sieht, wenn er die Augen wieder öffnet, „mit einem geheimen Wohlgefallen die schreckliche Verwüstung" (AR 220). Der Erzähler deutet dieses Spiel als „ohnmächtige kindische Rache am Schicksal, das ihn zerstörte" (AR 220). Auch Elke Brüns interpretiert es als ein Ausagieren von gesellschaftlich-struktureller Gewalt.[227] Man könnte die wahllose, allumfassende Zerstörung ebenso wie die imaginierte Selbstauflösung aber auch als Vereinigungsphantasie lesen. (S. Kapitel *„Thierische Zerstückbarkeit" und Phantasien der Entgrenzung*) In dieser Szene des blind mit einem Hammer auf Kirschkerne einschlagenden Jugendlichen bildet Moritz den schwierigen Zusammenhang von Verletzbarkeit, Geschlecht und Gewalt eindrücklich ab.

Darüber hinaus ist der Spielcharakter der Gewalt bemerkenswert. Indem Anton Reiser zerstörerische Gewalt zwar ausübt, sie aber auf Kirsch- und Pflaumenkerne und somit auf das Spiel beschränkt, erhält die Gewalt den Status eines Zwischenzustandes und gelangt nicht in die soziale Welt. Anton Reisers Zerstörungslust zeigt sich damit als kulturell gebändigt. Während der Spielcharakter einerseits also eine gewisse Kontrolle der Gewalt erlaubt, ist das Spiel andererseits mit blinder Zerstörungslust fundamental verwandt: Blinde Gewalt (Zerstörung) ist sinnlos, ebenso wie das Spiel zweckfrei[228] oder zwecklos ist. Im Spiel ist Gewalt – als Teil seiner selbst sowie von Männlichkeit – allein für Anton Reiser real. Niemand sonst hat Anteil an seinem einsamen Spiel der Zerstörung.

227 Vgl. Brüns 2008, S. 74.

228 Anton Reisers Spiele der Zerstörung haben jedoch wenig mit dem von Schiller in Über die ästhetische Erziehung des Menschen fast gleichzeitig gefeierten ‚Spieltrieb' zu tun. Während Schiller den Spieltrieb als Praxis der Freiheit beschreibt, ist die Sache bei Moritz komplizierter. Zerstörungsphantasien entbehren nicht der ästhetischen Konsequenz. In seinen ästhetischen Schriften hält Moritz die Zerstörung und Fragmentierung für eine notwendige Implikation des schönen Ganzen und behauptet damit innerhalb der deutschen Klassik eine eigenständige Position. Vgl. insbesondere Über die bildende Nachahmung des Schönen und In wie fern Kunstwerke beschrieben werden können?

Für die anderen wird er nur als Opfer von Gewalt sichtbar. Die eigene Gewalt und Zerstörungslust bleiben verborgen – und zugleich mit ihr seine Männlichkeit. Indem in der Figur Anton Reisers Gewalt und Verletzbarkeit sowie Liebesverzicht und ein defizitärer Körper zusammengeführt werden, erweisen sich problematische Männlichkeit und problematische Subjektivität als zwei Seiten einer Frage.

Negativität moderner Subjektivität

Der Erzähler des *Anton Reiser* hat den Anspruch, mit seinem Roman die „innere Geschichte *des Menschen*" [Hervorhebung M.L.] zu erzählen. Damit setzt er das Individuum Anton Reiser exemplarisch für den Menschen im Allgemeinen. Anton Reiser ist *der* Mensch – trotz seiner Phantasterei, der Erfahrung von Demütigung, seines Scheiterns als Künstler, seines defizienten Körpers und seiner Zwanghaftigkeit. Ein solcher Mensch zeichnet ein Gegenbild zum autonomen und rational bestimmten männlichen Subjekt der Aufklärung. Zwar strebt Anton Reiser durch seinen Bildungsweg genau nach dieser Vernunft und Autonomie. Doch führen ihn weder Bildung noch Selbsttechniken dahin. Der Roman zeichnet vielmehr wiederholte Verfehlungen und Verkennungen seiner selbst nach. Doch gerade das Scheitern von Anton Reisers Selbsterkenntnis verweist umso mehr auf den Kern eines Subjektivitätskonzepts, von dem er nicht loskommt: Die Selbstreferenz des modernen Menschen. In seinen vergeblichen Wendungen zu sich selbst verkörpert Anton Reiser, was Christoph Kucklick als „endgültigen Wandel im Begriff der menschlichen Natur im 18. Jahrhundert" aufgezeigt hat. Nicht mehr durch Fremdreferenz, also durch den Bezug auf eine höhere in Gott oder der Polis gründende Ordnung, sondern durch Selbstbezug konstituiert sich der Mensch.[229] Der moderne Mensch muss aus sich selbst bestehen – ein ungeheurer Anspruch, den Anton Reiser verfehlt. Für die Verhandlung von Männlichkeit ist hierbei zu beachten, dass sich diese selbstreferentielle menschliche Natur im späten 18. Jahrhundert – im Gleichtakt mit der Ausbildung des Denkmodells der Geschlechterdifferenz – als Natur des Mannes etablierte,[230] während

229 Kucklick 2008, S. 64. In diesem Buch unternimmt Kucklick den anregenden Versuch, Männlichkeit kulturhistorisch und systemtheoretisch von einer anderen Seite zu erforschen als aus der Perspektive der hegemonialen Männlichkeit. In seiner Untersuchung der „negativen Andrologie" zeigt er die Entstehung eines modernen Diskurses über negative Männlichkeit im 18. Jahrhundert auf.

230 Kucklick 2008, S. 68.

die Natur der Frau demgegenüber durch ihre Fremdreferenz, d.h. durch ihren Bezug auf andere Menschen, bestimmt wurde.[231]

An Anton Reiser manifestiert sich die Schwierigkeit einer selbstreferentiellen Fundierung des Menschen. Anton Reisers Selbsterforschung scheitert. Was bleibt, ist die Intransparenz seiner selbst. In seinen Spielen der Zerstörung sowie seinem ins Grenzenlose zielenden Begehren ist die Romanfigur sogar klar negativ gezeichnet. Auf diese Weise führt Anton Reiser das „radikal Negative im Kern von Subjektivität“[232] vor, zu welchem die Paradoxie und Überforderung der Selbstbegründung ein Subjekt treiben. Helmut Pfotenhauer bezeichnet die Überforderung der Selbstbegründung des Subjekts als „Zumutung“ der Aufklärung:

> Was sich Aufklärung nennt, ist ja nicht nur die Entpflichtung von theologischen und metaphysischen Totalitätsvorstellungen, in die der einzelne eingebunden war, ist nicht nur neue Lebensimmanenz des Sinnes und Freisetzung subjekteigener Kräfte; Aufklärung ist ebenso Zumutung. Eigenständige Sinnproduktion, „Selbstdenken“, wird verlangt, wo nur noch Fragen sind, aber keine bewährten Antworten mehr.[233]

Auch Anton Reisers Phantasien der Selbstzerstörung verweisen auf die Bodenlosigkeit eines Subjekts, das sich selbst konstituieren soll. Folgt man Kucklick weiter, wirkt die „selbstbezügliche Leere“ des Subjekts auch auf die Frage von Männlichkeit zurück. Der Mann erscheint dann „als *die* Verkörperung der anthropologischen Unbestimmtheit“[234].

So ist Anton Reiser auch in dieser Hinsicht eine exemplarische Figur: Nicht als unproblematisches autonomes männliches Subjekt, sondern indem er die Kehrseiten moderner Subjektivität verkörpert. Auf diese Weise lässt sich *Anton Reiser* als Subjekts- und Männlichkeitskritik lesen: Der Mensch Anton Reiser stellt die Brüchigkeit und Unbestimmbarkeit moderner Subjektivität und gleichzeitig des modernen Mannes dar. Das Autonomie garantierende Selbstbewusstsein sieht sich auf eine unsichere Grundlage gestellt. Es kann sich nur in einem Zirkelschluss auf sich selbst beziehen. Und die Grundlage seiner Subjektivität bleibt ihm mehrheitlich unbewusst, dieser Bodensatz von Empfindungen, Körpererfahrungen, Spekulationen und Begehren. So verknüpfen sich Männlichkeit und Subjektivität in der Eigenschaft von Unbestimmtheit, Haltlosigkeit und Lee-

231 Kucklick 2008, S. 88ff.

232 Kucklick 2008, S. 69.

233 Pfotenhauer 1987, S. 15.

234 Kucklick 2008, S. 70.

re. Moderne Männlichkeit in diesem Sinne ist brüchig, unbestimmt und negativ. Sie steht damit im Gegensatz zur hoffnungsvollen positiven Bestimmung des autonomen Menschen der Aufklärung. *Anton Reiser* zeigt also auch, dass der autonome Mensch nur auf der Basis der Verdrängung seiner Unbestimmtheit bestehen kann. Dieser grundsätzliche innere Widerspruch moderner Subjektivität kann sich in der Literatur entfalten. Hier muss er gelöst, sondern dargestellt werden – und bringt heterogene, experimentelle Erzählformen wie den psychologischen Roman hervor.

Die Anerkennung der Unbestimmtheit moderner Subjektivität öffnet indessen den Horizont für neue Erzählungen von Männlichkeit. So zeigt sich gerade in Anton Reisers Geschlechts-Verunsicherung wiederum ‚der Mensch'. Obgleich Männlichkeit nicht allgemein und positiv bestimmt werden kann, kann sie doch erzählt und in diesen Narrationen von einzelnen Menschen gestaltet werden. *Anton Reiser* geht in seiner narrativen Verhandlung von Männlichkeit nämlich weiter als Kucklick in seiner theoretischen Reflexion. Anton Reiser problematisiert durch seine gescheiterten Versuche der Selbst-Erforschung nicht nur die Subjektstruktur der Selbstreferenz und zeigt das Mensch- und Mannsein als unbestimmt und instabil, sondern stellt den Menschen auf Grund des seinem Leben von Beginn an eingeschriebenen Mangels an Liebe (AR 15) als ein Wesen dar, das durchwegs von der Anerkennung und Zuwendung anderer Menschen abhängig ist. Dass Anton Reiser nur Selbstbewusstsein entwickeln kann, wenn er Anerkennung von anderen spürt, und dass die Verachtung durch andere Selbstverachtung bewirkt, ist ein leitmotivisch wiederkehrender Befund des Erzählers. Die Abhängigkeit vom Bezug auf andere macht ihn verletzlich. Auch Lothar Müller stellt einen Zusammenhang zwischen der Negativität von Anton Reisers Körper und seiner Verletztheit her. Allerdings deutet er die „ursprüngliche Verletzung“ als erlebte Todesdrohungen, während die Verletzung Anton Reisers dagegen meiner Meinung nach auf Verletzbarkeit als grundsätzliche Disposition eines Subjekts hinweist.[235] Die psychologische Perspektive zeigt den konstitutiven Mangel des Subjekts und seine Verletzbarkeit als Grund jedes Bildungswegs auf. Entsprechend führen die Erfahrungen von Verachtung, Fremdbestimmung

235 „Die sogartige Bewegung, durch die alle Gedanken über den Körper in den Strudel der Auflösungs- und Todesbilder geraten, muss eine ursprüngliche Verletzung abbilden, die dem Spektrum der einzelnen Regungen und Begierden des Körpers noch vorausliegt. Ich schlage vor, diese elementare Schicht der Angst vor dem Körper als Reaktion auf die Todesdrohungen aufzufassen, die das Leben Moritzens von Kindheit an überschatteten.“ In: Müller 1897, S. 292.

und Demütigung, die im Roman durch präzise Inszenierung in ihrer verheerenden Auswirkung sehr anschaulich werden, zu konkreten Verletzungen.

Besonders dringlich beschreibt Moritz solche Fremdreferenz in der „Unterjochung" Anton Reisers durch den Hutmacher in H...:

Nichts aber war für Anton kränkender, als wie er zum erstenmale in seinem Leben, eine Last *auf dem Rücken*, und zwar einen Tragkorb mit Hüten bepackt, über die öffentliche Straße tragen musste, indem L... vor ihm herging – es war ihm, als ob alle Menschen auf der Strasse in ansähen.
[...] Nur dass er itzt gebückt gehen, seinen Nacken unter das Joch beugen musste, wie ein Lasttier, indes sein stolzer Gebieter vor ihm herging, das beugte seinen ganzen Mut darnieder und erschwerte ihm die Last tausendmal. [...]
Das Tragen auf dem Rücken schwächte seinen Mut mehr, als irgend eine Demütigung, die er noch erlitten hatte, und mehr als L...s Scheltworte und Schläge. Es war ihm, als ob er nun nicht tiefer sinken könne; er betrachtete sich beinahe selbst, als ein verächtliches, weggeworfenes Geschöpf. Es war dies eine der grausamsten Situationen in seinem ganzen Leben, an die er sich nachher, sooft er ein Zeughaus sahe, lebhaft wieder erinnerte, und deren Bild wieder in ihm aufstieg, sooft er das Wort *Unterjochung* hörte. (AR 99f.)

Indem Anton Reiser seinen Nacken unter den Tragekorb beugen muss, erlebt er die Unterjochung im eigentlichen Sinn des Wortes. Unterjochung ist hier zuallererst eine körperliche Erfahrung, die sich in Anton Reisers Körpergedächtnis, aber auch in das topographische und Sprachgedächtnis einschreibt. Das Tragen der Lasten auf seinem Rücken zeichnet absolute Fremdbestimmung und dadurch erzwungene Unterwerfung und Ohnmacht. Anton Reiser geht „wie ein Lasttier". Betrachtet man die totale Verfügungsgewalt des Hutmachers über Anton Reisers Körper, Arbeitskraft und Seele[236], unterscheidet sich Anton Reiser tatsächlich nicht von einem Tier. Anton Reiser wird das geraubt, was ihn zum menschlichen Subjekt macht. Er ist nur noch ein Unterworfener, ein *sub-iectum* in negativem Sinn. Dies führt dazu, dass er sich selbst „als ein verächtliches, weggeworfenes Geschöpf" betrachtet.

Die Fremdreferenz Anton Reisers wird in umgekehrter Weise aber auch als Potential geschildert. Als Gegenbild zur vielfach erfahrenen Demütigung erscheint die Beziehung zu Philipp Reiser, dem „ersten eigentlichen Freund seiner Jugend" (AR 170). Trotz der „Verschiedenheit ihrer Charaktere" (AR 169) ziehen sie sich in gegenseitiger Sympathie an. Dass ihre Freundschaft auf einer

236 Der Hutmacher beutet Anton nicht nur durch härteste Arbeit und mangelndes Essen aus, sondern auch, indem er seine religiösen Fortschritte überwacht. (AR 64f.)

Grundlage der Gleichheit beruht, zeigt sich u. a. an ihrer Namensidentität: „Nun war es Reisern sehr auffallend, dass dieser junge Mensch, den er schon so liebgewonnen hatte, gerade mit ihm einerlei Namen führte, ohngeachtet er wegen der Entfernung des Geburtsortes schwerlich mit ihm verwandt sein konnte." (AR 168) Die vorbehaltlose Anerkennung und das Interesse des anderen ermöglichen es Anton Reiser, sich als Subjekt wahrzunehmen. Allerdings ist der Roman weit davon entfernt, diese Freundschaft zu idealisieren, denn ebenso wie Anton Reiser ist auch Philipp Reiser „durch die Umstände, worin ihn das Schicksal versetzt hat, unterdrückt worden" (AR 169). Oft können sie einander kaum helfen:

> Seine Freundschaft mit Philipp Reiser konnte ihm damals nicht zustatten kommen, weil es jenem nicht viel besser ging – und so wie zwei Wanderer, die zusammen in einer brennenden Wüste in Gefahr von Durst zu verschmachten sind, indem sie forteilen, eben nicht im Stande sind viel zu reden, und sich wechselweise Trost einzusprechen, so war dies auch jetzt der Fall zwischen Anton Reisern und Philipp Reisern. (AR 221)

Fremdreferenz, sei dies nun in der Konsequenz der Unterjochung oder derjenigen der freundschaftlichen Anerkennung, konstituiert Anton Reisers Subjektivität. Weil ihm die Anerkennung seiner selbst durch andere oft versagt bleibt, hat Anton Reiser „*zu wenig eigene Existenz*" (AR 401). Die Fremdreferenz des modernen Subjekts zeigt sich im Angewiesensein auf Wahrgenommenwerden und Anerkennung. So entpuppt sich der Autonomieanspruch des modernen Subjekts als Sehnsucht und Ideal (wenn nicht Ideologie).

Im Hinblick auf die Frage der Männlichkeit ist es interessant, dass Anton Reiser als ein Subjekt dargestellt wird, das in gleichem Maß durch Selbstreferenz sowie Fremdreferenz geprägt ist. Auf diese Weise verläuft die grundlegende Differenz moderner Gesellschaften, welche Kucklick als Selbstreferenz und Fremdreferenz charakterisiert, nicht entlang der Geschlechterdifferenz, sondern mitten durch die Figur Anton Reiser.

„Thierische Zerstückbarkeit" und Phantasien der Entgrenzung

Die anthropologische Perspektive der Einheit und Relativität von Körper, Geist und Seele ist für *Anton Reiser* von großer Bedeutung. Ihr Zusammenwirken wird im Roman auf vielfache Weise dargestellt, mit speziellem Augenmerk auf die daraus entstehenden Komplikationen und Unsicherheiten. Zudem vollzieht sich Anton Reisers Subjektivität auch in Formen der Bezugnahme des Subjekts auf seinen Körper. So wird das Verhältnis von Körper, Geist und Seele Anton Reisers Reflexionen explizit zum Thema. Anton Reiser denkt bewusst über die

„Idee der Körperlichkeit" (AR 284) nach, angeregt von zwei Ereignissen, nämlich der öffentlichen Hinrichtung von Verbrechern, die er inmitten einer Menschenmenge beobachtet, sowie der Lektüre von Goethes *Die Leiden des jungen Werthers*. Bei diesen theoretischen Betrachtungen denkt Anton Reiser in allgemeinen Begriffen über Körper und Geist nach. Auf dem Weg philosophischer Spekulation vermeidet er es zwar, seinen eigenen Körper wahrzunehmen. Doch es wird deutlich, wie tief ihn das Problem des Verhältnisses von Körper und Seele und Geist beunruhigt.

Bei einem Spaziergang wird Anton Reiser Zeuge einer Hinrichtung von „vier Missetätern", welche zunächst geköpft und dann aufs Rad gebunden werden: „Und da nun die Stücken dieser hingerichteten Menschen auf das Rad hinaufgewunden wurden, und er sich selbst, und die um ihn her stehenden Menschen ebenso *zerstückbar* dachte – so wurde ihm der Mensch so nichtswert und unbedeutend, dass er sein Schicksal und alles in dem Gedanken von tierischer *Zerstückbarkeit* begrub" (AR 253). Indem Anton Reiser zusieht, wie die Leichen der Hingerichteten zerstückelt und auf das Rad gebunden werden, wird ihm die „Zerstückbarkeit" des menschlichen Körpers plastisch vor Augen geführt.[237] Die Charakterisierung der Verbrecher als „hingerichtete Menschen" betont ihre Ähnlichkeit mit Anton Reiser auf der Basis der Menschlichkeit. Auch Anton Reiser oder jeder andere Zuschauer könnte sich an ihrer Stelle befinden und so brutal in Stücke geschnitten werden. Betrachtet man seine Zerstückbarkeit, ist der menschliche Körper bloß Materie, teilbar und zerstörbar. Damit rückt die Materialität des Körpers in den Blick – und auch das Skandalöse des Körpers. Denn in Hinsicht auf die Materialität des Körpers gibt es nichts, was den menschlichen Körper vom tierischen unterscheidet. Am Skandalon der „tierischen Zerstückbarkeit" reibt sich nicht nur Anton Reiser auf, sondern es fordert das anthropozentrische Denken der Aufklärung in grundsätzlicher Weise heraus. In seiner

237 Die frappierende Erfahrung der Zerstückbarkeit des Körpers findet Anton Reiser auch bei der Lektüre des Werther wieder. Werthers Vergleich des Lebens mit einem Marionettenspiel erweckt bei Anton Reiser die Assoziation des menschlichen Körpers mit einer Holzpuppe resp. mit einem blossen Stück Holz: „Durch die tägliche Gewohnheit vergisst man am Ende, dass man einen Körper hat, der eben so wohl allen Gesetzen der Zerstörung in der Körperwelt unterworfen ist, als ein Stück Holz, das wir zersägen oder zerschneiden, und dass er sich nach eben den Gesetzen, wie jede andere von Menschen zusammengesetzte körperliche Maschine bewegt. – Diese Zerstörbarkeit und Körperlichkeit unseres Körpers wird uns nur bei gewissen Anlässen lebhaft – und macht, dass wir etwas zu sein glaubten, was wir wirklich nicht sind, und statt dessen etwas sind, was wir zu sein uns fürchten." (AR 284)

Materialität erscheint Anton Reiser/der Mensch nur als eine „bewegliche Fleischmasse“. In der ungeheuren Masse anderer materieller Körper ist sein eigener Körper eine vernachlässigbare Größe. Die Beobachtung der Zerstückbarkeit des Körpers ist deswegen so skandalös, weil sie sich vor die Folie der zeitgenössischen Vorstellung des ‚ganzen Menschen‘[238] schiebt. Die Beobachtungen, aber auch Anton Reisers Phantasien von Zerstückung und Fragmentierung entfalten ihr beunruhigendes Potenzial gerade durch den Kontrast zum zugrundeliegenden Bild des Menschen als Ganzheit und Vernunftwesen.

Die Einsicht in die Materialität seines Körpers führt Anton Reiser zu einer Gleichgültigkeit sich selbst gegenüber. „Nahrung und Kleidung war ihm gleichgültig, so wie Tod und Leben – ob nun eine solche bewegliche Fleischmasse, deren es eine so ungeheure Anzahl gibt, auf der Welt mehr umher geht, oder nicht!“ (AR 254) Und diese Gleichgültigkeit gegenüber Leben oder Tod verleitet wiederum zu denjenigen Spielen der Zerstörung, in welchen Anton Reiser die blinde Gewalt des Schicksals ausübt und das Skandalon der Zerstörbarkeit des menschlichen Körpers ausagiert.

Der Roman etabliert auf diese Weise die *Zerstückbarkeit* des Körpers als Gegenbegriff zum zentralen Reflexionsbegriff des *Individuums*. Ein Individuum trägt in seiner Besonderheit und vor allem in seiner buchstäblichen Un-Teilbarkeit den Kern persönlicher Identität in sich und widersetzt sich dem Zerteiltwerden. Es ist ein unlösbares Dilemma, Individualität und zerstückbaren Körper im Begriff des Subjekts zusammenzudenken. Anton Reiser müht sich daran ab, indem er versucht, die Frage zu klären, was den Mensch vom Tier unterscheidet:

> Er stand oft stundenlang, und sah so ein Kalb, mit Kopf, Augen, Ohren, Mund, und Nase, an; und lehnte sich, wie er es bei fremden Menschen machte, so dicht wie möglich an dasselbe an, oft in dem törichten Wahn, ob es ihm nicht vielleicht möglich würde, sich nach und nach in das Wesen eines solchen Tieres hineinzudenken – es lag ihm alles daran, den Unterschied zwischen sich und dem Tiere zu wissen. (AR 254)

Moritz beschreibt hier eine gegenläufig Körperphantasie Anton Reisers: Nicht die Zerstückung des Körpers, sondern die Verschmelzung mit einem anderen Körper, nämlich einem Tierkörper, wird phantasiert. Anton Reisers Vereini-

238 Eine ausführliche Diskussion und Differenzierung der Vorstellung vom ‚ganzen Menschen‘ findet sich in: Schings, Hans-Jürgen (Hrsg.): Der ganze Mensch. Anthropologie und Literatur im 18. Jahrhundert. DFG-Symposion 1992. Stuttgart 1994.

gungsphantasie zielt hier auf die Aufhebung der kulturell konstitutiven Differenz von Mensch und Tier. Anton Reiser begegnet der Frage nach dem „Unterschied zwischen sich und dem Tiere“ mittels Imagination und Beobachtung. Mit Hilfe seiner lebendigen Einbildungskraft versucht er, sich in ein Kalb „hineinzudenken“. Solches Hineindenken strebt eine Grenzüberschreitung an, die imaginativ und momenthaft gelingt: „Zuweilen vergaß er sich bei dem anhaltenden Betrachten desselben so sehr, dass er wirklich glaubte, auf einen Augenblick die *Art des Daseins* eines solchen Wesens empfunden zu haben.“ (AR 254) Anton Reiser nähert sich dem Tier nicht analytisch-klassifizierend, sondern er *empfindet* die „Art des Daseins“ eines Kalbes. Dafür ist es nötig, sich selbst über dem Betrachten ganz zu vergessen. Indem Anton Reiser sich von seinem Selbstbewusstsein löst, entgrenzt er sich in Richtung des Tiers. Anstatt der Unterschiede findet er Verwandtschaft und kann nicht verstehen, „dass das Tier, welches ihm in seinem Körperbau so ähnlich war, nicht eben so wie er einen Geist haben sollte.“ (AR 255). Anton Reisers Vereinigungsphantasien verschieben die Grenzen des Menschlichen zum Tier hin – und hinterfragen damit implizit die Vormachtsstellung, welche sich der Mensch in der Ordnung der Welt zuschreibt.

Die Frage nach dem spezifisch Menschlichen führt Anton Reiser zur Frage nach dem Verhältnis von Geist und Körper. Indem er die Hinrichtung der Verbrecher beobachtet, fragt er sich: „Und wo blieb nun der Geist nach der Zerstörung und Zerstückelung des Körpers?“ (AR 255) Die Zerstückelung stellt die traditionelle metaphysische Denkform des Geistes als bleibend und unzerstörbar in Frage. Denn nach dem Tod, nach der Zerstörung des Körpers kann der Geist nicht mehr in einer Gestalt aufgehoben vorgestellt werden, sondern er verliert sich „in der Luft herumfliegend“ und schließlich „in seiner Vorstellungskraft zerflatternd“ (AR 255). Es ist Anton Reiser unmöglich zu denken, was sich ohne körperliche Gestalt nicht mehr bildlich vorstellen lässt. So entzieht sich das, was ‚Geist‘ genannt wird, seiner Vorstellungskraft und zerflattert im weiten Raum.[239]

239 Hier geht es vor allem um das Problem der Denkbarkeit und Vorstellbarkeit von Geist, wenn ihm keine Formen des Körpers mehr Gestalt geben, und weniger um die Frage, ob Geist ewig oder sterblich sei. Angesichts der zerstörbaren und sterblichen Form des Körpers bricht zwar die Frage nach der Existenz von Geist nach dem Körper in Anton Reiser auf, führt jedoch nicht dazu, dass er die Ewigkeit von Geist grundsätzlich in Frage stellt. Obwohl sich in der Körperreflexion in Anton Reiser bereits Beobachtungen finden, welche die Denkenden und Schreibenden der Moderne des 19. Jahrhunderts als Ende einer metaphysischen Bestimmung der Welt interpretierten, zieht Anton Reiser daraus noch nicht denjenigen Schluss, welchen Peter V. Zima als Verschwinden des Subjekts in der Moderne beschreibt: „Solange

Der materielle Körper erweist sich trotz seiner Zerstückbarkeit als Voraussetzung für den Geist des Menschen. Erst der Bezug auf den Körper als Gestalt und Medium ermöglicht die Vorstellung von Geist. Indem Anton Reiser nach dem Verbleiben des Geistes nach der Zerstörung des Körpers fragt, fragt er auch nach den Grenzen von Subjektivität. Wie kann das Subjekt jenseits der Grenzen des Körpers existieren? Ohne Körper trifft der Selbstbezug des Subjekts ins Nichts.

Anton Reisers Reflexionen über Körper und Geist sind zwar von den Kategorien der Aufklärungsphilosophie geprägt, sie werden jedoch von einer tiefer gehenden Beunruhigung durch Körpererfahrungen angetrieben. Nicht nur die Art und Weise, *wie* Anton Reiser seinen eigenen Körper erfährt, sondern auch Beobachtungen wie diejenige der Hinrichtung bezieht er sogleich auf seine eigene Existenz. Alles, was Anton Reiser wahrnimmt, denkt, kommuniziert, liest, spürt und erfährt, bezieht er auf sich. Alles hat auf oft undurchsichtige Weise mit der Frage zu tun, wer er ist. Auf diese Weise bricht der psychologische Roman *Anton Reiser* das duale rationalistische Konzept des Menschen als Geist/Seele und Körper als zwei voneinander getrennte Bereiche auf. Das empirisch-psychologische Interesse des Erzählers erlaubt die gleichwertige Aufzeichnung unterschiedlichster Bewegungen und Impulse in und von Anton Reiser, die sich alle wiederum aufeinander auswirken. Auf diese Weise werden sowohl der körperliche Ursprung von Gedanken und Gefühlen deutlich wie auch gedankliche Einwirkungen auf den Körper, Kontrollverlust über Körper und Gedanken, die Wechselwirkung von Wahrnehmen und Denken, der Einfluss der Phantasie auf die Wahrnehmung, die Verformung der Erinnerung durch Wahrnehmungen, der Einfluss des Begehrens auf Denken und Handeln usw. Der erzählerische Versuch einer *umfassenden* Darstellung aller (inneren und äußeren) Bewegungen des Menschen Anton Reiser führt natürlich zu einer großen Komplexität der darzustellenden Ereignisse, Wechselwirkungen und Wahrnehmungen. Allein schon aus dieser Perspektive ist es für die Figur Anton Reiser konsequenterweise unmöglich, sich selbst aus diesen Komplex zu entwirren und eine selbstreflexive Position des Außerhalb einzunehmen.

---

das Walten eines göttlichen Auftraggebers als gesichert galt, konnten auch Natur und Kontingenz in das narrative Programm dieses Auftraggebers integriert werden. Nach dem Zerfall dieses Programms im Säkularisierungsprozess treten menschliche Natur und Kultur auseinander, weil die Kontingenz der einen den Absolutheits- und Ewigkeitsanspruch der anderen negiert: Der Geist als Subjekt ist zum Verschwinden verurteilt, weil seine materielle Basis, der menschliche Körper, zerfällt.“ In: Zima 2000, S. 182.

Die Darstellung von Körper in Anton Reiser, wie sie in diesem Kapitel aufgezeigt wurde, nimmt den Körper einerseits als meist unbewusstes elementares Zentrum von Subjektivität in den Blick, andererseits aber auch als deren Begrenzung. Indem er sich Anton Reisers Verfügungsgewalt entzieht, bildet der Körper als sowohl die unverfügbare Grundlage als auch die äußerste Grenze von Anton Reisers Existenz. Die Grenzen des Körpers, d. h. seine Sterblichkeit und Zerstückbarkeit, begrenzen wiederum die Vorstellbarkeit von Geist. Das Ausloten der Grenzen Anton Reisers – der Grenzen des Körpers, der Wahrnehmung, der seelischen Kräfte – ermöglicht es aber auch, diejenige Gestalt zu umreißen, die Anton Reiser ist. Es sind die Begrenzungen, welche dem Dasein eine Kontur geben und die Vorstellung eines ‚ganzen Menschen' ermöglichen.

Die Begrenzungen des Daseins fordern das Subjekt heraus. Ein Subjekt, das sich seiner selbst bewusst ist, wird sich auch dieser Grenzen bewusst und muss mit ihnen umgehen. Anton Reiser seinerseits wünscht sich, angetrieben von seinem Begehren nach Einheitserfahrungen, diese Grenzen zu überschreiten. So erzählt der Roman auch von Anton Reisers Versuchen der Selbstentgrenzung. Der Wunsch nach einer Entgrenzung des Ich ist ein wiederkehrendes Motiv des Romans. Beim Philosophieren stößt Anton Reiser beispielsweise an die Grenzen der Sprache, welche sich im „Grenzbegriff" *alles* manifestieren. Er kann sich damit aber nicht abfinden: „Die Begriffe Alles und Sein, als die höchsten Begriffe des menschlichen Verstandes, genügten ihm nicht – sie schienen ihm eine enge und ängstliche Einschränkung zu sein – dass nun damit alles menschliche Denken aufhören sollte" (AR 316). Seine „sonderbaren Ideen" inspirieren Anton Reiser zu einem „Gedicht über die Mängel der Vernunft" (AR 317) Neben diesem Versuch einer sprachlichen Entgrenzung kann auch Anton Reisers Reisedrang, sein stets erneuter Aufbruch ins Offene als Versuch der Selbstentgrenzung gelesen werden. Die räumliche Bewegung und der sich beim Reisen erweiternde Horizont sollen zu einer Erweiterung seiner selbst führen. Im Hinblick auf die stete Wiederholung psychischer Muster erweist sich diese Entgrenzung aber als Illusion.

Was Anton Reiser hingegen in jeder Situation eine spezifische Form der Selbstentgrenzung ermöglicht, ist seine Einbildungskraft. Mit ihrer Hilfe liest und fühlt er sich in fremde Welten und andere Menschen hinein, so wie er sich auch durch Hineinfühlen in ein Kalb über die Grenze zwischen Mensch und Tier hinwegzusetzen versucht. Überhaupt kämpft sich Anton Reiser immer wieder an dieser grundlegenden Grenze zwischen sich und anderen Lebewesen ab. Das Begehren, seinen Körper und „sein verhasstes Selbst" (AR 256) zu verlassen, führt zum Wunsch,

sich in das ganze Sein und Wesen eines andern hineindenken zu können [...] – wenn er so auf der Straße zuweilen dicht neben einem ganz fremden Menschen herging – so wurde ihm der Gedanke der *Fremdheit* dieses Menschen, der gänzlichen *Unbewusstheit* des einen von dem anderen, so lebhaft, dass er sich, so dicht es der Wohlstand erlaubte, an einen solchen Menschen andrängte, um auf einen Augenblick in seine Atmosphäre zu kommen, und zu versuchen, ob er die Scheidwand nicht durchdringen könnte, welche die Erinnerungen und Gedanken dieses fremden Menschen von den seinigen trennte. –
Noch eine Empfindung aus den Jahren seiner Kindheit ist vielleicht nicht unschicklich hier heran gezogen zu werden – er dachte sich damals zuweilen, wenn er andere Eltern, als die seinigen hätte, und die seinigen ihn nun nichts angingen, sondern ihm ganz gleichgültig waren. (AR 252f.)

Der lustbesetzte Wunsch nach einer totalen Einheitserfahrung, nach der Vereinigung mit einem anderen Menschen, um mit seinen Augen zu sehen und seine Gedanken zu denken, bleibt eine Phantasie. Die „Scheidewand" verhindert, dass Anton Reiser in die Haut des anderen schlüpfen könnte. Diese Scheidewand ist auch eine körperliche, sie macht die Erfahrung der Differenz unhintergehbar. Doch das Gedankenspiel, ein anderer zu sein, übt einen ungeheuren Reiz aus. Durch das Hineindenken in einen anderen Menschen wird ihm „der Gedanke der Fremdheit dieses Menschen [...] so lebhaft". Wie kommt es dazu, dass ich ich selbst bin und nicht der andere? Was macht mich zu mir? Wie wäre es, jemand anders zu sein? Ist das Verhältnis von mir zu anderen immer eines der Fremdheit? Dies sind Fragen, die sich ein Subjekt stellt, das über sich selbst nachdenkt. Die Fremdheit des anderen sind Bedingung und Grenze der eigenen Subjektivität.[240] Die Tatsache, dass diese Fremdheit undurchdringlich ist, weist Anton Reiser auf sich selbst zurück und begrenzt ihn. Er wird sich selbst nicht los:

Dass er nun unabänderlich *er selbst* sein *musste*, und kein anderer sein *konnte*; dass er in sich selbst eingeengt, und *eingebannt* war – das brachte ihn nach und nach zu einem Grade der Verzweiflung, der ihn an das Ufer des Flusses führte, welcher durch einen Teil der Stadt ging, wo dasselbe mit keinem Geländer versehen war. (AR 256)

240 Peter V. Zima nennt das spannungsvolle Verhältnis der Grundkategorien ich – anderer das „Dilemma moderner Subjektivität". In diesem Dilemma hat sich das Ich in der abendländischen Geschichte meist durch die Negation des anderen artikuliert: „Das individuelle Subjekt vermag sich nicht zu konstituieren, ohne das Andere [...], das Teil seiner selbst ist, auszugrenzen und zu unterdrücken." In: Zima 2000, S. 142.

Dass Anton Reiser er selbst sein muss, dass er sich nicht entfliehen kann, sondern in sich selbst eingeengt und eingebannt ist – dies klingt wie ein Strafurteil. Er ist gegen seinen Willen zu sich selbst verurteilt. Damit wird Subjektivität zur erzwungenen Wendung zu sich selbst. Das Selbst-sein-Müssen ist ein Akt Unterwerfung unter die eigene Existenz.

Das Erleben seiner selbst als Akt der Unterwerfung unter die Bedingungen seiner Existenz bringt Anton Reiser zur Verzweiflung. Die Verzweiflung wiederum treibt Anton Reiser dazu, zu einer Stelle am Fluss zu gehen, wo es kein Geländer gibt. Indem er zum Fluss geht, handelt Anton Reiser nicht selbstbestimmt als rationales Subjekt, sondern als ein Getriebener seiner Empfindungen.

„Hier stand er zwischen dem schrecklichsten Lebensüberdruss, und der instinktmäßigen unerklärlichen Begierde fortzuatmen, kämpfend, eine halbe Stunde lang, bis er endlich ermattet, auf einem umgehauenen Baumstamm niedersank" (AR 256). Am Flussufer stehend und mit sich selbst kämpfend, nähert sich Anton Reiser einer weiteren Grenze: derjenigen zwischen Leben und Tod. Mit dem Gang in den Fluss wird er diese Grenze überschreiten. Der Moment vor der definitiven Grenzüberschreitung wird als Kampf geschildert, den zwei entgegengesetzte Kräfte in und mit Anton Reiser austragen. Schließlich nimmt die „instinktmäßige unerklärliche Begierde fortzuatmen" überhand. Mit dem instinktiven Überlebenswillen kommt wieder der Körper ins Spiel. Denn die „ganz sinnliche und tierische Vorstellung", an diesem Abend bei seinem Wirt Wurst essen und in der geheizten Stube sitzen zu dürfen, „frischten seine Lebenslust in ihm aufs neue wieder an" (AR 256). Die Aussicht auf die Befriedigung seiner körperlichen Bedürfnisse gibt der dramatischen Situation eine neue und für den Standpunkt des selbstbestimmten Subjektes, welches den Freitod als legitimen Umgang mit den eigenen Begrenzungen betrachtet, ungewollte Wendung.

Der Roman schildert mehrere Szenen, in welchen Anton Reiser an der Schwelle zwischen Leben und Tod steht, und zwar immer an einem Flussufer, wo die mögliche Grenzüberschreitung bildlich und mythologisch situiert wird. Diesen Flussszenen voran geht eine ebenfalls wiederkehrende Todessehnsucht[241]: „Wie oft wünschte er sich in solchen Augenblicken endlich von der Last seines Körpers befreit, und durch einen plötzlichen Tod aus diesem quälenden Zusammenhange gerissen zu werden!" (AR 206) Im Grenzbereich zwischen Leben und Tod tritt wieder der Körper hervor:

241 Die Todessehnsucht entsteht jeweils in der Situation grossen Leidens, Erniedrigung oder Verzweiflung. Aber sie knüpft auch an das Motiv der Melancholie an.

> Sein Lebensüberdruss aber wurde dabei aufs äußerste getrieben – oft stand er bei diesen Spaziergängen am Ufer der Leine, lehnte sich in die reißende Flut hinüber, indes die wunderbare Begier zu atmen mit der Verzweiflung kämpfte, und mit schrecklicher Gewalt seinen überhängenden Körper wieder zurückbog. (AR 227)

Der vor lauter Verzweiflung schon weit über das reißende Wasser hängende Körper Anton Reisers wird von der „wunderbaren Begier zu atmen" wieder zurückgebogen – ein geradezu komisches Bild. Anton Reiser beugt seinen Körper nicht selbst zurück. Es ist vielmehr die „schreckliche Gewalt" des Überlebenswillens, welche seinen Körper bewegt. Nicht das Subjekt Anton Reiser als Denkender und Wollender, sondern sein Körper trifft die Entscheidung über Leben und Tod. Der Körper hält Anton Reiser an seinem Dasein fest und führt ihm gleichzeitig die Ohnmacht seines Willens vor Augen.

Indem der Körper auf diese Weise Anton Reisers Willens- und Entscheidungsmacht in Frage stellt, steht auch das Verhältnis Anton Reisers zu sich selbst und seinem Körper resp. zu sich selbst *als* seinem Körper zur Disposition. Anton Reiser ist kein *Subjekt mit Körper*, das über seinen Körper verfügt, sondern ein *Körpersubjekt*, das immer schon auf vielfältige, undurchsichtige und nicht objektivierbare Weise mit seinem Körper verflochten ist. In seiner vorreflexiven Gegebenheit bildet der Körper das unhintergehbare Medium von Subjektivität.

So erzählt der Roman *Anton Reiser* vom konstitutiven Anteil des Körpers an Existenz, Männlichkeit und Subjektivität Anton Reisers, indem er unterschiedliche Dimensionen von Körpererfahrungen und Körperbezügen aufzeigt. Anton Reiser selbst wird sich der Wirkung des Körpers in Bezug auf sich selbst jedoch kaum bewusst. In seinen theoretischen Körperreflexionen entdeckt Anton Reiser zwar den Körper in seiner Materialität und Verletzbarkeit als Grundbedingung menschlicher Existenz und zugleich als Problem für den Einzelnen. Doch die theoretische Reflexion von Körper stellt sich den Körper als ein ‚Außen' vor. Dass eine solche objektivierende Abspaltung des eigenen Körpers in der realen Erfahrung nicht haltbar ist, zeigen die in diesem Kapitel beschriebenen Körpererfahrungen Anton Reisers. Der Körper ist auch ‚innen', beruht doch das, was Anton Reiser als Geist und Seele wahrnimmt, ebenfalls auf körperlichen Wahrnehmungen. Die dichotomische Ordnungsstruktur von innen/außen greift zu kurz, um die Komplexität von Körpererfahrungen zu beschreiben. Sie wird bereits durch das symbolische Verhältnis des Subjektes zu seinem Körper aufgelöst – das eigene Körperbild ist als Imagination ja immer gleichzeitig ein inneres und ein äußeres, gestalthaft vorgestelltes. Der Körper als Gestalt ermöglicht überhaupt die Vorstellung eines Selbst. Doch im Blick auf sich selbst übersieht Anton Reiser seinen Körper. Die aus psychologischer Perspektive beschriebenen komplexen Beziehungen und Wirkungen in Körper, Geist und Seele machen eine eindeutige Position, die Anton Reiser einnehmen könnte, um sich selbst zu erforschen, unmöglich – und damit auch eine eindeutige Position des Erzählers. Der Roman entlarvt Selbsterkenntnis in einem aufklärerischen Sinn als Wunschvorstellung. Anton Reisers Selbsterforschung endet in Selbst-Verkennung. Kann die paradoxe Struktur der Selbstreflexion, die Teilung, Verdoppelung und Imagination von sich selbst, überhaupt zu etwas anderem führen als zu einem Verkennen seiner selbst? Indem der Roman diese Frage stellt, verweist *Anton Reiser* auf die Grenzen des Wissens über sich selbst und lässt das Subjekt am Ende in einer aporetischen Situation stehen, in die es durch falsche Selbsteinschätzung gelangt ist. Die letzten Worte der „verstreueten Herde" verstärken die Tendenz zur dissoziativen Auflösung.

Das Scheitern der Selbsterkenntnis Anton Reisers zeigt sich als Konsequenz einer psychologisch-anthropologischen Perspektive auf den Menschen, die den Körper von Geist und Seele eben nicht trennt und die Aufmerksamkeit auch auf unbewusstes Begehren richtet, das den Menschen antreibet und Anton Reiser zur Wunschmaschine macht. So erzählt *Anton Reiser* vor allem davon, wie uneindeutig, komplex und intransparent ein Mensch sich selbst ist. Das Konzept eines autonomen Subjekts gerät im literarischen Text in Widerspruch zur narrativen Gestaltung der Figur und der Geschichte Anton Reisers und wird dadurch als Ideal, ja als Ideologie sichtbar gemacht. Auf diese Weise führt die literarische Gestaltung im literarischen Subjekt Anton Reiser zusammen, was in der Philosophie lange getrennt verhandelt wurde: Das Problem von Körper und Geist. Der Roman führt die Vernunft auf den Körper zurück. Anton Reisers Denkprozesse vollziehen sich *durch* den Körper. Schmerz erscheint als Symptom des Denkens. So gibt sich *Anton Reiser* als „Desillusionierungsroman"[242] der Aufklärung über sich selbst zu lesen.

ZUSAMMENFASSUNG *ANTON REISER*

Karl Philipp Moritz erzählt in *Anton Reiser* das „individuelle Dasein" (AR 10) eines Jugendlichen und verstört die Lesenden durch Negativität, Grenzerfahrungen und Wiederholungszwänge der Figur Anton Reisers. *Anton Reiser* ist die Geschichte einer immer wieder scheiternden Selbsterkenntnis.

242 Müller 1987, S. 13.

Obwohl Anton Reiser alle zeitgenössischen ästhetischen Kunstformen als Selbsttechniken vollzieht, wiederholen sie nur das Verkennen. Kunstformen und Kulturtechniken wie Lesen und Schreiben erscheinen als ambivalent: Sie können ebenso zu Selbsterkenntnis führen wie zu Selbsttäuschung, und sie werden im Fall von Anton Reiser zu Vehikeln von wunschgetriebenen Illusionen eines problematischen Subjekts. Der Roman stellt alle wichtigen zeitgenössischen ästhetischen Kunstformen differenziert dar: Schreiben, Lesen, Dichten, Theaterspielen, Philosophieren und Reisen. Aus einer zwischen einer psychologischen und einer ästhetischen wechselnden Perspektive reflektiert der Roman diese Kunstformen in ihrer Wirkung als Selbsttechnik. Dabei wirft die ästhetische Perspektive ein kritisches Licht auf jegliche Instrumentalisierung der Kunst. Denkt man Kunstformen von Foucault her als Techniken, dann missachtet man die Autonomie der Kunst, auch wenn ihre Ästhetik für die ‚Ästhetisierung' des Subjekts relevant ist. Dichtung ist aus ästhetischer Perspektive also keine Selbsttechnik, resp. weit mehr als eine Selbsttechnik, da ihre *Form* und nicht die *Praxis* über ihr Gelingen entscheidet.

An der dichtenden Romanfigur Anton Reiser führt Moritz aber noch eine andere Dimension des Schreibens vor, nämlich dessen Eigendynamik und seine körperlich-mediale Prozesshaftigkeit. Zwanghaft und ohne es zu wollen schreibt Anton Reiser immer wieder die gleichen Worte auf das Papier: *Was ist mein Dasein, was mein Leben?* Der körperliche Vorgang des Schreibens und der mediale Prozess der Umsetzung von Ideen in Schrift ermöglichen das Auftauchen der unbewussten Frage. Die *körperliche Bewegung* des Schreibens setzt etwas frei, von dem Anton Reiser nicht weiss, das ihn aber ‚im Grunde' umtreibt. Im zwanghaften Schreiben äußert sich Subjektivität und erscheint somit zugleich als vermittelt und nie direkt zugänglich.

Der Zusammenhang zwischen Selbsttechniken und anziehenden ästhetischen Kunstformen markiert die Untrennbarkeit von Subjektivität und Ästhetik. Neben der expliziten Verhandlung von Selbsttechniken und ihrem Scheitern manifestiert sich die Ästhetik der Selbsterschreibung in der Form des Textes. *Anton Reiser* versteht sich als ein „künstlich verflochtnes Gewebe" (AR 120), dessen Bedeutung und Wirkung mit ästhetischen Mitteln, durch die formale Gestaltung und Verbindung der einzelnen Textelemente und Szenen entsteht. Doch ist der Roman *Anton Reiser* kein Kunstwerk, das der von der Ästhetik des 18. Jahrhunderts angestrebten formalen Geschlossenheit entspricht, sondern ein Hybrid, der von der Kombination unterschiedlicher Erzähl- und Deutungsmodelle lebt. Aus heutiger Sicht macht gerade dies die Faszination und Modernität des Romans aus. Die Vieldeutigkeit und sprachlich-formale Dynamik des Textes unterwandern zudem die Deutungshoheit des Erzählers. Man kann die ästhetische Dynamik und Vieldeutigkeit von *Anton Reiser* deshalb auch als Subjektkritik gegen die souveräne Stimme des Erzählers lesen.

Der Roman *Anton Reiser* ist ein Experiment der Selbsterforschung. Die Komplikationen der Selbsterforschung werden im Hinblick auf den Erzähler und die Erzählstruktur besonders deutlich. Der Erzähler blickt in doppelter Perspektive auf Anton Reiser – er beobachtet ihn einerseits von außen und andererseits von innen, blickt in sein Unbewusstes und entlarvt Anton Reiser bis zum Lächerlichen. Dabei verliert der Erzähler immer wieder die Distanz zu seiner Figur, was *de facto* Anton Reisers Blick verdoppelt und jene der Selbstobjektivierung inne wohnende paradoxe Struktur der Teilung und Verdoppelung vollzieht. Damit fasst der Roman das Problem der Selbsterkenntnis formal in der Erzählstruktur. Durch die Erzählkonstruktion erweist sich Selbsterkenntnis als Ergebnis einer Fremdanalyse durch den Erzähler. Selbstreflexion und Selbstanalyse scheinen konstitutiv unmöglich: Wie kann ein Subjekt denn als völlig Fremder auf sich selbst blicken? Der autonome Erzähler hält die Distanz zu seinem Unersuchungsgegenstand Anton Reiser nicht immer ein, sondern gelangt stellenweise in eine eigentümliche Nähe zu seiner Figur, verlässt so die Position des kühlen Beobachters. Auf vielschichtige Weise gestaltet der Roman *Anton Reiser* so das Problem der Selbsterkenntnis und den Zusammenhang von Subjektivität und Ästhetik.

Anton Reiser verkennt sich selbst in symptomatischer Weise auch im Hinblick auf seinen Körper. Anton Reiser erweist sich – im Blick der Lesenden von außen – als Körpersubjekt, das seinen Körper zu verdrängen versucht. Zuerst einmal liegt sein Körper seiner Wahrnehmung zu Grunde. In seiner vorreflexiven Gegebenheit bildet der Körper das unhintergehbare Medium von Subjektivität. Im Roman zeigt sich dies beispielsweise in den räumlichen Strukturen: Der Selbstbezug des Subjekts bezieht sich immer auf das Hiersein seines Körpers. Im leiblichen Hiersein überkreuzen sich Erfahrung des eigenen Körpers und des Raumes mit einem Selbstbezug, den im Hiersein seines Körpers implizit empfindet. Überdies ist auch die Vorstellbarkeit des immateriellen menschlichen Geistes nur möglich auf Grund der Gestalt des Körpers. Auch Anton Reisers geistige Aktivitäten wie das Philosophieren sind körperlich grundiert: Sein Kopf äußert sich in Kopfschmerzen als Organ des Denkens. Auf diese Weise führt der Roman Anton Reisers Körper als Medium sowohl von Wahrnehmung als auch von Denkprozessen und von Subjektivität vor.

In einer anderen Perspektive äußert sich der Körper auch als Begrenzung von Anton Reisers Souveränität. Er bricht als reale und unbenennbare Erfahrung machtvoll in das Leben Anton Reisers ein, beispielsweise durch Hunger,

Schmerz oder Haarverlust, und begrenzt die Handlungsmacht, den Willen, die Phantasie des Subjekts – aber auch des Erzählers.

Durch Versuche der Selbstentgrenzung lotet Anton Reiser seine Subjektivität radikal aus. Er spielt Spiele der Zerstörung und stellt sich seinen Körper mit masochistischer Lust als zerstört vor. Er versucht auch, die Grenzen zwischen sich und dem Tier zu überschreiten. Seinem Leben möchte Anton Reiser in verzweifelten Situationen mehrmals ein Ende setzen. Interessanterweise ist es dann wiederum sein Körper, der ihn durch instinktiven Lebenswillen von der Selbsttötung abhält.

Die Verhandlung des Körpers des männlichen Subjekts Anton Reiser impliziert auch die Verhandlung von Männlichkeit: Als verletzbares männliches Subjekt verkörpert Anton Reiser die Negativität und Unsicherheit moderner Subjektivität. Das Autonomie garantierende Selbstbewusstsein sieht sich auf eine unsichere Grundlage gestellt. Es kann sich nur in einem Zirkelschluss auf sich selbst beziehen. Die Grundlage seiner Subjektivität bleibt ihm dabei mehrheitlich unbewusst, dieser Bodensatz von Empfindungen, Körpererfahrungen und Begehren. So verknüpfen sich Männlichkeit und Subjektivität in der Eigenschaft von Unbestimmtheit, Haltlosigkeit und Leere. Das Subjekt Anton Reiser steht damit im Gegensatz zur hoffnungsvollen positiven Bestimmung des autonomen Menschen der Aufklärung.

Das Subjekt als Gebäude: W.G. Sebalds *Austerlitz*

UNSCHARFES ICH

Wer spricht hier? Diese Frage erweist sich bei der Lektüre von W.G. Sebalds Erzählung *Austerlitz* als Knackpunkt. Wie wir dies sowohl bei Karl Philipp Moritz als auch bei Jean-Jacques Rousseau gesehen haben, konstituiert sich Subjektivität im literarischen Text durch die Positionierung des erzählenden Subjekts im Text – und dieses ist bei Sebald weit entfernt vom emphatisch platzierten und den Lesenden ostentativ dargebotenen *Moi, seul* von Rousseaus *Confessions,* vom spazierenden und für jegliche *sensations* durchlässige Subjekt der *Rêveries* oder vom sich selbst rettungslos verkennenden Subjekt Anton Reiser. Die Inszenierung des erzählenden Subjekts in *Austerlitz* geschieht mit anderen Mitteln: Es erweist sich als unscharf, doppelt und prekär.

Bereits im ersten Satz der *Austerlitz*-Erzählung tritt den Lesenden ein Ich entgegen: „In der zweiten Hälfte der sechziger Jahre bin ich, teilweise zu Studienzwecken, teilweise aus anderen, mir selber nicht recht erfindlichen Gründen, von England aus wiederholt nach Belgien gefahren, manchmal bloß für ein, zwei Tage, manchmal für mehrere Wochen." (A 5) Der Ich-Erzähler inszeniert sich von Beginn an als unfassbar und unscharf, sich über die Gründe seines Handelns im Unklaren. Hier erzählt kein reflektiertes Subjekt, sondern eine von unbewussten Motivationen angetriebene Person, die sich selbst nicht ‚durchschaut'. Ausserdem markiert das erzählende Subjekt das von ihm Berichtete als subjektiv wahrgenommen: „Gleich bei der Ankunft [in Antwerpen ...] war ich ergriffen worden von einem Gefühl des Unwohlseins, das sich dann während der gesamten damals von mir in Belgien zugebrachten Zeit nicht mehr legte." (A 5) Empfindungen, in diesem Fall ein körperliches Unwohlsein, färben dieses Erzählen. Mit „unsicheren Schritten" (A 5) betritt der Erzähler den ersten Schauplatz, geht „von Kopfschmerzen und unguten Gedanken geplagt" (A 6) durch die Straßen und Gassen von Antwerpen und muss sich schon bald auf eine Bank im Tiergarten niedersetzen. Das Subjekt des Erzählens inszeniert sich im Auftakt des Textes als empfänglich für Atmosphären und rational nicht begründbare Empfindungen und als unwissend im Hinblick auf eigene Beweggründe – und als *körperliches* Subjekt.

Die Unschärfe des erzählenden Ich wirft beim Lesen die Frage auf, wen eigentlich ‚Ich' bezeichnet. Nach der ersten Begegnung mit Austerlitz in der *salle des pas perdus* im Antwerpener Bahnhof wird klar, dass das Ich nicht seine eigene Geschichte, sondern diejenige von Jacques Austerlitz erzählt. Das erzählende Subjekt vermittelt die Biographie eines anderen. Irritierend ist nun aber, dass dieser Erzähler, obwohl er kaum etwas über seine eigene Person preisgibt und, sich dermassen zurückhaltend, als reiner Vermittler auftritt, seine eigene *andere* Position dennoch beharrlich markiert, und zwar durch den Modus der indirekten Rede.

Wenn der Erzähler das von Austerlitz mündlich Erzählte wiedergibt, tut er dies in indirekter Rede. Dies ist über weite Strecken des Textes der Fall. Der Erzähler seinerseits rahmt Austerlitz' monologische Exkurse, indem er die Begegnungen der beiden und die Redesituationen beschreibt, zum Beispiel wie folgt: „Und so wie er an jenem ersten Abend geendet hatte, so fuhr Austerlitz am nächsten Tag, für den wir uns auf der Wandelterrasse an der Schelde verabredet hatten, in seinen Betrachtungen fort." (A 19)

Obwohl Austerlitz' Erzählungen in die Narration des Erzählers eingelagert sind, macht der Erzähler – durch eingefügte Wendungen wie „sagte Austerlitz" oder „Austerlitz erzählte weiter" sowie durch häufige Verwendung von Konjunktiv I – immer wieder deutlich, dass er eine ihm zugetragene Geschichte und somit aus zweiter Hand *berichtet*. Das Sichtbarmachen des indirekten Berichtens prägt das an Thomas Bernhard geschulte Erzählen Sebalds. Eine weitere Stufe der Vermittlung wird dadurch kenntlich gemacht[243] und bei den Lesenden das Bewusstsein wachgehalten, dass es ein unmittelbares Erzählen nicht gibt. Die Struktur mehrfacher Vermittlung kompliziert das Erzählen und versetzt das Ich im Text in Unschärfe. Es nicht immer auf den ersten Blick erkennbar, *wer* spricht.

Die Unschärfe des Ich im Text entsteht auch dadurch, dass das erzählende Ich sich zwischen der Position des anderen und einer eigentümlichen Nähe zur Figur Austerlitz bewegt. Beide erzählen im gleichen Ton. Und als grammati-

243 Dieses vermittelte Erzählen bezeichnet Ben Hutchinson mit Sebalds Worten als „periskopisches Erzählen", als ein Erzählen um „ein, zwei Ecken herum". Vgl. Hutchinson, Ben: W. G. Sebald – Die dialektische Imagination. Berlin 2009, S. 11.

sches Subjekt kann ‚ich' sowohl auf den Erzähler als auch auf Austerlitz verweisen. Manchmal wechselt der Bezug sogar innerhalb desselben Satzes. Zudem trägt das ‚Ich' des Erzählers keinen eigenen Namen – und dies ist bemerkenswert, fällt in *Austerlitz* doch gerade das Spiel mit Namen, ihren Bedeutungen, Klängen und Anfangsbuchstaben auf[244]. Die Unschärfe des Ich wirkt dann besonders irritierend, wenn die Lesenden, vom Rhythmus der langen Sätze mitgetragen, unversehens von einer Szene zur anderen, von einem Raum in den anderen gelangen und dabei die Orientierung über die Textebenen verlieren.[245] Alfred Nordmann beschreibt die Unschärfe des erzählenden Subjekts in *Austerlitz* so:

> 412 Druckseiten in vier, nicht weiter in Absätze unterteilten Abschnitten – ein unablässiger, unangestrengter Redefluss, der sich überall hin ausbreitet, ein Teppich erinnerter Rede, wo das Eine dem Anderen, der eine Erzähler dem nächsten Erzähler das Wort gibt und das zentrierende Ich eben kein Zentrum ist, sondern sich permanent verschiebt und immer wieder eingeholt werden muss.[246]

---

244 Die Mehrdeutigkeit des Namens Austerlitz – als Personenname, Schlachtplatz in Mähren und Pariser Bahnhof – sowie die Variation von A-Namen (Austerlitz, Agáta, Adela, Alderney Street, Andromeda-Lodge, Terezia Ambrosova, Auschowitzer Quellen und – ungenannt mitklingend – Auschwitz) ist bloß das augenscheinlichste der Namensspiele in der Erzählung. Zum Spiel mit Namen und Buchstaben in Austerlitz s. Iris Denneler: „Austerlitz (...) setzt dieses Spiel mit Buchstaben fort, zugleich aber weitet er die Jonglage in einer Weise aus, die ans Obsessive grenzt. Eine ganz besondere Rolle spielt dabei der Buchstabe A." In: Denneler, Iris: Am Anfang A. Spuren und Familienähnlichkeiten in W.G. Sebalds Werk. In: Vogel-Klein, Ruth (Hrsg.): W.G. Sebald. Mémoire. Transferts. Images. Strasbourg 2005, S. 139–156, S. 139.

245 In einem weiteren Schritt könnte sich das ‚Ich' auch auf das sich mit dem erzählenden Ich identifizierende Subjekt der Lesenden beziehen. Darauf verweist Deane Blackler, die in ihrer Arbeit die Rolle der Lesenden von Sebalds Texten stark macht: „Sebalds text generates a discourse with the reader so that a critical and creative space can evolve and enable a dialogical encounter beween the „I" of the nameless narrator of Sebald's constructed fiction, which is and is not the „I" of the author or the ontological Sebald, and the „I" of the reading subject." In: Blackler, Deane: Reading W. G. Sebald. Adventure and Disobedience. Rochester, New York 2007, S. 6.

246 Nordmann, Alfred: Abgrund des Unverständnisses. W.G. Sebalds Austerlitz. In: Gamm, Gerhard et al. (Hrsg.): Philosophie im Spiegel der Literatur. Hamburg 2007, S. 165–183, S. 166.

Im Grunde lassen sich die Ebenen der Vermittlung lückenlos auf die Struktur von Rahmenerzählung und Lebensgeschichte von Austerlitz zurückführen. Um bestimmen zu können, wer jetzt gerade spricht, braucht es einen analytischen Blick, der im seitenlangen Fluss der Sätze die Markierungen der indirekten Rede oder der Rahmenerzählung aufspürt.

Die Unschärfe des Ich im Text liegt zudem an einer anderen Eigenschaft von Sebalds Text: am hohen Grad an Intertextualität[247]. Sebald flicht explizit und implizit eine Vielfalt von Texten – literarische, philosophische, dokumentarische – in seine Erzählung ein. Im intertextuellen Gewebe des *Austerlitz* sprechen somit nicht nur der Erzähler und die Figuren Austerlitz, der Geschichtslehrer André Hilary, Vera Rysanová oder der Bibliotheksangestellte Lemoine, sondern auch andere Stimmen: Diejenigen von Honoré de Balzac, Jean Améry, Heinrich Kleist, Walter Benjamin, Franz Kafka, H.G. Adler, Claude Simon, Adalbert Stifter und Dan Jacobson, um einige zu nennen. Das erzählende Subjekt ist nicht *eine* Stimme, sondern bildet einen Resonanzraum für viele Stimmen. Die vielen Stimmen in Sebalds Text bilden jedoch, wie Susanne Schedel zeigt, keine Polyphonie im Sinne von Michail Bachtin, bei welcher verschiedene Perspektiven nebeneinander stehen.[248] Die verschiedenen intra- und intertextuellen Stimmen in *Austerlitz*[249] vermischen sich vielmehr zu einem einzigen Sebaldschen Grundton. Die tendenzielle Ununterscheidbarkeit der Stimmen macht einen sicheren Bezug des ‚Ich' auf ein bestimmtes Subjekt problematisch – und zu einer Frage der Analyse.

Der Erzähler von *Austerlitz* ist, mit Walter Benjamins Worten beschrieben, „etwas bereits Entferntes und weiter noch sich Entfernendes"[250]. Die Position

---

247 Zur Intertextualität bei W.G. Sebald vgl. die Studie von Schedel, Susanne: „Wer weiss, wie es vor Zeiten wirklich gewesen ist?" Textbeziehungen als Mittel der Geschichtsdarstellung bei W.G. Sebald. Würzburg 2004; sowie Stephan Seitz' zusammenfassende Darstellung verschiedener Forschungen zu Intertextualität bei Sebald: Seitz, Stephan: Geschichte als bricolage – W.G. Sebald und die Poetik des Bastelns. Göttingen 2011, S.145ff.

248 Schedel 2004, 176f.

249 Bettina Mosbach beschreibt die Stimmenvielfalt als „‚Konfusion' zwischen dem Eigenen und dem Anderen". Vgl. Mosbach, Bettina: Figurationen der Katastrophe. Ästhetische Verfahren in W. G. Sebalds Die Ringe des Saturn und Austerlitz. Bielefeld 2008, S. 40.

250 Benjamin, Walter: Der Erzähler. Betrachtungen zum Werk Nikolai Lesskows. In: Ders.: Gesammelte Schriften II, 2. Herausgegeben von Rolf Tiedemann und Hermann Schweppenhäuser. Frankfurt/M: Suhrkamp 1977, S. 438–465, S. 438.

des Erzählers ist, ebenso wie die Position des Subjekts, unscharf. So stellt *Austerlitz* den Subjektbegriff mit narrativen Mitteln in Frage.

Doppelter Erzähler

Die Position des Erzählers und sein Verhältnis zur Figur Austerlitz bedürfen der genaueren Analyse. Angeregt wird sie unter anderem von Michael Niehaus' Deutung von W.G. Sebalds Texten als „sentimentalische Dichtung"[251]. Ausgehend von der Frage nach dem Status von Sebalds Prosa, welche immer wieder Unsicherheit über ihren dokumentarischen und/oder fiktionalen Charakter auslöst, schlägt Niehaus vor, Sebalds Texte nicht als *fiktionale* Texte zu lesen, sondern mit Bezug auf Schiller als *sentimentalische Dichtung*[252]. Sentimentalische Dichtung ist nicht ohne die Person des Dichters zu denken, denn sie reflektiert nicht die Dinge, sondern den Eindruck, den die Dinge auf den sentimentalischen Dichter machen.[253] In der sentimentalischen Dichtung äußert sich also immer ein Subjekt, das die Welt in ihrer subjektiven Wirkung auf sich selbst beschreibt. Diese Präsenz eines empfindenden und erzählenden Subjektes äußert sich in der sentimentalischen Dichtung auch formal, indem „sich der Dichter – linguistisch gesprochen – als *‚Subjekt des ausgesagten Aussagevorgangs' bemerkbar* macht"[254]. Der Dichter sagt ‚ich', „um *sich* als denjenigen zu bezeichnen, der *spricht*."[255] Die selbstreflexive Wendung des Subjekts zu sich selbst wird dadurch sprachlich sichtbar. Das Ich, das die Welt und das Erzählen reflektiert, ist in *Austerlitz* allgegenwärtig. Alles, was sich nicht auf die Erfahrung des erzählenden Ich bezieht, steht im Modus der indirekten Rede; auf diese Weise ist es aber wiederum durch das erzählende Ich vermittelt. Dabei kann man nicht nur das erzählende Ich, das gleich auf der ersten Seite des Buches seinen subjektiven Eindruck der Stadt Antwerpen beschreibt, als sentimentalische Markierung des Textes lesen, sondern auch das Ich von Austerlitz. In ihrer melancholischen Perspektive auf das eigene verlorene Leben[256] und auf eine Geschichte der Zerstö-

---

251 Niehaus, Michael: W.G. Sebalds sentimentalische Dichtung. In: Ders. & Öhlschläger, Claudia (Hrsg.): W.G. Sebald. Politische Archäologie und melancholische Bastelei. Berlin 2006a, S. 173–187.

252 Niehaus 2006a, S. 173.

253 Vgl. Niehaus 2006a, S. 173f.

254 Niehaus 2006a, S. 175.

255 Niehaus 2006a, S. 176.

256 Was der sentimentalische Dichter beschreibt, ist stets etwas Verlorenes, s. Niehaus 2006a, S. 176. In Austerlitz gewinnt der Topos des Verlorenen an Brisanz, weil Au-

rung, aber auch in ihrem Interesse für Architekturgeschichte und in ihrer Profession des Forschens, Lesens und Schreibens treffen sich Austerlitz und der Erzähler. Die Position der beiden scheint sich nicht grundsätzlich unterschieden, abgesehen von ihrem Ort in der Erzählstruktur von *Austerlitz*: Der Erzähler ist bloßer Zuhörer und gehört zur Rahmenerzählung, während Austerlitz das Subjekt und gleichzeitig der Erzähler der Binnenerzählung ist. Auch Michael Niehaus beobachtet mit Blick auf W.G. Sebalds Gesamtwerk eine eigentümliche Nähe von Ich-Erzähler und Figuren:

> Offensichtlich werden die Figuren bei Sebald nur dann in der ersten Person zitiert, wenn sie ihre Sätze aus einer *Position* sprechen, die der des Ich-Erzählers auf einer gewissen Ebene analog ist (insofern hat man hier die ‚schwindelnden Übergänge' zwischen dem Ich-Erzähler und der Erzählfigur vor sich, deren typographische Entsprechung natürlich die fehlenden Zitatzeichen sind). Dies gilt unabhängig davon, dass die Figuren ganz verschiedene Biographien haben.[257]

Austerlitz und der Erzähler teilen eine sentimentalische Position. Die gemeinsame Perspektive bewirkt, um es mit einer fotografischen Metapher zu sagen, eine Überblendung der Subjekte, welche sich mit ‚ich' bezeichnen. Die Unschärfe des Ich wird in Sebalds Texten zudem dadurch verstärkt, dass dieses Ich auch auf den Autor W.G. Sebald zu verweisen scheint[258], indem es bestimmte Merkmale des Autors trägt, wie z. B. die Tätigkeit des Schreibens oder einen Rucksack.

---

sterlitz seine Kindheit, Herkunft und Familie nicht nur durch das Vergehen der Zeit als verloren erfährt, sondern durch eine gewaltsame Trennung tatsächlich unwiederbringlich verloren hat.

257 Niehaus 2006a, S. 180.

258 Christopher Parry liest die Nähe von Erzähler und Autor W.G. Sebald im Zusammenhang mit dem Spiel des Textes mit Authentizität: „Das von Sebald erstellte Mosaik aus nicht immer fiktiven Biographiefragmenten und europäischer Geschichte und Kulturgeschichte wird immer von einem Ich-Erzähler vermittelt, der mit dem Autor identisch zu sein scheint. Das verleiht den Büchern den Charakter des Authentischen. [...] Zu überlegen wäre, ob die Übereinstimmung des Erzählers mit dem Autor eine kalkulierte Funktion in Bezug auf das Rezeptionsangebot des Textes ausübt, und zwar weniger auf seine Glaubwürdigkeit als auf seine rhetorische Haltung. [...] Der Ambivalenz in Bezug auf die Identität des Erzählers entsprechen die schillernden Übergänge zwischen Authentischem und Fiktivem in der Handlung der Bücher." In: Parry, Christopher: Die zwei Leben des Herrn Austerlitz. Biographisches Schreiben als nicht-lineare Historiographie bei W.G. Sebald. In: Platen, Edgar & Todtenhaupt, Martin (Hrsg.): Grenzen – Grenzüberschreitungen – Grenzauflö-

Mit der Deutung des ‚Ich' als ein sentimentalisches hat Niehaus eine Möglichkeit gefunden, dieses ‚Ich' außerhalb von festen Zuordnungen zu situieren. Zur Beziehung zwischen erzählendem Ich und Autor bemerkt er:

Dieses „Ich" ist mit dem Autor weder in Eins zu setzen noch von ihm zu unterscheiden, weil der Text weder als autobiographisch noch als fiktional aufgefasst werden darf. Die Stellung dieses sentimentalischen „Ich" ist daher *prekär* und auch *haltlos*.[259]

Niehaus Deutungen des ‚Ich' bei Sebald verweisen auf die Problematisierung von Subjektivität, welche das prekäre erzählende Ich dieser Texte leistet. Allerdings spricht Niehaus über Sebalds Gesamtwerk, ohne zwischen den einzelnen Texten zu differenzieren. *Austerlitz* unterscheidet sich aber im Hinblick auf die Struktur des Verhältnisses von Erzähler und Figur von den anderen Werken Sebalds. Bei Austerlitz handelt es sich nämlich um eine einzige (Haupt)Figur, auf die der Erzähler im Text immer wieder trifft und der er nicht entkommt. Die Beziehung von Austerlitz und erzählendem Ich ist einer Struktur der Wiederholung unterworfen. Diese Beziehung werde ich im Folgenden in den Blick nehmen.

Das erzählende Ich beobachtet Austerlitz in der Antwerpener Bahnhofshalle, kommt mit ihm über Architektur ins Gespräch und trifft ihn von da an über Jahre hinweg „rein zufälligerweise" (A 42) immer wieder, zunächst in Belgien, dann in London und Paris. Wenn sich ihre Wege in einer verstaubten Bar, auf der Fähre von Belgien nach Holland oder an einem anderen abwegigen Ort wieder kreuzen, „fuhren wir [...] in unserem Gespräch fort, ohne auch nur ein Wort zu verlieren über die Unwahrscheinlichkeit unseres erneuten Zusammentreffens an einem solchen, von keinem vernünftigen Menschen sonst aufgesuchten Ort." (A 41) Die zufälligen Treffen wandeln sich später zu Verabredungen. Allen Treffen gemeinsam ist jedoch die Einseitigkeit des Erzählens. In *Austerlitz* finden keine Dialoge im Sinn von intersubjektiver Kommunikation statt. Die Rede fließt nur in eine Richtung, von Austerlitz zum Erzähler:

The reader has the impression that there is a total lack of communication. The communication between characters is but a report that is a kind of monologue and thereby detaches from a genuine face-to-face exchange.[260]

---

sungen. Zur Darstellung von Zeitgeschichte in deutschsprachiger Gegenwartsliteratur (III). München 2004, S. 113–130.

259 Niehaus 2006a, S.179.

Die Erzählung besteht aus einer Aneinanderreihung von vielen größeren und kleineren Monologen. Alfred Nordmann beschreibt sie als „ein[en] unablässige[n], unangestrengte[n] Redefluss“[261]. In einer ersten Phase der Begegnungen spricht Austerlitz zu architekturgeschichtlichen Themen, später erzählt er Teile seiner eben erst rekonstruierten Biographie. Der Erzähler erscheint dabei als reiner Vermittler, der weder antwortet noch kommentiert. Der Erzähler markiert seine Position lediglich durch die Wiedergabe in indirekter Rede. Damit nimmt er sprachstrukturell zwar eine andere Position ein als Austerlitz, doch diese andere Position wird nicht als eine eigene, perspektivisch von Austerlitz abweichende markiert. Auf diese Weise tritt der Erzähler als *Medium* von Austerlitz' Geschichte auf, die er hört und aufschreibt. Als *Vermittler* einer *anderen* Geschichte verkörpert der Erzähler das Mediale geradezu. Indem er hinter Austerlitz' Geschichte zurücktritt, macht er sich selbst als Subjekt unsichtbar und vollzieht damit eben jenes Verschwinden, welches auch den Vollzug eines Mediums auszeichnet und das Sibylle Krämer als „Verschwinden des Boten“[262] bezeichnet hat. Doch das Verschwinden des Erzählers ist kein totales: Durch die Markierung der Indirektheit der Rede macht sich der Erzähler sprachlich-formal bemerkbar und führt so den Akt der Vermittlung vor. Der Erzähler ist kein gänzlich transparentes Medium, sondern reflektiert in seiner zwischen Verschwinden und Hervortreten oszillierenden Position die Funktionslogik von Medien[263].

Auf Grund der Position des Erzählers als Medium ist Austerlitz nicht nur Romanfigur: Für den Erzähler ist Austerlitz der Erzähler. Obwohl die Beziehung des Erzählers zu Austerlitz so einseitig ist, ist sie auf eigentümliche Weise eng und affektiv. Der Erzähler betrachtet Austerlitz als Lehrer, und zwar als „seit meiner Volksschulzeit“ den „ersten Lehrer überhaupt [...], dem ich zuhören

260 Niehaus, Michael: No Foothold. Institutions and Buildings in W.G. Sebald's Prose. In: Denham, Scott & McCulloh, Mark (Hrsg.): W.G. Sebald. History – Memory – Trauma. Berlin; New York 2006b, S. 320.

261 Nordmann 2007, S. 166.

262 „Indem Medien etwas zur Erscheinung bringen, tendieren sie selbst dazu, unsichtbar zu bleiben. [...] Mediale Vermittlung ist also darauf angelegt, das, was vermittelt wird, wie ein 'Unmittelbares' in Erscheinung treten zu lassen; der Erfolg von Medien besiegelt sich in ihrem Verschwinden. Es gibt also eine umgekehrte Proportionalität zwischen der Wahrnehmbarkeit der Botschaft und dem Verschwinden des Boten.“ In: Krämer, Sibylle: Medium, Bote, Übertragung. Kleine Metaphysik der Medialität. Frankfurt/M 2008, S. 26.

263 Medienreflexion findet in Austerlitz an vielen Stellen statt, gerade auch durch die Intermedialität des Textes.

konnte“ (A 48). Neben seinem immensen Wissen über Architektur verfügt Austerlitz über die bercits von Heinrich von Kleist beschriebene Fähigkeit, „seine Gedanken beim Reden [zu] verfertigen, [...] sozusagen aus der Zerstreutheit heraus die ausgewogensten Sätze [zu] entwickeln“ (A 18). Dabei ist Austerlitz kein Dozent, sondern ein Erzähler. Das erzählende Ich bewundert, „wie für ihn die erzählerische Vermittlung seiner Sachkenntnisse die schrittweise Annäherung an eine Art Metaphysik der Geschichte gewesen ist, in der das Erinnerte noch einmal lebendig wurde“ (A 18f.). Indem der Erzähler Austerlitz als Erzähler erlebt und inszeniert, verdoppelt sich die Erzählerposition ebenso wie das sprechende Subjekt. Die Struktur der Ich-Verdoppelung, welche moderne Subjektivität kennzeichnet, vollzieht sich in *Austerlitz* im Ich des Erzählers.

Die gemeinsame Perspektive auf die Welt verwischt die Konturen der beiden Erzähler. Ihr Aufeinandertreffen folgt der Struktur der Wiederholung. So besucht der Erzähler Austerlitz

> fast jedesmal, wenn ich in London war, an seinem Arbeitsplatz in Bloomsbury unweit des British Museum. Ein, zwei Stunden bin ich dann meist bei ihm gesessen in seinem engen Büro, das einem Bücher- und Papiermagazin glich und in dem zwischen den am Fußboden und vor den überfrachteten Regalen sich stapelnden Konvoluten kaum Platz gewesen ist für ihn selber, geschweige denn für seinen Schüler. (A 47)

Der Erzähler sucht Austerlitz auf, wie man einen *Ort* aufsucht – welchen der Name Austerlitz ja ebenfalls bezeichnet. Immer wieder kehrt der Erzähler an jenen Ort, an welchem die Bücher und Papiere gegenwärtiger sind als Austerlitz selbst, zurück. Diese „gleichermaßen enge wie distanzierte Beziehung“ (A 50) hat jedoch mit der Rückkehr des Erzählers nach Deutschland ein Ende. Erst viele Jahre später treffen sich Austerlitz und der Erzähler „durch eine eigenartige Verkettung von Umständen“ in London wieder (A 58). Zugleich mit dem Wiedererkennen in der Bar des Great Eastern Hotel in der Liverpool Street wird dem Erzähler klar, dass er Austerlitz seit bald zwanzig Jahren „vermisst“ (A 58) hat.

Austerlitz erkennt im unwahrscheinlichen Wiedersehen mit dem Erzähler nach zwanzig Jahren eine „erstaunliche, aber zwingende innere Logik“: „Und wenn er mich nun hier angetroffen habe in der Bar des Great Eastern Hotel, die er zuvor noch nie betreten hatte in seinem Leben, so sei das, entgegen jeder statistischen Wahrscheinlichkeit, von einer erstaunlichen, geradezu zwingenden inneren Logik.“ (A 64) Es ist eine Logik der Koinzidenzen, der unwahrscheinlichen Zufälle und Aufeinandertreffen, welche ebenso wie Austerlitz und der Erzähler unbewussten Beweggründen folgt. Und es ist auch eine Logik des Erzählens. Diese narrative Logik vermag weit Auseinanderliegendes zusammen zu führen und neuartige Verbindungen herzustellen. Das Erzählen begründet seine „innere Logik" durch diese Fähigkeit der Verknüpfung.

Dass Austerlitz und der Erzähler in der Bar des Great Eastern Hotel wieder aufeinandertreffen, folgt zudem einer Logik des Erzählens im existenziellen Sinn: Austerlitz sucht nämlich einen *Zuhörer*. „Sonderbarerweise, sagte Austerlitz, habe er heute Nachmittag [...] an unsere so weit schon zurückliegenden belgischen Begegnungen gedacht und daran, dass er bald für seine Geschichte, hinter die er erst in den letzten Jahren gekommen sei, einen Zuhörer finden müsse, ähnlich wie ich es seinerzeit gewesen sei." (A 63f.) Austerlitz' „desire for narration"[264] findet in den Bruchstücken seiner Geschichte, keine Erfüllung, sondern erst darin, dass er sie – und somit sich selbst – erzählt. Die innere Logik der Beziehung von Austerlitz und Erzähler besteht darin, dass Austerlitz, das srechende Subjekt, einen Zuhörer *braucht*. Wer der Erzähler ist, ist irrelevant. Entscheidend ist allein seine Funktion als Zuhörer.

Der Erzähler als Stellvertreter

Als Zuhörer wird der Erzähler einerseits zum Zeugen[265] für Austerlitz' Geschichte und auch für die Toten dieser Geschichte. Andererseits wird der Zuhörer in der Niederschrift von Austerlitz' Geschichte selbst zum Erzähler. Die Ununterscheidbarkeit seiner Position von derjenigen von Austerlitz ist auch im Ethos des Bezeugens, des Mitgefühls und der treuen Übersetzung[266] begründet.

264 Cavarero 2000, S. 15.

265 Austerlitz ist ja auch ein Text über Zeugenschaft und das Gedenken an die Toten. Zur literarischen Zeugenschaft, insbesondere im Zusammenhang mit der Shoah vgl. Felman, Shoshana & Laub, Dori: Testimony. Crisis of Witnessing in Literature, Psychoanalysis and History. New York; London 1992.

266 In ihrer Untersuchung über die Rolle der verschiedenen Sprachen in Austerlitz weist Martine Carré darauf hin, dass der deutsche Austerlitz-Text selbst schon eine Übersetzung ist, denn die Gespräche zwischen Austerlitz und dem Erzähler finden auf Englisch oder Französisch statt (neben anderen in der Erzählung ebenfalls gesprochenen/gelesenen Sprachen wie Walisisch, Tschechisch und Niederländisch): „On observe que dans ce récit, pourtant rédigé en allemand, c'est justement l' allemend qui fait figure de lange étrangère." In: Carré, Martine: Les langues dans Austerlitz de W.G. Sebald: Babel revisitée? In: Sauter, Roger & Godé, Maurice (Hrsg.): Traduire, Adapter, Transposer. Aix-en-Provence; Université de Provence 2009 (= Cahier d'études germaniques 2009/1 – no. 56), S. 143–152, 148. Die Aufgabe des er-

Die Zeugenschaft des Erzählers ist also keine direkte Augenzeugenschaft, sondern eine vermittelte. Sie wird dem Erzähler durch Austerlitz übertragen und impliziert eine bestimmte Erzählhaltung. Der Erzähler nimmt als Zeuge keine souveräne Position gegenüber seiner Figur ein, wie dies in Moritz' *Anton Reiser* der Fall ist. Der Erzähler objektiviert Austerlitz nicht, er verfügt nicht über ihn, sondern ist von dessen mündlicher Erzählung abhängig.

Der Erzähler schreibt die Geschichte eines anderen. Austerlitz wiederum kann seine Geschichte nicht selbst schreiben. Die Selbsterschreibung ist für Austerlitz ein unbegehbarer Weg der Subjektwerdung. Dies manifestiert sich eindrücklich im Scheitern der Niederschrift seiner architekturgeschichtlichen Studien[267], deren Notizen sich „ausbreiteten über Tausende von Seiten" (A 174f.), in seiner Sprachkrise und in der darauf folgenden Zerstörung aller seiner Bücher und Papiere:

> Nirgends sah ich mehr einen Zusammenhang, die Sätze lösten sich auf in lauter einzelne Worte, die Worte in eine willkürliche Folge von Buchstaben, die Buchstaben in zerbrochene Zeichen und diese in eine bleigraue, da und dort silbrig glänzende Spur, die irgendein kriechendes Wesen abgesondert und hinter sich hergezogen hatte und deren Anblick mich in zunehmendem Maße erfüllte mit Gefühlen des Grauens und der Scham. Eines Abends, sagte Austerlitz, habe ich meine sämtlichen gebündelten und losen Papiere, die Notizbücher und Notizhefte, die Aktenordner und Vorlesungsfaszikel, alles, was bedeckt war mit meiner Schrift, aus dem Haus getragen, am unteren Ende des Gartens auf den Komposthaufen geworfen und schichtweise mit verrottetem Laub und ein paar Schaufeln Erde bedeckt. (A 180)

Der Verlust der Fähigkeit der Sprache und des Schreibens führen in unausweichlicher Konsequenz zum Begräbnis der eigenen Schrift. Schreiben als Akt der Subjektsetzung und Selbstreflexion ist nicht mehr möglich. Die Schrift löst sich auf in eine unleserliche, grauenerregende Spur, „die irgendein kriechendes Wesen abgesondert" hatte. Mit der Schrift verschwindet auch das sie hervorbringende Subjekt und überlässt das Feld den kriechenden Wesen. Damit wird die

---

zählenden Ichs wäre somit nicht nur das Aufschreiben, Bezeugen und Tradieren, sondern auch das Übersetzen.

267 „Seine Recherchen, so sagte mir Austerlitz einmal, hättten ihren ursprünglichen Zweck, der der eines Dissertationsvorhabens gewesen sei, längst hinter sich gelassen und seien ihm unter der Hand ausgeufert in endlose Vorarbeiten zu einer ganz auf seine eigenen Anschauungen sich stützenden Studie über die Familienähnlichkeiten, die zwischen all diesen Gebäuden bestünden." (A 48)

Selbsterschreibung zur unmöglichen Form. Austerlitz begräbt alles von ihm jemals Geschriebene in der Erde und lässt es verrotten. Am Ende des 20. Jahrhunderts kann sich ein Subjekt nicht mehr selbst erschreiben. Dies ist auch eine Folge der historischen Position nach dem Holocaust.

Zwischen Sebald und den Autoren des 18. Jahrhunderts besteht eine unleugbare historische Distanz. In *Austerlitz* wandelt sich die Selbsterschreibung zu einer vorsichtigen Nacherzählung, die auf einer mündlichen Selbst-Erzählung beruht und auf diese Weise auf der persönlichen Beziehung von Austerlitz und Erzähler. Nicht mehr das Schreiben, sondern das mündliche Erzählen und Anngehörtwerden begründet die Identität von Austerlitz. Damit reinszeniert Sebald ein archaisches orales Erzählmodell. Die schriftliche Vermittlung der ursprünglich mündlichen Erzählung führt vor, dass die Präsenz von Austerlitz als direkter Erzähler nicht möglich ist. Sebald überführt die Aporie der unmöglichen Wendung zu sich selbst in eine Fiktion der Zuhörerschaft, die ihrerseits aber wieder im Medium der Schrift daherkommt. Mehr als 200 Jahre nach Rousseau und Moritz stellt die aporetische Struktur der Selbsterkenntnis ein noch immer ungelöstes Problem dar, das Sebald in komplizierten Erzählstrukturen von mündlicher und schriftlicher Vermittlung gestaltet.

Austerlitz selbst weist dem Erzähler die Position als sein Stellvertreter zu. Er übergibt dem Erzähler nämlich nicht nur seine Fotografien wie diejenige seiner Mutter Agáta (A 357), sondern auch „die Schlüssel seines Hauses in der Alderney Street. Dann nimmt Austerlitz Abschied und verschwindet aus der Erzählung. „Ich könne dort, wann immer ich wolle, sagte er, mein Quartier aufschlagen und die schwarzweissen Bilder studieren, die als einziges übrigbleiben würden von seinem Leben.“ (A 410) Austerlitz macht den Erzähler zum Erben seines Hauses in London sowie seiner Fotografien. Das Vermächtnis impliziert die Aufgabe, Austerlitz' Geschichte als Andenken zu bewahren. Der Erzähler wird damit zum Romancier im Benjaminschen Sinne, der „selten ohne tiefe Melancholie“ eine Hinterlassenschaft an Erinnerungen antritt, die „nicht immer einen Erben finden“.[268]

---

268 Die entsprechende Textstelle in Benjamins Erzähler-Aufsatz lautet: „Niemand, sagt Pascal, stirbt so arm, dass er nicht irgend etwas hinterlässt.' Gewiss auch an Erinnerungen – nur dass diese nicht immer einen Erben finden. Der Romancier tritt diese Hinterlassenschaft an, und selten ohne tiefe Melancholie.“ In: Benjamin, Walter: Der Erzähler. Betrachtungen zum Werk Nikolai Lesskows. In: Ders.: Gesammelte Schriften II, 2. Herausgegeben von Rolf Tiedemann und Hermann Schweppenhäuser. Frankfurt/M: Suhrkamp 1977, S. 438–465, S. 454.

Heimgesucht

Der Aufgabe des Bezeugens entkommt der Erzähler nicht. Dies hat einen durchaus unheimlichen Aspekt: Die Figur des Austerlitz lässt sich nämlich auch als ein Gespenst lesen, das den Erzähler heimsucht. Gespensterhaft ist nicht nur die alters- und körperlose Gestalt von Austerlitz, sondern vor allem sein Auftauchen überall dort, wo sich der Erzähler befindet – und sein Verschwinden am Schluss. „So überkreuzten sich unsere Wege doch auf eine mir bis heute unbegreifliche Weise fast auf einer jeden meiner damaligen, ganz und gar planlosen belgischen Exkursionen." (A 40) Die Unwahrscheinlichkeit dieser Zusammentreffen ist dem Erzähler „bis heute unbegreiflich". Doch es gibt kein Entkommen: Immer wieder läuft der Erzähler Austerlitz „rein zufälligerweise in die Hände" (A 42). „Einmal, in der Vorweihnachtszeit, kam Austerlitz mir auf der Promenade von Zeebrugge entgegen, als es Abend wurde und nirgends eine lebende Seele zu sehen war." (A 45) Die Dunkelheit des ausgestorbenen Winterabends taucht diese Szene zusätzlich in eine unheimliche Atmosphäre. Als Austerlitz und der ihm in die Hände gelaufene Erzähler miteinander die Nordsee entlang zum Hafen gehen, weil „beide auf derselben Fähre gebucht hatten", „zitterte", in den Fassaden der „in die Dünen gesetzten Wohnburgen", „das bläuliche Licht der Fernseher, sonderbar unstet und gespensterhaft." (A 45) Austerlitz und der Erzähler, die in dieser Winternacht gemeinsam von Belgien nach England übersetzen, bilden eine gespensterhafte Schicksalsgemeinschaft, aus der es kein Entrinnen gibt. Der Erzähler wird von Austerlitz *heimgesucht*, immer wieder.

Das Gespenstische ist in *Austerlitz* in verschiedenen Motiven ausgestaltet und steht im Kontext von Sebalds differenzierter poetischen Erinnerungsreflexion. Die oft düsteren Lichtverhältnisse in der Erzählung – Dämmerung, Zwielicht oder Dunkelheit – schaffen die passende Atmosphäre für das Erscheinen von Gespenstern. Zudem hat Austerlitz ein Gespür für gespenstische Erscheinungen. Auf seinen nächtlichen Streifzügen durch London sieht er „durch eine Art von treibendem Rauch oder Schleier hindurch Farben und Formen von einer sozusagen verminderten Körperlichkeit, Bilder aus einer verblichenen Welt", und manchmal kommt es ihm vor, „als hätte mich jemand am Ärmel gezupft" (A 184). Diese in der Nähe der Liverpool Street Station auftauchenden, nicht fassbaren Erscheinungen markieren die Wiederkehr einer verdrängten (persönlichen und kollektiven) Erinnerung an vergangenes Unrecht. Auch der walisische Geisterseher Evans betrachtet Geister als Wiedergänger von „Verstorbenen, die das Los zur Unzeit getroffen hatte"[269]. In der Gestalt von Gespenstern fordern die Toten das Andenken durch die Lebenden.[270]

Austerlitz ist eine doppelt gespenstische Gestalt: Einerseits ist er ein Geisterseher mit einem Sensorium für die unfassbare Gegenwart der Toten, andererseits ist er selbst ein Wiedergänger. Neben der Beschreibung von Gespenstererscheinungen geistern in *Austerlitz* auch gespenstische Motive durch den Text; wie zum Beispiel die in der Dunkelheit umherflatternden Motten, deren hinter ihnen her gezogene „Leuchtstreifen" eigentlich „Phantomspuren" sind (A 135).[271] Solche Leitmotive – Motten, Bahnhöfe oder Schnee – realisieren die gespenstische Wiederkehr im Text gleichsam physisch als Bewegung des Wiederkehrens. Die Bewegung des Wiederkehrens macht die Begegnungen des Erzählers mit Austerlitz erst unheimlich und gespenstisch. In seinen Überlegungen über *Das Unheimliche* betont Sigmund Freud die Bedeutung der Wiederholung. Er beobachtet, „dass es nur das Moment der unbeabsichtigten Wiederholung ist, welches das sonst Harmlose unheimlich macht und uns die Idee des Verhängnisvollen, Unentrinnbaren aufdrängt, wo wir sonst nur von ‚Zufall' gesprochen hätten."[272]

Austerlitz ist geprägt von Strukturen der Wiederholung sowie der (räumlichen) Rückkehr, wie sie sich beispielsweise an den wiederholten Begegnungen von Austerlitz und dem Erzähler zeigen. Wiederkehren wird zur spezifischen

---

269 Die Passage, die sowohl auf die problematische Erinnerung an kollektive Schuld wie auch auf Austerlitz' Fehlen von Erinnerung verweist, lautet als ganze: „Im Gegensatz zu Elias, der Krankheit und Tod immer in einem Zusammenhang brachte mit Prüfung, gerechter Strafe und Schuld, erzählte Evan von Verstorbenen, die das Los zur Unzeit getroffen hatte, die sich um ihr Teil betrogen wussten und danach trachteten, wieder ins Leben zurückzukehren. Wer ein Auge für sie habe, sagte Evan, der könne sie nicht selten bemerken. Auf den ersten Blick sähen sie aus wie normale Leute, aber wenn man sie genauer anschaute, verwischten sich ihre Gesichter oder flackerten ein wenig an den Rändern. [...] Tatsächlich bin ich während all der von mir in dem Predigerhaus in Bala verbrachten Jahre nie das Gefühl losgeworden, etwas sehr Naheliegendes, an sich Offenbares sei mir verborgen." (A 78ff.)

270 Zur Forderung der Gespenster nach Gerechtigkeit vgl. Läubli, Martina: Gleichzeitig ungleichzeitig. Erzählte Zeit in W.G. Sebalds Austerlitz. Lizenziatsarbeit an der Philosophischen Fakultät der Universität Zürich. Zürich 2007, S. 69–73.

271 Zur Bedeutung der Motten in der Austerliz-Erzählung s. Läubli 2007, S. 67–69.

272 Freud, Sigmund: Das Unheimliche. In: Imago. Zeitschrift für Anwendung der Psychoanalyse auf die Geisteswissenschaften V (1919), S. 297–324, 311.

nicht linearen zeitlichen Bewegung des Textes.[273] Die Bewegung des Wiederkehrens vollzieht die Bewegung des Spuks. Ein Gespenst ist „stets zu-künftig und wieder-künftig"[274]. Die paradoxe Struktur des Spuks, welche zugleich Wiederholung, erstes Mal und zukünftig ist, bezeichnet Derrida als „Logik der Heimsuchung"[275]. Diese Logik der Heimsuchung zeichnet sich auch in der „zwingenden inneren Logik" (A 64) ab, mit welcher sich Austerlitz und der Erzähler stets wieder begegnen. Die Heimsuchung wiederum impliziert eine gewisse Zugehörigkeit der heimgesuchten Person zum Gespenst. Das Erzählte ist etwas unentrinnbar Eigenes des Erzählers. Der Erzähler und Austerlitz sind zwar nicht derselbe, aber Austerlitz' Geschichte ist auf unbestimmte Weise auch die Geschichte des Erzählers. Indem Austerlitz' Geschichte den Erzähler auf unheimliche Weise einholt, berührt sie etwas Heimliches, d. h. Verdrängtes[276] des Erzählers selbst. Der hiermit angesprochene Komplex von historischer (deutscher) Schuld und Erinnerung kann im Rahmen dieser Studie nicht weiter erkundet werden. Für die Frage der Subjektivität ist vielmehr die Komplikation des erzählenden Ich, welche durch die gespenstisch wiederkehrende Erzählung von Austerlitz entsteht, virulent. Dem Erzähler ist ebenso wie dem Pronomen ‚ich' die Konfusion von eigen und fremd eingeschrieben: Das unscharfe Ich versammelt viele Stimmen in seiner Stimme, es erzählt aus unbewussten Beweggründen, es hat eine subjektive und sentimentalische Position, es wird eingeholt und besetzt von der fremden Geschichte von Austerlitz, welche es berichten muss, jedoch immer mit dem Verweis auf die Indirektheit. Der Erzähler markiert diese Konfusion zusätzlich, indem er den *Ort* von Austerlitz einnimmt – topographisch in dessen Haus in der Alderney Street und im Text als Position des Erzählens. Die Erzählinstanz des ‚Ich' wird auf diese Weise höchst problematisch. In der Unschärfe seiner Zuordnung vervielfacht sich das Subjekt der Erzählung.

---

273 Derrida hat die (un-)zeitliche Logik von Gespenstern als rätselhafte Anwesenheit des Abwesenden beschrieben. Wer oder was einmal war, kehrt wieder und zeigt sich, jedoch ohne sich greifen zu lassen: es spukt. „Ein Gespenst ist immer ein Wiedergänger. Man kann sein Kommen und Gehen nicht kontrollieren, weil es mit der Wiederkehr beginnt." In: Derrida, Jacques: Marx' Gespenster. Der Staat der Schuld, die Trauerarbeit und die neue Internationale. Frankfurt/M: Suhrkamp 2004, S. 26.

274 Derrida 2004, S. 139.

275 Derrida 2004, S. 25.

276 Diese These der Verbindung des Unheimlichen mit dem eigenen Verdrängten ist durch Sigmund Freud zu Allgemeingut geworden. Vgl. Freud, Sigmund: Das Unheimliche. In: Imago. Zeitschrift für Anwendung der Psycholanalyse auf die Geisteswissenschaften V (1919), S. 297–324.

Die Unschärfe des Ich spiegelt sich wiederum in der Figur von Austerlitz. Auch Austerlitz ist ein prekäres Ich. Manchmal ist es ihm, „als ginge jemand anderer neben mir her“ (A 302) oder als begleite ihn „ein unsichtbarer Zwillingsbruder [...], sozusagen das Gegenteil eines Schattens“ (A 80). So skizziert die Verdoppelung des Subjektes Austerlitz in einen unsichtbaren Zwilling die Teilung und Verdoppelung eines Subjekts: „Die wiederholt aufgegriffene Imagination bzw. „Zwangsvorstellung“ eines unsichtbaren bzw. unbekannten Zwillingsbruders konnotiert den biographischen Erinnerungsbruch doppeldeutig als Aufspaltung und Verdoppelung des Ich.“[277] Die Verdoppelung des Subjekts Austerlitz in einen unsichtbaren Zwillingsbruder liest sich wiederum als gespenstische Erscheinung. Das Problem, das er sich selbst ist, ist ihm nur im Modus des Unsichtbaren und Unbewussten als „Gegenteil eines Schattens“ zugänglich.

Auf der Ebene des Textes führt das eigentümliche Verhältnis von Erzähler und Austerlitz, in seiner Konfusion zwischen eigen und fremd, gespenstisch und affektiv, zur vielfach beboachteten Unschärfe des erzählenden Ich. In der postmodernen Schreibweise Sebalds ist Ich-Sagen eine höchst unsichere Sache geworden.

ÜBERBLENDUNGEN UND LEUCHTSTREIFEN: FORTSCHRITTS- UND ERKENNTNISKRITIK

In *Austerlitz* kritisiert W.G. Sebald das Konzept des neuzeitlichen Subjekts auf narrative Weise. Wie wir bereits gesehen haben, geschieht das zum einen durch die Inszenierung eines unscharfen erzählenden Subjekts und durch eine die Lesenden immer wieder verunsichernden Ungewissheit, wer nun gerade spricht. Zum anderen steht die Subjektkritik in *Austerlitz* im Rahmen einer umfassenden Fortschritts- und Erkenntniskritik. Im Gegensatz zu Rousseau und Moritz reflektiert Sebald Subjektivität nicht nur aus einer individuellen und psychologischen Perspektive auf die Geschichte eines einzelnen Menschen, sondern auch aus einer psychoanalytischen, historischen und ethischen Perspektive.

Im aktuellen Kapitel stehen letztere im Vordergrund. Ich werde der Fortschritts- und Erkenntniskritik von *Austerlitz* nachgehen, indem ich mich von den Lichtverhältnissen und optischen Verwirrspielen leiten lasse. Die Beschreibung von Lichtverhältnissen und das Spiel mit Hell, Dunkel und Reflektionen bilden ein markantes ästhetisches Verfahren der Erzählung. Die Lichtspiele reflektieren insbesondere die Möglichkeiten und Grenzen von menschlicher Wahrnehmung

277 Mosbach 2008, S. 216f.

und Erkenntnis. Durch das optische Verfahren der Überblendung – auf das erzählerische Verfahren übertragen – nimmt der Text überdies eine Annäherung von Mensch und Tier vor und stellt den Zusammenhang von Subjektivität und Menschlichkeit, also einen anthropozentrischen Subjektbegriff, in Frage.

Der Fokus auf die Darstellung von Tieren in *Austerlitz* ermöglicht auch eine Reflexion ästhetischer Wahrnehmung. Die Phantomspuren der Motten verunsichern die Verlässlichkeit menschlicher Wahrnehmung, evozieren dafür aber einen Akt ästhetischer Wahrnehmung. Wahrheit wird dem Subjekt nicht als Wissen oder Erkenntnis, sondern nur in ästhetischer Form zugänglich.

Die Erschütterung menschlicher Wahrnehmung und Erkenntnisfähigkeit manifestiert sich zudem in der Sehstörung des Erzählers. Wie die erzählerische die Aufmerksamkeit auf die Peripherie der Wahrnehmung gelenkt wird, zeigt sich in *Am Rand des Gesichtsfeldes*.

Antwerpen: Centraal Station und Nocturama

Die *Austerlitz*-Erzählung nimmt ihren Auftakt in Antwerpen. Die belgische Stadt bildet im räumlich strukturierten Text ein erstes Magnetfeld. In Antwerpen treffen sich unterschiedliche Komplexe konkreter Aufklärungs-, Fortschritts- und Erkenntniskritik in *Austerlitz*. Es sind dies die Fragen von technischem Fortschritt am Beispiel der Eisenbahn, der (architektonischen) Repräsentation von Macht, des Kapitalismus und der damit einhergehenden Ausbeutung der Arbeiter, des Kolonialismus und Imperialismus; aber auch die Frage der Humanität und des Verhältnisses von Menschen und Tier sowie der Möglichkeit menschlicher Erkenntnis. Die Verdichtung all dieser Fragen erreicht der Text durch eine Überblendung zweier Antwerpener Schauplätze: des Nocturamas im Tiergarten sowie der riesigen Räume der Centraal Station. In der Wahrnehmung des Erzählers schieben sich diese Schauplätze über einander und vervielfältigen so ihre Bedeutungsdimensionen.

Die Bilder aus dem Inneren des Nocturamas sind in meinem Gedächtnis im Laufe der Jahre durcheinandergeraten mit denjenigen, die ich bewahrt habe von der sogenannten *Salle des pas perdus* in der Antwerpener Centraal Station. Versuche ich diesen Wartesaal heute mir vorzustellen, sehe ich sogleich das Nocturama, und denke ich an das Nocturama, dann kommt mir der Wartesaal in den Sinn, wahrscheinlich weil ich an jenem Nachmittag aus dem Tiergarten direkt in den Bahnhof hineingegangen beziehungsweise eine Zeitlang zunächst auf dem Platz vor dem Bahnhof gestanden bin und hinaufgeblickt habe an der Vorderfront dieses phantastischen Gebäudes, das ich am Morgen bei meiner Ankunft nur undeutlich wahrgenommen hatte. (A 8)

Die fotografische Metapher der Überblendung bezieht sich sowohl auf die Überblendung von Erinnerungen des Erzählers als auch auf Sebalds poetisches Verfahren der bildhaften Überblendung. In beiden Fällen legen sich Bilder über einander, welche danach nicht mehr unterschieden werden können, sondern ein Ganzes bilden. Erinnerung funktioniert in Sebalds Erzählen also nicht nach rationalen Prinzipien, sondern imaginativ durch die (Re-)Produktion von Bildern und wird dabei immer erst als Ergebnis nachträglicher Bearbeitung fassbar. Das Überblenden von Bildern ist dabei ein subjektives und kein differenzschaffendes Verfahren. Es bewirkt bei den Lesenden den Eindruck von Diffusion und Ununterscheidbarkeit der überblendeten Bilder und Szenen – in gleicher Weise wie die von Sebald ebenfalls oft evozierten Lichtmischungen. Auf die ähnlichkeitsschaffende Wirkung der Überblendungen verweist auch Bettina Mosbach:

> Programmatisch exponiert die mit dem Begriff der ‚Überblendung' eingespielte Technik der Projektion das Schema einer Figuration, die durch die Momente der Mischung und der Unentscheidbarkeit charakterisiert ist.[278]

Während Bettina Mosbach die Ununterscheidbarkeit als Effekt von Sebalds Strategie der Überblendung hervorhebt, betont Sigurd Martin dagegen die Ähnlichkeit. Sebald schaffe ganze „Ähnlichkeitsnetze“:

> Ähnlichkeit wird zum Mittel der Erforschung des Raums zwischen Erinnerung und Vergessen, bei der sich, oftmals ausgelöst durch eine optische Analogie, die Zeiten in einem plötzlich ausbrechenden Assoziationsstrom überlagern und durcheinanderwirbeln. Sebald und mit ihm all seine Ich-Erzähler leben eine mimetische Anverwandlung der Umgebung, so sehr, dass alles zur Spiegelung von allem werden kann und Figuren, Situationen, Zitate, Bilder sich zu einem Resonanzboden für die in der entstellten Ähnlichkeit verlorene Zeit verzerren.[279]

Dem erzählenden Ich kommt der Wartesaal im Bahnhof „wie ein zweites Nocturama vor“ (A 9). Dabei funktionieren seine „Gedächtnisprobleme [...] als eine Art Filter, die nicht nur gewisse thematische Motive hervorheben, sondern auch verschiedene Orte – die verschiedenen Schichten der Geschichte – miteinander

278 Mosbach 2008, S. 223 und 225.

279 Martin, Sigurd: Lehren vom Ähnlichen. Mimesis und Entstellung als Werkzeuge der Erinnerung im Werk W. G. Sebalds. In: Ders. & Wintermeyer, Ingo: Verschiebebahnhöfe der Erinnerung. Zum Werk. W.G. Sebalds. Würzburg 2007, S. 81–103, S. 82.

verbinden."[280] Der Erzähler stellt sich die „von einer sechzig Meter hohen Kuppel überwölbte Halle" als eine Art Zoo vor, mit „in die marmornen Nischen eingelassenen Käfige[n] für Löwen und Leoparden und Aquarien für Haifische, Kraken und Krokodile" (A 9). Indem er die Bahnhofshalle voller exotischer Tiere imaginiert, rückt der Erzähler die Tiere einerseits in eine Nähe zu den Menschen, die diese Halle als Reisende normalerweise für sich beanspruchen. Andererseits verweist die exotische Herkunft der Haifische, Leoparden und Krokodile auf die kolonialen Verstrickungen Belgiens.

Dass in diesem repräsentativen Bau auch der Kolonie Kongo in Form eines „mit Grünspan überzogenen Negerknaben, der mit seinem Dromedar als ein Denkmal der afrikanischen Tier- und Eingeborenenwelt hoch droben auf einem Erkerturm zur Linken der Bahnhofsfassade seit einem Jahrhundert allein gegen den flandrischen Himmel steht" (A 8f.), gedacht wird, erscheint zynisch, wenn man mit Austerlitz bedenkt, dass im Zuge der „kolonialen Unternehmungen auf dem afrikanischen Kontinent" „an den Kapitalmärkten und Rohstoffbörsen von Brüssel die schwindelerregendsten Geschäfte gemacht werden" (A 9). Spätestens hier wird klar, mit welchen Mitteln dieser prächtige Bahnhof erstellt wurde.

In seinen späteren Erläuterungen zur Architektur der Centraal Station kritisiert Austerlitz sowohl den Imperialismus des im Wunschtraum einer neuen Wirtschaftsgroßmacht gefangenen und sich auf dem afrikanischen Kontinent ausbreitenden kleinen Belgiens als auch den entfesselten Kapitalismus. So bedeute das in der Eingangshalle des Bahnhofs angebrachte „heraldische Motiv des Bienenkorbs übrigens nicht, wie man zunächst meinen möchte, die dem Menschen dienstbar gemachte Natur [...], auch nicht etwa den Fleiß als eine gemeinschaftliche Tugend, sondern das Prinzip der Kapitalakkumulation." (A 12) Hinter dem Prachtbau steht einerseits der Kapitalismus als Realisierung einer Habgier, die ins Grenzenlose strebt. Andererseits ist die Monumentalität des Bahnhofsgebäudes Ausdruck von Machtphantasien. Die exzessive Beschäftigung von Sebalds Texten, insbesondere von *Austerlitz,* mit monumentaler Architektur speist sich aus radikaler Fortschrittskritik. Dies bemerkt auch Ben Hutchinson:

> In Sebalds Prosa läuft diese Kritik des Monumentalismus auf eine immer wieder zum Ausdruck kommende Fortschrittskritik hinaus: Die syntaktischen Strukturen, deren er sich bedient, um solche monströsen Gebäude zu beschreiben, inszenieren seine Reaktion auf die Ansprüche der Moderne auf einen aufklärerischen Fortschrittsbegriff.[281]

---

280 Hutchinson 2009, S. 95.

281 Hutchinson 2009, S. 77.

Der Fortschritt der europäischen Architektur und Technik, wie er sich im Ausbau des Eisenbahnnetzes und in der Bahnhofsarchitektur materialisiert, beruht auf Ausbeutung, und zwar auf der Ausbeutung der Kolonien ebenso wie der europäischen Arbeiter im Zuge der Industrialisierung. So endet Austerlitz' Monolog über den Antwerpener Bahnhof mit den „Erläuterungen des bei der Fabrikation der hohen Wartesaalspiegel angewendeten Verfahrens [...], indem er, im Gehen noch einmal an den mattschimmernden Flächen emporblickend, sich selber auf Französisch die Frage stellte, combien des ouvriers perirent, lors de la manufacture de telles miroirs, de malignes et funestes affectations à la suite de l'inhalation des vapeurs de mercure et de cyanide." (A 19)

Die Wartesaalspiegel erhalten durch die Äußerung zu ihren Produktionsbedingungen neben ihrer ästhetischen Qualität der Spiegelung des Lichts mit der Frage nach ihren Produktionsbedingungen eine historische Dimension. Austerlitz' Hinweis auf die Opfer kapitalistischer Ökonomie taucht das aufklärerische Subjektideal ins Zwielicht: Die Aufklärung hat zur Freiheit weniger und zur Objektivierung vieler Menschen geführt; und nicht zur Anerkennung aller Menschen als Subjekte. Ausgerechnet der Spiegel, *die* Metapher für neuzeitliche Subjektivität[282], reflektiert die Kehrseite der Aufklärung.

Im Hinblick auf Sebalds Erzählweise ermöglichen die Wartesaalspiegel eine dreifache (Selbst-)Reflexion. Das optische Spiel der Reflexion vervielfacht sich im Text ins Unendliche. Erstens zeugt Sebalds elegante Bezugnahme auf die Spiegelmetapher von seiner Erzählstrategie der *bricolage*[283] mit Elementen abendländischer Kulturgeschichte. Dabei, und dies führt zum zweiten Punkt, erschöpft sich das Spiel mit den Spiegeln nicht im bloßen Verweis, sondern wird ästhetisch produktiv, indem das visuelle Verfahren der Spiegelung als beschriebene Bilder von Spiegelungen im Text erscheint. Das Bild des Spiegels verwandelt den Text in einen intermedialen Text, indem dieser das Bild als visuelles ernst nimmt und sprachlich nachbildet. Auf diese Weise *spiegelt* und *malt* die literarische Sprache. Diese spezifische ästhetische Qualität von Sebalds Text wiederum steht in Zusammenhang mit einer kritisch-ethischen Perspektive[284], welche sich vom Glanz des Spiegels eben nicht blenden lässt, sondern das in den

282 Zum Spiegel als Subjektmetapher vgl. Konersmann 1988, insbesondere S. 28ff.

283 Stephan Seitz hat das von Claude Lévi-Strauss geprägte ethnologische Verfahren der bricolage bei Sebald detailliert herausgearbeitet und in einen geschichtstheoretischen Kontext gestellt: Seitz 2011, S. 31ff.

284 Zur engen Verschränkung von Ethik und Poetik in Sebalds Werk vgl. Fuchs, Anne: Die Schmerzensspuren der Geschichte. Zur Poetik der Erinnerung in W.G. Sebalds Prosa. Köln 2004.

Blick nimmt, was als verdrängte Geschichte des Spiegels unsichtbar bleibt, in diesem Fall die Frage nach den menschlichen Auswirkungen der Spiegelproduktion. Sebalds Annäherung an die Geschichte beruht, wie Anne Fuchs zeigt, auf einem „starken Konzept des geschichtlichen Opfers“[285], also auf einer Perspektive, welche den Fokus entschieden auf die Leidenden der Geschichte richtet. Dass Sebalds ethisch motivierte Parteinahme Walter Benjamins Geschichtsverständnis zum Vorbild hat, wurde vielfach herausgearbeitet.[286] Auch in *Austerlitz* gilt das erzählerische Interesse einer „Gegengeschichte als Rückbindung der Geschichte an das leidende ebenso wie Geschichte erkennende Subjekt“[287].

Erzählen als Widerstand gegen die Vernunft

Austerlitz erzählt ‚Gegengeschichte‘ als eine Geschichte der Rückseite des Spiegels und nimmt auf diese Weise eine vernunftkritische Perspektive ein, wie sie auch in *Dialektik der Aufklärung* formuliert ist. Dieser Text bildet für die Darstellung der Geschichte der Moderne bei Sebald einen wichtigen Deutungshorizont. Max Horkheimer und Theodor W. Adorno nehmen in der *Dialektik der Aufklärung* eine Fundamentalkritik an einem auf Vernunft und Fortschritt basierenden Geschichtsverlauf vor, welcher letztendlich in der Verheerung von Faschismus und Massenmord gipfelte. Auch Sebalds Texte betonen durchwegs die zerstörerische Wirkung menschlichen Fortschrittsdenkens. So zeigt beispielsweise Austerlitz’ Analyse der zwar ausgeklügelten, aber den militärischen Zweck der Verteidigung nicht erfüllenden und letztendlich paranoiden Festungsbauten[288], wie (technischer) Fortschritt dialektisch in Regression und Zerstörung umschlägt[289]. Für die Frage der Subjektivität ist außerdem relevant, dass Hork-

285 Fuchs 2004, S. 28.

286 S. dazu Fuchs 2004, besonders die S. 69ff., sowie Seitz 2011, S. 31ff.

287 Seitz 2011, S. 31.

288 „Freilich verraten gerade unsere gewaltigsten Pläne nicht selten am deutlichsten den Grad unserer Verunsicherung. So liesse sich etwa am Festungsbau, für den Antwerpen eines der hervorragendsten Beispiele liefere, gut zeige, wie wir, um gegen jeden Einbruch der Feindesmächte Vorkehrungen zu treffen, gezwungen seien, in sukzessiven Phasen uns stets weiter mit Schutzwerken zu umgeben, so lange, bis die Idee der nach aussen sich verschiebenden konzentrischen Ringe an ihre natürlichen Grenzen stosse.“ (A 21)

289 Ben Hutchinson zeigt das dialektische Prinzip des Umschlags von Fortschritt in Regression als Stilprinzip von Sebalds Erzählen auf, indem er u.a. der den dialektischen Duktus von Sebalds Sätzen hervorhebt: Hutchinson 2007, 8ff. Ausserdem hat

heimer/Adorno die zerstörerischen Auswirkungen der Aufklärung auf das Prinzip der Objektivierung zurückführen, indem sie jede Objektivierung als Machtausübung deuten: „Als Gebieter über die Natur gleichen sich der schaffende Gott und der ordnende Geist. Die Gottesebenbildlichkeit des Menschen besteht in der Souveränität übers Dasein, im Blick des Herrn, im Kommando.“[290] Dies sind starke Worte, doch gerade in ihrer thesenhaften Form machen sie auf die allem begrifflichen Denken und somit auch der Sprache inhärente Verfügungsmacht, auf das „Kommando“ der Souveränität, aufmerksam. Die Souveränität eines denkenden Subjekts ist nicht nur in Formen direkter Machtausübung wirksam, sondern in jedem Sprechen und Denken, das über seinen Gegenstand verfügt. Diese Souveränität beruht auf Wissen:

> Die Überlegenheit des Menschen liegt im Wissen [...] Wissen, das Macht ist, kennt keine Schranken, weder in der Versklavung der Kreatur noch in der Willfährigkeit gegen die Herren der Welt. Wie allen Zwecken der bürgerlichen Wirtschaft in der Fabrik und auf dem Schlachtfeld, so steht es den Unternehmenden ohne Ansehen der Herkunft zu Gebot.[291]

Horkheimer und Adorno betonen in ihrer Argumentation die zerstörerischen, ungerechten Auswirkungen menschlichen Wissens, wenn es sich mit Machtgier und Habgier paart. Sebalds *Austerlitz* liest sich wie eine Konkretisierung dieser Kritik.[292] Die „Versklavung der Kreatur“ wird beispielsweise in den mehrfachen Kolonialismus-Bezügen sowie an den im Zoo gefangenen Tieren durchgespielt und gipfelt im Zwangsarbeitersystem des Nationalsozialistischen Regimes, welches im Text in der monströsen Beschreibung des Konzentrationslagers Theresienstadt Gestalt erhält. Zudem kritisiert die Erzählung nicht von ungefähr nicht nur den letztendlich Ruinen hervorbringende technische Fortschritt, den Kapita-

---

Hutchinson anhand von Sebalds nachgelassener Bibliothek dessen Lektüre der Frankfurter Schule rekonstruiert: Hutchinson 2007, S. 4ff.

290 Horkheimer, Max & Adorno, Theodor W.: Dialektik der Aufklärung. Philosophische Fragmente. 17. Aufl. Frankfurt/M 2008, S. 15.

291 Horkheimer & Adorno 2008, S. 9f.

292 Ich greife hier nur einige Aspekte von Sebalds Aufklärungskritik heraus. Eine differenzierte Inbezugsetzung der Austerlitz-Erzählung zu ihrem Intertext Dialektik der Aufklärung würde an dieser Stelle zu weit führen, deshalb verweise ich auf die Arbeiten von Hutchinson 2009, S. 4ff. und Stephan Seitz 2011, S. 31ff., welche die Fortschrittskritik bei Sebald genauer analysieren.

lismus und den Kolonialismus, sondern auch jene Wissenschaft, welche ihren Gegenstand zum Objekt macht[293].

Ein solcher wissenschaftlicher Zugriff auf die Natur zeigt sich im Veterinärmedizinischen Museum in Paris. Dort wird die Objektivierung der Natur so konsequent realisiert, dass sie nur noch als tote gegenwärtig ist. In diesem Museum herrscht „ungeheure" Stille und außer Austerlitz ist keine „lebendige Seele" in ihm zu finden (A 373); dafür jedoch eine große Zahl an Präparaten wie Gipsabdrücke und in Formaldehyd eingelegte Föten und „Eingeweidesysteme" (A 374). Die in den Präparaten zerlegte und mortifizierte Natur gipfelt in einer lebensgroßen Reiterfigur, welche der Anatom und Präparator Honoré Fragonard durch eine von ihm entwickelte Technik der „Vitrifikation" präpariert hat (A 376) und deren „entsetzlicher" (A 374) Anblick Austerlitz zutiefst verstört.

Eine Frage, die sich auf dem Hintergrund der Aufklärungs- und Fortschrittskritik jedoch stellt, ist diejenige nach den poetologischen Konsequenzen einer solchen Perspektive. Wie kann das literarische Erzählen selbst eben jene Souveränität vermeiden, die sie kritisiert? Sebald tut dies, indem er den Erzähler als reinen Vermittler konzipiert, der auf die Verfügungsmacht über Austerlitz verzichtet. Die bereits betrachtete Unschärfe des erzählenden Subjekts gewinnt auf diesem Hintergrund an Dringlichkeit. Der Erzähler und Austerlitz sind Forscher, die mit rationalen Mitteln Erkundungen einziehen, indem sie recherchieren und Material zusammentragen. Andererseits ist ihr Antrieb irrational[294] und von unbewussten Motivationen bewegt. Die Tätigkeit des Forschens wird von der Zufälligkeit dessen geleitet, was sie unterwegs vorfinden, was ihnen erzählt wird, auf welches Material sie stoßen[295], respektive ist der Erzähler wiederum davon

293 „Die Distanz des Subjekts zum Objekt, Voraussetzung der Abstraktion, gründet in der Distanz zur Sache, die der Herr durch den Beherrschten gewinnt." In: Horkheimer & Adorno 2008, S. 19.

294 Bei der Austerlitz-Figur ändert sich dies in jenem Moment, als er den Namen des Schiffes PRAGUE hört. Aber auch, als er weiss, warum und wonach er sucht, bleibt Austerlitz' Suche unberechenbar.

295 So forscht Austerlitz z. B. jahrelang nach Spuren seines Vaters Maximilian Aychenwald, ohne auch nur den kleinsten Anhaltspunkt zu finden. Doch beim letzten Besuch des Erzählers in Paris berichtet Austerlitz, „dass er tags zuvor von einem Mitarbeiter des Dokumentationszentrums in der rue Geoffroy-l'Asnier eine Nachricht erhalten habe, derzufolge Maximilian Aychenwald Ende 1942 in dem Lager Gurs interniert gewesen sei, und dass er, Austerlitz, diesen weit drunten im Süden, in den Vorbergen der Pyrenäen gelegenen Ort nun aufsuchen müsse. Sonderbarerweise habe er wenige Stunden nach unserer letzten Begegnung, als er, von der Bi-

abhängig, was Austerlitz ihm erzählt. Die Erzählung ist also mindestens so sehr eine Frage des Materials wie des forschenden und erzählenden Subjekts – und somit des Zufalls[296]. Der Erzähler verfügt nicht über seinen Stoff. Er ist kein Ingenieur, welcher dem Material eine durchdachte Struktur zuweist, sondern ein *bricoleur* nach Lévi-Strauss.[297] Das vorgefundene und vorhandene Material strukturiert in Zusammenwirkung mit unbewussten Motivationen die Erzählung – und leistet Widerstand gegen die Vernunft, die nach einem geschlossenen System strebt.

---

bliothèque Nationale herkommend, in der Gare d'Austerlitz umgestiegen sei, die Vorahnung gehabt, dass er dem Vater sich annähere." (A 405ff.) Diese unerwartete Information aus dem Dokumentationszentrum wird die Richtung von Austerlitz' weiterer Reise in den Süden Frankreichs und auch die Richtung der Erzählung bestimmen. Vorherzusehen war sie aber nicht und es ist ebenso wenig abzusehen, ob sie zu weiterem Material und zu mehr Wissen über Maximilian Aychenwald führen wird. Und doch ist die Irrationalität dieses plötzlichen Auftauchens einer neuen Information begleitet von einer „Vorahnung, dass er dem Vater sich annähere".

296 In seinem Aufsatz über die Realia bei Sebald – die „Aufzählungen, Listen und ausufernden Details" – spricht Jan Ceuppens von einem „konstruierten Zufall". In: Ceuppens, Jan: Realia. Konstellationen bei Benjamin, Barthes, Lacan – und Sebald. In: Niehaus, Michael & Öhlschläger, Claudia (Hrsg.): W.G. Sebald. Politische Archäologie und melancholische Bastelei. Berlin 2006a, S. 241–258, 249. Als „konstruierter Zufall" steht das in der Erzählung gesammelte Material als Kippfigur zwischen Sinnstiftung und Sinnentzug, wie Ceuppens aufzeigt: „Nun steht das hier exemplifizierte Verfahren auch in einer langen literarischen Tradition. Etwas überspitzt könnte man sogar behaupten, es ist das dichterische Verfahren schlechthin, Disparates und als unverbunden Erscheinendes in einem schönen Bild zusammenzubringen, das den Eindruck erweckt, eine Wahrheit zu treffen. [...] Die Fähigkeit, disparate Sachverhalte [...] unter dem Gesichtspunkt ihrer Gleichzeitigkeit zusammenzuschauen, bezeichnet Nabokovs angeblicher Bekannter Vivian Bloodmark [...] als ‚cosmic synchronisation'. [...] dieses Moment [ist] – ob bei Nabokov oder Sebald – auf den ersten Blick als Glücksfall zu bewerten; das ihr zugrunde liegende Verfahren ist [...] nicht ohne weiteres willkürliche Konstruktion; es kann einerseits Sinnstiftung suggerieren, aber andererseits durchaus auch einen Sinnentzug zur Folge haben. Gerade weil diese poetisierende Zusammenschau sich einer klaren Zuordnung zu Subjekt und Objekt sperrt, gewährt sie einen Einblick in jenen Bereich, den Lacan als die Ordnung des Realen bezeichnet." In: Ceuppens 2006, S. 252.

297 Vgl. dazu Seitz 2011, besonders S. 67f.

Tier und Mensch in *Austerlitz*

Zoologischer Garten // Paradiesgarten

Die zunehmende Dunkelheit des Wartesaals verweist wiederum auf das Nocturama, welches der Erzähler vor Kurzem verlassen hat: „Ähnlich wie die Tiere im Nocturama, unter denen es auffällig viele Zwergrassen gegeben hat, winzige Fennekfüchse, Springhasen und Hamster, scheinen auch diese Reisenden mir irgendwie verkleinert, sei es wegen der außergewöhnlichen Höhe der Saaldecke, sei es wegen der dichter werdenden Düsternis“ (A 9f.). Die Bilder der in der künstlichen Dunkelheit des Nocturamas lebenden Tiere schieben sich über die menschlichen Gestalten, welche im immer dunkler werdenden Wartesaal mit der hohen Saaldecke sitzen, künstlich verkleinert wie die Tiere im Zoo.

Die Überblendung von Menschen- und Tierfiguren ist eine wiederkehrende Erzählstrategie in *Austerlitz*. Indem die Reisenden im Wartsaal mit den „gleichen gramvollen Mienen“ wie die Tiere im Nocturama den Anschein machen, „die letzten Angehörigen eines reduzierten, aus seiner Heimat ausgewiesenen Volks“ zu sein (A 10), streicht der Erzähler als Vergleichsmoment zwischen den reisenden Menschen und den aus ihrem natürlichen Lebensraum herausgerissenen Tieren das Unglück von Vertreibung und Flüchtlingsdasein heraus. Menschen und Tiere teilen das gleiche Schicksal[298].

Nicht nur gemeinsames Unglück, sondern auch die Eigenschaft sozialen Zusammenlebens verbindet Menschen und Tiere, wie dies auf der Andromeda Lodge der Familie Fitzpatrick deutlich wird. Auf diesem als kleines Paradies gezeichneten Landgut, wo Jacques Austerlitz als Jugendlicher jeweils die Ferien verbringen darf, leben Menschen und Tiere friedlich zusammen, inmitten eines verwilderten Gartens mit exotischen Pflanzen. Die Besonderheit von Andromeda Lodge sind

> die weißgefiederten Kakadus, die [...] überall um das Haus herumflogen, aus den Gebüschen herausriefen und im Sprühregen des Staubbachs sich bis in die Abendstunden badeten und vergnügten. Der Urgrossvater Geralds hatte etliche Paare von den Molukken nach Hause gebracht und in der Orangerie angesiedelt, wo sie sich bald zu einer zahlreichen Kolonie vermehrten. Sie lebten in kleinen Sherry-Fässern, die man an einer der Seiten-

298 Walter Schmidt-Hannisa bemerkt dazu: „It cannot be denied that animals generally appear in the role of the victim as objects of human violence.“ Schmidt-Hannisa, Walter: Aberration of a Species: On the Relationship between Man and Beast in W.G. Sebalds Work. In: In: Fuchs, Anne & Long J.J. (Hrsg.): W.G. Sebald and the Writing of History. Würzburg 2007, S. 31–43, S. 33.

wände zu einer Pyramide übereinandergestapelt hatte und die sie, entgegen ihrer heimischen Sitte, sagte Austerlitz, selber ausstaffierten mit Hobelspänen aus einen drunten am Flussufer gelegenen Sägewerk. [...] Überhaupt glichen sie in vielem den Menschen. Man hörte sie seufzen, lachen, niesen und gähnen. Sie räusperten sich, ehe sie anfingen, in ihrer Kakadusprache zu reden, sie zeigten sich aufmerksam, berechnend, verschmitzt und verschlagen, falsch, boshaft, rach- und händelsüchtig. (A 118ff.)

Die Kakadus auf Andromeda Logde bilden eine Parallelgesellschaft zu derjenigen der Menschen, mit welchen sie sowohl die Charaktereigenschaften als auch die Fähigkeit zur Kommunikation, zum Zusammenleben und zum Spiel teilen. Zwar verweist die Gegenwart dieser exotischen Vögel in Wales ebenfalls auf den Kolonialismus – waren die Gewürzinseln Molukken doch ein Schauplatz kriegerischer Auseinandersetzungen zwischen europäischen Kolonialmächten. Doch der Transport dieser Tiere nach Europa endete nicht im Flüchtlingsdasein wie bei den Antwerpener Zoobewohnern. Die Kakadus schufen sich in Wales eine neue Heimat. Indem sie die ihnen zur Verfügung gestellten Sherry-Fässer selber ausstaffieren, nehmen sie wie die Menschen ihren neuen Lebensraum in Besitz und erscheinen als handlungsfähige, kommunizierende und sich inkulturierende Subjekte. Die Kakadus gleichen den Menschen in ihrer Neigung zur Vergesellschaftung: „Auch wie sie sich in andauernd wechselnden Gruppen zusammenrotteten und dann wieder paarweise bei einander sassen, [...] war ein Spiegel der menschlichen Sozietät.“[299] (A 120) Nicht der Blick in den Spiegel, sondern der Blick auf das Tier zeigt dem Menschen, wer er ist.

---

299 In Austerlitz spiegeln nicht nur die Tiere die menschliche Sozietät, sondern die Menschen auch die tierische. So nehmen die Angestellten des Londoner Finanzmarktes in der Beschreibung als „Arbeiter aus den Goldminen der City“ mit ihrem Imponiergehabe zwar tierische Züge an, bilden aber gleichzeitig eine „in keinem Bestiarium beschriebene Tierart“ (A 57). Vielmehr werden sie als eine ‚Abart’ von Herdentieren inszeniert: „[Ich] hatte [...] einige Zeit schon die Arbeiter aus den Goldminen der City beobachtet, die sich zu dieser frühen Abendstunde hier, an ihrem gewohnten Trinkplatz, einfanden, alle einander ähnlich, in ihren nachtblauen Anzügen, gestreiften Hemdbrüsten und grellfarbenen Krawatten, und [...] ich versuchte, die rätselhaften Gewohnheiten dieser in keinem Bestiarium beschriebenen Tierart zu begreifen, ihr enges Beieinanderstehen, ihr halb geselliges, halb aggressives Gehabe, das Freigeben der Gurgel beim Leeren der Gläser, das immer aufgeregter werdende Stimmengewirr, das plötzliche Davonstürzen des einen oder anderen“ (A 57).

Der Text weist außerdem darauf hin, dass Gerald Fitzpatricks „Papageienvorfahre“ ein begeisterter, von Charles Darwin angeregter Naturforscher und gleichzeitig ein Sammler[300] war (A 123). Das Naturalienkabinett der Familie Fitzpatrick ist die schönste Sammlung in *Austerlitz* – mit seinen „Kästen mit zahlreichen, zum Teil verglasten Schubladen, in denen die ziemlich kugeligen Eier der Papageien zu Hunderten aufrangiert waren, Muschel-, Mineralien-, Käfer- und Schmetterlingssammlungen, in Formaldehyd eingelegte Blindschleichen, Nattern und Echsen, Schneckenhäuser und Seesterne, Krebse und Krabben und große Herbarien mit Baumblättern, Blüten und Gräsern“ (A 122). Diese Natur-Sammlung hat ihr Gegenbild im wilden Garten von Andromeda Lodge. Die Naturforscher der Familie Fitzpatrick verbinden die Objektivierung[301] der Natur in der naturwissenschaftliche Sammlung mit deren liebevollen Pflege im Garten. So verhindern sie eine völlige Entfremdung[302] von der Natur. Die Kakadus überleben den schweren Winter in Wales, „weil Adela die beiden eiskalten Monate Januar und Februar hindurch den alten Orangerieofen für sie geheizt hat“ (A 119).

Menschen und Tiere pflegen ein friedliches Zusammenleben als Subjekte, egal welcher Spezies. Die Subjektivität zeigt sich auch im Namen und in der Geschichte, welche jedes Tier auf Andromeda Lodge erhält. Dem aschgrauen Papagei Jaco ist sogar ein ganzes Charakterporträt gewidmet (A 121f.). Doch dabei ist nicht zu vergessen, dass die Andromeda Lodge in *Austerlitz* den Ausnahmestatus eines Garten Edens hat. Mit dem Tod seines Freundes Gerald Fitzpatrick

---

300 In der Austerlitz-Erzählung finden sich Sammlungen unterschiedlicher Art, wie Austerlitz’ „Bücher- und Papiermagazin“ mit den „überfrachteten Regalen“ in Bloomsbury (A 47), Austerlitz’ Fotografien, die er immer wieder in neuer Kombination „wie bei einer Partie Patience“ auf seinem Tisch auslegt (A 171), der Trödel im Schaufenster des Antikos Bazar in Terezin (A 277ff.), die Gegenstände im Ghettomuseum von Terezin, die einmal Deportierten gehörten (A 283), die alte und neue Bibliothèque Nationale in Paris (A 367ff., 387ff., 400ff.) und die absonderlichen Präparate in der École Vétérinaire in Paris (A 374ff.) – in der Materialität ihrer Aufzählungen und Anhäufungen setzen sie eine Poetik des Sammelns performativ um.

301 In Austerlitz wird mit dem Veterinärmedizinischen Museum in Paris noch ein anderes Naturalienkabinett beschrieben, welches die Objektivierung der Natur aber so konsequent realisiert, dass die Natur nur noch als tote gegenwärtig ist (A 374ff.).

302 Entfremdung ist gemäss Horkheimer/Adorno die unausweichliche Konsequenz menschlicher Verfügungsmacht: „Die Menschen bezahlen die Vermehrung ihrer Macht mit der Entfremdung von dem, worüber sie Macht ausüben.“ In: Horkheimer & Adorno 2008, S. 15.

verliert Austerlitz dieses Kindheitsparadies und wird eindgültig in eine sentimentalische Position verstoßen. Der Verlust dieses Paradieses fügt sich ebenso wie das abrupte Ende von Geralds Leben in eine persönliche Zerstörungsgeschichte ein, die in der Zerstörung der Natur ihre Entsprechung findet. So erinnert sich Austerlitz auch an das von Alphonso Fitzpatrick gepriesene, „wunderbar schillernden Leben", welches die „submarinen Gärten" an der Südwestküste Englands mit ihren Korallen, Seeanemonen und Blumentierchen bildeten. Diese Unterwassergärten wurden dann aber „durch unsere Sammelleidenschaft und andere, gar nicht wägbare Störungen und Einflüsse nahezu völlig vernichtet" (A 130f.).

Erscheinung der Motten oder die Wahrheit der Leuchtspuren

Der exotischen Buntheit von Papageien und Zoobewohnern wird in der Erzählung eine andere, schattenhafte, sich meist im Dunkeln und Verborgenen aufhaltende Tierart beigesellt: Motten. Diese Tierart durchflattert den Text leitmotivisch und eröffnet ein anderes – wenn auch letztendlich nicht weniger buntes – Bedeutungs- und Assoziationsfeld. Die Motten verweisen nicht auf ferne Länder, imperiale Verstrickungen und das Andere, das als Exotisches handhabbar gemacht wird, sondern auf die Rückseite der alltäglichen englischen Realität von Austerlitz. Wie die Gespenster sind die Motten nachtaktiv und bewegen sich unsichtbar im Dunkeln, werden aber gleichwohl vom Licht angezogen. Eine nächtliche Exkursion mit Alphonso Fitzpatrick öffnet Austerlitz und Gerald die Augen für die „geheimnisvolle Welt der Motten" (A 131). Erst als sie im Dunkeln sehen lernen, erkennen sie die *Schönheit* der Motten. Doch nicht nur die Dunkelheit erschwert die Wahrnehmung der Motten, sondern auch ihr Verkanntwerden durch die Menschen: „Die meisten von uns, sagte Austerlitz, wissen ja von den Motten nichts, als dass sie die Teppiche und Kleider zerfressen und darum vertrieben werden müssen mit Kampfer und Naphtalin, während sie doch in Wahrheit eines der ältesten und bewundernswertesten Geschlechter sind in der ganzen Geschichte der Natur." (A 131) Austerlitz' Hinweis auf das Nichtwissen, wer die Motten „in Wahrheit" sind, nämlich ein bewundernswertes Geschlecht, gibt dieser Bemerkung eine erkenntniskritische Wendung. Mit den Motten wird zugleich eine *Wahrheit* verkannt. Außerdem verweist die Wendung „in Wahrheit" auf Austerlitz Problem der Selbsterkenntnis: „Seit meiner Kindheit und Jugend [...] habe ich nicht gewusst, wer ich in Wahrheit bin." (A 64)

In einer mondlosen Nacht zündet Alphonso eine Glühstrumpflampe an. Sogleich „begannen die Nachtfalter [...] wie aus dem Nichts heraus einzuschwärmen in tausenderlei Bogen und Schraubenbahnen und Schleifen" (A 131f.). Die Erscheinung der Motten wird für Austerlitz zu einer ästhetischen

Erfahrung. „Wir beide, Gerald und ich, [sind] gar nicht mehr herausgekommen [...] aus der Verwunderung über die Mannigfaltigkeit dieser sonst vor unseren Blicken verborgenen wirbellosen Wesen und [...] Alphonso ließ und lange einfach nur schauen und staunen" (A 132). Schauend und Staunend erleben Gerald und Austerlitz ästhetische Wahrnehmung. Über visuelle Wahrnehmung hinaus setzt die Erzählung hier das Schauen aber auch als Erkenntnismetapher ein. Die Betrachter entdecken etwas, das „sonst vor unseren Blicken verborgen" ist, nämlich die „Wahrheit" der Motten. Diese Wahrheit ist kein sicheres Wissen, sondern eine „Erscheinung", die weder Austerlitz noch Gerald „zu fassen vermochten" (A 132). Die Wahrheit *erscheint*, sie zeigt sich als ein *Phänomen*, gespenstisch und mannigfaltig. Sie lässt sich wie die Motten nicht in *einer* Gestalt fassen, sondern zeigt sich als Staunen hervorrufende „Mannigfaltigkeit" der Formen und Farben:

> Jedenfalls viele Dutzende sind es gewesen, deren so verschiedene Gestalt und Erscheinung weder Gerald noch ich zu fassen vermochten. Manche trugen Halskragen und Umhänge, wie vornehme Herren, so sagte Gerald einmal, auf dem Weg in die Oper; einige waren von einfacher Grundfarbe und zeigten, wenn sie die Flügel rührten, ein phantastisches Unterfutter, Quer- und Wellenlinien sah man, Verschattungen, Sichelflecken und hellere Felder, Sprenkelungen, gezackte Bänder, Fransen und Nervaturen und Farben, wie man sie sich nie hätte ausmalen können, Moosgrün mit bläulichen Einmischungen, Fuchsbraun und Safranrot, Lehmgelb und Atlasweiß, und einen metallischen Glanz wie aus pulverigem Messing oder aus Gold. Viele von ihnen prangten noch in einem makellosen Kleid, andere wieder, die ihr kurzes Leben schon fast hinter sich hatten, kamen zerschlissen und zerfetzt daher. (A 132f.)

Die Zeichnungen und Farben der aus dem Dunkel auftauchenden Motten sind vielfältig und „phantastisch". Ihre Schönheit gehört einer anderen Welt, einer phantastischen und nächtlichen Welt an. Die Beschreibung der Farben der Motten stammt aus dem semantischen Feld kostbarer Metalle (Messing, Gold) oder Gewürze (Safranrot) – womit die poetische Beschreibung jenen „Glanz" erzeugt, der den Motten nach landläufiger Meinung fehlt. Diese Erscheinung, die durch eine plastische und differenzierte Beschreibung von Namen, Mustern, Farben und Formen auch performativ hergestellt wird, gibt sich im Moment ihres Aufscheinens als „Wahrheit" zu erkennen. Sie ist Erkenntnis insofern, als sie in der Wahrnehmung Gestalt annimmt. Auf diese Weise führen die Motten zur einer *ästhetischen* Erkenntnis. An den Akt des Wahrnehmens gebunden, ist sie wie jede Erscheinung instabil und lässt sich wie die davonflatternden Motten nicht festhalten. So zeigen sich die Motten in *Austerlitz* nicht nur als Metapher für die gespenstisch wiederkehrende Vergangenheit, sondern auch als Bild für ästhetische Wahrnehmung.

Die im Dunkeln erscheinenden und wieder verschwindenden Motten überschreiten nicht nur die Grenze von Sichtbarkeit und Unsichtbarkeit, sondern auch die Grenze von Natur und Kultur. Einerseits sind die „extravaganten Geschöpfe“ (A 133) Naturwesen, die einer den Menschen fremden und noch nicht nutzbar gemachten Ordnung angehören, „im Erlengrund“ leben oder „an heißen Steinhängen, auf mageren Triften oder im Moor“ (A 133). Andererseits hat die Extravaganz der Motten etwas hoch Artifizielles: Wie „vornehme Herren“ tragen sie „Halskragen und Umhänge“ (A 132) und das „phantastische Unterfutter“ ihrer Flügel ist eben gerade deswegen phantastisch, weil ihre Vielfalt jede menschliche Formvorstellung überschreitet. Die Motten sind geschmückt mit „Quer- und Wellenlinien [...], Verschattungen, Sichelflecken und hellere[n] Felder[n], Sprenkelungen, gezackte[n] Bänder, Fransen und Nervaturen und Farben, wie man sie sich nie hätte ausmalen können“ (A 133). In ihrem Erscheinungscharakter wird die Natur selbst phantastisch und kippt in eine Künstlichkeit jenseits der ästhetischen Formen und Vorstellungen der Menschen. Wenn sie außerhalb gewohnter Wahrnehmungsbedingungen auftauchen, werden die Formen der Natur zu Kunst. Diese Passage lässt sich somit auch selbstreflexiv in Bezug auf den literarischen Text lesen, denn literarische Gestaltung verwandelt die Formen der Natur ebenfalls in Kunst.

Das Betrachten der Motten lenkt die Aufmerksamkeit außerdem auf die eigene Wahrnehmung:

> Bis zum Anbruch des Morgens, sagte Austerlitz, sind wir in jener Sommernacht in der Bergmulde hoch droben über der Mündung des Mawddach gesessen und haben zugeschaut, wie die Falter, vielleicht zehntausend an der Zahl, schätzte Alphonso, bei uns eingeflogen sind. Die vor allem von Gerald bewunderten Leuchtstreifen, die sie dabei in verschiedenen Kringeln, Fahrern und Spiralen hinter sich herzogen, existierten in Wirklichkeit gar nicht, erklärte Alphonso, sondern seien nur Phantomspuren, die verursacht würden von der Trägheit unseres Auges, das einen gewissen Nachglanz an der Stelle noch zu sehen glaube, von welcher das im Widerschein der Lampe nur einen Sekundenbruchteil aufstrahlende Insekt selber schon wieder verschwunden sei. (A 135)

Beim Beobachten der Motten werden Leuchtstreifen sichtbar, welche verschiedene Formen – Kringel, Fahrer und Spiralen – in die Dunkelheit zeichnen. Doch wie Großonkel Alphonso erklärt, „existierten [die Leuchtstreifen] in Wirklichkeit gar nicht“, sondern sind lediglich ein Effekt der „Trägheit unseres Auges“. Die zeitliche Verzögerung der visuellen Wahrnehmung bringt einen „Nachglanz" an der Stelle einer schon wieder verschwundenen Motte hervor. Wo bereits nichts mehr ist, gaukelt die menschliche Wahrnehmung etwas Vorhandenes vor. Die Produktion von Phantomspuren wird somit nicht nur durch die unfassbaren, sofort wieder verschwindenden Motten verursacht, sondern auch durch den menschlichen Wahrnehmungsapparat. So führen die Motten die Produktivität der menschlichen Wahrnehmung vor und werfen die Frage auf, ob nicht jeder Wahrnehmungsvorgang eine Täuschung ist, indem er etwas produziert, das so vielleicht schon nicht mehr da ist oder nie vorhanden war.

Bezeichnenderweise sind die Phantomspuren wiederum ein Licht-Spiel: Das „im Widerschein der Lampe nur einen Sekundenbruchteil" dauernde Aufleuchten eines Insekts wird vom menschlichen Auge als längerer „Nachglanz" wahrgenommen. Das Licht und das Auge treiben ein optisches Verwirrspiel. Im Hinblick auf seine täuschende Kraft erscheint das Licht als Erkenntnismetapher aber höchst fragwürdig. Angesichts der Phantomspuren lässt sich Licht nicht mehr mit Wahrnehmung und Erkenntnis der *Wirklichkeit* assoziieren. Licht kann ebenso sehr täuschen wie Klarheit bringen. Das Lichtspiel der Motten, ihr Umschlag von der Unsichtbarkeit in die Sichtbarkeit und die täuschende Produktivkraft des menschlichen Auges formulieren auf der Ebene der Lichtmetaphorik eine Erkenntniskritik.

Liest man die Beobachtung der Motten hingegen als Szene *ästhetischer* Wahrnehmung, spielt der Phantomcharakter des Wahrgenommenen keine Rolle. Was dann zählt, ist die *Schönheit* der wahrgenommenen Erscheinung sowie die Wirkung der ästhetischen Wahrnehmung auf das Subjekt. So kommentiert Alphonso die Phantomspuren: „Es sei an solchen unwirklichen Erscheinungen, [...] am Aufblitzen des Irrealen in der realen Welt, an bestimmten Lichteffekten in der vor uns ausgebreiteten Landschaft oder im Auge einer geliebten Person, dass unsere tiefsten Gefühle sich entzündeten, oder jedenfalls das, was wir dafür hielten." (A 135) Gerade unwirkliche Erscheinungen berühren das betrachtende Subjekt in unvorhersehbarer Weise. Nicht die Wahrnehmung der Wirklichkeit, sondern das Aufblitzen einer *Erscheinung* hat jene affektive Wirkung auf das Subjekt, „dass unsere tiefsten Gefühle sich entzündeten". Ein Subjekt erlebt und entzündet sich in der ästhetischen Wahrnehmung.

Der Kopfsalat blickt auf zum Mond

Es mag ungewöhnlich scheinen, dass in *Austerlitz* genau die Tierart der Motten ästhetische Erfahrung ermöglicht, haben Motten mit einem klassisch gedachten Begriff des Schönen doch wenig zu tun. Dabei fällt auf, dass die Motten nicht nur beschrieben, also auf der Ebene ihrer Erscheinung und Formen sorgfältig dargestellt, sondern auch als Spezies auch überhöht werden. So werden die Motten von Austerlitz als „eines der ältesten und bewundernswertesten Geschlechter [...] in der ganzen Geschichte der Natur“ (A 131) bezeichnet, als „Wesen“ von großer Mannigfaltigkeit (A 132) und als „extravagante Geschöpfe“ (133). Nachdem Austerlitz von Alphonso erfährt, dass die Motten am Ort ihres Sterbens „reglos [verharren], bis der letzte Hauch aus ihnen gewichen ist“ (A 136), stellt er fest: „Und noch heute bringe ich ihnen unter allen Kreaturen die größte Ehrfurcht entgegen“ (A 136). Der altmodische Begriff ‚Ehrfurcht‘, in dem auch ein religiöser Beiklang mitschwingt, wird auf eine flatter- und schattenhafte und normalerweise kaum wahrgenommene Tierart bezogen, auf wirbellose Tiere nämlich, die in der Ordnung der Arten weit unten stehen. Austerlitz’ Ehrfurcht liest sich als Umkehrung der gewohnten Verhältnisse zwischen Mensch und Tier, welche die Menschen mit wissenschaftlichen Ordnungssystemen begründen. Die Umkehrung ist umso radikaler, als sich die Wertschätzung der Motten zweimal in einem Superlativ äußert („eines der ältesten und *bewundernswertesten* Geschlechter“/„*größte* Ehrfurcht“). Die Bezeichnung der Motten als „Wesen“, „Geschöpfe“ oder „Kreaturen“ verweist nicht nur auf die Annahme ihrer Beseeltheit, sondern auch auf einen Diskurs über die Natur als Schöpfung, in welcher jedes Lebewesen nach sinnvollem Plan und mit göttlicher Anerkennung, also auf der Basis von Wertschätzung[303], existiert. Die Wertschätzung der Natur als Kreation bildet ein Gegenmodell zu ihrer Objektivierung. Der Eindruck der Leserin, dass die Erzählung die Motten überhöhe, entsteht also genau auf der Folie einer anthropozentrischen Weltsicht, welche Lebewesen geringer schätzt, je kleiner und unbedeutender sie für menschliche Nutzbarmachung sind. Diese anthropozentrische Perspektive auf die Natur wird in *Austerlitz* hinterfragt.

Die Erzählung verfolgt eine Erzählstrategie der Annäherung von Mensch und Tier durch Überblendung. Die Überblendung wird erzeugt durch szenische Verknüpfung von Menschen und Tieren, welche sich am gleichen *topos* aufhalten, durch explizite Vergleiche „wie vornehme Herren“ (A 132) oder durch die Beschreibung der Formen und Eigenschaften von Tieren mittels einer spezifisch für Menschliches verwendeten Semantik.

Die Differenz zwischen Mensch und Tier, welche bereits Anton Reiser zu überwinden sucht, markiert die Grenze von Subjektivität. Damit trifft *Austerlitz* ins Herz des modernen Subjektbegriffs, der anthropozentrisch gedacht wird und auf der menschlichen Fähigkeit der Vernunft basiert. Die Vormachtstellung in der Welt, welche sich als Subjekte definierende Menschen beanspruchen, erscheint auf diesem Hintergrund als Anmaßung. In ihrer Ordnung der Welt haben

303 Die biblische Schöpfungsgeschichte bezeugt die göttliche Wertschätzung: „Und Gott sah alles an, was er gemacht hatte, und sieh, es war sehr gut.“ (Genesis 1,31)

die Menschen eine Differenz zwischen sich und den anderen Lebewesen institutionalisiert, mit er sie den objektivierenden Zugriff auf die Natur und damit ihre Ausbeutung erlaubt. Davon sprechen nicht nur Horkheimer und Adorno, sondern auch Marie de Verneuil, die bei einem Pariser Zoobesuch mit Austerlitz bemerkt, „dass die eingesperrten Tiere und wir, ihr menschliches Publikum, einander anblickten à travers une brèche d'incomprehension" (A 372).

Als Gegenentwurf zu einer Objektivierung der Natur schafft die *Austerlitz*-Erzählung sowohl mit narrativ-sprachlichen Mitteln als auch auf der Ebene des Inhalts eine Gleichheit zwischen Tier und Mensch. Diese wird im Text unterschiedlich begründet, jedoch nicht mit der Fähigkeit zur Vernunft. So haben Tiere und Menschen, sofern sie zu Opfern der Geschichte werden, ein gemeinsames Schicksal, wie zum Beispiel jenes, aus der Heimat vertrieben und in einer „falschen Welt" (A 7) zu sein wie die Tiere im Antwerpener Zoo und die Reisenden im Antwerpener Bahnhof – und wie Austerlitz selbst. Tiere und Menschen sind gleichermaßen Opfer des Unglücks, einer ins Zerstörerische gewendeten Geschichte.

Die Motten erleben ihr Verirrtsein aus Austerlitz' Haus als Unglück (A 136). Austerlitz schließt daraus, dass es „eigentlich keinen Grund [gebe], den geringeren Kreaturen ein Seelenleben abzusprechen" (A 137). Eine nicht-entfremdete Perspektive auf die Natur hat gemäß Austerlitz von einem „Seelenleben" aller Kreaturen auszugehen:

> Nicht nur wir und die mit unseren Gefühlsregungen seit vielen Jahrtausenden verbundenen Hunde und anderen Haustiere träumten in der Nacht, sondern auch die kleinen Säugetiere, die Mäuse und Maulwürfe, halten sich schlafend, wie man an ihren Augenbewegungen erkennen kann, in einer einzig in ihrem Inneren existierenden Welt auf, und wer weiß, sagte Austerlitz, vielleicht träumen auch die Motten oder der Kopfsalat im Garten, wenn er zum Mond hinaufblickt in der Nacht. (A 137f.)

Was die Menschen mit den Tieren verbinden könnte, ist die Fähigkeit zu träumen. Nicht nur Haustiere und Säugetiere, sondern sogar Insekten oder Pflanzen träumen und schaffen sich dadurch eine „einzig in ihrem Inneren existierende Welt". Eine Innerlichkeit, welche Subjektivität ermöglicht, besteht somit in der Fähigkeit zum Träumen und Empfinden – und das heißt auch, zum Erschaffen fiktiver Welten. Dies wiederum ist eine poetische Fähigkeit. Menschen und Tiere verbünden sich in der Dichtung und im Traum. Auf diese Weise wird ein Kopfsalat im Garten zum Romantiker, „wenn er zum Mond hinaufblickt in der Nacht".

Beim Träumen überwinden Menschen und Tiere ihre Entfremdung – so lange die Nacht dauert. Auch im bereits erwähnten Antwerpener Nocturama nähern sich Mensch und Tier im Dunklen an. Das Nocturama bildet eine „falsche Welt" (A 7), in welcher in „künstlichem Halbdunkel" verschiedene Tiere „hinter der Verglasung ihr von einem fahlen Mond beschienenes Dämmerleben führen" (A 6). Der Erzähler blickt durch die Verglasung auf die Tiere, wobei sich ihm besonders ein Waschbär einprägt, „wie er mit ernstem Gesicht bei einem Bächlein saß und immer wieder denselben Apfelschnitz wusch" (A 6). Dieses wiederholte, „weit über jede vernünftige Gründlichkeit hinausgehende Waschen" (A 7) macht aus dem Waschbären eine Sisyphus-Figur, welche die Absurdität des unentrinnbaren „Dämmerlebens" im Nocturama verkörpert. Der Waschbär und Sisyphus sind nicht die einzige Tier-Mensch-Überblendung: „Von den in dem Nocturama behausten Tieren" hat sich dem Erzähler außer der Waschbär nämlich nur noch eingeprägt, „dass etliche von ihnen auffallend große Augen hatten und jenen unverwandt [Foto in den Text eingefügt: zwei Eulen-Augenpaare] forschenden Blick, wie man ihn findet bei bestimmten Malern und Philosophen, die vermittels der rei- [Foto in den Text eingefügt: zwei Menschen-Augenpaare] nen Anschauung und des reinen Denkens versuchen, das Dunkel zu durchdringen, das uns umgibt." (A 7) Die Analogie von Menschen und Tieren stellt sich einerseits auf der Ebene des sprachlichen Vergleichs des Blicks ein: „jenen unverwandt forschenden Blick, wie man ihn findet bei bestimmten Malern und Philosophen", sowie andererseits auf der bildlichen Ebene, indem zweimal zwei parallele horizontale Fotostreifen mit Augenpaaren von Eulen und von Menschen[304] eingefügt sind. Diese – im intermedialen Spiel von Text und Bild auch visuell offensichtliche – Ähnlichkeit von Mensch und Tier, die auf den weit geöffneten und starr blickenden Augen beruht, entbehrt nicht der Ironie. Einerseits schaffen die Menschen im Nocturama ein künstliches Dunkel und sperren Tiere darin ein, andererseits sind sie selbst auch in der Dunkelheit gefangen.

Zwar verfügen die Menschen über die Fähigkeit des „reinen Denkens"[305]. Mit den Eulen teilen sie den „forschenden Blick". Als klassisches Attribut von

304 Es handelt sich um die Blicke eines Malers und eines Philosophen: Jan Peter Tripp und Ludwig Wittgenstein.

305 Natürlich kann man hierin eine Anspielung auf Immanuel Kants Die Kritik der reinen Vernunft sehen, eines der unzählige Beispiele, wie Sebald Texte und Konzepte aus der Kulturgeschichte aufnimmt, spiegelt und ein seinen eigenen Text integriert.

Athene, der „eulenäugigen“[306] griechischen Göttin der Weisheit, wird die Eule genuin mit der Philosophie assoziiert. Sie verkörpert den Prototyp des forschenden Blicks und vermag wegen der physiologischen Beschaffenheit ihres Auges die Dunkelheit besser zu durchdringen als der Mensch, aber ebenso wenig aus den Grenzen ihrer Wahrnehmungsfähigkeit auszubrechen.

Die Metaphorik, welche Anschauung und Denken mit den Augen und dem Blick verbindet, beruht auf der Metaphorik der Aufklärung, welche Erkenntnis und Hellwerden gleichsetzt. In *Austerlitz* lässt das Hellwerden auf sich warten – das Dunkel, „das uns umgibt“, bleibt dunkel, auch wenn man unverwandt schaut. „Metaphorisch gerät diesem Melancholiker die ganze Welt zu einem Nocturama“[307], schreibt Jürgen Ritte. Zwischen dem Subjekt und der Welt bleibt, im Nocturama nicht anders als im Pariser Zoo, „une brèche d'incomprehension“ (A 372). Diese Erfahrung wird im Laufe der Erzählung auch Austerlitz machen. Die einzige Möglichkeit, das Dunkel des Nocturamas zu erhellen, besteht darin, das elektrische Licht anzudrehen (A 8).

Am Rand des Gesichtsfeldes

Kritik an der menschlichen Erkenntnis zeigt sich bei Sebald vielfach variiert in der Lichtregie seiner Texte. Aus dem bloßen Vorhandensein von Licht lässt sich – mindestens seit der Erfindung der Elektrizität – in keiner Weise mehr auf einen Zuwachs an Erkenntnis schließen. Vielmehr entwerfen die Lichtverhältnisse in *Austerlitz* optische Verwirrspiele, welche mit der abgrundtiefen Verunsicherung des Protagonisten Austerlitz korrespondieren und auch auf den Erzähler übergreifen. Es ist kein Zufall, dass eine Sehstörung Austerlitz und den Erzähler nach zwanzig Jahren wieder zusammenführt und das Erzählen in Gang setzt. Jene „eigenartige Verkettung von Umständen“ (A 50) wird durch den plötzlichen Verlust der Sehkraft des Erzählers ausgelöst. Beunruhigt stellt er fest,

> dass, sozusagen über Nacht, die Sehkraft meines rechten Auges fast gänzlich geschwunden war. Auch wenn ich den Blick von der vor mir aufgeschlagenen Seite abhob und auf die gerahmten Photographien an der Wand richtete, sah ich mit dem rechten Auge nur

---

306 Bei Homer wird Athene häufig Γλαυκῶπις (Eulenäugige) genannt, was in der deutschen Übersetzung von Johann Heinrich Voss gar nicht und in derjenigen von Wolfgang Schadewaldt mit „Die Helläugige“ übersetzt wird, vgl. Homer: Ilias. Neue Übertragung von Wolfgang Schadewaldt. Frankfurt/M 1975, z.B. S. 74.

307 Ritte, Jürgen: Endspiele. Geschichte und Erinnerung bei Dieter Forte, Walter Kempowski und W.G. Sebald. Berlin 2009, S. 161.

eine Reihe dunkler, nach oben und unten seltsam verzerrter Formen – die mir bis ins einzelne vertrauten Figuren und Landschaften hatten sich aufgelöst, unterschiedslos, in eine bedrohliche schwarze Schraffur. Dabei war es mir ständig, als sähe ich am Rand des Gesichtsfeldes mit unverminderter Deutlichkeit, als müsste ich mein Augenmerk nur ins Abseits lenken, um die, wie ich zunächst meinte, hysterische Sehschwäche zum Verschwinden zu bringen. Gelungen ist es mir allerdings nicht, trotzdem ich es mehrfach probierte. (A 51)

Die Sehstörung des Erzählers bedeckt vertraute Landschaften und Figuren mit einer schwarzen Schraffur, verzerrt die Welt und erschüttert das erzählende Subjekt in seinem Weltbezug.

Auf den ersten Blick liegt hier eine Analogie von Sehen und Erkennen nahe: Indem das Subjekt nicht mehr richtig sieht, wird sein Welt- und Selbstbezug – und damit auch (Selbst)Erkenntnis – gestört. Doch die Sehstörung hat eine spezifische Eigenart. Sie ist nämlich solchermaßen beschaffen, dass das Subjekt meint, am Rand des Gesichtsfeldes „mit unverminderter Deutlichkeit" zu sehen und deshalb sein „Augenmerk nur ins Abseits lenken" zu müssen. Dies kann natürlich nicht gelingen. Die konstitutive Unmöglichkeit, die Peripherie des Gesichtsfeldes zu fokussieren bewirkt den Eindruck, dass das deutlich Wahrnehmbare – eine Welt ohne schwarze Schraffur und die Möglichkeit von Erkenntnis – zwar vorhanden ist, sich dem Blick aber dauernd entzieht. Die Struktur des menschlichen Sehapparates macht die genaue Wahrnehmung des Peripheren unmöglich. Das Eigentliche liegt am unzugänglichen Rand des Gesichtsfeldes. Dieses Bild nimmt Austerlitz' Erinnerungsproblem vorweg, seine vergebliche Suche nach dem Zentrum seiner Geschichte.

Die plötzliche Sehstörung beunruhigt den Erzähler einerseits, er „ängstigte [sich] um die Fortführung [s]einer Arbeit". Andererseits aber erfüllt ihn sein Zustand mit „einer Vision der Erlösung, in der ich mich, befreit von dem ewigen Schreiben- und Lesenmüssen, in einem Korbsessel in einem Garten sitzen sah, umgeben von einer konturlosen, nur an ihren schwachen Farben noch zu erkennenden Welt" (A 52). Sehen bildet auch die Voraussetzung für die Selbsttechniken Lesen und Schreiben. Die mit dem Verlust der Sehkraft drohende Unmöglichkeit des Lesens und Schreibens eröffnet eine Angst- und Erlösungsvision zugleich. Das Nicht-mehr-Können ist auch ein Nicht-mehr-Müssen. Die konturlose Welt würde gänzlich verschwimmen und mit ihr auch die Notwendigkeit, etwas zu erkennen und sich mit der Welt in Beziehung zu setzen. Das Verschwinden der Welt und die Vision der Erlösung von Lesen und Schreiben ist auch eine Vision der Erlösung des Subjekts von sich selbst – zumindest wenn es dabei in einem Garten sitzt, welcher bei Sebald stets Frieden assoziiert[308]..

Die absolute Selbstvergessenheit bleibt jedoch eine Vision. Der Erzähler fährt stattdessen nach London zu einem Ophtalmologen, der versucht, das Sehproblem mit den Mitteln neuzeitlicher Wissenschaft zu lösen. Doch auch der Mediziner Zdenek Gregor kann die beunruhigende Sehstörung nur zum Teil erklären:

> Es handle sich, sagte er, um einen meist zeitweiligen Defekt, bei dem sich an der Makula, etwa wie unter einer Tapete, eine Blase bilde, die von einer klaren Flüssigkeit unterlaufen sei. Über die Ursachen dieser in der einschlägigen Literatur als zentralseriöse Chorioretinopathie beschriebenen Störung herrsche weitgehend Unklarheit, sagte Zdenek Gregor. Man wisse eigentlich nur, dass sie fast ausschliesslich auftrete bei Männern mittleren Alters, die zuviel mit Schreiben und Lesen beschäftigt seien. (A 55)

Um dem Erzähler die Ausdehnung der grauen Zone in seinem Auge zu veranschaulichen, zeichnet Zdenek Gregor auf ein Blatt Papier einen „an seinem Rand ins Ungefähre übergehenden Kreis" (A 55). Dieser Kreis des Ungefähren, dessen Ursache medizinisch nicht erklärt werden kann, der aber auf eine undurchsichtige Weise mit Schreiben und Lesen zu tun hat, korrespondiert mit einem Gedicht von Stephen Watts, das dem Erzähler bei der Einfahrt in London durch den Kopf geht: „London a lichen mapped on mild clays and its rough circle without purpose..." (A 55). Der ungefähre Kreis der gestörten Sehkraft des Erzählers schließt im Text unmittelbar an das Gedichtzitat an. So verweist er auf eine andere Weise, von der menschlichen Wahrnehmung und dem In-der-Welt-Sein des Subjekts zu sprechen, nämlich mittels poetischer Korrespondenzen und der Bildlichkeit von Sprache und ihrer Übertragungen, hier des ungefähren Kreises der Peripherie der Stadt London auf den Rand des Gesichtsfeldes des Erzählers.

In *Austerlitz* ist gerade das Periphere von Interesse. Und so taucht ebenfalls am Rand des Gesichtsfeldes des Erzählers einige Stunden später Austerlitz auf. Die durch das Kontrastmittel der medizinischen Untersuchung verursachte Übelkeit treibt den Erzähler zum Ausruhen in die Bar des Great Eastern Hotel, wo er Austerlitz entdeckt und die beiden ihr mehr als zwanzig Jahre lang unterbrochenes Gespräch wieder aufnehmen. Die Erinnerung des Erzählers an die Umstände seiner Sehstörung und des Wiedertreffens mit Austerlitz löst auch in

308 Man denke dabei an den Garten von Andromeda Lodge, aber auch an die Tatsache, dass Austerlitz nach seinem schweren psychischen Zusammenbruch dank der Arbeit in einer Gärtnerei in Romford „einigermassen genesen" ist (A 330).

der Erinnerung optische Spiele aus: „Und jetzt, indem ich dies niederschreibe, sehe ich auch wieder die kleinen Lichtpunkte, die bei jedem Druck auf den Auslöser in meinen weit aufgerissenen Augen zersprangen.“ (A 56)

SUBJEKT OHNE GRUND

Austerlitz beginnt die Erzählung seiner Lebensgeschichte in der Bar des Great Eastern Hotel mit den Worten: „Seit meiner Kindheit und Jugend [...] habe ich nicht gewusst, wer ich in Wahrheit bin.“ (A 64) Die ganze sich im Folgenden entwickelnde *Austerlitz*-Erzählung vollzieht die Suche nach dieser unbekannten „Wahrheit“. In seinem Nichtwissen gleicht Austerlitz den Eulen im Nocturama und dem Künstler und dem Philosophen, die unverwandt ins Dunkle starren. Austerlitz’ Aussage: „habe ich nicht gewusst, wer ich in Wahrheit bin“, verknüpft die Begriffe von Wissen und Wahrheit mit der Kernfrage des modernen Subjektes: *Wer bin ich*? So steht auch dieser Text, mehr als 200 Jahre nach Rousseau und Moritz unter dem Zeichen der Selbsterkenntnis. Allerdings steht die „Wahrheit“ hier in Verbindung mit dem Nichtwissen. Somit liest sich Austerlitz’ Bezugnahme auf eine Wahrheit als kritische Modifikation abendländischen Philosophiegeschichte und ihres Wahrheitsanspruchs. Wahrheit ist dem Subjekt nicht ohne weiteres zugänglich. Doch dadurch, dass die Wahrheitsfrage an einer so zentralen hermeneutischen Stelle der Erzählung plaziert ist, wird sie zu mehr als einem dekonstruierenden Zitat. Die Identitätsfrage wird zur Wahrheitsfrage mit existenzieller Relevanz. Denn das Nichtwissen treibt das Erzählen weiter. Und auf Grund seines letztendlich unüberwindbaren Nichtwissens ist Austerlitz ein prekäres Subjekt. Austerlitz hat zwar erfahren, woher er kommt, aber was er weiss, bleibt eine fremde Erzählung. Austerlitz kann das Gehörte, die Fotografien und die stummen Relikte der Zerstörung nicht als Teil seiner selbst und somit nicht als „Wahrheit“ erkennen und zu seiner eigenen Geschichte machen. Dies tut erst der Erzähler. Austerlitz entfernt sich am Ende des Buchs gespenstisch und sucht weiter.

In diesem Kapitel steht Austerlitz’ Subjektivität im engeren Sinn im Fokus. Austerlitz ist ein Subjekt ohne Grund, das die Frage nach sich selbst nur indirekt stellt, unbewusst verfolgt oder zufällig räumlich auf sie stößt. Austerlitz’ prekäre Subjektivität kristallisiert im Umgang des Subjekts mit Sprache, Schrift und Fotografie und der Selbsterkennis-Szene im Ladies Waiting Room der Liverpool Street Station.

Übersetzen und Entziffern – das Subjekt in Sprache(n) und Schrift

Die Schwierigkeiten der Selbsterkenntnis zeigen sich bei Austerlitz symptomatisch daran, dass ihm die ehemals so geschätzten Selbsttechniken Lesen und Schreiben abhanden kommen. Nur schon das Notieren von Wissen fällt ihm zunehmend schwer. Die Krise des Subjektes Austerlitz spitzt sich zu bis zur Sprachkrise. Das Schreiben als Gründungsakt moderner Subjektivität wird in der Folge ausgelagert und auf ein *anderes* erzählendes Subjekt mit unsicherem Status übertragen. Diese Schrift eines anderen, aus welcher die *Austerlitz*-Erzählung besteht, bildet die Rede von Austerlitz nach und hält Austerlitz als Referenz präsent, als sprechendes Subjekt und Ursprung der Erzählstimme. So reflektiert bereits die Erzählanordnung Sprache und Schrift und die Vermittlung von Subjektivität auf differenzierte Weise.

Sprache und Schrift werden immer wieder als Problem verhandelt. In diesem Kapitel greife ich zwei Komplexe heraus, in welchen sich Sprache und Schrift überkreuzen: Die Mehrsprachigkeit von *Austerlitz* und den Prozess des Enziffferns. In vielen Schattierungen erzählt *Austerlitz* von Erfahrungen des Subjekts mit Sprache und Schrift, von Übersetzen, Schreiben und Entziffern, welche oft Fremdheitserfahrungen sind. So erweisen sich erweisen sich Sprache und insbesondere Schrift in meiner Lektüre als ambivalent. Die *Austerlitz*-Erzählung inszeniert Schrift als Kippfigur zwischen Subjektbildung/Identität und absoluter Entfremdung.

Austerlitz ist von Mehrsprachigkeit durchsetzt, die durch in den deutschen Text eingefügte französische, englische, walisische und tschechische Ausdrücke materiell fassbar wird. Wenn man bedenkt, dass Austerlitz und der Erzähler vorwiegend englisch und französisch miteinander sprechen, die Erzählung dann aber auf Deutsch geschrieben ist, impliziert bereits einen mit dem Schreibprozess gleichzeitigen Übersetzungsprozess.[309] Mehrsprachigkeit und Übersetzen erscheinen für das Erzählen somit als konstitutiv. Mehrsprachigkeit wird zudem am Subjekt Austerlitz immer wieder explizit thematisiert, beispielsweise in einem kleinen Aussprachefehler beim Englischsprechen – also in sprachlich-körperlichen Handlungen. Bei ihren ersten Begegnungen sprechen Austerlitz und der Erzähler stets Französisch miteinander, bis der Erzähler erfährt, dass Austerlitz als Dozent für Kunstgeschichte in London lebt:

309 Martine Carré weist darauf hin, dass der deutsche Austerlitz-Text selbst schon eine Übersetzung ist. Zudem ist Deutsch in der Erzählung die fremde Sprache: „On observe que dans ce récit, pourtant rédigé en allemand, c'est justement l' allemend qui fait figure de lange étrangère." In: Carré 2009, S. 148.

Es berührte mich damals sehr seltsam, als wir in das für mich praktikablere Englisch überwechselten, dass nun an ihm eine mir bis dahin ganz verborgen gebliebene Unsicherheit zum Vorschein kam, die sich in einem leichten Sprachfehler äußerte und in gelegentlichen Stotteranfällen, bei denen er das abgewetzte Brillenfutteral, das er stets in seiner linken Hand hielt, so fest umklammerte, dass man das Weisse sehen konnte unter der Haut seiner Knöchel. (A 46)

In Austerlitz' Stottern und dem krampfhaften Umklammern seines Brillenfutterals äußert sich sein Sprachfehler als körperliches Symptom. Der Körper wird dabei doppelt als Medium des Sprechens sichtbar: Im physiologischen Vorgang des durch Stottern sichtbar gemachten Sprechens und Artikulierens einerseits und in der Tatsache andererseits, dass gelernte Sprachen *verinnerlicht*, d.h. einverleibt wurden und beim Sprechen wieder *geäußert* werden, d.h. ‚aus dem Körper' kommen.

Das Austerlitz Unsicherheit verursachende Englisch sowie Walisisch haben seine Muttersprache Tschechisch verdrängt. So lesen sich Sprachfehler und Stotteranfälle als Symptom für den Verlust der Muttersprache. Bettina Mosbach deutet das Erlernen der neuen Sprachen als Kompensation dieses Verlustes:

Das Erlernen der fremden Sprache entwirft der Text als Kompensation des traumatischen Verlusts, der auch ein Sprachverlust ist. [...] Symptomatisch vertritt der Schmerz darüber, „plötzlich mit einem anderen Namen angeredet zu werden" (A 66), den kindlichen Schmerz über den plötzlichen Verlust seiner Eltern.[310]

Englisch und Walisisch kompensieren zwar den Sprachverlust, figurieren aber gleichzeitig paradoxerweise als Sprachen in einer Situation der Kommunikationslosigkeit[311] und Stummheit des Kindes Austerlitz im Pfarrhaus in Bala. Die von Walisisch und Englisch geprägten Jahre sind grundiert von Einsamkeit und Unfreiheit. Austerlitz Entfremdung ist auch eine sprachliche.

310 Mosbach 2008, S. 241.

311 Die Kommunikationslosigkeit äussert sich darin, dass im Pfarrhaus in Bala fast immer Schweigen herrscht (A 67). Wenn Austerlitz' Ziehvater nach einer Predigt ausnahmsweise in „verhältnismässig aufgeräumter Stimmung" ist, sprich er beim Essen. Dabei „erkundigte [er] sich, in der Regel mit der Frage „And how is the boy?", nach meinem Ergehen" (A 69). Wenn überhaupt einmal das Wort an Austerlitz gerichtet wird, dann in der dritten Person, also ob man über einen abwesenden Fremden sprechen würde.

Demgegenüber geht Austerlitz das Französische spielend leicht über die Lippen, nicht nur wegen seines Studiums in Paris, sondern weil er, was er aber erst später erfährt, diese Sprache bereits in den ersten Lebensjahren von seinem Kindermädchen Vera gelernt hat.

Mit den Erzählungen von Vera, welche „unwillkürlich [...] von der einen Sprache in die andere über[...]wechselt" kehrt das Verständnis des Tschechischen, von welchem Austerlitz ebenfalls nicht wusste, dass er es konnte, zurück: „Ich, der ich weder am Flugplatz, noch im Staatsarchiv [...] auf den Gedanken gekommen war, vom Tschechischen je berührt worden zu sein, verstand nun wie ein Tauber, dem durch ein Wunder das Gehör wieder aufging, so gut wie alles, was Vera sagte" (A 223). Das Tschechische erweist sich überraschend als Teil von Austerlitz. Das frühkindlich-leichte, vertrauensvolle und spielerische Lernen mit Vera steht jedoch unter dem Zeichen des verlorenen Kindheitsparadieses.

Der gewaltsame Verlust der Muttersprachen Tschechisch und Französisch markiert alles spätere Sprechen als Übersetzung eines verlorenen und verdrängten Ursprungs. Übersetzungen bedeuten immer auch Verschiebungen und Veränderungen im Vergleich mit der Originalsprache. So fehlt Austerlitz jedes Vertrauen, sich durch Sprache authentisch ausdrücken und das ‚Eigentliche' bezeichnen zu können. Der Text entbehrt in seinem Status als Übersetzung jeder Selbstverständlichkeit und stellt die Unmöglichkeit angemessenen sprachlichen Ausdrucks (d.h. einer natürlichen Sprache) deutlich aus. Andererseits prägt die Mehrsprachigkeit die Ästhetik von *Austerlitz* grundlegend. Das Einfügen fremdsprachiger Ausdrücke vervielfacht erstens die klangliche und rhythmische Qualität des deutschen Textes. Und zweitens macht die Integration fremder Worte das Unverständliche und Fremde stilistisch zur eigenen Dimension der Erzählung und verleiht ihr die Qualität des Rätselhaften – was wiederum dem Rätsel entspricht, das Austerlitz sich selbst ist.

Als fremdes Wort im Text erscheint zauch der Name ‚Austerlitz'. Austerlitz erfährt ihn nach der Überweisung seines Ziehvaters in die Psychiatrie von Schuldirektor Penrith-Smith:

> Er selber wisse nur, dass das Ehepaar Elias in seinem Haus mich aufgenommen habe zu Beginn des Krieges, als ich noch ein kleiner Knabe gewesen sei, und könne mir deshalb nichts Näheres sagen. [...] As far as the other boys are concerned, you remain Dafydd Elias for the time being. There's no need to let anyone know. It is just that you will have to put Jacques Austerlitz on your examination paper or else your work may be considered invalid. Penrith-Smith hatte den Namen auf einen Zettel geschrieben, und als er diesen Zettel mir aushändigte, da wusste ich nichts anderes zu ihm zu sagen als „Thank you, Sir",

sagte Austerlitz. Am meisten verunsicherte mich zunächst, dass ich mir unter dem Wort Austerlitz nicht das geringste vorstellen konnte. (A 98)

Diese Szene führt sowohl die eben beschriebene Mehrsprachigkeit als auch einen Medienwechsel von Sprache zu Schrift vor. Der Schuldirektor nennt Austerlitz seinen neuen Namen nicht nur, sondern hält ihn auch schriftlich fest und übergibt Austerlitz diesen Zettel. Austerlitz nimmt diesen Zettel (und auch den Namen) dankend an. Der neue Name materialisiert sich in der Schrift und wechselt in diesem Medium die Hand. Als Schrift fixiert wird Sprache – ein neues, unbekanntes Wort – Austerlitz zu eigen.

Damit ‚Austerlitz' wirklich zum eigenen Namen wird, reicht es aber nicht, den Zettel einzustecken. Das neue Wort, welches Austerlitz mit keinerlei Bedeutung verbinden kann und das so gar nichts mit ihm selbst zu tun hat, verunsichert ihn zunächst. Es bedarf des napoleonbegeisterten Geschichtslehrers André Hilary, um den Namen ‚Austerlitz' durch die farbige Schilderung der Schlacht bei Austerlitz mit Vorstellungen zu füllen. Das neue Wort eröffnet eine neue Welt – die Welt einer Schlacht. Der seltsam anmutende Name verliert seine Fremdheit im Lauf der Erzählung nie ganz, wie es auch der Bedeutung der lateinischen *austeritas* entspricht, welche Strenge, Dunkelheit oder rigorose Einfachheit bezeichnet und damit wiederum auf die absolute Einsamkeit und das Außerhalb-Stehen von Austerlitz verweist – auch im Hinblick auf sein Jüdischsein. Er ist und bleibt ein fremdsprachiges Relikt, dessen Rätselhaftigkeit durch das Spiel mit Mehrsprachigkeit, Namensähnlichkeiten und Buchstaben (z.B. AAAAAA, A 40) noch verstärkt wird. In seiner Fremdheit ist der Name ‚Austerlitz' vor allem eine Projektionsfläche für Geschichten.

‚Austerlitz' wird zum Namen nicht nur dadurch, dass er mit Bildern einer weit entfernten Schlacht verbunden wird, sondern vor allem auch dadurch, dass andere Menschen den Namen aussprechen: „Je öfter Hilary das Wort Austerlitz vor der Klasse aussprach, desto mehr wurde es mir zu meinem Namen, desto deutlicher glaubte ich zu erkennen, dass das, was ich zuerst als einen Schandfleck an mir empfunden hatte, sich verwandelte in einen Lichtpunkt" (A 106). Erst die soziale Dimension des Genannt- und Angesprochenwerdens durch andere macht ein Wort als *Name* existent. Austerlitz ist in seinem Subjektsein angewiesen auf das Anerkanntwerden von anderen und somit auf Kommunikation. So ist denn auch eine seiner wenigen Erinnerungen an seine Zeit im Pfarrhaus in Bala, „wie sehr es mich schmerzte, auf einmal mit einem anderen Namen angeredet zu werden" (A 66). Der Verlust des Namens steht für den Verlust seiner Eltern, seines ganzen bisherigen Lebens.

Mehrsprachigkeit erweist sich einerseits als Ergebnis von Austerlitz' Exil und andererseits als kommunikative Notwendigkeit. Es gibt im Text noch eine weitere Sprache, die eigentliche Sprache der Erzählung: Deutsch. Austerlitz lernt sie über den Weg der Schrift und mit erstaunlicher Mühe. Instinktiv und umsichtig hat Austerlitz' „Vermeidungssystem“ (A 282) lange Zeit nicht nur die Sprache Deutsch von sich ferngehalten, sondern jegliche Kenntnisse über Deutschland und seine verheerende Geschichte: „[Ich] hatte es stets vermieden, auch nur das geringste über die deutsche Topographie, die deutsche Geschichte oder die heutigen deutschen Lebensverhältnisse in Erfahrung zu bringen und also war Deutschland, sagte Austerlitz, für mich wohl das unbekannteste aller Länder, fremder sogar als Afghanistan oder Paraguay.“ (A 317) Die Fremdheit Deutschlands kulminiert im Entzifferungsversuch eines deutschen Textes. Nach seiner Reise nach Prag und Terezín und seinem darauf folgenden Zusammenbruch macht sich Austerlitz daran, mehr über diesen Ort zu erfahren, wohin seine Mutter deportiert wurde. Eine langsame und mühevolle Entzifferungsarbeit von H.G. Adlers deutschsprachigem Theresienstadt-Buch[312] beginnt:

> Die Lektüre, die mir Zeile für Zeile Einblicke eröffnete in das, was ich mir bei meinem Besuch in der Festungsstadt aus meiner so gut wie vollkommenen Unwissenheit heraus nicht hatte vorstellen können, ging aufgrund meiner mangelhaften Deutschkenntnisse unendlich langsam vonstatten, ja, sagte Austerlitz, ich könnte wohl sagen, sie war für mich beinahe so schwierig wie das Entziffern einer ägyptischen oder babylonischen Keil- oder Zeichenschrift. Silbenweise musste ich die in meinem Lexikon nicht aufgeführten, vielfach zusammengesetzten Komposita enträtseln, die von der in Theresienstadt alles beherrschenden Fach- und Verwaltungssprache der Deutschen offenbar fortlaufend hervorgebracht wurden. (A 334)

Der Leser Austerlitz arbeitet sich „Zeile für Zeile“ voran durch einen in jeder Hinsicht ungeheuren Text. Seine Deutschkenntnisse sind „mangelhaft“, was das Lesen zur Übersetzungsarbeit macht. Doch dies ist nicht der eigentliche Grund für die Mühe des Entzifferns. Vielmehr ist der Text durchsetzt von einer nationalsozialistischen „Fach- und Verwaltungssprache“ mit „vielfach zusammengesetzten“ Wortungeheuern, die sich auch deutschsprachigen Lesenden nur „silbenweise“ erschliessen würden:

312 Adler, H. G.: Theresienstadt 1941–1945: Das Antlitz einer Zwangsgemeinschaft. Geschichte, Soziologie, Psychologie. Tübingen 1955.

Und wenn ich die Bedeutung von Bezeichnungen und Begriffen wie Barackenbestandteillager, Zusatzkostenberechnungsschein, Bagatellreparaturwerkstätte, Menagetransportkolonnen, Küchenbeschwerdeorgane, Reinlichkeitsreihenuntersuchung oder Entwesungsübersiedelung – Austerlitz artikulierte diese deutschen Schachtelwörter zu meiner Verwunderung ohne jedes Zögern und ohne die geringste Spur eines Akzents – endlich erschlossen hatte, so musste ich, fuhr er fort, mit ebensolcher Anstrengung versuchen, den von mir rekonstruierten präsumtiven Sinn einzuordnen in die jeweiligen Sätze und in den weiteren Zusammenhang, der mir immer wieder zu entgleiten drohte, zum einen, weil ich nicht selten für eine einzige Seite bis nach Mitternacht brauchte und in solcher Zerdehntheit sich vieles verlor, zum anderen, weil das Ghettosystem in seiner gewissermassen futuristischen Verformung des gesellschaftlichen Lebens für mich den Charakter des Irrealen behielt, trotzdem es Adler ja beschreibt bis in das letzte Detail und in seiner ganzen Tatsächlichkeit. (A 334f.)

Die in die Erzählung eingefügten ungeheuren „deutschen Schachtelwörter" sind auch der Leserin ein Rätsel. Die einzelnen Wortteile sind bekannt, doch in ihrer Zusammenfügung und vor allem in ihrer effektiv-konkreten Bedeutung unverständlich – und auch unheimlich, da man aus der nachträglichen Perspektive annehmen muss, dass sie nur Schreckliches bedeuten können. Austerlitz lässt sich in seiner Lektüre ganz auf dieses Bedeutungsuniversum ein und beschreibt seine hermeneutische Arbeit Schritt für Schritt. Er setzt die Schachtelwörter silbenweise zusammen und nimmt auf Grund der Bedeutung der einzelnen Wortteile einen ersten Sinn der Wörter an. Danach versucht er, sie in den „weiteren Zusammenhang" des beschriebenen Ghettos Theresienstadt einzuordnen. Dieser Zusammenhang hat allerdings wahnhafte Züge und einen „Charakter des Irrealen". Theresienstadt erscheint als „extraterritorialer Ort" (A 335), an welchem eine Versuchsanordnung gesellschaftlichen Lebens unter dem Vorzeichen rassistischen Wahns und Terrors unternommen wird. Und so droht dieser wahnhafte Zusammenhang Austerlitz immer wieder zu entgleiten. Die Lektüre von H.G. Adlers Beschreibung von Theresienstadt gleicht deshalb dem „Entziffern einer ägyptischen oder babylonischen Keil- oder Zeichenschrift". Die Hieroglyphen symbolisieren – zumindest aus westlicher Sicht – das schlichtweg Unentzifferbare. Das nahe Deutsche liegt in exotischer Ferne. Deutsch, die *eigene* Sprache des Textes, wird in ihrer nationalsozialistischen Verwendung absolut fremd.

Das nationalsozialistische System der Konzentrationslager wird auf diese Weise absolut unverständlich inszeniert, als mörderischer Wahn, der nichtsdestotrotz versucht, seine Verbrechen bürokratisch zu verwalten und ihnen den Anschein des Rationalen zu geben. Der Versuch, ein System totalitären Wahns zu verstehen, zwingt das lesende Subjekt, mit den Maßstäben und Selbstverständlichkeiten des wahnhaften Systems selbst vertraut zu werden. Solche Lektüre unter den Vorzeichen des Wahns korrumpiert das lesende Subjekt und macht es zum Teil des Wahnsinns. Lesen ist hier keine Selbsttechnik, weil das totalitäre System, das diese Sprache hervorgebracht hat, keinen Platz lässt für Subjektivität des Einzelnen. Der Grund, warum Austerlitz H.G. Adlers Buch trotzdem lesen muss, liegt in der Auseinandersetzung mit einem lange verdrängten Wissen. Dabei erhält das Unheimliche, Ungeheure und Unverständliche des Konzentrationslagers Theresienstadt eine eigentümliche literarische Gestalt und unterläuft den als Entzifferung beschriebenen Versuch des Verstehens auch formal: Die Geschehnisse in Theresienstadt werden in einem einzigen monströsen, zehn Seiten langen Satz berichtet.[313]

Diese Passage über eine eigentlich unmögliche Hermeneutik ist nicht die einzige der Erzählung, in welcher Komplikationen des Lesens und Schreibens reflektiert werden. Im Gegensatz zur *Sprache*, die im Zusammenhang mit (fehlender) Kommunikation thematisiert wird, stehen Lesen und Schreiben, also die Techniken der *Schrift*, in unmittelbarem Zusammenhang mit dem Subjekt selbst und seiner Krisenhaftigkeit. So ist beispielsweise Austerlitz' Sprachkrise keine Sprechkrise, sondern eine Lese- und Schreibkrise. Es wird Austerlitz unmöglich, aus gelesenen Worten irgendeinen Zusammenhang herzustellen. Die Zeichen der Schrift lösen sich auf in eine graue Spur eines undefinierbaren Wesens.[314] Die Krise der Schrift markiert den Wunden Punkt in Austerlitz selbst. „Es war, als drängte eine seit langem in mir bereits fortwirkende Krankheit zum Ausbruch, als habe sich etwas Stumpfsinniges und Verbohrtes in mir festgesetzt, das nach und nach alles lahmlegen würde." (A 178) Die Unleserlichkeit und Unzugänglichkeit der Schrift, ja geradezu ihr Verschwinden liest sich als Symptom von Austerlitz' „Persönlichkeitszerfall" (A 178), welcher wiederum in der völligen Ungewissheit darüber begründet ist, wer er ist. Austerlitz ist wie sein intertextueller Vorgänger Lord Chandos ein Subjekt, das der Sprache nicht mehr mächtig ist. Insofern führt die *Austerlitz*-Erzählung die Traditionslinien eines abendländischen, auf Selbsterschreibung beruhenden Subjektkonzeptes weiter. Nicht

313 Hier stellt sich, wie in Sebalds Werk immer wieder, die Frage nach unserem Umgang mit historischem Wissen über das Schreckliche und Ungeheure. Wie ist nachträgliches Verstehen und Überliefern von totalitärem Wahn möglich? Sebalds Antwort ist eine poetische: Das Erzählen von Vergangenem reflektiert in seiner Form die Schwierigkeiten, ja die Ungeheuerlichkeit dieser Aufgabe.

314 Zur Undefinierbarkeit vgl. Bettina Mosbach: „Die beschriebene Auflösung und Fragmentierung der Spracheinheiten markiert den dialektischen Umschlag einer [...] Distinktionsbewegung in Entdifferenzierung." Mosbach 2008, S. 249.

mehr lesen und schreiben zu können, markiert auf diesem Hintergrund die verschärfte Krise von Subjektivität. Das Spannende an *Austerlitz* ist nun, in wie vielen Schattierungen die Erzählung Lese- und Schreiberfahrungen als Fremdheitserfahrungen des Subjektes darstellt.

Während die oben ausgeführte Lektüre von H.G. Adlers Theresienstadt-Buch eine Annäherung an den Wahnsinn durch das verrätselnde und distanzierende Medium einer „Keil- oder Zeichenschrift“ beschreibt, wird im Zusammenhang mit Austerlitz' Sprachkrise die Schrift selbst zum Wahn:

> Immerzu dachte ich, so ein Satz, das ist etwas nur vorgeblich Sinnvolles, in Wahrheit allenfalls Behelfsmäßiges, eine Art Auswuchs unserer Ignoranz [...]. Gerade das, was sonst den Eindruck einer zielgerichteten Klugheit erwecken mag, die Hervorbringung einer Idee vermittels einer gewissen stilistischen Fertigkeit, schien mir nun nichts als ein völlig beliebiges oder wahnhaftes Unternehmen. (A 179f.)

Angesichts der in *Austerlitz* immer wieder dargestellten absoluten Fremdheit von Schrift wäre es ein eindimensionaler Schluss, das „wahnhafte Unternehmen“ eines Satzes lediglich als Aussage aus dem Mund eines psychisch Kranken zu lesen. Schrift kann mit dem Wahnhaften umgehen, aber auch ins Wahnhafte kippen. Schrift kann dem Subjekt Austerlitz Geborgenheit und die Möglichkeit einer „zweiten Existenz in der Schrift“[315] bieten, aber auch zur Bedrohung werden. Das Wahnhafte der Schrift ist mehr als ein Symptom für die traumatische Erfahrung von Vernichtung. Es liegt auch in der grundsätzlichen Fremdheit der Schrift begründet. Indem Sprache und Schrift Austerlitz im Laufe seiner Sprachkrise immer fremder, d.h. immer weniger eigen werden, stellt sich die Frage, ob die „Beherrschung“ der Sprache, auf deren „unendliche Möglichkeiten“ Austerlitz vertraut hat, nicht immer schon eine Illusion war.

Indem die *Austerlitz*-Erzählung verfehlte Lektüren und scheiternde Schreibakte ausstellt, reflektiert sie Prozesse verfehlter Vermittlung durch Schrift. Dann wird Schrift immer wieder in ihrer Materialität ausgestellt als ein Medium, das nicht hinter seiner Botschaft verschwindet, beispielsweise im Bild von der bleigrau-silbernen Spur, im ungeheuren Langsatz über Theresienstadt, im Spiel mit Namen und Buchstaben. Austerlitz' Erfahrungen von verfehlter Vermittlung steht der Erzähler gegenüber. Er schafft es, den Fragmenten von Austerlitz' Geschichte eine Form zu geben. Dies ist jedoch eine sekundäre Vermittlung, konstituiert sie die Geschichte und das Subjekt Austerlitz erst in der Vorstellung der Lesenden und auf dem Umweg über das erzählende Subjekt.

315 Mosbach 2008, S. 245.

Prozesse des Entzifferns kehren wieder in der Erzählung des Subjektes Austerlitz. Schon als kleines Kind liest Austerlitz in Wales die biblischen Geschichten in der Sonntagschule mit der Vermutung, dass sich hinter der Geschichte ein anderer „auf mich selber sich beziehender" Sinn verbirgt, ein „Sinn, der sich vollkommen von dem unterschied, der sich aus der Schrift ergab, wenn ich mit dem Zeigefinger die Zeilen entlangfuhr." (A 80) Obwohl der Junge die Geschichte von Moses immer wieder „beschwörerisch vor mich hinmurmelnd" „herausbuchstabierte" (A 80), erschließt sich ihm der versteckte allegorische Sinn nicht. Der Erwerb von Schrift wird auf diese Weise als Ursprung einer Verdoppelung inszeniert. Austerlitz sieht sich mit der Doppelstruktur der Schrift – mit einem doppelten, eigentlich-uneigentlichen Sinn – konfrontiert, kann diese jedoch nicht durchschauen. Er weiss nicht, warum ihn genau die Geschichte des in einem Korb auf den Nil und in die Fremde geschickten Moses besonders fasziniert. So wird die Lektüre einer biblischen Geschichte als verfehlte Selbsthermeneutik vorgeführt: Eigentlich möchte Austerlitz *sich selbst* lesen und das finden, was sich auf ihn selbst bezieht, doch verschoben auf einen anderen Text und nicht als Selbstlektüre. Der Prozess der entziffernden Lektüre steht auch im Zusammenhang mit Austerlitz' Eindruck, „etwas sehr Naheliegendes, an sich Offenbares sei mir verborgen" (A 80). Auf diese Weise äußert sich die krisenhafte Subjektivität von Austerlitz im grundlosen Wunsch nach einer bestimmten Lektüre. Sie wird angetrieben vom erst im Nachhinein bewusst gewordenen Wunsch, etwas Verborgenes über *sich selbst* herauszufinden. Was Austerlitz nicht *wissen* kann, beunruhigt ihn als unbestimmtes *Gefühl* und verweist somit auf die Dimension des Realen des Körpers, des *sentir* jenseits imaginativer oder intellektueller Fassbarkeit. Obwohl Austerlitz' „Selbstgefühl" im Pfarrhaus in Bala beinahe ausgelöscht wurde (A 65), bleibt trotzdem etwas zurück: eine Beunruhigung über Verborgenes in Bezug auf sich selbst. Der Junge hofft vergebens, es in der Lektüre zu finden. Diese existenzielle Beunruhigung bildet den Antrieb der Erzählung *Austerlitz*.

Es gibt aber auch glückende Lektüren im Text. Eine solche findet sich in Austerlitz' Rückblick auf seine Zeit in Paris. Nachdem Austerlitz das bereits erwähnte Veterinärmedizinische Museum besucht hat, wird ihm in der Metro plötzlich unwohl, er fühlt einen „Phantomschmerz" in seiner Brust und kommt erst wieder in der Salpêtrière zu sich (A 378). Auch hier wird die Krise des Subjekts erst in körperlichen Symptomen wahrnehmbar. Ohne Bewusstsein und Erinnerung, wer er ist, liegt Austerlitz in der Klinik und redet „in diversen Sprachen zusammenhanglose Dinge" (A 380). Sogar bewusstlos ist er ein mehrsprachiges Subjekt. Die Situation wendet sich, als der Pfleger in Austerlitz' Notizbuch die Initialen M. de V. entdeckt und Marie de Verneuil aufspürt.

Bei einem ihrer regelmäßigen Besuche an meinem Krankenbett in der Salpêtrière brachte mir Marie aus der Bibliothek ihres Großvaters ein 1755 in Dijon herausgegebenes Arzneibüchlein pour toutes sortes de maladies, internes et externes, inveterées et difficiles a guerir, wie es auf dem Titelblatt hieß, ein wahrhaft vollendetes Beispiel der Buchdruckerkunst (A 380).

Dieses *französische* Buch rettet Austerlitz das Leben:

und wirklich habe ich über der Lektüre dieses Büchleins, von dem ich heute noch ganze Passagen auswendig weiss, mein verlorenes Selbstgefühl und meine Erinnerungsfähigkeit wiedererlangt, sagte Austerlitz, und bin der lähmenden Körperschwäche, die mich nach dem Besuch des Veterinärmedizinischen Museums befallen hatte, allmählich Herr geworden, so dass ich bald am Arm Maries durch die von einem diffusen staubgrauen Licht[316] erfüllten Korridore der Salpêtrière wandern konnte. (A 381f.)

Die intensive und wiederholte Lektüre eines Buches über die Heilung von Krankheiten heilt Austerlitz von seiner (Seelen-)Krankheit. Das lesende Subjekt wiederholt das, wovon der Text spricht, an sich selbst, in der vergessenen Sprache der Liebe, des Studiums und der Kindheit. Diesmal führt Lesen als Selbsttechnik das Subjekt zu sich selbst und bringt ihm Erinnerungsfähigkeit und Selbstgefühl zurück – mit dem Vorbehalt, den „zu sich selbst" für das grundlose Subjekt Austerlitz bedeutet.

Stellt man diese Szene heilsamen Lesens derjenigen des mühseligen Entzifferns einer unverständlichen deutschen Schrift oder gar dem völligen Sich-Zersetzen der Schrift in eine schleimartige Spur gegenüber, erweisen sich Lesen und Schreiben als Kippfiguren. Sie können ebensosehr zur absoluten Entfremdung des Subjekts von der Welt führen wie zur Wiedererlangung von Selbstgefühl. Schrift kann sich ebenso gut gänzlich in eine undefinierbare Spur auflösen wie sie andererseits im Erzählen als selbstbildend und kulturbildend vorgeführt wird. Nur schon „beim bloßen Öffnen der Konvolute und Umwenden der im Laufe der Zeit von mir beschriebenen ungezählten Blätter, [ergriff Austerlitz] ein Gefühl des Widerwillens und des Ekels, [...] und doch sei das Lesen und Schreiben immer seine liebste Beschäftigung gewesen." (A 175f.) Auch im Textuniversum der alten Pariser Nationalbibliothek, einem „höchst komplizierten, ständig sich fortentwickelnde[n] Wesen [...], das als Futter Myriaden von Wörtern braucht, um seinerseits Myriaden von Wörtern hervorbringen zu können", zeigen sich Lesen und Schreiben als widersprüchlich. Austerlitz stellt sich dort nämlich

316 Vgl. Kapitel Überblendungen und Leuchtspuren.

die Frage, „ob ich mich in dem von einem leisen Summen, Rascheln und Räuspern erfüllten Bibliothekssaal auf der Insel der Seligen, oder, im Gegenteil, in einer Strafkolonie befand“ (A 367f.). Erlösung oder Verdammnis, Selbsterkenntnis in der Schrift oder absolute Fremdheit – zwischen diesen beiden Polen kippt die Schrift hin und her. Und mit ihr das Subjekt, das die Schrift für sich selbst als konstitutiv annimmt. Die Figur Austerlitz geistert letztendlich aus der Schrift der Erzählung hinaus.

Der tote Rosenpage

Neben der Schrift reflektiert ein anderes Medien die Möglichkeit von Selbstdarstellung und Selbsterkenntnis: Die Fotografie. Während Austerlitz mit der Lektüre die Hoffnung verbindet, etwas über sich selbst zu erfahren, d.h. in der Schrift *sich selbst zu lesen*, steht ihm das Medium der Fotografie als unzänglich und ohne Bezug zu sich selbst gegenüber. Besonders deutlich zeigt sich dies in der Szene um die Fotografie des weißgekleideten Rosenpagen, welcher auch auf dem Buchumschlag von *Austerlitz* zu sehen ist. Austerlitz’ Begegnung mit der Fotografie des Rosenpagen, welcher er selbst sein soll, liest sich als moderne Szene des in den Spiegel blickenden Subjekts[317]:

Ja, und das hier, auf der anderen Photographie, sagte Vera nach einer Weile, das bist du, Jacquot, im Monat Feber 1939, ein halbes Jahr ungefähr vor deiner Abreise aus Prag. Du durftest Agáta auf einen Maskenball begleiten im Haus eines ihrer einflussreichen Verehrer, und eigens zu diesem Anlass wurde das schneeweiße Kostüm geschneidert für dich. Jacquot Austerlitz, paze ruzové královny, steht auf der Rückseite geschrieben in der Hand deines Großvaters, der damals gerade zu Besuch gewesen ist. Das Bild lag vor mir, sagte Austerlitz, doch wagte ich es nicht, es anzufassen. Andauernd kreisten die Worte paze ruzové královny, paze ruzové královny in meinem Kopf, bis mir aus der Ferne ihre Bedeutung entgegenkam und ich das lebende Tableau mit der Rosenkönigin und dem kleinen Schleppenträger zu ihrer Seite wieder sah. An mich selber in dieser Rolle aber erinnerte

317 Wenn man im Kontext von Literatur des 20. und 21. Jahrhunderts auf eine Spiegelszene verweist, schwingen die Paradigmen der Psychoanalyse, insbesondere von Lacans Deutung der Spiegelszene als Spiegelstadium, mit. Dieser Kontext dürfte Sebald beim Schreiben sehr wohl bewusst gewesen sein. Weil meine Studie das Subjektivitätsproblem aber im 18. Jahrhundert ansetzt und von dort aus präfiguriert, würde es zu weit von diesem Problem weg führen, wenn Erkenntnisse der Psychoanalyse nur für die Untersuchung von Austerlitz noch besonders ausfgeführt würden.

> ich mich nicht, so sehr ich mich an jenem Abend auch mühte. Wohl erkannte ich den ungewöhnlichen, schräg über die Stirne verlaufenden Haaransatz, doch sonst war alles in mir ausgelöscht von einem überwältigenden Gefühl der Vergangenheit. Ich habe die Photographie seither noch vielmals studiert, [...] jede Einzelheit habe ich mit dem Vergrößerungsglas untersucht, ohne je den geringsten Anhalt zu finden. [...] Ich bin an jenem Abend in der Sporkova, als Vera mir das Bild von dem Kinderkavalier vorlegte, nicht etwa, wie man annehmen müsste, bewegt oder erschüttert gewesen, sagte Austerlitz, sondern nur sprach- und begriffslos und zu keiner Denkbewegung imstande. (A 263f.)

Austerlitz betrachtet das Foto des kleinen Rosenpagen, das ihm Vera vorlegt, erkennt die fremden tschechischen Worte auf der Rückseite, erinnert sich an diese Szene als ein „lebendes Tableau" – aber die Person selbst, die als Rosenpage verkleidet ist, erkennt er nicht.

Dass man sich selbst auf einem Foto entdeckt und betrachtet, ist am Ende des fotografischen 20. Jahrhunderts eine weit verbreitete Szene der Selbstbegegnung. In der historischen Entwicklung ist die fotografische Selbstbetrachtung des Subjekts derjenigen vor dem Spiegel zur Seite getreten. Doch die technische Entwicklung der Fotografie vermindert die Schwierigkeit der Selbsterkenntnis nicht: Das Betrachten seiner selbst auf der Fotografie führt Austerlitz nicht zu Selbsterkenntnis, sondern zu einer Fremdheit ohne Anhaltspunkt. Es ist kein Zufall, dass diese Fremdheit im Medium der Fotografie zugespitzt wird. Fotografie spricht nicht und Austerlitz steht ihr „sprachlos" gegenüber. Gerade der dokumentarische Anspruch der Fotografie, authentische Realität momenthaft festzuhaltenen – die Referenz auf eine Wirklichkeit als *„Es-ist-so-gewesen"*[318] –, führt dem Subjekt den Abgrund zwischen sich und der Person auf der Fotografie umso deutlicher vor. Die fotografische Suggestion des Bezeugens kann den Abgrund der unmöglichen Selbsterkenntnis nicht überwinden. Dies ist insofern erstaunlich, als die Fotografie den Körper, d.h. die Gestalt und das einzigartige Außehen eines Menschen auf Papier bannt – im Fall von Austerlitz den „schräg über die Stirn verlaufenden Haaransatz" (A 263). Austerlitz' Nicht-Erkennen seiner selbst muss also auch etwas damit zu tun haben, dass er seinen Körper nicht zur Kenntnis nimmt. In diesem Kontext wirkt die auf die Rückseite der Fotografie geschriebene Erläuterung des Großvaters, „Jacquot Austerlitz, paze ruzové královny", wie ein Versuch der schriftlichen Beglaubigung der Evidenz des Bildes.

318 Barthes, Roland: Die helle Kammer. Bemerkungen zur Photographie. Frankfurt/M 1989, S. 87.

Die Fotografie gemäß Roland Barthes auch das spezifische Medium des Andenkens an die Toten[319]. So blickt uns aus den Augen des Rosenpagen ein Toter entgegen, beziehungsweise ein Wiedergänger. Als solcher erscheint er auch Austerlitz: „Und immer fühlte ich mich dabei durchdrungen von dem forschenden Blick des Pagen, der gekommen war, sein Teil zurückzufordern" (A 264). Fotografie erweist sich als Medium der gespenstischen Wiederkehr – und damit ist der fotografische Wiedergänger des Rosenpagen in den Augen der Lesenden eben doch ein Bild des Wiedergängers Austerlitz.

Für die gescheiterte Selbsterkenntnis gibt die Erzählung selbst eine psychologische Erklärung. Austerlitz erkennt die Vergangenheit, die das Foto zeigt, nicht als seine eigene, weil er lange zuvor von ihr getrennt wurde und er sie deshalb von sich abgespaltet hatte. Barbara Mosbach formuliert dies als „unaufhebbare Differenz zwischen dem emotionalen Wissen des Kindes und der späteren Einsicht des Erwachsenen in die eigene Geschichte"[320].

Durch ihr Spiel mit verschiedenen Medien führt die *Austerlitz*-Erzälung aber noch etwas Grundlegenderes vor: Im Medium der Fotografie radikalisiert sich die Selbstdistanz jeder Selbstreflexion. Im Foto sieht sich das Subjekt verdoppelt und kann sich buchstäblich selbst gegenübertreten. Barthes formuliert dies so: „Denn die PHOTOGRAPIE ist das Auftreten meiner selbst als eines anderen: eine durchtriebene Dissoziation des Bewusstseins von Identität."[321] Diese Dissoziation der Identität beim Blick auf sich selbst in der Fotografie hebt ein Subjekt durch das Wiedererkennen der eigenen Gestalt wieder auf. Doch Austerlitz kann dies nicht. Die traumatische Verlusterfahrung des Kindes Austerlitz hat dazu geführt, dass die Selbstdistanz sich zu einer Selbstspaltung radikalisiert, die eine uneinholbare Dissoziation bleibt und somit jede Erinnerung an sich selbst unmöglich macht.

Das Problem der Selbsterkenntnis manifestiert sich also auch in *Austerlitz* in der Begegnung des Subjekts mit ästhetischen Kunstformen. Während diese Kunstformen bei Rousseau als eine Ästhetik der Wahrnehmung, des *sentiments* und der *sensation*, aber auch des Schreibens, und bei Moritz in der Autonomieästhetik des späten 18. Jahrhunderts reflektiert werden, inszeniert Sebald ästheti-

---

319 „[Die Photographie] ist das lebendige Bild von etwas Totem." Und: „Von einem realen Objekt, das einmal da war, sind Strahlen ausgegangen, die mich erreichen, der ich hier bin; die Dauer der Übertragung zählt wenig; die Photographie des verschwundenen Wesens berührt mich wie das Licht eines Sterns." Barthes 1989, S. 89 und 91.

320 Mosbach 2008, S. 267.

321 Barthes 1989, S. 21.

sche Formen als *Medien*. Damit rückt das Problem der Vermittlung (von Subjektivität, von Geschichte, von Welt, des Erzählens) in den Vordergrund. Die Erzählung reflektiert die Möglichkeit der Vermittlung und Gestaltung von Subjektivität in Bezug auf verschiedene Medien: Sprache, Schrift und Fotografie. Die Trennung des Subjekts Austerlitz von sich selbst vermag keines dieser Medien zu überbrücken.

Szene der Selbsterkenntnis: Ladies Waiting Room

Seine Fotografie bringt Austerlitz keine Selbsterkenntnis, sondern führt ihn vor den Abgrund der Fremdheit. Was dem *Medium der Fotografie* nicht gelingt, wird dagegen möglich, wenn der architekturbesessene Austerlitz den richtigen *Raum* betritt, genauer den Ladies Waiting Room der Liverpool Street Station in London. Der Ladies Waiting Room bildet die Szene einer räumlichen Selbsterkenntnis, wobei ich *Szene* auch topographisch verstehe als bestimmter Ort des Theaters, als Bühne, wo sich etwas ereignet. Die Szene in der Liverpool Street Station ereignet sich in der Mitte des gesamten Textes und bildet dessen Mittelachse. Für die Figur des Austerlitz bedeutet sie einen Wendepunkt. Er erkennt sich selbst als ein Subjekt mit einer Geschichte. Wurden seine Reisen vorher von unbewussten Motiven angetrieben, werden sie danach zu Recherchen nach seiner verlorenen Zeit, nach Fragmenten seiner *Geschichte*.

Austerlitz' nächtliche Wanderungen, bei welchen er gespenstergleich durch die Dämmerung Londons streift, führen ihn immer wieder in die Umgebung der Liverpool Street Station. Nach einem solchen Streifzug sitzt Austerlitz eines Morgens im „Zwielicht" „auf einer Bank auf dem besonders dusteren Bahnsteig" und beobachtet einen Eisenbahner mit einem „schneeweißen Turban", der Abfall zusammenfegt und schließlich in einer niedrigen Tür in der Innenfassade des Bahnhofs verschwindet (A 192).

Es ist mir bis heute unerklärlich geblieben, was mich veranlasst hat, ihm zu folgen, sagte Austerlitz. [...] Jedenfalls bin ich an jenem Sonntagmorgen auf einmal selber hinter dem hohen Bauzaun gestanden, und zwar unmittelbar vor dem Eingang zu dem sogenannten Ladies Waiting Room (A 192f.).

Nach einem Zögern tritt Austerlitz in diesen Wartesaal hinein, und was nun folgt, ist ein eigentliches Raum- und Lichtspektakel. Über mehrere Seiten hinweg wird Austerlitz' Raumwahrnehmung beschrieben, bei welcher architektonische Formen und optische Lichteffekte auf raffinierte Weise zusammenspielen und dabei auch „gegen die Gesetze der Physik verstoßen" (A 194). Die Lichtspiele kennzeichnen sich einmal mehr durch eine Dynamik von hell und dunkel: Austerlitz steht in dem „ungeheuer weit hinaufgehenden Saal“ und sieht:

> das eisgraue, mondscheinartige Licht, das durch einen unter der Deckenwölbung verlaufenden Gaden drang und einem Netz oder einem schütteren, stellenweise ausgefransten Gewebe gleich über mir hing. Trotzdem dieses Licht in der Höhe sehr hell war, eine Art Staubglitzern, könnte man sagen, hatte es, indem es sich niedersenkte, den Anschein, als würde es von den Mauerflächen und den niedrigeren Regionen des Raumes aufgesogen, als vermehre es nur das Dunkel und verrinne in schwarzen Striemen, ungefähr so wie Regenwasser auf den glatten Stämmen der Buchen oder an einer Fassade aus Gussbeton. Manchmal, wenn draußen über der Stadt die Wolkendecke aufriss, schossen einzelne gebündelte Strahlen in den Wartesaal herein, die aber meist auf halbem Weg schon erloschen. Andere Strahlen wieder beschrieben merkwürdige, gegen die Gesetze der Physik verstossende Bahnen, gingen von der geraden Linie ab und drehten sich in Spiralen und Wirbeln um sich selber, ehe sie verschluckt wurden von den schwankenden Schatten. (A 193f.)

Das Licht sinkt als „eine Art Staubglitzern“ von der Kuppel herab in den Wartesaal oder dringt in gebündelten Strahlen hinein, bis es wieder von „schwankenden Schatten“ verschluckt wird und das Dunkel vermehrt. So führt das Lichtspiel im Wartesaal nicht zu einem Hellwerden und damit in klassischer Symbolik zu einer Erkenntnis. Durch die sprachliche Differenzierung in der Beschreibung des Lichts und des Dunkels – als Glitzern, Striemen, Strahlen, Bahnen oder Wirbel – erhält das Licht einen wirkenden und formbaren Status als Material. Die von Austerlitz wahrgenommenen Lichtstrahlen verstoßen zudem gegen die Gesetze der Physik, indem sie sich um sich selbst drehen und von der Linearität abweichen. Dieser Verstoss gegen die Grenzen der Physik kann als Charakterisierung der ganzen Szene gelesen werden: Das Raum- und Lichtspiel geht über die Naturgesetze hinaus. Was beschrieben wird, ist ein metaphysisches Erlebnis. Auch die Raum des Wartesaals verwandelt sicht jenseits der Gesetze der Physik und wächst ins Unendliche:

> Kaum einen Lidschlag lang sah ich zwischendurch riesige Räume sich auftun, sah Pfeilerreihen und Kolonnaden, die in die äußerste Ferne führten, Gewölbe und gemauerte Bogen, die Stockwerke über Stockwerken trugen, Steintreppen, Holzstiegen und Leitern, die den Blick immer weiter hinaufzogen, Stege und Zugbrücken, die die tiefsten Abgründe überquerten und auf denen winzige Figuren sich drängten, Gefangene, so dachte ich mir, sagte Austerlitz, die einen Ausweg suchten aus diesem Verlies, und je länger ich, den Kopf schmerzhaft zurückgezwungen, in die Höhe hinaufstarrte, desto mehr kam es mir vor, als

dehnte sich der Innenraum, in welchem ich mich befand, als setzte er in der unwahrscheinlichsten perspektivischen Verkürzung unendlich sich fort und beugte sich zugleich, wie das nur in einem derartigen falschen Universum möglich war, in sich selber zurück. (A 194f.)

In Austerlitz' architektonischer Vision erscheint der Wartesaal als unmögliches Bauwerk, dessen Gewölbe, Stockwerke, Treppen und Brücken ins Unendliche führen, aber gleichzeitig für darin Gefangene als Verlies dienen. Der Raum, in dem sich Austerlitz befindet, setzt sich einerseits unendlich fort und beugt sich andererseits in sich selbst zurück – ein unmöglicher Raum, ebenso paradox wie das Licht, das sich in Dunkel verwandelt; ein Raum jenseits von Naturgesetzen und Wirklichkeit. Der Ladies Waiting Room wird zum Erfahrungsraum des Subjektes Austerlitz. Als solcher ist er ambivalent, entsprechend seiner architektonischen und optischen Unmöglichkeit. Austerlitz erlebt diesen Raum nämlich als „Gefängnis- und Befreiungsvision" zugleich (A 195), er weiss nicht, „ob ich in das Innere einer Ruine oder in das eines erst im Entstehen begriffenen Rohbaus geraten war" (A 195). Anfang und Ende, Licht und Dunkel, Gefangenschaft und Freiheit sind in diesem Raum dialektisch verschränkt. Und mit der Frage nach der Freiheit wird auch die zentrale Frage moderner Subjektivität aufgeworfen.

Im Wartesaal tauchen plötzlich Erinnerungen auf. Nun wendet sich Austerlitz vom ihn umgebenden Raum ab und richtet seine Aufmerksamkeit auf die „Erinnerungsfetzen", die „durch die Außenbezirke meines Bewusstseins zu treiben begannen" (A 195). Er erhascht Erinnerungsbilder, die sich analog zur unmöglichen Architektur des Ladies Waiting Room „ fortsetzten in unendlicher Folge". „Wie die labyrinthischen Gewölbe, die ich in dem staubgrauen Licht zu erkennen glaubte", verbergen sich dahinter noch weiter zurückreichende Dinge (A 196).[322] Das eigene Gedächtnis erscheint Austerlitz nun als – bisher unentdeckter – Raum. Die Topographie des Raumes wird zu einer Topographie seiner selbst. Austerlitz befindet sich gleichzeitig im Wartesaal der Liverpool Street Station und in seinem Gedächtnis. Er hat das Gefühl, „als enthalte der Wartesaal, in dessen Mitte ich wie ein Geblendeter stand, alle Stunden meiner Vergangenheit" (A 196). Der Wartesaal verräumlicht die Lebenszeit von Austerlitz. Plötzlich erblickt Austerlitz im „Halbdämmer des Saals zwei im Stil der dreißiger

322 In ihrer Studie über Raumfigurationen nennt Anja K. Johannsen zwei räumliche Muster, die in Sebalds Schreiben eine entscheidende Rolle spielen: Die Schachtelung und das Labyrinthische. Vgl. Johannsen, Anja K.: Kisten, Krypten, Labyrinthe. Raumfigurationen in der Gegenwartsliteratur: W.G. Sebald, Anne Duden, Herta Müller. Bielefeld 2008, S. 25.

Jahre gekleidete Personen mittleren Alters“ (A 197). Er erkennt den Prediger Elias und seine Frau Gwendolyn, aber er sieht auch noch eine andere Person:

> Ja, und nicht nur den Priester sah ich und auch seine Frau, sagte Austerlitz, sondern ich sah auch den Knaben, den sie abholen gekommen waren. Er saß für sich allein seitab auf einer Bank. Seine Beine, die in weißen Kniesocken steckten, reichten noch nicht bis an den Boden, und wäre das Rucksäcken, das er auf seinem Schoß umfangen hielt, nicht gewesen, ich glaube, sagte Austerlitz, ich hätte ihn nicht erkannt. So aber erkannte ich ihn, des Rucksäckchens wegen, und erinnerte mich zum erstenmal, soweit ich zurückdenken konnte, an mich selber in dem Augenblick, in dem ich begriff, dass es in diesem Wartesaal gewesen sein musste, dass ich in England angelangt war vor mehr als einem halben Jahrhundert. (A 197)

Austerlitz sieht einen Jungen auf einer Bank sitzen. Der Junge hält einen kleinen Rucksack auf dem Schoß. Erst dieser Rucksack ermöglicht das Wiedererkennen. Austerlitz erkennt den kleinen Jungen des Rucksäckchens wegen, das heißt, er erkennt das Ding, das er bei sich hatte und immer noch hat, „das einzige wahrhaft Zuverläßige in seinem Leben gewesen“ (A 59). Wenn dieser Moment der Selbsterkenntnis irgendeine Wahrheit aufdeckt, dann diese: Der abseits sitzende Junge mit dem Rucksack markiert die Grundlinien von Austerlitz Existenz: allein und unterwegs mit wenig Gepäck. Austerlitz begegnet sich selbst als einen Emigranten und Vereinzelten.

Doch in dieser Szene der Selbsterkenntnis ist Austerlitz noch nirgendwo angekommen. Der Wartesaal ist ein leerer Raum, ein Ort der Passage. Michael Niehaus weist darauf hin, dass Sebalds Werk und insbesondere Austerlitz vorwiegend Nicht-Orte nach Marc Augé beschreibt.[323] Ein Wartesaal ist ein Nicht-Ort im spezifischen Sinn, da er ein Ort der Durchreise ist, an welchen man nicht wieder zurückkehren wird:

> Non-places assign no places to the subjects. They are unable to regulate or structure the relations between the people who enter them and leave them. [...] Waiting rooms are the unparalleled non-places because strictly speaking they are nothing more than empty boxes. One enters them only to leave again. But Austerlitz enters into a relation with this non-place.[324]

323 Vgl. Niehaus, Michael: No Foothold. Institutions and Buildings in W.G. Sebald's Prose. In: Denham, Scott & McCulloh, Mark (Hrsg.): W.G. Sebald. History – Memory – Trauma. Berlin; New York 2006b, S. 325ff.

324 Niehaus 2006b, 327.

Wenn aber Austerlitz, der sich in einem Wartesaal zum ersten Mal überhaupt selbst erkennt, mit diesem Nicht-Ort in Beziehung tritt, hat das auch Folgen für seine Beziehung zu sich selbst. Die Situation der Durchreise und des Nicht-Angekommenseins betrifft ihn selbst. „Ich entsinne mich nur, dass mir, indem ich den Knaben auf der Bank sitzen sah, durch eine dumpfe Benommenheit hindurch der Zerstörung bewusst wurde, die das Verlassensein in mir angerichtet hatte im Verlauf der vielen vergangenen Jahre, und dass mich eine furchtbare Müdigkeit überkam bei dem Gedanken, nie wirklich am Leben gewesen zu sein oder jetzt erst geboren zu werden, gewissermaßen am Vortag meines Todes." (A 198) Ausgehend vom Begriff des Geborenwerdens deutet Niehaus die (topologische) Überlagerung des Subjektes Austerlitz und des Wartesaals folgendermaßen:

> The question is which instance grounds the subject named Austerlitz, which instance has given birth to him in the sense of the latin vitam instituere. No one gives birth to himself. This instance can only be the non-place itself. It can only be the building that functions as an empty screen and in which the subject confronts himself, as in a mirror. In this mirror the subject faces the experience of being divided and alienated.[325]

Der Wartesaal ermöglicht die „Geburt" von Austerlitz als Subjekt. Und damit überlagern sich die Eigenschaften des Wartesaals mit denjenigen des Subjekts. Hier liegt auch der Grund für die Ambivalenz dieser Selbsterkenntnis-Szene als „Gefängnis- und Befreiungsvision". Obwohl Austerlitz' wiederkehrende Erinnerung den Weg zu seiner Geschichte und zur Wiedererringung seiner Identität öffnet und somit Befreiung verheißen würde, lässt sich das Verlorene und gewaltsam Zerstöre nicht mehr einholen. Dass Austerlitz in der Folge nach Prag fährt, Vera wiederfindet und tatsächlich einige Elemente seiner Geschichte rekonstruieren kann, führt nicht zu einer Wendung zum Besseren.

> Es nutzte mir offenbar wenig, dass ich die Quellen meiner Verstörung entdeckt hatte, mich selber, über all die vergangenen Jahre hinweg, mit größter Deutlichkeit sehen konnte als von seinem vertrauten Leben von einem Tag auf den anderen abgesonderte Kind: die Vernunft kam nicht an gegen das seit jeher von mir hervorbrechende Gefühl des Verstoßen- und Ausgelöschtseins. (A 326)

Austerlitz fühlt sich weiterhin, „als hätte ich keinen Platz in der Wirklichkeit, als sei ich gar nicht vorhanden" (A 265). In gewisser Weise bleibt er im Wartesaal

325 Niehaus 2006b, S. 332.

gefangen, ohne *eigenen* Ort. Damit schieben sich der Raum des Wartesaals und das Subjekt Austerlitz erneut übereinander. Nicht nur der Wartesaal, sondern auch Austerlitz ist sich selbst ein Gefängnis. Sein „Gefühl des Verstoßen- und Ausgelöschtseins" hält ihn fest. Im zweiten Teil der Erzählung, die auf diese Szene räumlicher Selbsterkenntnis folgt, erfährt und entziffert Austerlitz zwar Stück für Stück Fragmente seiner Lebensgeschichte. Doch das sich als „abgesondertes Kind" verstehende Subjekt kann sie nicht zu seiner Geschichte zusammenfügen. Genau an jenem Punkt, wo die Sprache als ästhetisches Verfahren der Selbstgestaltung und als hermeneutisches Verfahren der Bedeutungszuschreibung ins Spiel kommt, stößt das Subjekt Austerlitz an die Grenzen der Unmöglichkeit. Die topographische Selbsterkenntnis, die sich im Raum des Subjekts momenthaft vollzieht, kann nicht in eine Selbsterschreibung überführt werden, sondern macht eine Erzählkonstruktion verschachtelter Indirektheit nötig.

AUSTERLITZ' KÖRPER

Das Subjekt als Ort

Austerlitz' Selbsterkenntnis lässt sich vom Raum, in dem sie stattfindet, nicht trennen. Er hat das Gefühl, „als enthalte der Wartesaal, in dessen Mitte ich wie ein Geblendeter stand, alle Stunden meiner Vergangenheit" (A 196). In gewisser Weise *ist* der Wartesaal Austerlitz – oder Austerlitz der Wartesaal.[326] So betrifft die Ungewissheit, „ob ich in das Innere einer Ruine oder in das eines erst im Entstehen begriffenen Rohbaus geraten war" (A 195), ebenso ihn selbst wie den im Umbau begriffenen Ladies Waiting Room. Das prekäre Subjekt Austerlitz schwankt unentscheidbar zwischen dem Zustand der Ruine – der endgültigen Zerstörung seiner Geschichte und seines Lebens – und des Rohbaus – der Aussicht, sich selbst durch das Entdecken der eigenen Geschichte und durch ihr Weitererzählen konstituieren zu können. Die Topographie der Erzählung stiftet für die Subjektivität von Austerlitz spezifische Raum-Bilder. Deren Lektüre führt im folgenden Kapitel zur Perspektive auf Austerlitz als Körpersubjekt. Das Subjekt Austerlitz wird sich dabei einerseits selbst als Raum und Gebäude erweisen. Die im Text inszenierten Baukörper stehen aber auch in Wechselwirkung mit dem Körper von Austerlitz. Weiter wird ebendieser Körper genauer in den Blick genommen. Während Austerlitz seinen Körper in seinem Selbstver-

326 Auch Anja K. Johannsen verweist auf die psychotopologische Lesbarkeit der Räume bei Sebald. Vgl. Johannsen 2008, S. 28.

hältnis ignoriert, macht dieser sich nämlich in körperlichen Symptomen und „Gefühlen" dennoch bemerkbar. Im letzten Abschnitt werde ich, ausgehend vom Körperbild des Knaben Austerlitz, Begehren und Sexualität der Figur des Austerlitz untersuchen.

Die ausgedehnten Erzählungen und Beschreibungen von Gebäuden und Räumen in *Austerlitz* können als metaphorische Rede über Austerlitz selbst gelesen werden. Anstatt über sich selbst zu sprechen, spricht Austerlitz über Bahnhöfe und Festungen. Als Rede über etwas anderes werden Austerlitz' architektonischen Erzählungen zur indirekten Rede über sich selbst. Der Erzähler legt diese Deutung explizit nahe, indem er Austerlitz' Beschreibung der Pariser Bahnhöfe als „Glücks- und Unglücksorte" als „Bahnhofsmanie" deutet und als „die einzige Andeutung seines Seelenlebens [...], die er sich mir gegenüber erlaubte"(A 49). Spätestens in der Szene des Ladies Waiting Room greifen die Ebenen der Rede über den Raum und über sich selbst offensichtlich ineinander.

Austerlitz' Beziehung zu Gebäuden und Räumen geht über die metaphorische hinaus. Als Architekturhistoriker erforscht er „Familienähnlichkeiten" zwischen den öffentlichen Gebäuden der kapitalistischen Ära. Seine Verbindung zu Räumen beruht nicht nur auf professionellem Interesse, sondern reicht tief ins Existenzielle. ‚Austerlitz' bezeichnet nämlich einen Ort: Der Ort einer Schlacht im heutigen Tschechien. Diese Doppeldeutigkeit von Orts- und Personennamen vermag die Lesenden der Erzählung gleich von Beginn an zu irritieren. Als Austerlitz den Schulleiter Penrith-Smith, nachdem dieser ihm seinen eigentlichen Namen Jacques Austerlitz mitgeteilt hat, nach der Bedeutung von ‚Austerlitz' fragt, erhält er folgende Antwort: „I think you will find it is a small place in Moravia, site of a famous battle, you know." (A 100) Und kurz darauf wird im Unterricht tatsächlich Napoleons Schlacht bei Austerlitz besprochen. Dieser Ort wird in seiner Vorstellung durch die lebhafte Schlachtenschilderung seines Geschichtslehrers André Hilary geformt. Der zweite ‚Austerlitz' genannte Ort wird am Ende der Erzählung virulent. Wieder in Paris lebend, erzählt Austerlitz dem Erzähler e von seiner Studienzeit in Paris und von einem Spaziergang ans Seine-Ufer hinter dem Gare d'Austerlitz, benannt nach Napoleons Sieg, wo Austerlitz und seine Geliebte Marie einen zauberhaften Zirkus besuchen.

Austerlitz erzählt, „in der [...] in der Gare d'Austerlitz herrschenden ungewöhnlichen Stille sei ihm der Gedanke gekommen, der Vater habe von hier aus, von diesem seiner Wohnung in der rue Barrault zunächst gelegenen Bahnhof, Paris verlassen bald nach dem Einmarsch der Deutschen." (A 407) So hat die Gare d'Austerlitz nicht nur eine historische, sondern eine existenzielle Dimension. „Dieser Bahnhof, sagte Austerlitz, ist für mich von jeher der rätselhafteste aller Pariser Bahnhöfe gewesen. Ich habe mich während meiner Studienzeit viele

Stunden lang in ihm aufgehalten und sogar eine Art Denkschrift über seine Anlage und Geschichte verfasst.“ (A 408) Indem Austerlitz dieser Ort ein Rätsel ist, ist er sich selbst ein Rätsel. Die erzählerische Struktur der Wiederkehr macht die Bahnhöfe und insbesondere den Gare d'Austerlitz zum topographischen Zentrum der Figur selbst. So konstruiert die Erzählung eine Figur, die zugleich ein *topos* ist. Austerlitz ist ein Subjekt, das sich an bestimmten Orten (wieder)findet.

Obwohl im Text schon viel von Bahnhöfen und speziell von Pariser Bahnhöfen die Rede war, wurde der Gare d' Austerlitz bis dahin nicht erwähnt. Diese auffällige Abwesenheit des Offensichtlichen erscheint als Ergebnis von Verdrängung. Im Gespräch mit dem Bibliotheksangestellten Lemoine wird die kulturelle Dimension dieser Verdrängung klar: „Auf dem Ödland zwischen dem Rangiergelände der Gare d'Austerlitz und dem Pont Tolbiac [...], war beispielsweise bis zum Kriegsende ein großes Lager, in dem die Deutschen das gesamte von ihnen aus den Wohnungen der Pariser Juden geholte Beutegut zusammenbrachten.“ (A 403) Die historische Bedeutung von Schlacht, Zerstörung und Bereicherung, welche sowohl dem mährischen als auch dem Pariser Ort ‚Austerlitz‘ eingeprägt sind, mündet in in Austerlitz' persönliche Geschichte.

An dieser Überlagerung des Namens ‚Austerlitz‘ – und damit auch der Figur – mit unterschiedlichen Geschichten lässt sich Sebalds Erzählverfahren des Verweisens beobachten. Jeder Ort, jedes im Text beschriebene Gebäude, jedes Licht und jeder Exkurs von Austerlitz präsentieren sich als potenziell allegorisch, als immer auch auf etwas anderes verweisend. Liest man diese Verweisstruktur des Textes auf die Figur Austerlitz hin – und der Titel ermutigt zu solch einer Lesart – scheint alles immer auch indirekt von Austerlitz zu sprechen. Alles bezieht sich letztendlich um das verletzte und grundlose Subjekt. Und auch wenn Austerlitz selbst diese Zeichen selten lesen kann. Im rückblickenden Lesen zeigt sich *Austerlitz* auf diese Weise als egomane Erzählung: Die Figur Austerlitz bildet den absoluten Bezugspunkt aller Worte, Bilder und Fotografien. Wie Anton Reiser, dessen Egomanie als Zug seiner Seelenkrankheit vom Erzähler festgestellt und vorgeführt wird, ist Austerlitz egoman, ohne es zu wissen. Genauer betrachtet ist die Erzählweise egoman, indem sie alles im Text Enthaltene auf letztendlich auf Austerlitz bezieht. In unendlicher Verweisstruktur bewegt sich alles Verdrängte auf Austerlitz hin – alles hat mit ihm zu tun.

Bau-Körper

Liest man die Figur Austerlitz topographisch als Ort, erschließt sich das *Gebäude* als ihr *Körper*. Gebäude und Körper schaffen beide durch ihre Dreidimensionalität und Geschlossenheit einen Raum. In der *Austerlitz*-Erzählung sind Gebäude, im Gegensatz zu Austerlitz, körperlich präsent, gleichwohl ihre Innenräume meist leer sind. Körperliche Präsenz zeigt sich als räumliche Präsenz von Architektur. Von Beginn des Textes, der Einführung der Antwerpener Central Staation, eignet den Bauwerken eine ausführliche Beschreibung ihrer architektonischen Eigenschaften, der herrschenden Lichtverhältnisse sowie der Raumwirkung. Die überwältigende Gegenwart von Architektur in *Austerlitz* lässt sich als Körperlichkeit der beschriebenen Gebäude lesen. Die Festung Breendonck beispielsweise erscheint als unheimliches Tier, als ein „krebsartiges Wesen“, und dem Erzähler fallen die „Auswüchse seiner Glieder und [die] Scheren, mit den an der Stirnseite des Haupttrakts gleich Augen hervortretenden halbrunden Bollwerken und dem Stummelfortsatz am Hinterleib“ ins Auge (A 31f.). Die körperlichen Eigenschaften des Gebäudes gehen noch tiefer, denn wie ein lebendiger Körper sondert die „von bläulichen Flecken unterlaufene, griesige und [...] von kalten Schweißperlen überzogene Wand“ der Festung Flüssigkeiten ab (A 37). Die Wand der Festung schwitzt stellvertretend für den von Grauen über diesen Ort erfassten Erzähler, von dessen körperlicher Präsenz wiederum seine Übelkeit zeugt (A 37). Die engen Räume der Festung schaffen darüber hinaus nach dem Bericht von Jean Améry, der selbst in Breendonck gefoltert wurde, eine „furchtbare Körpernähe zwischen den Peinigern und den Gepeinigten“ (A 38). Der Baukörper der Festung Breendonck erzeugt eine alptraumhafte Körperlichkeit. Architektur wird als *Baukörper* inszeniert – und tritt in ein Wechselverhältnis mit dem Körper des Subjekts.

Auch in der Selbsterkenntnis-Szene im Ladies Waiting Room braucht es das *körperliche* Eintreten, um die Begegnung mit sich selbst auszulösen. Der erste „Erinnerungsfetzen“, den Austerlitz dabei erhascht, ist wiederum die Erinnerung an einen Raum, und zwar an das Kirchenschiff einer Kirche in Norfolk, in welchem Austerlitz einmal mit Marie de Verneuil stand und das sich langsam mit Nebel füllte (A 196). Es ist beinahe überflüssig darauf hinzuweisen, dass auch Austerlitz' Lebenserzählung mit der Beschreibung eines Hauses beginnt, nämlich des Pfarrhauses in Bala mit dem steinernen Boden und den geschlossenen, teilweise sogar zugemauerten Fenstern (A 67). So ist die Beziehung zwischen Gebäuden und der Figur Austerlitz nicht nur metaphorisch, sondern auch körperlich. Baukörper geben sich als Stellvertreter des Körpers des Subjekts zu lesen.

Symptome

Ein „dumpf in mir rumorende[r], [...] aber damals noch gar nicht bewusste[r] Schmerz“ macht den Schüler Austerlitz zum ausgezeichneten Rugbyspieler, der die Reihen seiner Gegner mit gesenktem Kopf durchquert (A 88). Nach dem Tod seiner Adoptivmutter Gwendolyn fühlt Austerlitz nichts anderes als körperliche Erschöpfung: „Wie der auf die Stunde des Todes folgende Tag verging, das weiss ich nicht mehr genau, sagte Austerlitz. Ich glaube, ich habe aus Erschöpfung mich niedergelegt und sehr tief und sehr lange geschlafen." (A 92) Drastisch körperlich äußert sich auch ein Panikanfall, während Austerlitz im Prager Staatsarchiv zu erklären versucht, dass und warum er nach Personen mit dem Namen Austerlitz sucht:

> ich derart in Panik, dass ich zu stottern anfing und kaum noch ein Wort herausbrachte. Ich spürte plötzlich die Hitze, die von dem dicken [...] Heizkörper unter dem sperrangelweit offenen Fenster ausging, hörte nur noch den Lärm, der von der Karmelitská heraufkam, das schwere Rollen der Straßenbahn, das Heulen der Polizeisirenen und Martinshörner irgendwo in der Ferne, und beruhigte mich erst wieder, als Tereza Ambrosová [...] mir ein Glas Wasser reichte (A 213).

Die Panik äußert sich in Stottern und in einer übersensiblen Wahrnehmung der Austerlitz umgebenden sinnlichen Eindrücke: der Hitze, des Lärms und der Sirenen auf der Straße. Austerlitz' Anfall markiert den panischen Moment vor der Eröffnung einer noch unbekannten, aber auf jeden Fall entscheidenden Information: Welche Menschen mit dem Namen Austerlitz lebten damals in Prag? Wer waren seine Eltern? Austerlitz' Körper markiert in disem Moment gleichzeitig Abwehr und höchste Wahrnehmungsbereitschaft.

Dies ist nicht die einzige in *Austerlitz* beschriebene Panikattacke. Während seiner Studienzeit in Paris hat Austerlitz nach dem Besuch des Veterinärmedizinischen Museums „den ersten der später mehrfach sich wiederholenden, mit einer zeitweiligen Auslöschung sämtlicher Gedächtnisspuren verbundenen Ohnmachtsanfälle [...], die in den Lehrbüchern der Psychiatrie [...] aufgeführt sind unter dem Stichwort hysterischer Epilepsie" (A 377). Minutiös sind Austerlitz' körperliche Empfindungen bei seinem Gang zur Metro beschrieben: Das Gefühl, durch „steiles, unwegsames Gelände" zu gehen, die Hitze der Sonne, sein undeutliches Spiegelbild im Fenster des Metrowaggons, wie es ihm plötzlich „unwohl" wird und wie schließlich „ein Phantomschmerz sich ausbreitete in meiner Brust und ich dachte, ich werde jetzt sterben müssen an diesem schwachen Herzen, das ich geerbt habe, ich weiss nicht von wem." (A 377f.) Sein Ohnmachtsanfall führt zum bereits erwähnten Aufenthalt in der Salpêtrière. Mit dem Verweis auf die „Lehrbücher der Psychiatrie" macht der Erzähler den psychiatrischen Deutungshorizont für Austerlitz' körperliche Anfälle explizit. Der „Phantomschmerz" verweist in dieser Perspektive auf den symptomatischen Charakter von Ohnmacht, Panik, Anfällen und Unwohlsein: Ohne organische Ursache verweist der Schmerz statt auf eine körperliche Krankheit auf etwas *anderes*, auf ein sich irgendwo und irgendwie in Austerlitz befindliches Phantom – und somit auf einen seelischen Konflikt[327]. Dieser wiederum lässt sich vom Körper nicht trennen. Auch der Begriff „unwohl" ist in diesem Zusammenhang bezeichnend: „Unwohl" ist eine ungenaue Bezeichnung für eine nicht näher fassbare, nicht klassifizierbare körperliche Empfindung. Das Unwohlsein markiert ein ungelöstes Rätsel. Die Beziehung des Subjektes Austerlitz zu seinem Körper ‚funktioniert' unbewusst, auf einer symptomatischen und unartikulierten Ebene.

Unbekannte und unbenennbare Emotionen finden ihren Weg durch Austerlitz' Körper, wenn auch nicht in sein Bewusstsein. So erweist sich Austerlitz als Körpersubjekt, das in hohem Maß körperlich empfindet, diese Empfindungen aber nicht deuten kann. In dieser Hinsicht gleicht gleicht er Anton Reiser in fast unheimlicher Weise. Austerlitz fehlt die Beziehung zu seinem Körper aber in noch radikalerer Weise. Er leidet wieder und wieder unter körperlichen Symptomen, unternimmt aber nicht den kleinsten Schritt eines (psychoanalytischen) Ergründungs- oder Analyseprozesses. So bleiben die unwohlen körperlichen Empfindungen jenseits der Sprache. Im Hinblick auf den Körper versagt das Konzept der Selbsterhermeneutik. Austerlitz kann seinen Körper nicht lesen. Dagegen versucht er vergeblich, sich selbst in der Schrift zu finden.

Trotzdem wird Austerlitz seinen Körper nicht los. Dies führt die Erzählung in immer neuen Körpersymptomen vor. Der Körper bringt in Zusammenbrüchen und Grenzerfahrungen etwas zum Ausdruck, was das denkende Subjekt verdrängt hat und was ihm unzugänglich ist. So ist es kein Zufall, dass eine Ärztin Austerlitz nach seinem Zusammenbruch nach der ersten Reise nach Prag und einer daraus folgenden „nahezu drei Wochen andauernden Geistesabwesenheit" (A 328) zur Genesung eine „leichte *körperliche* Beschäftigung [...], etwa in einem Gartenbaubetrieb" empfiehlt (A 329f., Hervorhebung ML).

In der Folge eines heftigen körperlichen Anfalls[328] imaginiert Austerlitz den Verlust seiner körperlichen Einheit. In einer Angstvorstellung sieht er seinen explodierenden Körper:

327 Zum Symptomalen an W.G. Sebalds Texten vgl. Barbara Naumann, die auf dem Hintergrund von Georges Didi-Hubermanns Symptombegriff und mit Fokus auf Sebalds Bildtheorie argumentiert: Naumann, Barbara: Übertragung des Bildes. W.G. Sebalds symptomaler Text. In: Dies. & Kleihues, Alexandra & Pankow, Edgar (Hrsg.): Transformation, Übertragung, Übersetzung. Artistische und kulturelle Dynamiken des Austauschs. Zürich 2010, S. 433–446.

328 Diesmal macht der zurückblickende Austerlitz den Grund für den Anfall klar: Ein „jetzt gewaltsam aus mir hervorbrechendes Gefühl des Verstossen- und Ausge-

Ich glaubte aufschreien zu müssen und brachte doch keinen Ton über die Lippen, wollte auf die Gasse hinaus und kam nicht von der Stelle, sah mich tatsächlich einmal, nach einer langen qualvollen Kontraktion, von innen zerspringen und Teile meines Körpers über eine finstere und ferne Gegend verstreut. (A 327)

Die Angst vor der Zerstückelung des Körpers, welche bereits in Anton Reiser eindrücklich beschrieben ist, trifft ins Zentrum von Subjektivität. Die Gefahr der Fragmentierung und letztendich des Wahnsinns bedroht das Subjekt fundamental. Die Folie für diese Angst bildet das Ideal des ganzen Menschen in der Form des Körpers. Dieses Ganzheitsideal liegt der modernen Konzeption von Subjektivität zu Grunde. So impliziert die Gefahr der Zerstückelung den Körper als Garant von Einheit und als ‚Gebäude' des Subjekts.

Körperloser Körper

Abgesehen von seinen Körpersymptomen fällt an Austerlitz aber vor allem seine Körperlosigkeit auf. Austerlitz nimmt seinen Körper nicht wahr, er hat kein Bild von ihm. Sein Körper wird im Text nur im Blick des anderen vermittelt. Der Erzähler beschreibt die Merkmale der äußeren Erscheinung des „beinahe jugendlich wirkende[n] Mann[es]" bei der ersten Begegnung: sein „blondes, seltsam gewelltes Haar", die schweren Wanderstiefel, der alte Armeerucksack, die „Arbeitshose aus verschossenem blauen Kattun, sowie ein maßgeschneidertes, aber längst aus der Mode gekommenes Anzugsjackett" (A 10). Mit seiner markanten Gestalt gleicht Austerlitz einerseits „dem deutschen Helden Siegfried in Fritz Langs Nibelungenfilm" (A 10), andererseits dem Philosophen Ludwig Wittgenstein (A 58, 252). In der Erinnerung des Erzählers überlagert sich Austerlitz mit dem Bild von Wittgenstein, „dermaßen auffällig sind die Ähnlichkeiten zwischen den beiden" (A 252). Der „entsetzte Ausdruck" im Gesicht, welcher de Erzähler an Wittgenstein als erinnert (A 58), dürfte Austerlitz selbst kaum bewusst sein. Die erzählerische Überblendung der Gestalt von Wittgenstein und Austerlitz führt zu einer Unschärfe von Austerlitz' körperlicher Gestalt.

Trotz der vergehenden Zeit ist Austerlitz' Gestalt keinerlei Veränderungen unterworfen. Beim erneuten Wiedertreffen nach zwanzig Jahren findet der Erzähler Austerlitz „in seinem ganzen Aussehen unverändert [...], in der Körperhaltung sowohl als in der Kleidung, und sogar den Rucksack hatte er noch über der Schulter" (A 58). Austerlitz scheint alterslos zu sein: „Er, den ich früher im-

löschtseins" führt zu heftigen Anfällen und schliesslich zur Einlieferung in das St. Clement's Spital (A 326f.).

mer für zirka zehn Jahre älter gehalten habe, [schien] mir nun um zehn Jahre jünger als ich, sei es aufgrund meiner eigenen schlechten Verfassung, sei es, dass er zu jenem Typus des Junggesellen gehört, an dem etwas von einem Knaben bleibt bis zuletzt." (A 58) Ein außerhalb der Zeit stehender Knabe begegnet Austerlitz und den Lesenden wiederum auf der Fotografie des Rosenpagen, und es ist jene Eigenschaft des Gespenstischen, die den Eindruck von Alterslosigkeit verstärkt. Austerlitz scheint beispielsweise nie Hunger zu haben, obwohl er sich durchaus um andere sorgt und dem Erzähler, als er ihn in London besucht, Tee serviert und „Weißbrotscheiben an den blauen Gasflammen" seines Kamins röstet (A 172f.).

Austerlitz' Alterslosigkeit, die Nichtwahrnehmung seines Körpers und die Eigenschaft des Gespenstischen elbst führen zum Eindruck einer eigentümlichen Körperlosigkeit dieser Figur. Dieser Eindruck wird dadurch noch verstärkt, dass der ruhelose Austerlitz oft unterwegs ist, sich reisend und spazierend durch den Raum bewegt und sich so einer Festschreibung und genauen Charakterisierung entzieht. Auf seinen symptomatisch ruhelosen Reisen erscheint Austerlitz als Wiedergänger von Anton Reiser. Beiden Erzählungen und Figuren ist eine digressive Bewegungsdynamik eigen[329]. Ihre Bewegungen kommen nie zum Ziel und schließen sich nicht zu einem Muster, sondern greifen immer wieder neu aus und verschieben ihre Ankunft in die unrealisierte Zukunft. So endet auch *Austerlitz* mit einem doppelten Aufbruch: Austerlitz' Aufbruch nach Südfrankreich auf den Spuren seines Vater und demjenigen des Erzählers nach Belgien.

Sei es auf seinen Reisen nach Belgien, den Spaziergängen durch Paris oder London oder bei den Streifzügen durch die englische Landschaft mit Andrew Hilary: Sebald inszeniert Austerlitz als eine Figur, die in einer Landschaft oder einem Stadtraum ebenso plötzlich verschwindet, wie sie aufgetaucht ist. Der im Raum verschwindende Reisende wird körperlos. Sein Körper verkleinert sich zu einem Strich oder einem Punkt im Raum und wird zum Zeichen. Diese Zeichenhaftigkeit der wandernden Figur materialisiert sich im Text in einer Fotografie eines sich entfernenden Wanderers mit einem Rucksack (A 175). Dieser Wanderer kann als Verdoppelung des Subjektes Austerlitz gelesen werden, obwohl die Erzählung an dieser Stelle gar nicht von Austerlitz' Wanderungen erzählt, sondern von seiner beginnenden Sprachkrise. Das Verhältnis von Text und Fotografie ist ein anderes als in der Szene mit dem Rosenpagen. Hier imaginiert Auster-

329 Ein entscheidender Unterschied zwischen Anton Reiser und Austerlitz ist jedoch, dass Anton Reiser das Reisen in seiner Körperlichkeit ausstellt und auch von Müdigkeit, Hunger und schmerzenden Füssen erzählt, während der körperliche Aspekt des Reisens bei Sebald gar nicht zur Sprache kommt.

litz den Wanderer in der Landschaft als „Album“-Bild und Metapher für die Mühe mit seinem eigenen Schreibprojekt. Die Fotografie selbst wird nicht thematisiert, lässt sich aber die Begriffe „Album“ und „Bild“ anknüpfen und fügt sich auf diese Weise selbst als Albumbild in die Erzählung ein. Interessant ist diese Fotografie in Bezug auf den Körper von Austerlitz, weil der gerade aufgerichtete Körper des Wanderers in der hochformatigen Fotografie als vertikaler Strich in der Landschaft erscheint. Ein Körper, der zu einem Strich wird, nähert sich der Zeichenhaftigkeit. Wenn er sich im Gang seiner Bewegung noch weiter entfernt, wird er zum Punkt und verschwindet schließlich ganz. Der reisende Austerlitz verweist damit nicht nur auf den Intertext *Anton Reiser*, sondern als Figur in der Landschaft auch auf den Pfarrer aus Adalbert Stifters Erzählung *Kalkstein*. Auch dort taucht regelmäßig ein schwarz gekleideter Pfarrer als Punkt in der Landschaft des Kalksteingebiets Kar auf: „Ich war gewöhnt, seine schwarze Gestalt in den Steinen zu sehen, von weitem sichtbar, weil er der einzige dunkle Punkt in der graulich dämmernden oder unter dem Strahle der herabsinkenden Sonne rötlich beleuchteten Kalkflur war.“[330] Im Gegensatz zum schwarz gekleideten Pfarrer im hellen Kalkstein bei Stifter bildet Austerlitz mit seinem weißblonden Haar und seiner Knabenhaftigkeit umgekehrt eine helle Figur vor dunklem Hintergrund – dieser Eindruck wiederum wird von der Titelfotografie des Rosenpagen suggestiv verstärkt. Wofür die Figur Austerlitz in diesem optischen Spiel zum Zeichen wird, bleibt den Lesenden überlassen.

Indem die Erzählung die Figur des Austerlitz als Strich oder gar als in der Landschaft oder im Stadtraum verschwindend inszeniert, bringt sie auch seine Körperlichkeit zum Verschwinden. Das Ausblenden des Körpers lässt sich in grundsätzlicher Weise als Symptom für seine Verletzung lesen, die Subjektivität verhindert. Austerlitz hat kein bewusstes Selbstverhältnis, weil er sich nicht als körperliche Gestalt vorstellen kann. Er blendet die körperliche Grundlage seiner Subjektivität aus. Das Verschwinden von Austerlitz’ Körperlichkeit im Text akzentuiert im Gegenzug die räumlich-körperliche Präsenz der beschriebenen Bauwerke. An der Stelle des beinahe körperlosen Subjekts Austerlitz ist Archi-

330 Stifter, Adalbert: Kalkstein. In: Ders.: Brigitta und andere Erzählungen. Zürich 1967, S. 415–510, 460. Dies ist nicht die einzige Stelle, wo Sebald Stifters Erzählungen intertextuell aufgreift. Besonders in den Passagen zum Sammeln, zum Beispiel im Naturalienkabinett der Familie Fitzpatrick, aber auch im Begriff „Album“ scheint dieser für Sebald sehr wichtige Autor durch. Auch das gemeinsame Gehen von Austerlitz und Erzähler, beispielweise nach Greenwich, findet sich durch die gemeinsamen Gänge des Erzählers und des Pfarrers durch das Kalksteingebiet bei Stifter präfiguriert.

tektur konkret und körperlich präsent. Auf diese Weise verschiebt sich der Körper des prekären Subjekts in den Bau-Körper.

Kunstfigur Frau – Austerlitz und das Begehren

Mit seiner Beschreibung von Austerlitz' äußerer Erscheinung als „Knabe" zeichnet der Erzähler ein bestimmtes Körperbild. Austerlitz' Knabenhaftigkeit verweist nicht nur auf den biographischen Moment seines Transports nach England und das Abgeschnittenwerden von seinem eigentlichen Leben, also den Moment seiner Traumatisierung und seines psychischen Stillstandes, sondern auch auf die vordergründige Abwesenheit von Sexualität. Im Gegensatz zu Rousseaus *Confessions*, wo erotisches Begehren die Figur in ihren Handlungen und Empfindungen sehr direkt antreibt, und zu Anton Reiser, der von diversen Wunsch- und Begehrensdynamiken angetrieben wird, strukturiert erotisches Begehren Austerlitz nur auf untergründige Weise. Es lohnt sich dennoch, das Begehren in *Austerlitz* genauer in den Blick zu nehmen, denn wie Eric L. Santner feststellt, „ [is] the status of sexuality in Sebald's texts, an issue that has heretofore been neglected in the literature on this author."[331] Dieser letzte Abschnitt erkundet deshalb Körperlichkeit in *Austerlitz* mit der Perspektive auf Sexualität und Begehren.

In der Beziehung mit Marie de Verneuil wird Liebe zwar als Möglichkeit entworfen, verheißt sogar Erlösung, scheitert jedoch an seiner Verzweiflung, Verschlossenheit und Angst. Marie gelingt es nicht, den „gefrorenen Teich" aufzubrechen, als welcher Austerlitz ihr erscheint (A 307). In der ersten „mit Marie gemeinsam verbrachten Nacht" in Marienbad wendet sich Austerlitz' „Hoffnung, endlich erlöst zu sein" in ein „abgründiges Gefühl der Verstörung" (A 301). Die erlebte Nähe bewirkt bei Austerlitz nicht das Glück erfüllter Liebe, sondern abgründige Verstörung. Die Verstörung liegt, wie die Lesenden wissen, nicht an Marie, sondern an Austerlitz selbst und am Ort. Marienbad enthält Austerlitz' Zerstörungsgeschichte, ohne dass er dies weiss. Die Liebe wirkt nun als Katalysator für etwas, das auch Marie nicht wissen, nichtsdestotrotz aber präzis beschreiben kann:

> Es ist nicht wahr, dass wir die Abwesenheit und die Einsamkeit brauchen. Es ist nicht wahr. Nur du bist es, der sich ängstigt, ich weiss nicht, vor was. Immer hast du dich ein wenig entfernt gehalten, ich habe es wohl gesehen, aber nun ist es, als stündest du vor ei-

331 Santner, Eric L.: On Creaturely Life. Rilke – Benjamin – Sebald. Chicago, London 2006, S. xxi.

ner Schwelle, über die du nicht zu treten wagst. Ich vermochte mir damals nicht einzugestehen, wie recht Marie hatte in allem, aber heute, sagte Austerlitz, weiss ich, warum ich mich abwenden musste, wenn mir jemand zu nahe kam, und dass ich in diesem Michabwenden mich gerettet wähnte und zugleich mir vorkam wie ein zum Fürchten hässlicher, unberührbarer Mensch. (A 308)

„Abwesenheit" und „Einsamkeit" konstituieren das Subjekt Austerlitz. Austerlitz löst sich je länger je mehr aus Beziehungen zu anderen. Die gewaltsame Abgeschlossenheit von allen anderen – seine *austeritas* – zeigt Austerlitz als isoliertes, auf ein Minimum umgrenztes Subjekt, ebenso räumlich abgeschlossen wie ein Gebäude. Die Wahrnehmung anderer wird nach dem Tod seines einzigen Freundes Gerald Fitzpatrick gänzlich unmöglich, wie dies der Aufenthalt mit Marie in Marienbad vorführt. Damit steht Austerlitz außerhalb einer grundlegenden Dimension von Subjektivität, der wechselseitigen Anerkennung von Personen in sozialen Beziehungen. Was Rousseau in den *Rêveries* als Grundzustand des einzelnen Subjekts beschwört und gleichzeitig als nicht realisierbares Modell vorführt, erlebt Austerlitz tatsächlich: Absolute Einsamkeit mit ihren ganzen psychischen Konsequenzen. Obwohl auch Austerlitz auf Relationen und Anerkennung angewiesen wäre, um sich selbst als Subjekt zu sehen, sind ihm diese gewaltsam verstellt. Auf Grund seines absoluten Außerhalb-Stehens ist Austerlitz ein grundloses Subjekt.

Über Austerlitz' Begehren verrät der Text nichts. Marie ergreift von Beginn an die Initiative, indem sie Austerlitz zum Kaffee einlädt und dieser „nur mit Kopfnicken mein Einverständnis an[deutete] und [...] folgsam fast, könnte man sagen, [...] mit ihr über das Stiegenhaus und über den inneren Hof aus der Bibliothek hinaus[ging]" (A 369). Ihre Beziehung vertieft sich durch ihr „gemeinsames Interesse [...] um baugeschichtliche Dinge" (A 369) und gemeinsame Spaziergänge durch Paris. Dabei wird Marie als eine liebevolle, kluge und dabei unfassbare Retterfigur inszeniert, von der Austerlitz erstaunlich wenig weiss. Mit ihrer Hilfe findet Austerlitz in der Salpêtrière seine Erinnerungen wieder, mit ihrer Gegenwart und ihrem „schönen Gesicht" verbindet sich auf der Marienbader Reise die Hoffnung auf Erlösung (A 301). Dabei erscheint Marie nicht als Objekt des Begehrens. Vielmehr fasst Austerlitz das, was Marie ihm bedeutet, im Bild einer Papiermühle zusammen, von der ihm Marie einmal erzählt hat. Die Papiermühle verwandelt eine „aus Papier und Stofffetzen aufgequollenen Masse in saubere, unbeschriebene Bögen" (A 370). Und ebenso wie die Papiermühle bedeutet Marie für Austerlitz Reinigung, Neuanfang und Geheimnis; und diese Reinheit des sauberen unbeschriebenen Papiers wird im Namen Maries, den sie mit der Heiligen Jungfrau teilt, gedoppelt. Marie nähert sich nicht nur an dieser

Stelle des Romans einer Heiligenfigur, sie selbst teilt mit Austerlitz eine eigenartige Körperlosigkeit.

Übrigens beschreibt Sebald nicht nur Maries Schönheit, sondern auch diejenige der anderen Frauenfiguren durchwegs körperlos. Geradezu stereotyp[332] sind alle diese Frauen „schön“ oder haben „schöne Augen“: Zum Beispiel Adela Fitzpatrick, die mit einem Strauß rostroter Chrysanthemen im Arm Austerlitz mütterlich das Haar aus der Stirn streicht: „Ja, ich sehe Adela noch, sagte Austerlitz, so schön, wie sie damals war, ist sie für mich unverändert geblieben.“ (A 161) Und die Antiquarin Penelope Peacefull ist „eine sehr schöne [...] Dame“ (A 203), die Austerlitz „mit einem leichten Anheben ihres schönen Gesichts, verständnisvoll anlächelte“ (A 205), oder die „blasse, beinahe transparente“ Archivarin Teresa Ambrosová mit ihren „seltsam tiefliegenden, veilchenblauen Augen“ (A 211f.). Und schließlich Austerlitz’ ehemaliges Kindermädchen Vera, während derer Erzählungen Austerlitz seine „fürsorgliche Wächterin“ wieder vor sich sieht: „Ich sah Vera, wie sie damals gewesen war, [...] sah ihre schönen, gewissermaßen im Dämmer verschwommenen Augen“ (A 226). Die Schönheit dieser Frauen manfiestiert sich in ihrem Gesicht oder ihren Augen, also am wenigsten körperlichen Teil des Körpers. In ihrer transparenten Schönheit erscheinen die Frauen in *Austerlitz* gleich der Hauptfigur nicht als sexuelle Wesen und zuweilen, wie die Federball spielende und dabei „ein paar Spannen über dem Parkettboden“ schwebende Adela Fitzpatrick (A 161), sogar als überirdisch. Sie werden von Austerlitz „bewundert“ (A 203), aber nicht begehrt.

Die Stelle des Objekts des Begehrens ist nämlich, ohne dass Austerlitz sich das eingesteht, bereits besetzt von seiner unbekannten und unrettbar verlorenen Mutter Agáta, deren Gesicht er sich vergeblich zu vergegenwärtigen sucht. Die Mutter ist eine junge Sängerin, die nach ihren ersten Auftritten auf Provinzbühnen eben den Durchbruch in der Hauptstadt geschafft und „im Herbst 1938 ihren ersten Prager Auftritt hatte in der Rolle der Olympia [in den *Contes d’Hoffmann*], von sie der seit Beginn ihrer Laufbahn schon träumte.“ (A 230) Jacques Offenbach, dem Komponisten der *Contes d’Hoffmann,* verdankt Austerlitz auch seinen Vornamen. Die Mutter Agáta in der Rolle der Olympia schafft damit einerseits eine intermediale Verbindung der Erzählung zur Musik und zur Bühnenwelt. In der theatralischen Inszenierung, kostümiert und mit blauen Flitterschuhen, wird Agáta zur Kunstfigur und zur einer anderen Welt zugehörigen Fremden: „Vera sagte, ich sei offenbar von der Generalprobe im Ständetheater

332 Die Typenhaftigkeit der Frauenfiguren in Austerlitz lässt sich zwar auf dem Hintergrund des Archetyps der verlorenen Mutter verstehen; jedoch leistet Sebald damit keine differenzierte Verhandlung von Weiblichkeit.

zutiefst beeindruckt gewesen, in erster Linie wohl, wie sie vermute, weil ich fürchtete, Agáta hätte sich wahrhaftig verwandelt in eine zwar zauberhafte, aber mir doch vollkommen fremde Gestalt" (A 232). Diese theatralische Verwandlung nimmt den späteren Verlust der Mutter vorweg.[333] Indem Austerlitz Agáta seinerseits durch das Erzählen eine Gestalt gibt, macht er sie endgültig zur Kunstfigur.

Der Kunstfigur Olympia ist auf demintertextuellen Hintergrund von E.T.A. Hoffmanns *Der Sandmann* aber nicht nur der Verlust, sondern auch das männliche Begehren eingeschrieben. Auch in der literarischen Vorlage ist Olympia eine Kunstfigur, ein Automat, welcher allein durch die Projektion des Betrachtenden zum Liebesobjekt wird. In Olympia kreuzen sich Begehren, Projektion und Täuschung. In der Rolle der Olympia beginnt auch Austerlitz' Mutter erotisch zu schillern. Und wegen des traumatischen Verlustes der Mutter, der Austerlitz jahrzehntelang im Status des Knaben gefangen hält, konnte die Rolle der Olympia in Austerlitz' Leben nie neu besetzt werden. So bleibt das männliche Begehren des erwachsenen Austerlitz eine Leerstelle. Im Hinblick auf Sexualität und Männlichkeit ist Austerlitz der Knabe geblieben, der abends sehnsüchtig darauf wartet, dass seine Mutter von der Theaterbühne heimkehrt:

> Ich selber, fuhr Austerlitz fort, entsann mich nun wieder, von einem mir bis dahin unbekannten Kummer erfüllt gewesen zu sein, als ich, weit jenseits meiner Schlafenszeit, die Augen im Dunkeln weit offen, auf dem Diwan am Fußende von Veras Bett gelegen bin, auf die Viertelstundenschläge der Turmuhren gehorcht und gewartet hatte, bis Agáta nach Hause kam, bis ich den Wagen, der sie aus der anderen Welt zurückbrachte, vor dem Haustor anhalten hörte, sie endlich ins Zimmer trat und zu mir sich niedersetzte, umhüllt von einem seltsamen, aus verwehtem Parfum und Staub gemischten Theatergeruch. Sie trägt vorne ein geschnürtes, aschgraues Seidenmieder, aber ihr Gesicht kann ich nicht erkennen, sondern nur einen irisierenden, niedrig über der Haut schwebenden Schleier von weißlich getrübter Milchfarbe, und dann sehe ich, sagte Austerlitz, wie ihr der Schal von der rechten Schulter gleitet, als sie mir mit der Hand über die Stirne streicht. (A 232f.)

Die Gleichzeitigkeit dieser zwei Gesten – des fürsorglichen Streichens über die Stirne und des enthüllenden Heruntergleiten des Schals – fasst die Ambivalenz von Agáta als Mutter und Begehrte in ein „irisierendes" Bild. Die Dunkelheit, auch diejenige der vergangenen Zeit, verbirgt ihr Gesicht als Geheimnis. Austerlitz wird das *image juste* seiner Mutter anderswo suchen müssen, im Film über

333 Ironischerweise wird diese Aufführung der Contes d'Hoffmann konterkariert von der Aufführung ebendieser Operette in Theresienstadt für den Propagandafilm.

Theresienstadt beispielsweise oder im Prager Theaterarchiv, ohne es jedoch wiederzuerkennen. So zielt Austerlitz' Begehren letztendlich auf die Welt der Kunst.

Für Austerlitz selbst, den Knaben, der die Rückkehr seiner Mutter aus der Theaterwelt ersehnt, wird die Welt zur Bühne. Das Unzeitgemäße seiner Erscheinung, aber auch die Unmöglichkeit der Wahrnehmung der Zeit als Kontinuität, lassen das verletzte Subjekt Austerlitz selbst überall alterslos, körperlos, gespenstisch, knabenhaft und fremd erscheinen. Seine Position ist unzeitlich und sentimentalisch. Austerlitz ist ein absoluter Fremdkörper.

Schlussbemerkung zu *Austerlitz*

Die oszillierende Figur Olympia-Agáta führt das Begehren nach der abwesenden Geliebten als Antrieb des Erzählens vor. Das Begehren des Subjekts Austerlitz ist trotz und inmitten seiner Vereinzelung auf andere gerichtet und verwandelt die abwesenden Geliebten in Kunst(figuren). Doch sich selbst vermag das grundlose, verletzte und prekäre Subjekt Austerlitz nicht in Kunst zu verwandeln, da sich ihm die Schrift, das Medium der Selbsterschreibung, entzieht. In dieser Unmöglichkeit tritt das erzählende Subjekt in den Vordergrund, das als Erzähler zwar ein anderer ist, aber Austerlitz doch eigentümlich nahe, und übernimmt stellvertretend die Niederschrift von Austerlitz' Geschichte. In diesem unscharfen Verhältnis zwischen Austerlitz und Erzähler und durch mehrfache Schichten erzählerischer Vermittlung führt *Austerlitz* Subjektkritik als Erzählmethode vor. Die Selbsttechnik des Textes *Austerlitz* selbst wird durch seine erzälerische Strategie des Umwegs über ein anderes Ich sowie durch eine berückende ästhetische Gestaltung des Textes durch Bilder, Überblendungen, Lichtspiele und die Vermischung von Medien gleichzeitig vollzogen und ausgestellt. Die Präsenz unterschiedlicher Medien im Text und deren daraus entstehende Reflexion machen den Text ebenso körperhaft wie die ausufernde Beschreibung von Gebäuden und Architektur. Gerade in seiner Eigenschaft als konstruierter wird der Text zum Textkörper. Die Konstruktion von architektonischen Körpern weist auf den Konstruktionscharakter des Textes selbst hin. Der Text tut dasselbe wie Architektur: er baut (eine Figur, eine Welt). Die unentscheidbare Frage im Wartesaal der Liverpool Street Station, ob dies nun eine Ruine oder ein Rohbau sei, trifft das Gebäude ebenso wie den Text und das Subjekt: Die Unentscheidbarkeit zwischen Konstruktion und Dekonstruktion.

ZUSAMMENFASSUNG *AUSTERLITZ*

W.G. Sebalds Austerlitz problematisiert wie Anton Reiser Subjektivität bereits in der narrativen Struktur. Das ‚Ich' des Erzählers und das ‚Ich' von Austerlitz, d.h. die Subjektpositionen im Text, sind unscharf. Beide erzählen im gleichen Erzählton und ihre Stimmen sind durchsetzt von vielen anderen Stimmen. Erzähler und Austerlitz teilen eine sentimentalische Position. Diese gemeinsame Perspektive bewirkt eine Verdoppelung und Unschärfe der Erzählerposition. Der Erzähler tritt nicht als eigene Position hinter der zu erzählenden Geschichte und der Figur Austerlitz hervor, markiert diese durch die indirekte Rede aber doch als fremde. Auf diese Weise fungiert der Erzähler als Medium von Austerlitz' Geschichte und führt das Erzählen als mehrfach vollzogenen Akt der Vermittlung vor. Der Erzähler nimmt in Austerlitz' Suche nach einem Zuhörer eine existenziell notwendige Funktion ein. Er wird zum Zeugen für Austerlitz' Geschichte, und dies impliziert eine bestimmte Erzählhaltung: Der Erzähler verfügt nicht über Austerlitz als Figur, sondern ist von dessen mündlichen Erzählung abhängig. Er nimmt nicht wie der Erzähler von *Anton Reiser* die Souveränität des Analysierenden in Anspruch, sondern lediglich die Position des Vermittlers einer fremden Geschichte. Austerlitz wiederum ist existenziell auf diesen Vermittler seiner Geschichte angewiesen, weil ihm die Schrift unzugänglich und Selbsterschreibung somit unmöglich geworden ist. Auf diese Weise überführt die Erzählung die aporetische Struktur der Wendung zu sich selbst in eine Fiktion der Zuhörerschaft, die ihrerseits wieder in schriftliche Vermittlung mündet. An der Stelle von Austerlitz vollzieht der Erzähler den Übergang seiner verdrängten Geschichte in die Schrift. Der Erzähler wird von Austerlitz nämlich nicht nur gespenstisch heimgesucht, sondern auch als Stellvertreter und Erben eingesetzt. Dem ‚Ich' der Erzählung ist auf diese Weise die Konfusion von eigen und fremd eingeschrieben. In einer skrupulösen Konstruktion einer indirekten schriftlichen Vermittlung mündlichen Erzählens macht Sebald die Komplikationen des Erzählens, Erinnerns und der Selbstreflexion anschaulich.

Subjektkritik äußert sich in *Austerlitz* auch im Rahmen einer grundsätzlichen Fortschritts- und Erkenntniskritik. Sebalds Erzählen bildet mit Bezug auf die *Dialektik der Aufklärung* einen Widerstand gegen eine souveräne, Macht ausübende Vernunft. Dieser Widerstand zeigt sich an einer rein vermittelnden, bezeugenden Erzählhaltung ebenso wie am irrationalen Antrieb des Erzählens und in den differenzierten Lichtspielen der Erzählung. Im Wartesaal der Centraal Station in Antwerpen, der in mehrfacher Hinsicht den kritisierten Fortschritt verkörpert, spiegeln die alten Wandspiegel zuerst das Licht und erlöschen dann. Indem sie dunkel werden, verweisen die Spiegel auf ihre Rückseite und verkehren die Spiegel- und Lichtmetapher der Aufklärung in ihr Gegenteil. Die Schwierigkeit des Sehens und im übertragenen Sinn des Erkennens vielfach variiert. Eine Sehstörung des Erzählers führt zum zufälligen Wiedersehen mit Austerlitz nach 20 Jahren und somit überhaupt zu seiner Selbsterzählung. Eine Überblendung von ins Dunkle starrenden Eulen- und Menschenaugen weckt Zweifel an der Möglichkeit von Erkenntnis. Die Überblendung und Annäherung von Tieren und Menschen ist eine weitere wiederkehrende Erzählstrategie. Für das Selbstverständnis der Menschen erweist sich nicht der Blick in den Spiegel, sondern der Blick auf das Tier als aufschlussreich und zeigt ihm, wer er ist. *Austerlitz* schafft mit narrativen Mitteln eine Gleichheit zwischen Tier und Mensch und kritisiert so einen anthropozentrischen Subjektbegriff.

Eine besondere Bedeutung haben in der Erzählung die Motten. Durch ihr Erscheinen im Dunkeln erzeugen sie eine eigene Wahrheit. Indem die Erzählung den Wahrheitsbegriff mit der Erscheinung der Motten verbindet und deren eigene, phantastische Schönheit feiert, etabliert sie ästhetische Wahrnehmung als einzig mögliche, aber nicht fassbare Form von Erkenntnis.

Austerlitz weiss nicht, wer er „in Wahrheit“ ist (A 64). In diesem Nichtwissen, das sich letztendlich als unüberwindbar erweist, ist Austerlitz ein Subjekt ohne Grund. Die prekäre Subjektivität von Austerlitz wird an seinem Umgang mit Sprache und Schrift virulent. Im Hinblick auf die Sprache fällt die Mehrsprachigkeit des Subjekts sowie des Textes auf. Auch der Name ‚Austerlitz‘ erscheint zunächst als ein fremdes Wort. Seine Fremdheit und Rätselhaftigkeit verliert der er auch nach einem differenziert beschriebenen Aneignungsprozess nie ganz. Austerlitz' Entzifferungsversuche des deutschen Buchs von H.G. Adler über Theresienstadt markieren weiter den vergeblichen Versuch, sich das absolut Fremde, Unverständliche und Wahnhafte anzueignen. Austerlitz' Lektüre einer biblischen Geschichte auf Walisisch dagegen lässt sich als verfehlte Selbsthermeneutik und somit als unbewusst vollzogene Selbsttechnik des Subjekts lesen. In Austerlitz' Sprachkrise schließlich zeigt sich seine Grundlosigkeit verschärft. Die Erzählung stellt Lese- und Schreiberfahrungen als Fremdheitserfahrugnen des Subjekts dar. Die Schrift zeigt sich dabei als ambivalent: Lesen und Schreiben können ebenso sehr zur absoluten Entfremdung des Subjekt führen wie zur Wiedererlangung seines Selbstgefühls. Erlösung oder Verdammnis, Sich-Versenken in der Schrift oder absolute Fremdheit – dies sind die beiden Pole der Schrift. Neben der Schrift reflektiert *Austerlitz* das Medium der Fotografie. Auch an der Fotografie zeigt sich die Schwierigkeit der Selbsterkenntnis. Austerlitz erkennt sich selbst auf der Fotografie des kleinen Rosenpagen nicht wieder. Im Medium der Fotografie radikalisiert sich die Selbstdistanz jeder Selbstreflexion.

Der Ladies Waiting Room der Londoner Liverpool Street Station ermöglicht dagegen, was Fotografie und Schrift nicht gelingt. Der Wartesaal lässt sich als eine Szene der Selbsterkenntnis lesen. Dabei wird die Topographie des Raumes zur Topographie von Austerlitz selbst. Der Wartesaal ermöglicht ihm Zugang zu seinen Erinnerungen und damit seine Geburt als Subjekt. Die Eigenschaften des Wartesaals und des Subjekts überlagern sich – gerade in ihrer Ambivalenz zwischen Freiheit und Gefangenschaft, Konstruktion und Dekonstruktion. Das prekäre Subjekt Austerlitz schwankt unentscheidbar zwischen dem Zustand der Ruine – seiner endgültigen Zerstörung – und des Rohbaus – der Aussicht, sich durch das Erzählen der eigenen Geschichte zu konstituieren. Austerlitz Verbindung mit Räumen und Gebäuden ist eng und existenziell: Austerlitz ist nämlich selbst ein Ort. Die Erzählung konstruiert also eine Figur, die zugleich ein *topos* ist. Durch diese Doppelung und Übertragung entfaltet der Text eine umfassende Verweisstruktur, dessen Zentrum die Figur Austerlitz bildet. Alles – jeder Ort, jeder Raum, jede Reise etc. – bezieht sich letztendlich auf das verletzte und grundlose Subjekt, so dass sich *Austerlitz* im Rückblick als egomane Erzählung liest.

Die Raumhaftigkeit von Austerlitz führt zur Perspektive auf Austerlitz als Körpersubjekt. Die Beziehung zwischen Architektur und Austerlitz ist nicht nur metaphorisch, sondern auch körperlich. Die Selbsterkenntnis-Szene kann sich beispielsweise nur durch Austerlitz' *körperliches* Eintreten in den Wartesaal vollziehen. Überdies ist Architektur im Text körperlich sehr präsent, während Austerlitz und andere menschliche Körper dagegen kaum als räumlich anwesend und in der Konsequenz als wenig körperlich beschrieben werden. Die Körperlichkeit der Gebäude gibt sich stellvertretend für den Körper des Subjekts zu lesen.

Austerlitz Körperlichkeit manifestiert sich in seiner ausgeprägten Raumwahrnehmung einerseits und in körperlichen Symptomen andererseits. Die Erzählung ist durchsetzt von undeutlichen Körpergefühlen, Unwohlsein, Ohnmachtsanfällen und Panikattacken. Gemeinsam ist allen körperlichen Empfindungen ihr symptomatischer Charakter. Im Hinblick auf den eigenen Körper versagt Austerlitz' Selbsthermeneutik. Die ungenauen körperlichen Empfindungen bleiben jenseits der Sprache.

Austerlitz' Körpersymptomen steht eine grundsätzliche Nichtbeachtung seines Körpers gegenüber. Auch fallen seine Knabenhaftigkeit, Alterslosigkeit und das Verschwinden seines Körpers im Raum auf. Auf diese Weise verschiebt sich der Körper im Text vom menschlichen Körper in den Bau-Körper und in den Text-Körper.

Austerlitz' Körperlosigkeit äußert sich überdies im fehlenden Begehren und der Leerstelle der Sexualität. Er zeigt sich als unaufhebbar isoliertes, immer außerhalb stehendes, räumlich von anderen getrenntes Subjekt. Die Abwesenheit von Austerlitz' Begehren erklärt sich aus der ambivalenten Mutterfigur, welche als Olympia zwischen der Mutter und der Begehrten oszilliert. Dabei zielt Austerlitz' Begehren nicht nur auf die verlorene Mutter, sondern letztendlich auf die Welt der Kunst.

W.G. Sebalds *Austerlitz* hat die Unmöglichkeit der Selbsterkenntnis im Vergleich mit Rousseau und Moritz radikalisiert. Auf dem Hintergrund von Psychoanalyse, Erkenntnis- und Fortschrittskritik und der Kriegserfahrungen des 20. Jahrhunderts erfährt sich das Subjekt als solchermaßen grundlos, dass ihm der Zugang zur Schrift und zur Selbsterschreibung nicht mehr gelingt.

Schlusswort

Eine spürbare existenzielle Unruhe prägt Jean-Jacques Rousseaus *Confessions* und *Rêveries*, Karl Philipp Moritz' *Anton Reiser* und W.G. Sebalds *Austerlitz.* Diese Selbsterschreibungen sind motiviert durch den existenziellen Drang eines Subjekts, seine Geschichte zu erzählen und sich dadurch zu konstituieren und zu gestalten. Diesen existenziellen Drang des Erzählens kann man mit Adriana Cavarero als „narrative impulse“[334] beschreiben. Einen nicht geringen Teil seiner Energie bezieht der narrative Impuls aus Erfahrungen von Verletzung, Zerstörung und fehlender Anerkennung – dies legt die psychologische Perspektive der Erzählungen nahe. Dahinter steht das Drama eines prekären Subjekts, das die Frage nach sich selbst als ungelöstes, unaufschiebbares Problem erlebt. Der narrative Impuls überträgt seine Bewegungsenergie auf den Text – sind doch alle untersuchten Texte durch die Dynamik des Immer-Weiter – Erzählens, Spazierens, Reisens, Fragens – und die Bewegung der Digression strukturiert. Der narrative Impuls ist auch deshalb existenziell, weil dahinter stets ein schreibender Mensch steht, der den Text durch Bewegungen seines Körpers hervorbringt. Die Existenz eines Menschen impliziert das Da-Sein und die Ausgedehntheit[335] eines Körpers, in dem die Wendung zu sich selbst ihren absoluten Bezug hat.

Der Körper bildet in mehrfacher Hinsicht die Bedingung von Subjektivität: Der Körper ist die *Gestalt* des Selbst. Seine Form ermöglicht dem Subjekt eine Vorstellung von sich selbst. Auch wenn das Bild, das sich das Subjekt von sich selbst macht, unvermeidlich phantasmatisch ist – niemand kann sich jemals ganz von außen sehen –, bleibt es ein *Körper*bild. Der Körper fungiert dabei einerseits als Position im bewussten Selbstverhältnis. Ein Subjekt sieht sich als Körper und verhält sich zum Körper in gewisser Weise. Andererseits ist der Körper in seiner

334 Cavarero 2000, S. 35.

335 Jean-Luc Nancy konzipiert den Körper konsequent als ausgedehnt und exponierend/exponiert. Vgl. Nancy 2003, S. 23ff.

vorreflexiven Gegebenheit auch das unhintergehbare Medium von Subjektivität. Ein Subjekt, das „Ich" sagt, bezieht sich implizit immer auf das Hier-Sein seines Körpers. In ihrer Besonderheit sind der Ort und der Körper des Subjekts absolut – nicht *irgendwo* und *irgendwer*, sondern *ich* und *hier*. Zudem bildet der Körper als sinnlicher Wahrnehmungsapparat die Grundlage für die *sensations* der sinnlichen Wahrnehmung einerseits und für das Denken andererseits, wie *Anton Reiser* besonders eindringlich beschreibt. Über diese die Wahrnehmung grundierenden Dimensionen seines Körpers verfügt das Subjekt nicht. Als *Körpersubjekt* ist es auf ihm undurchsichtige und nicht objektivierbare Weise mit seinem Körper verflochten.

Alle hier untersuchten Texte inszenieren lebendige Menschen als Körpersubjekte und zeichnen eine konkrete, mehrdimensionale Reflexion von Körper: als Erfahrung, Problem, äussere Erscheinung, Grundlage der Wahrnehmung und des Denkens. Dabei bleibt den Subjekten ihre Grundlage mehrheitlich unbewusst, ein Bodensatz von Empfindungen, Körpererfahrungen, Spekulation und Begehren. Indem die Literatur die Erfahrungsdimension – Selbst-, Welt- und Körpererfahrung – in ihrer für das Subjekt undurchschaubaren Verquickung aufzeigt, leistet sie Widerstand gegen eine theoretische Zergliederung, d.h. gegen die Etablierung eines einzigen Erklärungsprinzips des Menschen. Eine rationale Objektivierung des Menschen hat letztendlich zur Zerstörungsgeschichte des 20. Jahrhunderts geführt, so die aufklärungskritische narrative Beweisführung in *Austerlitz*.

Die Brüchigkeit moderner Subjektivität wird literarisch gestaltet und lesend erfahrbar: Das begehrende, sehnsüchtige, auf seiner Autonomie und Erinnerung beharrende Subjekt der *Confessions*, das digressive, durchlässige, instabile Subjekt der *Rêveries*, das zwanghafte, schwärmende, hungrige, unpassende männliche Subjekt Anton Reiser und das gespenstische, körperlose, nicht zu seiner Geschichte findende Subjekt Austerlitz – sie alle verkörpern die brüchige, verletzliche, haltlose Kehrseite moderner Subjektivität und Männlichkeit. Das Autonomie garantierende Selbstbewusstsein kann sich in seiner absoluten Freiheit lediglich auf sich selbst beziehen – und dieser Zirkelschluss ist eine äußerst unsichere (Existenz)Grundlage.

Ein Körpersubjekt ist auch ein Subjekt der *passions*. Sein Begehren weist über sich hinaus auf ein anderes hin, von dem es konstitutiv abhängig ist. Ein Subjekt kann sich selbst nicht genügen. Sowohl Rousseau als auch Moritz und Sebald zeichnen Subjektivität als Konstellation, die vom Bezug auf andere und von der Anerkennung anderer abhängt. Subjektivität wird in allen untersuchten literarischen Texten relational gedacht. Anerkennung durch andere – das Angesprochenwerden als Du, das Wahrgenommenwerden als menschliches Wesen und somit als Subjekt, aber auch die vermeintlich objektive Position des anderen – erweist sich als unabdingbare Voraussetzung für Subjektivität. Diese Abhängigkeit vom Blick und der Anderkennung der anderen macht das Subjekt grundsätzlich verletzbar und unsicher, d.h. nicht-souverän. Die Notwendigkeit der Wendung zu anderen besteht komplementär zur Wendung zu sich selbst. Dies zeigt sich auch in der Erzählstruktur der Texte. Die Position des anderen, welcher ein Subjekt anerkennt und formt, ist eine unverzichtbare Funktion des Erzählens – sei dies in der Funktion des Erzählers, der auf das Subjekt blickt (*Anton Reiser, Austerlitz*), oder in der Funktion des Lesers des Subjekts resp. dessen Text (*Confessions, Rêveries*).

Das Problem der unmöglichen Selbsterkenntnis kristallisiert sich also in der Erzählinstanz. Die Position des erzählenden Subjekts im Text, die bei allen Werken eingehend analysiert wurde, ist prekär, und die Erschaffung seiner selbst durch Erzählen funktioniert nicht ohne Probleme. Die instabile Subjektposition zeigt sich in Sebalds *Austerlitz* in der verwirrenden Konfusion von eigen und fremd, von Erzähler und Figur Austerlitz, die das Subjekt zu einem Gespenst werden lässt. In *Anton Reiser* verändert sich die Distanz des Erzählers zu Anton Reiser dauernd und wechselt zwischen Innen- und Außenperspektive. Diese Multiperspektivität stellt den Kontrast zwischen Transparenz Antons Reisers als *sujet* der Erzählung und Intransparenz seiner selbst als Subjekt gnadenlos aus. Bei Rousseau ist Transparenz erklärtes Ziel des Erzählens. Der Erzählgestus der *Confessions*, *alles* zu sagen (*tout dire*), trägt obsessive Züge und weckt gerade dadurch die Gewissheit, dass vom erzählenden Subjekt vieles verdängt wird und Transparenz im Grunde unmöglich ist. Das erzählende Subjekt der *Rêveries* schließlich inszeniert sich als völlig unabhängig von der Position des anderen. d.h. vom Leser. Es ist sein eigener Autor. Dieser Autonomieanspruch wird konterkariert von der räumlichen und diskursiven Durchlässigkeit dieses Subjekts zwischen Expansion und Rückzug, das die Grenzen zwischen sich und der Welt immer wieder auflöst.

Die Frage nach der eigenen Existenz kann nicht in allgemeinen Begriffen beantwortet werden, sondern nur durch das Erzählen der *eigenen* Geschichte. So impliziert der Versuch der Selbsterschreibung stets eine Erinnerungspoetik. Das Erinnern an Ereignisse des eigenen Lebens wird zur produktiven Selbsttechnik, die eigene Identität zur Frage der Erinnerung(sfähigkeit). Dies wird bei Rousseau sowie Moritz differenziert reflektiert, aber nirgends werden die Aporien des Erinnerns so abgründig aufgezeigt wie in *Austerlitz*.

Literarische Selbsterschreibung erweist sich als eine Frage der ästhetischen Gestaltung. Durch die Gestaltungsmöglichkeiten, welche Sprache, deren Bildhaftigkeit und rhetorische Figuren bieten, kann sich ein Subjekt auf einzigartige

Weise erzählen und sich im Text eine individuelle Form geben. Die Einzigartigkeit der ästhetischen Form gestaltet somit die Individualität des Subjekts. Erzählen aber lediglich als Selbsttechnik im Sinne von Michel Foucault zu verstehen, würde somit zu kurz greifen. Die ästhetische Gestalt von Literatur unterwandert Foucaults Konzept. Selbsttechniken werden in den untersuchten Texten zwar als produktiven ästhetischen Umgang mit sich selbst aufgezeigt. Das durch Selbsttechniken gestaltete Selbstverhältnis beruht aber nicht zwingend auf Selbstreflexion. Besonders in *Anton Reiser* erscheinen Selbsttechniken von illusorischer Wunschproduktion motiviert und die Imagination des Subjekts als triebgesteuert. Der zweite kritische Impuls gegenüber dem Konzept der Selbsttechniken ist ein ästhetischer. Dichtung ist aus ästhetischer Perspektive weit mehr als eine Selbsttechnik, da ihre *Form* und nicht die *Praxis* über ihr Gelingen entscheidet. Die ästhetische Qualität der Sprache entwickelt Dynamiken, die vom erzählenden Subjekt weder beabsichtigt sind noch gesteuert werden können. Das Subjekt tritt seine Autonomie durchaus lustvoll an den Text ab. Somit ist literarisches Erzählen immer mehr als eine reine Technik. Rousseaus *Rêveries,* die das Problem von Subjektivität mit demjenigen der Ästhetik verschmelzen, zeigen dies besonders eindrücklich. Neben der eigenen ästhetischen Gestaltung reflektieren die *Rêveries* auch ästhetische Wahrnehmung als grundlegende Dimension von Subjektivität. Rousseau malt das sich selbst vergessende Subjekt als glücklichen Menschen, momenthaft geschützt vor verunsichernden Reflexionen, vor Spaltung und Verdoppelung seiner selbst. In der ästhetischen Wahrnehmung wird sich das Subjekt nicht seiner selbst bewusst, sondern seinem Wahrnehmungsvollzug. Es ist auf einem Umweg bei sich.

Das Schreiben über sich trifft den Kern moderner Subjektivität. In der Schrift verdoppelt sich das Subjekt. Es schafft sich einen Schriftkörper, es gibt sich eine Gestalt, es verleibt sich Diskurse ein. Das Subjekt verdoppelt sich im Medium der Schrift. Es vollzieht die der Selbstreflexion konstitutiv eingeschriebene Selbstspaltung, indem es sich aus Distanz begegnen, objektivieren, sich als anderes sehen, sich lesen kann. Denn das Medium des materiellen Schriftzeichens, das dem Subjekt nach dem Schreiben entgegentritt, ist ihm ja gänzlich fremd. Die Struktur von Spaltung und Verdoppelung wird in den untersuchten Texten vielfach variiert, sowohl in der Erzählstruktur als auch im konkreten Berichten über die intellektuelle und psychologische Entwicklung der Protagonisten. Letztlich ist die Objektivierung seiner selbst aber eine abstrakte und nicht realisierbare Operation. Die Selbsterkenntnis zeigt sich als Ding der Unmöglichkeit, denn die Grundlage der Selbstreflexion bildet Verdrängung, individuelle Verletzung, Körpererfahrung und kollektive Beschädigung.

An der dichtenden Romanfigur Anton Reiser wird die Eigendynamik und körperlich-mediale Prozesshaftigkeit des Schreibens über sich besonders deutlich. Zwanghaft und ohne es zu wollen schreibt Anton Reiser immer wieder die gleichen Worte auf das Papier: *Was ist mein Dasein, was mein Leben?* Der körperliche Vorgang des Schreibens und der mediale Prozess der Umsetzung von Ideen in Schrift ermöglichen das Auftauchen der unbewussten Frage. Die *körperliche Bewegung* des Schreibens setzt etwas frei, das Anton Reiser nicht bewusst ist, ihn aber ‚im Grunde' umtreibt. Im zwanghaften Schreiben äußert sich Subjektivität und erscheint somit zugleich als vermittelt und nie direkt zugänglich. Die Wendung zu sich selbst, die Anton Reiser nicht gelingt, vollzieht strukturell die Schrift. Die unbewusste Wendung zu sich selbst wird erst durch die vermittelnde, materielle Zeichen schaffende Tätigkeit des Schreibens möglich. Was genau an der Schnittstelle zwischen Idee und Empfindung passiert, bleibt unerklärt. Es wird aber deutlich, dass etwas passiert – und zwar etwas anderes, als das Subjekt erwartet.

Die Dissoziation eines Subjektes zeigt sich in *Austerlitz* besonders frappant. Sie spiegelt symptomatisch die unüberwindbare Erfahrung kollektiver Gewalt und die historische Ausnahmesituation, in der sich Austerlitz als Überlebender der Shoah befindet. Sebald stellt die zerstörerische Geschichte des 20. Jahrhunderts dabei als Folge der Aufklärung dar, die eben auch zur Objektivierung des Menschen geführt hat und zur Möglichkeit, Gewalt rationalisiert und in riesigen Dimensionen anzuwenden. Die Verheißung, welche die Freiheit für ein Subjekt des 18. Jahrhunderts trotz allen Konflikten und Zwängen bedeutet hatte, hat sich in den Zerstörungen der Geschichte und den Verletzungen der Psyche verloren. So inszeniert Sebald den Verfall des abendländischen Subjektkonzepts. Eine Lese- und Schreibkrise markiert die Krise des Subjektes Austerlitz. Die Erzählung stellt verfehlte Lektüren und scheiternde Schreibakte aus und reflektiert die verfehlte Vermittlung durch das Medium der Schrift. Diese Verfehlungen in der Schrift verweisen auf die Verfehlung des Subjekts Austerlitz, das statt sich selbst nur Abgrund und Leere findet. Schrift und Subjektivität fallen zusammen. Doch trotz aller Zerstörung und Brüchigkeit bleibt die existenzielle Energie der Selbsterschreibung spürbar: Als Selbstbehauptung, die ein Subjekt der Welt trotzig entgegenhält.

So bleibt die Szene eines schreibenden Subjekts: Ein Subjekt mit Körper setzt die Feder oder den Stift aufs Papier und zeichnet die Buchstaben oder tippt auf die Tastatur. Die Schrift beruht auf der Berührung eines Körpers und ist insofern real und konkret.

Dank

Mein sehr herzlicher Dank geht an Prof. Dr. Barbara Naumann und Prof. Dr. Hans-Georg von Arburg für die Förderung und die kompetente, anregende und ermutigende Betreuung dieser Arbeit.

Prof. Dr. Therese Steffen Frey danke ich für ihr Engagement für das Graduiertenkolleg Gender Studies und für die Arbeitsatmosphäre dort.

Für Gespräche, Lektüren und Hinweise danke ich Anna, Kristin, Marc, Mirjam, Stefanie, Sergej, Ursula und Thomas – und vielen weiteren Menschen, die mir auf ganz unterschiedliche Weise weitergeholfen haben.

Bibliographie

Primärtexte

Moritz, Karl Philipp: Anton Reiser. Ein psychologischer Roman. Frankfurt/M 1998. **(AR)**

Moritz, Karl Philipp: Versuch einer Vereinigung aller Schönen Künste und Wissenschaften unter dem Begriff des in sich selbst Vollendeten. In: Ders.: Werke Band 2. Popularphilosophie. Reisen. Ästhetische Theorie. Frankfurt/M 1992, S. 943–949.

Moritz, Karl Philipp: In wie fern Kunstwerke beschrieben werden können? In: Ders.: Werke Band 2. Popularphilosophie. Reisen. Ästhetische Theorie. Frankfurt/M 1992, S. 992–1003.

Moritz, Karl Philipp: Über die bildende Nachahmung des Schönen. In: Ders.: Werke Band 2. Popularphilosophie. Reisen. Ästhetische Theorie. Frankfurt/M 1992, S. 958–991.

Moritz, Karl Philipp: Werke Band 1. Dichtungen und Schriften zur Erfahrungsseelekunde. Frankfurt/M 1999.

Moritz, Karl Philipp: Beiträge zur Philosophie des Lebens. In: Ders.: Werke. Dritter Band. Erfahrung, Sprache, Denken. Herausgegeben von Horst Günther. Frankfurt/M 1981.

Rousseau, Jean-Jacques: Discours sur l'origine et les fondements de l'inégalité parmi les hommes. Introduction, notes, bibliographie et chronologie par Blaise Bachofen et Bruno Bernardi. Paris 2008.

Rousseau, Jean-Jacques: Abhandlung über den Ursprung und die Grundlagen der Ungleichheit unter den Menschen. Übersetzt und herausgegeben von Philipp Rippel. Stuttgart 1998.

Rousseau, Jean-Jacques: Les Confessions. Texte établi par Bernard Gagnebin et Marcel Raymond. Paris 1959. **(CON)**

Rousseau, Jean-Jacques: Émile ou de l'éducation. Paris 1966.

Rousseau, Jean-Jacques: Bekenntnisse. Aus dem Französischen von Ernst Hardt. Frankfurt/M; Leipzig 1985.

Rousseau, Jean-Jacques: Rêveries du proneneur solitaire. Edition présentée et annotée par Michèle Crogiez. Paris 2008. **(RE)**

Rousseau, Jean-Jacques: Träumereien eines einsamen Spaziergängers. Übersetzt von Ulrich Bossier. Stuttgart 2003.

Sebald, W.G.: Austerlitz. München 2001. **(A)**

SEKUNDÄRLITERATUR

Adler, H. G.: Theresienstadt 1941–1945: Das Antlitz einer Zwangsgemeinschaft. Geschichte, Soziologie, Psychologie. Tübingen 1955.

Albes, Claudia. Der Spaziergang als Erzählmodell. Studien zu Jean-Jacques Rousseau, Adalbert Stifter, Robert Walser und Thomas Bernhard. Tübingen; Basel 1999.

Arendt, Hannah: Vita activa oder Vom tätigen Leben. 5. Aufl. München 2007.

Arburg von, Hans-Georg: Zeugen, wirken. Philologische ‚Texttreue' bei Karl Philipp Moritz. In: Berthold, Jürg & Previsic, Boris: Texttreue. Komparatistische Studien zu einem maßlosen Maßstab. Bern 2008 (=Sammlung/Collection Variations Vol. 9), S. 15–27.

Arnold, Heinz Ludwig (Hrsg.): Karl Philipp Moritz. München; edition text + kritik 1993 (=Text+Kritik, Heft 118/119).

Assmann, Aleida: Einführung in die Kulturwissenschaft. Grundbegriffe, Themen, Fragestellungen. Berlin 2006 (=Grundlagen der Anglistik und Amerikanistik, Band 27).

Augustinus: Bekenntnisse. Aus dem Lateinischen übersetzt und herausgegeben von Kurt Flasch und Burkhard Mojsisch. Stuttgart 2008.

Barkhaus, Annette & Fleig, Anne: Körperdimensionen oder die unmögliche Rede von Unverfügbarem. In: Dies. (Hrsg.): Grenzverläufe. Der Körper als Schnitt-Stelle. München 2002.

Barta, Ilsebill: Der disziplinierte Körper. Bürgerliche Körpersprache und ihre geschlechtsspezifische Differenzierung am Ende des 18. Jahrhunderts. In: Dies. et al. (Hrsg.): Frauen – Bilder – Männer – Mythen. Kunsthistorische Beiträge. Berlin 1987, S. 84–106.

Barthes, Roland: Die Vorbereitung des Romans. Vorlesungen am Collège de France 1978–1979 und 1979–1980. Frankfurt/M 2008.

Barthes, Roland: Die helle Kammer. Bemerkungen zur Photographie. Frankfurt/M 1989.

Baumann, Steffi: Geschichten, die helfen, die Seele zu erkunden. Karl Philipp Moritz' „Anton Reiser" und das Magazin zur Erfahrungsseelenkunde. Berlin 2009.

Baumgarten, Alexander Gottlieb: Aesthetica. Lateinisch-Deutsch. Übersetzt und herausgegeben von Dagmar Mirbach. Hamburg 2007 (=Philosophische Bibliothek 572).

Bell, Matthew: The German Tradition of Psychology in Literature and Thought, 1700–1840. Cambridge 2005 (=Cambridge Studies in German).

Benjamin, Walter: Der Erzähler. Betrachtungen zum Werk Nikolai Lesskows. In: Ders.: Gesammelte Schriften II, 2. Herausgegeben von Rolf Tiedemann und Hermann Schweppenhäuser. Frankfurt/M: Suhrkamp 1977, S. 438–465.

Benthien, Claudia & Stephan, Inge (Hrsg.): Männlichkeit als Maskerade. Kulturelle Inszenierungen vom Mittelalter bis zur Gegenwart. Köln 2003 (=Literatur – Kultur – Geschlecht. Kleine Reihe Band 18).

Berndt, Frauke: Anamnesis. Studien zur Topik der Erinnerung in der erzählenden Literatur zwischen 1800 und 1900 (Moritz – Keller – Raabe). Tübingen 1999 (=Hermaea Band 89).

Binczek, Nathalie: Gespenster. Artikel in: Pethes, Nicolas & Ruchatz, Jens (Hrsg.): Gedächtnis und Erinnerung. Ein interdisziplinäres Lexikon. Reinbek 2001, S. 233–235.

Blackler, Deane: Reading W. G. Sebald. Adventure and Disobedience. Rochester/New York 2007.

Blanckenburg, Friedrich von: Versuch über den Roman. In: Steinecke; Hartmut (Hrsg.): Romantheorie. Texte vom Barock bis zur Gegenwart. Stuttgart 1999, S. 179-194.

Böhme, Gernot: Der Raum leiblicher Anwesenheit und der Raum als Medium von Darstellung. In: Krämer, Sybille (Hrsg.): Performativität und Medialität. München 2004, S. 129–140.

Boehncke, Heiner: Clair obscur. W.G. Sebalds Bilder. In: Text + Kritik 158 (2003), S. 43–62.

Bong, Jörg: „Die Auflösung der Disharmonien". Zur Vermittlung von Gesellschaft, Natur und Ästhetik in den Schriften von Karl Philipp Moritz. Frankfurt/M 1993 (=Analysen und Dokumente. Beiträge zur Neueren Literatur, Band 32).

Bourdieu, Pierre: Die männliche Herrschaft. Frankfurt/M 2005.

Bourdieu, Pierre: Die gesellschaftliche Definition der Photographie. In: Bourdieu, Pierre & Boltanski, Luc u. a.: Eine illegitime Kunst. Die sozialen Gebrauchsweisen der Photographie. Hamburg 2006.

Braun, Christina von & Stephan, Inge (Hrsg.): Gender@Wissen. Ein Handbuch der Gender-Theorien. Köln 2005.

Bronfen, Elisabeth et al. (Hrsg.): Trauma. Zwischen Psychoanalyse und kulturellem Deutungsmuster. Köln 1999.

Brüns, Elke: Die zufällige Existenz. Karl Philipp Moritz' *Anton Reiser*. In: Dies. (Hrsg.): Ökonomie der Armut. Soziale Verhältnisse in der Literatur. München 2008, S. 61–77.

Bublitz, Hannelore: Subjekt. In: Foucault-Handbuch. Leben – Werk – Wirkung. Hg. von Clemens Kammler et al. Stuttgart 2008, S. 293–296.

Bürger, Peter: Das Verschwinden des Subjekts. Fragmente einer Geschichte der Subjektivität. Frankfurt/M 2001.

Butler, Judith: Das Unbehagen der Geschlechter. Frankfurt/M 1991.

Butler, Judith: Kontingente Grundlagen: Der Feminismus und die Frage der „Postmoderne". In: Benhabib, Seyla & Dies. & Cornell Drucilla & Fraser Nancy: Der Streit um Differenz. Feminismus und Postmoderne in der Gegenwart. Frankfurt/M 1993, S. 31–58.

Butler, Judith: Psyche der Macht. Das Subjekt der Unterwerfung. Frankfurt/M 2001.

Carré, Martine: Les langues dans *Austerlitz* de W.G. Sebald: Babel revisitée? In: Sauter, Roger & Godé, Maurice (Hrsg.): Traduire, Adapter, Transposer. Aix-en-Provence; Université de Provence 2009 (= Cahier d'études germaniques 2009/1 – n°. 56), S. 143–152.

Cassirer Ernst: Das Problem Jean-Jacques Rousseau. In: Cassirer, Ernst & Starobinski, Jean & Darnton Robert: Drei Vorschläge, Rousseaus zu lesen. Frankfurt/M 1989, S. 7–78.

Cavarero, Adriana: Relating Narratives. Storytelling and Selfhood. London; New York 2000.

Ceuppens, Jan: Seeing Things: Spectres and Angels in W.G. Sebald's Prose Fiction. In: Long, J.J. & Whitehead, Anne (Hrsg.): W.G. Sebald – A Critical Companion. Seattle 2004, S. 190–202.

Ceuppens, Jan: Realia. Konstellationen bei Benjamin, Barthes, Lacan – und Sebald. In: Niehaus, Michael & Öhlschläger, Claudia (Hrsg.): W.G. Sebald. Politische Archäologie und melancholische Bastelei. Berlin 2006a (= Philologische Studien und Quellen, Heft 196), S. 241–258.

Cooke, Simon: ‚Always somewhere else': Generic Unclassifiability in the Work of W.G. Sebald. In: Gymnich, Marion et al. (Hrsg.): Gattungstheorie und Gattungsgeschichte. Trier 2007 (=ELK, Studien zur Englischen Literatur- und Kulturwissenschaft, Band 28), S. 235–249.

Deleuze, Gilles & Guattari, Félix: Anti-Ödipus. Kapitalismus und Schizophrenie I. Frankfurt/M, 5. Aufl. 1988.

Denneler, Iris: Am Anfang A. Spuren und Familienähnlichkeiten in W.G. Sebalds Werk. In: Vogel-Klein, Ruth (Hrsg.): W.G. Sebald. Mémoire. Transferts. Images. Strasbourg 2005 (=Recherches germaniques, Hors Série n° 2), S. 139–156.

Derrida, Jacques: Freud und der Schauplatz der Schrift. In: Ders.: Die Schrift und die Differenz. Frankfurt/M 1976, S. 302–350.

Derrida, Jacques: Grammatologie. Frankfurt/M 1983.

Derrida, Jacques: Marx' Gespenster. Der Staat der Schuld, die Trauerarbeit und die neue Internationale. Frankfurt/M 2004.

Einsamkeit. Artikel in: Historisches Wörterbuch der Philosophie. Band 2. Basel 1972, S. 407–408.

Erdle, Birgit R.: Der phantasmatische und der decouvrierte weibliche Körper. Zwei Paradigmen der Kulturation. In: Feministische Studien 1991, Heft 2, S.65–78.

Erenz, Benedikt: 10 gute Gründe, Karl Philipp Moritz zu lesen. In: Die Zeit, 07.09.2006.

Erhart, Walter & Herrmann, Britta (Hrsg.): Wann ist der Mann ein Mann? Zur Geschichte der Männlichkeit. Stuttgart 1997.

Erhart, Walter: Männlichkeit als Kategorie der postmodernen Kondition. In: Lützeler, Paul Michael (Hrsg.): Räume der literarischen Postmoderne. Gender, Performativität, Globalisierung. Tübingen 2000 (=Studien zur deutschsprachigen Gegenwartsliteratur Band 11), S. 127–146.

Erhart, Walter & Herrmann, Britta: XY ungelöst: Männlichkeit als Performance. In: Steffen, Therese (Hrsg.): Masculinities – Maskulinitäten. Mythos – Realität – Repräsentation – Rollendruck. Stuttgart; Weimar 2002, S. 33–53.

Erhart, Walter: Mann ohne Maske? Der Mythos des Narziss und die Theorie der Männlichkeit. In: Benthien, Claudia & Stephan, Inge (Hrsg.): Männlichkeit als Maskerade. Kulturelle Inszenierungen vom Mittelalter bis zur Gegenwart. Köln 2003, S. 60–80.

Esselborn, Hans: *Der gespaltene Autor*. Anton Reiser zwischen autobiographischem Roman und psychologischer Fallgeschichte. In: Rercherches Germaniques N. 25, Strassburg 1995, S. 69–90.

Felman, Shoshana & Laub, Dori: Testimony. Crisis of Witnessing in Literature, Psychoanalysis and History. New York; London 1992.

Fohrmann, Jürgen: „Bildende Nachahmung". Über die Bedeutung von ‚Bildung' und ‚Ordnung' als Prinzipien der Moritzschen Ästhetik. In: Fontius, Martin & Klingenberg, Anneliese (Hrsg.): Karl Philipp Moritz und das 18. Jahrhundert. Bestandesaufnahmen – Korrekturen – Neuansätze. Tübingen 1995, S. 177–186.

Fontius, Martin & Klingenberg, Anneliese (Hrsg.): Karl Philipp Moritz und das 18. Jahrhundert. Bestandesaufnahmen – Korrekturen – Neuansätze. Internationale Fachtagung vom 23.–25. September in Berlin. Tübingen 1995.

Forster, Edgar J.: Melancholie und Männlichkeit. Über männliche Leidensgeschichten. In: Angerer; Marie-Luise (Hrsg.): The Body of Gender. Körper. Geschlechter. Identitäten. Wien 1995, S. 69–90.

Fossaluzza, Cristina: Subjektiver Antisubjektivismus. Karl Philipp Moritz als Diagnostiker seiner Zeit. Hannover-Laatzen 2006.

Foucault, Michel: Die Ordnung der Dinge. Eine Archäologie der Humanwissenschaften. Frankfurt/M 1974.

Foucault, Michel: Der Gebrauch der Lüste. Sexualität und Wahrheit 2. Band. Übersetzt von Ulrich Rauff und Walter Seitter. Frankfurt/M 1986.

Foucault, Michel: Die Sorge um sich. Sexualität und Wahrheit Bd. 3. Frankfurt/M 1986.

Foucault, Michel et al.: Technologien des Selbst. Herausgegeben von Luther H. Martin, Huck Gutman und Patrick H. Hutton. Frankfurt/M 1993.

Foucault, Michel: Dits et écrits 1945–1988. IV 1980–1988. Paris Gallimard 1994. **(DEE)**

Foucault, Michel: Schriften. Dits et Ecrits. Band IV 1980–1988. Frankfurt/M 2005. **(DEE)**

Foucault, Michel: L' herméneutique du sujet. Cours au Collège de France. 1981–1982. Paris Seuil/Gallimard 2001. **(HDS)**

Foucault, Michel: Hermeneutik des Subjekts. Vorlesung am Collège de France (1981/82). Frankfurt/M 2004. **(HDS)**

Foucault, Michel: Die Ethik der Sorge um sich als Praxis der Freiheit. In: DEE, S. 875–902.

Foucault, Michel: Sexualität und Einsamkeit. In: DEE, S. 207–219.

Foucault, Michel: Subjektivität und Wahrheit. In: DEE, S. 258–264.

Foucault, Michel: Subjekt und Macht. In: DEE, S. 269–294.

Foucault, Michel: Über sich selbst schreiben. In: DEE, S. 503–521.

Frei Gerlach, Franziska: Schmerzgedächtnis: Erfahrung – Diskurs – Literatur. In: Dies. et al. (Hrsg.): Körperkonzepte / Concepts du corps. Interdisziplinäre Studien zur Geschlechterforschung. Münster 2003, S. 89–99.

Freud, Sigmund: Jenseits des Lustprinzips. In: Ders.: Studienausgabe Band 3. Psychologie des Unbewussten. Frankfurt/M. 7. Aufl. 1994, S. 213–272.

Freud, Sigmund: Erinnern, Wiederholen und Durcharbeiten. In: Ders.: Studienausgabe Band 11. Ergänzungsband. Schriften zur Behandlungstechnik. 4. Aufl. Frankfurt/M 1994, S. 205–215.

Freud, Sigmund: Das Unheimliche. In: Imago. Zeitschrift für Anwendung der Psycholanalyse auf die Geisteswissenschaften V (1919), S. 297–324.

Frey Steffen, Therese: Gender. Leipzig 2006 (=Grundwissen Philosophie).

Fritz, Jochen: Ruinen des Selbst. Autobiographisches Schreiben bei Augustinus, Rousseau und Proust. München 2007.

Fuchs, Anne: Die Schmerzensspuren der Geschichte. Zur Poetik der Erinnerung in W.G. Sebalds Prosa. Köln 2004.

Gamper. Michael (Hrsg.): Experiment und Literatur. Themen, Methoden, Theorien. Göttingen 2010;

Gamper, Michael et al. (Hrsg.): „Wir sind Experimente: wollen wir es auch sein!“. Experiment und Literatur II. 1790–1890. Göttingen 2010.

Garbe, Christine: Die ‚weibliche‘ List im ‚männlichen‘ Text. Jean-Jacques Rousseau in der feministischen Kritik. Stuttgart; Weimar 1992 (=Ergebnisse der Frauenforschung Bd. 29).

Gartler, Walter: Unglückliche Bücher oder die Marginalität des Realen. Eine Untersuchung im Vorfeld des deutschen Idealismus. Wien 1988.

Gelegenheitsdichtung. Artikel in: Metzler Literatur Lexikon: Begriffe und Definitionen. Hrsg. von Günter und Irmgard Schweikle. 2., überarb. Aufl. Stuttgart 1990, S. 171–172.

Gieseke, Ludwig: Vom Privileg zum Urheberrecht. Die Entwicklung des Urheberrechts in Deutschland bis 1845. Göttingen 1995.

Goldmann, Stefan: Topos und Erinnerung. In: Schings, Hans-Jürgen (Hrsg.): Der ganze Mensch. Anthropologie und Literatur im 18. Jahrhundert. DFG-Symposion 1992. Stuttgart 1994.

Goldschmidt, Georges-Arthur: Die beflügelte Wahrnehmung des Leidens. Zu Karl Philipp Moritz' Roman „Anton Reiser“. In: Arnold, Heinz Ludwig (Hrsg.): Karl Philipp Moritz. München; edition text + kritik 1993 (=Text+Kritik, Heft 118/119), S. 24–34.

Groppe, Sabine: Das Ich am Ende des Schreibens. Autobiographisches Erzählen im 18. und frühen 19. Jahrhundert. Würzburg 1990.

Hahn, Alois: Konstruktionen des Selbst, der Welt und der Geschichte. Frankfurt/M 2005.

Herrmann, Britta: Fiktionalität und Faktizität um 1800. In: Herrmann, Britta & Thums, Barbara: Ästhetische Erfindung der Moderne? Perspektiven und Modelle 1750 – 1850. Würzburg 2003 (=Stiftung für Romantikforschung Band XVII), S. 115–137.

Herrmann, Britta: Körper/formen: die Schönen, die Monster und die Kunst. Einige Überlegungen zum Verhältnis von Biopolitik und Ästhetik in Klassizismus und Romantik. In: Borgards, Roland & Holm, Christiane & Oesterle, Günter (Hrsg): Monster. Zur ästhetischen Verfassung eines Grenzbewohners. Würzburg 2010 (=Stiftung für Romantikforschung Band XLVIII), S. 169–190.

Herrmann, Britta: Dichtung als „Experimentalphysik des Gemüths" und als Geschäft der physisch-moralischen Bildung. Nerven-Poetik um 1800. In: Gamper, Michael & Wernli, Martina & Zimmer Jörg (Hrsg): Experiment und Literatur II. 1790–1890. Göttingen 2010.

Honegger, Claudia: Die Ordnung der Geschlechter. Die Wissenschaften vom Menschen und das Weib. Frankfurt/M; New York 1991.

Horkheimer, Max & Adorno, Theodor W.: Dialektik der Aufklärung. Philosophische Fragmente. 17. Aufl. Frankfurt/M 2008.

Hustvedt, Siri: Die zitternde Frau. Eine Geschichte meiner Nerven. Reinbek 2009.

Hutchinson, Ben: W. G. Sebald – Die dialektische Imagination. Berlin 2009 (=Quellen und Forschungen zur Literatur- und Kulturgeschichte Bd. 59).

Identität, Ich-Identität. Artikel in: Historisches Wörterbuch der Philosophie. Bd. 4. Basel/Stuttgart 1976, S. 148–151.

Jacobs, Jürgen: Aporien der Aufklärung. Studien zur Geistes- und Literaturgeschichte des 18. Jahrhunderts. Tübingen; Basel 2001.

Jaeger, Stephan & Willer, Stefan (Hrsg.): Das Denken der Sprache und die Performanz des Literarischen um 1800. Würzburg 2000.

Johannsen, Anja K.: Kisten, Krypten, Labyrinthe. Raumfigurationen in der Gegenwartsliteratur: W. G. Sebald, Anne Duden, Herta Müller. Bielefeld 2008.

Kappert, Ines: "Ja, ich gebe ihn auf." Rekonfigurationen von normativer Männlichkeit. In: figurationen. no. 01/2002, S. 47–64.

Kestenholz, Claudia: Die Sicht der Dinge. Metaphorische Visualität und Subjektivitätsideal im Werk von Karl Philipp Moritz. München 1987.

Kilian, Eveline: GeschlechtSverkehrt. Theoretische und literarische Perspektiven des gender-bending. Königstein/Taunus 2004.

Kim, Hee-Ju: Ich-Theater. Zur Identitätsrecherche in Karl Philipp Moritz' *Anton Reiser*. Heidelberg 2004.

Kleinschmidt, Erich: Umschreibungen – Umschreibungen. Sprachphilosophische Selbstreflexivität im 18. Jahrhundert. In: Deutsche Vierteljahresschrift für Literaturwissenschaft und Geistesgeschichte, Band 71. Stuttgart; Weimar 1997, S. 70–91.

Konersmann, Ralf: Spiegel und Bild. Zur Metaphorik neuzeitlicher Subjektivität. Würzburg 1988 (=Epistemata: Reihe Philosophie; Band 44).

Koschorke, Albrecht: Alphabetisation und Empfindsamkeit. In: Schings, Hans-Jürgen (Hrsg.): Der ganze Mensch. Anthropologie und Literatur im 18. Jahrhundert. DFG-Symposion 1992. Stuttgart 1994, S. 605–628.

Koschorke, Albrecht: Wissenschaften des Arbiträren. Die Revolutionierung der Sinnesphysiologie und die Entstehung der modernen Hermeneutik um 1800. In: Vogl, Joseph (Hrsg.): Poetologien des Wissens um 1800. München 1999, S. 19–52.

Koschorke, Albrecht. Körperströme und Schriftverkehr. Mediologie des 18. Jahrhunderts. München 1999.

Koselleck, Reinhard: Einleitung. In: Brunner, Otto & Conze, Werner & Koselleck, Reinhard (Hrsg.): Geschichtliche Grundbegriffe. Historisches Lexikon zur politisch-sozialen Sprache in Deutschland. Band 1. Stuttgart 1972.

Koselleck, Reinhard: Das achtzehnte Jahrhundert als Beginn der Neuzeit. In: Herzog, Reinhart & Ders.: Epochenschwelle und Epochenbewusstsein. München 1987 (=Poetik und Hermeneutik, Band XII), S. 269–282.

Košenina, Alexander: Karl Philipp Moritz. Literarische Experimente auf dem Weg zum psychologischen Roman. Göttingen 2006 (=Kleine Schriften zur Aufklärung, Bd. 14), S. 120–134.

Krämer, Sibylle: Medium, Bote, Übertragung. Kleine Metaphysik der Medialität. Frankfurt/M 2008.

Kraus, Wolfgang: Falsche Freunde. Radikale Pluralisierung und der Ansatz einer narrativen Identität. In: Renn, Joachim & Straub, Jürgen (Hrsg.): Transitorische Identität. Der Prozesscharakter des modernen Selbst. Frankfurt/M 2002, S. 159–186.

Krüger-Fürhoff, Irmela Marei: „Die abgelöste Zunge sprach durch das redende Gewebe." Kunstautonomie, Gewalt und der Ursprung der Dichtung in Karl Philipp Moritz' *Die Signatur des Schönen* oder *In wie fern Kunstwerke beschrieben werden können?* In: Jaeger, Stephan & Willer, Stefan (Hrsg.): Das Denken der Sprache und die Performanz des Literarischen um 1800. Würzburg 2000, S. 95–112.

Krüger-Fürhoff, Irmela Marei: Der versehrte Körper. Revisionen des klassizistischen Schönheitsideals. Göttingen 2001.

Kucklick, Christoph: Das unmoralische Geschlecht. Zur Geburt der negativen Andrologie. Frankfurt/M 2008.

Laak van, Lothar: Nachahmung nach der Nachahmungsästhetik. Mimesis und Präsenz bei Karl Philipp Moritz. In: Kiening, Christian (Hrsg.): Mediale Gegenwärtigkeit. Zürich 2007 (=Medienwandel – Medienwechsel – Medienwissen, Band 1), S. 225–241.

Laqueur, Thomas: Auf den Leib geschrieben. Die Inszenierung der Geschlechter von der Antike bis Freud. Frankfurt; New York 1992.

Läubli, Martina: Gleichzeitig ungleichzeitig. Erzählte Zeit in W.G. Sebalds *Austerlitz*. Linzenziatsarbeit an der Philosophischen Fakultät der Universität Zürich. Zürich 2007.

Lüthe, Rudolf & Fontius, Martin: Geschmack. Artikel in: Ästhetische Grundbegriffe. Band 2. Stuttgart Weimar 2001, S.792-819.

Lejeune, Philippe: Der autobiographische Pakt (1973). In: Niggl, Günter (Hrsg.): Die Autobiographie. Zu Form und Geschichte einer literarischen Gattung. Darmstadt 1989, S. 214–257.

Liebsch, Burkhard: Identitäts-Fragen in Zeiten des Verrats. Zum Missverhältnis von erzähltem und praktischem Selbst. In: Renn, Joachim & Straub, Jürgen (Hrsg.): Transitorische Identität. Der Prozesscharakter des modernen Selbst. Frankfurt/M 2002, S. 132–158.

List, Elisabeth: Selbst-Verortungen. Zur Restituierung des Subjekts in den Diskursen um den Körper. In: Barkhaus, Annette & Fleig, Anne (Hrsg.): Grenzverläufe. Der Körper als Schnitt-Stelle. München 2002.

Locke, John: An Essay Concerning Human Understanding. Edited by A. S. Pringle-Pattison. Oxford 1924, reprinted 1969.

Man, Paul de: Allegories of Reading. Figural Language in Rousseau, Nietzsche, Rilke, and Proust. New Haven and London 1979.

Man, Paul de: Autobiography as De-Facement. In: Ders.: The rhetoric of Romanticism. New York 1984, S. 67–81.

Martin, Sigurd: Lehren vom Ähnlichen. Mimesis und Entstellung als Werkzeuge der Erinnerung im Werk W. G. Sebalds. In: Ders. & Wintermeyer, Ingo: Verschiebebahnhöfe der Erinnerung. Zum Werk. W.G. Sebalds. Würzburg 2007, S. 81–103.

Martschukat, Jürgen & Stieglitz, Olaf: Geschichte der Männlichkeiten. Frankfurt/M; New York 2008 (=Historische Einführungen, Band 5).

Meier, Albert: Quantité négligeable? Überlegungen zur Moritz-Forschung. In: Fontius, Martin & Klingenberg, Anneliese (Hrsg.): Karl Philipp Moritz und das 18. Jahrhundert. Bestandesaufnahmen – Korrekturen – Neuansätze. Tübingen 1995, S. 3–11.

Meier, Albert: Karl Philipp Moritz. Stuttgart 2000.

Mein, Georg: Die Konzeption des Schönen. Der ästhetische Diskurs zwischen Aufklärung und Romantik: Kant – Moritz – Hölderlin – Schiller. Bielefeld 2000.

Meier, Heinrich: Über das Glück des philosophischen Lebens. Reflexionen zu Rousseaus *Rêveries* in zwei Büchern. München 2011.

Menke Christoph: Subjektivität. Artikel in: Barck, Karlheinz et al. (Hrsg.): Ästhetische Grundbegriffe Band 5. Stuttgart 2003, S. 734–786.

Metzler Lexikon literarischer Symbole. Herausgegeben von Günter Butzer und Joachim Jacobs. Stuttgart, Weimar 2008.

Meuthen, Erich: Selbstüberredung. Rhetorik und Roman im 18. Jahrhundert. Freiburg 1994 (=Rombach Litterae Band 23).

Morgner, Ulrike: "Das Wort aber ist Fleisch geworden". Allegorie u. Allegoriekritik im 18. Jh. am Beispiel von K.Ph.Moritz' "Andreas Hartknopf. Eine Allegorie". Würzburg 2002 (=Epistemata Literaturwissenschaft, Band 388).

Mosbach, Bettina: Figurationen der Katastrophe. Ästhetische Verfahren in W. G. Sebalds *Die Ringe des Saturn* und *Austerlitz*. Bielefeld 2008.

Moser, Christian: Buchgestützte Subjektivität. Literarische Formen der Selbstsorge und Selbsthermeneutik von Platon bis Montaigne. Tübingen 2006 (=Communicatio, Band 36).

Müller, Lothar: Die kranke Seele und das Licht der Erkenntnis: Karl Philipp Moritz' Anton Reiser. Frankfurt/M 1987.

Müller, Götz: Die Einbildungskraft im Wechsel der Diskurse. Annotationen zu Adam Bernd, Karl Philipp Moritz und Jean Paul. In: Schings, Hans-Jürgen (Hrsg.): Der ganze Mensch. Anthropologie und Literatur im 18. Jahrhundert. DFG-Symposion 1992. Stuttgart 1994, S. 697–723.

Nancy, Jean-Luc: Corpus. Berlin 2003.

Naumann, Barbara: Übertragung des Bildes. W. G. Sebalds symptomaler Text. In: Kleihues, Alexandra & Naumann, Barbara & Pankow, Edgar: Intermedien. Zur kulturellen und artistischen Übertragung. Zürich 2010 (=Medienwandel – Medienwechsel – Medienwissen, Band 14), S. 433–446.

Niehaus, Michael: W.G. Sebalds sentimentalische Dichtung. In: Ders. & Öhlschläger, Claudia (Hrsg.): W.G. Sebald. Politische Archäologie und melancholische Bastelei. Berlin 2006a (=Philologische Studien und Quellen, Heft 196), S. 173–187.

Niehaus, Michael: No Foothold. Institutions and Buildings in W.G. Sebald's Prose. In: Denham, Scott & McCulloh, Mark (Hrsg.): W.G. Sebald. History – Memory – Trauma. Berlin; New York 2006b (=Interdisciplinary German Cultural Studies Vol. 1), S. 315–333.

Niehaus, Michael: Figurieren – Geschichten und Geschichte. In: Wandernde Schatten. W.G. Sebalds Unterwelt. Marbach am Neckar; Stuttgart 2008 (=Marbacher Katalog 62), S. 100–113.

Niggl, Günter (Hrsg.): Die Autobiographie. Zu Form und Geschichte einer literarischen Gattung. Darmstadt 1989.

Niggl, Günter: Zur Säkularisation der pietistischen Autobiographie im 18. Jahrhundert (1974). In: Ders. (Hrsg.): Die Autobiographie. Zu Form und Geschichte einer literarischen Gattung. Darmstadt 1989, S. 367–391.

Nordmann, Alfred: Abgrund des Unverständnisses. W.G. Sebalds *Austerlitz*. In: Gamm, Gerhard et al. (Hrsg.): Philosophie im Spiegel der Literatur. Hamburg 2007 (=Zeitschrift für Ästhetik und allgemeine Kunstwissenschaft, Sonderheft 9), S. 165–183.

Nünning, Vera: Erzähltextanalyse und Gender Studies. Stuttgart 2004 (=Sammlung Metzler 344).

Osinski, Jutta: Psychologie und Ästhetik bei Karl Philipp Moritz. In: Fontius, Martin & Klingenberg, Anneliese (Hrsg.): Karl Philipp Moritz und das 18. Jahrhundert. Bestandesaufnahmen – Korrekturen – Neuansätze. Tübingen 1995, S. 201–214.

Ott, Karl-Heinz: Wintzenried. Roman. Hamburg 2011.

Parry, Christopher: Die zwei Leben des Herrn Austerlitz. Biographisches Schreiben als nicht-lineare Historiographie bei W.G. Sebald. In: Platen, Edgar & Todtenhaupt, Martin (Hrsg.): Grenzen – Grenzüberschreitungen – Grenzauflösungen. Zur Darstellung von Zeitgeschichte in deutschsprachiger Gegenwartsliteratur (III). München 2004, S. 113–130.

Pfeiffer, Joachim: „... in eurem Bund der Dritte“. Männerfreundschaften in der Literatur des 18. Jahrhunderts. In: Steffen, Therese (Hrsg.): Masculinities – Maskulinitäten. Mythos – Realität – Repräsentation – Rollendruck. Stuttgart; Weimar 2002, S. 194–208.

Pfotenhauer, Helmut: Literarische Anthropologie. Selbstbiographien und ihre Geschichte – am Leitfaden des Leibes. Stuttgart 1987 (=Germanistische Abhandlungen 62).

Platon: Hippias Minor. Symposion. Phaidon. Sämmtliche Werke IV. Griechisch und Deutsch. Nach der Übersetzung von Friedrich Schleiermacher. Frankfurt/M 1991.

Psychologie, Art. In: Historisches Wörterbuch der Philosophie. Bd. 7. Basel/Stuttgart 1989, S. 1599–1653.

Rau, Peter: Identitätserinnerung und ästhetische Rekonstruktion. Studien zum Werk von Karl Philipp Moritz. Frankfurt/M 1983 (=Literatur und Kommunikation, Band 1).

Reed, Terence James: Mehr Licht in Deutschland. Eine kleine Geschichte der Aufklärung. München 2009.

Renn, Joachim & Straub, Jürgen: Transitorische Identität. Der Prozesscharakter moderner personaler Selbstverhältnisse. In: Dies. (Hrsg.): Transitorische Identität. Der Prozesscharakter des modernen Selbst. Frankfurt/M 2002, S. 10–31.

Renner, Rolf G.: Intermediale Identitätskonstruktion: Zu W.G. Sebalds *Austerlitz*. In: Fischer, Gerhard (Hrsg.): W.G. Sebald: Schreiben ex patria. Amsterdam 2009 (=Amsterdamer Beiträge zur neueren Germanistik, Band 72), S. 333–345.

Ricoeur, Paul: Das Selbst als ein Anderer. München 1996.

Riedel, Wolfgang: Literarische Anthropologie. Eine Unterscheidung. In: Braungart, Wolfgang & Ridder, Klaus & Apel, Friedmar (Hrsg.): Wahrnehmen und Handeln. Perspektiven einer Literaturanthropologie. Bielefeld 2004 (=Bielefelder Schriften zu Linguistik und Literaturwissenschaft, Band 20), S. 337–366.

Rieger, Stefan: Die Kybernetik des Menschen. Steuerungswissen um 1800. In: Vogl, Joseph (Hrsg.): Poetologien des Wissens um 1800. München 1999, S. 97–119.

Ritte, Jürgen: Endspiele. Geschichte und Erinnerung bei Dieter Forte, Walter Kempowski und W.G. Sebald. Berlin 2009.

Rupp, Gerhard: Körper und Schrift. In: Krause, Günter (Hrsg.): Literalität und Körperlichkeit. Tübingen 1997, S. 289–301.

Saathoff; Jens: Motive krisenhafter Subjektivität. Eine vergleichende Studie zu deutscher und englischer Schauerliteratur des 18. und 19. Jahrhunderts. Frankfurt/M 2001 (=Beiträge aus Anglistik und Amerikanistik, Band 9).

Saine, Thomas P.: Die ästhetische Theodizee. Karl Philipp Moritz und die Philosophie des 18. Jahrhunderts. München 1971.

Santner, Eric L.: On Creaturely Life. Rilke – Benjamin – Sebald. Chicago; London 2006.

Sarasin, Philipp: Reizbare Maschinen. Eine Geschichte des Körpers 1765–1914. Frankfurt/M 2001.

Scarry, Elaine: The Body in Pain. The Making and Unmaking of the World. Oxford 1985.

Schabert, Ina: Gender Studies: die Wissenschaft der zwei Geschwindigkeiten. In: Müller, Sabine Lucia & Schülting, Sabine (Hrsg.): Geschlechter-Revisionen. Königstein/Taunus 2006 (=Kulturwissenschaftliche Gender Studies, Band 9) S. 44–57.

Schedel, Susanne: „Wer weiss, wie es vor Zeiten wirklich gewesen ist?“ Textbeziehungen als Mittel der Geschichtsdarstellung bei W.G. Sebald. Würzburg 2004.

Schiller, Friedrich: Über die ästhetische Erziehung des Menschen in einer Reihe von Briefen. Herausgegeben von Klaus L. Berghahn. Stuttgart 2000.

Schings, Hans-Jürgen (Hrsg.): Der ganze Mensch. Anthropologie und Literatur im 18. Jahrhundert. DFG-Symposion 1992. Stuttgart 1994.

Schings, Hans-Jürgen: Melancholie und Aufklärung. Melancholiker und ihre Kritiker in Erfahrungsseelenkunde und Literatur des 18. Jahrhunderts. Stuttgart 1977.

Schlette, Magnus: Die Selbst(er)findung des neuen Menschen. Zur Entstehung narrativer Identitätsmuster im Pietismus. Göttingen 2005 (=Forschungen zur systematischen und ökumenischen Theologie, Band 106).

Schmidt, Gerhart: Das paradoxe Subjekt. In: Lohmar, Achim & Peucker, Henning (Hrsg.): Subjekt als Prinzip? Zur Problemgeschichte und Systematik eines neuzeitlichen Paradigmas. Würzburg 2004, S. 14–26.

Schmidt-Hannisa, Hans Walter: Aberration of a Species: On the Relationship between Man and Beast in W.G. Sebald's Work. In: Fuchs, Anne & Long J.J. (Hrsg.): W.G. Sebald and the Writing of History. Würzburg 2007, S. 31–43.

Schneider, Sabine M.: Die schwierige Sprache des Schönen. Moritz' und Schillers Semiotik der Sinnlichkeit. Würzburg 1998 (=Epistemata, Band 231).

Schroer, Markus: (Hrsg.): Soziologie des Körpers. Frankfurt/M 2005.

Schwering, Gregor: Sprachliches Gespür. Rousseau – Novalis – Nietzsche. München 2010 (=Figuren Bd. 12).

Seel, Martin: Ethisch-ästhetische Studien. Frankfurt/M 1996.

Seel, Martin: Ästhetik des Erscheinens. München 2000.

Seitz, Stephan: Geschichte als *bricolage* – W.G. Sebald und die Poetik des Bastelns. Göttingen 2011.

Selbst, das. Artikel in: Enzyklopädie Philosophie und Wissenschaftstheorie. Bd. 3. Stuttgart/Weimar 1995, S. 752–755.

Selbstbewusstsein. Artikel in: Enzyklopädie Philosophie und Wissenschaftstheorie. Bd. 3. Stuttgart/Weimar 1995, S.755–759.

Sieder, Reinhard: Die Rückkehr des Subjekts in den Kulturwissenschaften. Wien 2004.

Straub, Jürgen: Personale Identität: anachronistisches Selbstverhältnis im Zeichen von Zwang und Gewalt? In: Renn, Joachim & Straub, Jürgen (Hrsg.): Transitorische Identität. Der Prozesscharakter des modernen Selbst. Frankfurt/M 2002, S.85–113.

Subjekt. Artikel in: Historisches Wörterbuch der Philosophie. Bd. 10. Basel 1998, S. 373–400.

Subjekt. Artikel in: Brockhaus Band 21, S. 391–329.

Starobinski, Jean: La relation critique. Essay. Paris 1970.

Starobinski, Jean: Rousseau. Eine Welt von Widerständen. Frankfurt/M 2003.

Stephan, Inge: Im toten Winkel. Die Neuentdeckung des ‚ersten Geschlechts' durch men's studies und Männlichkeitsforschung. In: Benthien, Claudia & Stephan, Inge (Hrsg.): Männlichkeit als Maskerade. Kulturelle Inszenierungen vom Mittelalter bis zur Gegenwart. Köln 2003, S. 11–35.

Steffen, Therese (Hrsg.): Masculinities – Maskulinitäten. Mythos – Realität – Repräsentation – Rollendruck. Stuttgart; Weimar 2002.

Stierle, Karlheinz: Theorie und Erfahrung. Das Werk Jean-Jacques Rousseaus und die Dialektik der Aufklärung. In: Stackelberg, Jürgen: Europäische Aufklärung III. Wiesbaden 1980 (=Neues Handbuch der Literaturwissenschaft, Band 13), S. 159–208.

Stifter, Adalbert: Kalkstein. In: Ders.: Brigitta und andere Erzählungen. Zürich 1967, S. 415–510.

Swales, Martin: Intertextuality, Authenticity, Metonymy? On Reading W.G. Sebald. In: Görner, Rüdiger (Hrsg.): The Anatomist of Melancholy. Essays in Memory of W.G. Sebald. München 2003, S. 81–87.

Taureck; Bernhard H. F.: Jean-Jacques Rousseau. Hamburg 2009 (=Rowohlts Monographien 50699).

Theweleit, Klaus: Männliche Geburtsweisen. Der männliche Körper als Institutionenkörper. In: Steffen, Therese (Hrsg.): Masculinities – Maskulinitäten. Mythos – Realität – Repräsentation – Rollendruck. Stuttgart; Weimar 2002, S. 2–27.

Thums, Barbara: Aufmerksamkeit. Wahrnehmung und Selbstbegründung von Brockes bis Nietzsche. München 2008.

Thums, Barbara: Die schwierige Kunst der "Selbsterkenntnis – Selbstbeherrschung – Selbstbelebung": Aufmerksamkeit als Kulturtechnik der Moderne. In: Herrmann, Britta & Dies. (Hrsg.): Ästhetische Erfindung der Moderne? Perspektiven und Modelle 1750 – 1850. Würzburg 2003, S. 139–163.

Tintemann, Ute & Wingertszahn, Christop (Hrsg.): Karl Philipp Moritz in Berlin 1789–1793. Hannover-Laatzen 2005 (=Berliner Klassik. Eine Großstadtkultur um 1800, Band 4).

Torra-Mattenklott, Caroline: Kreisfigur und Metaschematismus bei Karl Philipp Moritz. In: Gaier, Ulrich & Simon, Ralf (Hrsg.): Zwischen Bild und Begriff. Kant und Herder zum Schema. München 2010, S. 155–190.

Vogl, Joseph (Hrsg.): Poetologien des Wissens um 1800. München 1999.

Völkel, Barbara: Karl Philipp Moritz und Jean-Jacques Rousseau. Aussenseiter der Aufklärung. New York; Peter Lang 1991.

Wagner-Egelhaaf, Martina: Die Melancholie der Literatur. Diskursgeschichte und Textfiguration. Stuttgart; Weimar 1997.

Wagner-Egelhaaf, Martina: Autobiographie. Stuttgart; Weimar 2000 (=Sammlung Metzler, Band 323).

Walter, Willi: Gender, Geschlecht und Männerforschung. In: Braun, Christina von & Stephan Inge (Hrsg.): Gender Studien. Stuttgart; Weimar 2000, S. 97–115.

Weber, Markus R.: Bilder erzählen den Erzähler. Zur Bedeutung der Abbildungen für die Herausbildung von Erzählerrollen in den Werken W.G. Sebalds. In: Vogel-Klein, Ruth (Hrsg.): W.G. Sebald. Mémoire. Transferts. Images. Strasbourg 2005 (=Recherches germaniques, Hors Série n° 2), S. 25–45.

Weinberg, Manfred: Trauma – Geschichte, Gespenst, Literatur – und Gedächtnis. In: Bronfen, Elisabeth et al. (Hrsg.): Trauma. Zwischen Psychoanalyse und kulturellem Deutungsmuster. Köln 1999, S. 173–206.

Wick, Nadja: Apotheosen narzissistischer Individualität. Dilettantismus bei Karl Philipp Moritz, Gottfried Keller und Robert Gernhard. Bielefeld 2008.

Wieckenberg, Ernst-Peter: Die Schwindsucht, der Körper und die Aufklärung. In: Arnold, Heinz Ludwig (Hrsg.): Karl Philipp Moritz. München; edition text + kritik 1993 (=Text+Kritik, Heft 118/119), S. 15–23.

Wissenschaftlich-literarische Encyklopädie der Aesthetik. Ein etymologisch-kritisches Wörterbuch der deutschen Kunstsprache. Von Dr. Wilhelm Hebenstreit. Wien 1834.

Wohlleben, Doren: Effet de flou. Unschärfe als literarisches Mittel der Bewahrheitung in W.G. Sebalds *Schwindel. Gefühle*. In: Niehaus, Michael/Öhlschläger Claudia (Hrsg.): W.G. Sebald. Politische Archäologie und melancholische Bastelei. Berlin 2006, S. 127–143.

Zanetti, Sandro: Sich selbst studieren. Die Bekenntnisse des Jean-Jacques Rousseau. In: Ortheil, Hans-Josef & Brodowsky, Paul & Klupp, Thomas (Hrsg.): Weltliteratur II. Vom Mittelalter zur Aufklärung. Hildesheim 2009 (=Hildesheimer Universitätsschriften 21), S. 242–266.

Zilcosky, John: Verirrt und wieder zurechtgefunden. Orientierungslosigkeit und Nostalgie in Sebalds „Austerlitz“. In: Text + Kritik. Sonderband Literatur und Migration. IX (2006), S. 120–130.

Zima, Peter V.: Theorie des Subjekts. Subjektivität und Identität zwischen Moderne und Postmoderne. Tübingen; Basel 2000.

Lettre

Eva Erdmann
Vom Klein-Sein
Perspektiven der Kindheit in Literatur und Film

Dezember 2014, ca. 200 Seiten, kart., ca. 24,80 €,
ISBN 978-3-89942-583-3

Susanne Hochreiter, Ursula Klingenböck (Hg.)
Bild ist Text ist Bild
Narration und Ästhetik in der Graphic Novel

Juni 2014, ca. 270 Seiten, kart., ca. 32,99 €,
ISBN 978-3-8376-2636-0

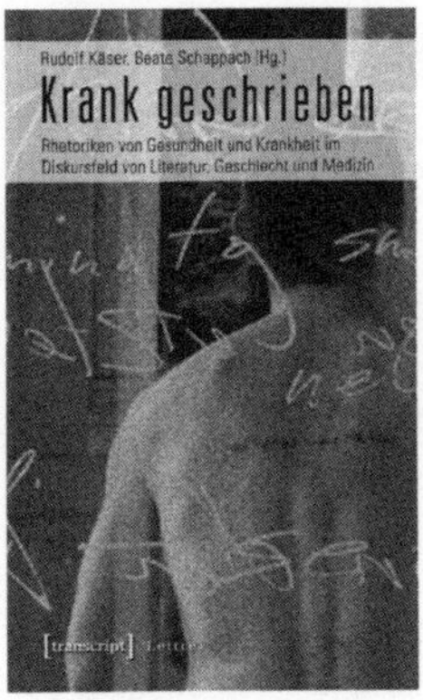

Rudolf Käser, Beate Schappach (Hg.)
Krank geschrieben
Rhetoriken von Gesundheit und Krankheit
im Diskursfeld von Literatur,
Geschlecht und Medizin

Juni 2014, ca. 378 Seiten, kart., zahlr. Abb., ca. 32,80 €,
ISBN 978-3-8376-1760-3

Lettre

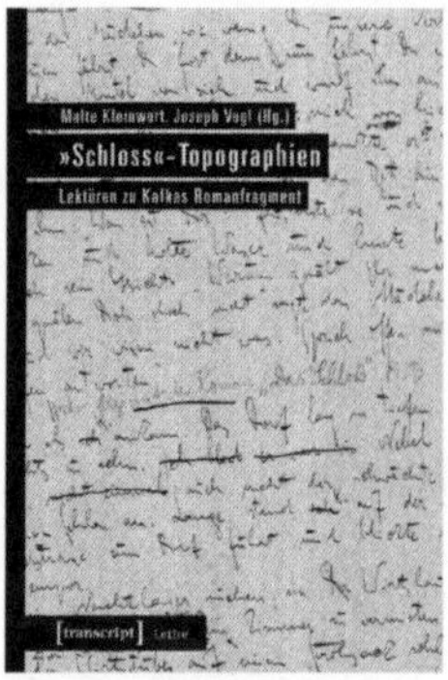

Malte Kleinwort, Joseph Vogl (Hg.)
»Schloss«-Topographien
Lektüren zu Kafkas Romanfragment

2013, 262 Seiten, kart., 31,99 €,
ISBN 978-3-8376-2188-4

Heinz Sieburg (Hg.)
Geschlecht in Literatur und Geschichte
Bilder – Identitäten – Konstruktionen

Juni 2014, ca. 280 Seiten, kart., ca. 33,99 €,
ISBN 978-3-8376-2502-8

Hans Stauffacher, Marie-Christin Wilm (Hg.)
Wahnsinn und Methode
Zur Funktion von Geniefiguren in Literatur und Philosophie

Juli 2014, ca. 320 Seiten, kart., ca. 32,80 €,
ISBN 978-3-8376-2339-0

Leseproben, weitere Informationen und Bestellmöglichkeiten finden Sie unter www.transcript-verlag.de

Lettre

Paul Fleming, Uwe Schütte (Hg.)
Die Gegenwart erzählen
Ulrich Peltzer und die Ästhetik des Politischen
November 2014, ca. 280 Seiten, kart., ca. 32,99 €,
ISBN 978-3-8376-2489-2

Carola Gruber
Ereignisse in aller Kürze
Narratologische Untersuchungen zur Ereignishaftigkeit in Kürzestprosa von Thomas Bernhard, Ror Wolf und Helmut Heißenbüttel
Mai 2014, 340 Seiten, kart., ca. 34,99 €,
ISBN 978-3-8376-2433-5

Yahya Kouroshi
Alternative Modernen
Literatur in autoritären Regimen. Simin Daneshvar – Mercè Rodoreda – Christa Wolf
April 2014, 226 Seiten, kart., 32,99 €,
ISBN 978-3-8376-2622-3

Zoltán Kulcsár-Szabó, Csongor Lörincz (Hg.)
Signaturen des Geschehens
Ereignisse zwischen Öffentlichkeit und Latenz
Juni 2014, ca. 500 Seiten, kart., ca. 49,99 €,
ISBN 978-3-8376-2606-3

Claudia Liebrand, Rainer J. Kaus (Hg.)
Interpretieren nach den »turns«
Literaturtheoretische Revisionen
Juli 2014, ca. 300 Seiten, kart., ca. 33,99 €,
ISBN 978-3-8376-2514-1

Johanne Mohs
Aufnahmen und Zuschreibungen
Literarische Schreibweisen des fotografischen Akts bei Flaubert, Proust, Perec und Roche
2013, 260 Seiten, kart., zahlr. Abb., 31,99 €,
ISBN 978-3-8376-2491-5

Petra Moser
Nah am Tabu
Experimentelle Selbsterfahrung und erotischer Eigensinn in Robert Walsers »Jakob von Gunten«
2013, 182 Seiten, kart., zahlr. Abb., 27,80 €,
ISBN 978-3-8376-2341-3

Madleen Podewski
Komplexe Medienordnungen
Zur Rolle der Literatur in der deutsch-jüdischen Zeitschrift »Ost und West« (1901-1923)
2013, 372 Seiten, kart., 39,99 €,
ISBN 978-3-8376-2497-7

Caroline Roeder (Hg.)
Topographien der Kindheit
Literarische, mediale und interdisziplinäre Perspektiven auf Orts- und Raumkonstruktionen
Juli 2014, ca. 420 Seiten, kart., zahlr. Abb., ca. 46,99 €,
ISBN 978-3-8376-2564-6

Tanja Rudtke
Kulinarische Lektüren
Vom Essen und Trinken in der Literatur
2013, 284 Seiten, kart., 34,99 €,
ISBN 978-3-8376-2374-1

Natascha Ueckmann
Ästhetik des Chaos in der Karibik
»Créolisation« und »Neobarroco« in franko- und hispanophonen Literaturen
Mai 2014, ca. 520 Seiten, kart., ca. 44,99 €,
ISBN 978-3-8376-2508-0

Yuan Xue
Über den Körper hinaus
Geschlechterkonstruktionen im europäischen Roman seit Ende der 1990er Jahre
März 2014, 244 Seiten, kart., 32,99 €,
ISBN 978-3-8376-2659-9

Leseproben, weitere Informationen und Bestellmöglichkeiten finden Sie unter www.transcript-verlag.de